영어 어휘력의 기초가 탄탄해지는

솔루션

영단어 점프업

편저 : 대한영어교육연구원

지식의 샘
법문북스

머리말

이제는 지구촌이라는 말이 너무나 자연스럽게 여겨질 정도로 나라와 나라사이의 국제교류가 빈번해지고 있습니다. 이런 글로벌한 환경에 적응하여 생존하려면 무엇보다도 외국어, 특히 영어능력이 필수라고 하겠습니다. 그러나 영어라는 것이 단기간에 습득되기 어렵고 모국어만큼 능숙하게 구사하려면 많은 노력이 필요합니다.

 본서는 이렇게 쉽지 않은 영어학습에 조금이라도 도움이 되고자 기획된 도서입니다. 영어 정복에 필수적이라고 할 수 있는 단어 및 숙어를 학습하기 쉽도록 편찬된 본서에는 중고등학교의 교과서에 수록된 어휘를 망라하고 있어서 특히 수능시험에 큰 도움이 될 것입니다. 그리고 영어 특유의 어려운 발음도 쉽게 배울 수 있도록 발음기호와 우리말 발음을 표기해 놓아 영어의 초학자라도 어렵지 않게 영어에 접근할 수 있도록 하였습니다.

 본서에 수록된 어휘들만 완전히 익혀 놓으면 고급영어로 수준을 높이는데도 어렵지 않을 것이라고 생각됩니다.

 아무쪼록 본서가 국제화 시대에 전세계를 무대로 큰 뜻을 펼치려는 모든 사람들에게 미약하나마 도움이 되었으면 합니다.

2012년
대한영어교육연구원

◇ 이 책의 장점과 약표물 ◇

1. 총 수록 어휘의 수
   ① 가장 많이 사용되는 영단어 ———————————————— 2,500
   ② 가장 많이 사용되는 영숙어 ———————————————— 500
   ③ 중요 기본 영단어 ———————————————— 6,000
   ④ 중요 기본 영숙어 ———————————————— 1,500

   총 계   10,500 어휘

2. 발음은 미식으로 표기했다.
3. 각 단어마다 악센트가 있는 부분은 고딕체로 표기했다.
4. 영숙어는 표제어 밑에 넣고, 이탤릭체로 표기했다.

명 …… 명 사	자 …… 자동사	전 …… 전치사	〈미〉 …… 미국어
대 …… 대명사	타 …… 타동사	접 …… 접속사	〈영〉 …… 영국어
형 …… 형용사	조 …… 조동사	감 …… 감탄사	〈프〉 …… 불 어
관 …… 관 사	부 …… 부 사	반 …… 반대어	〈독〉 …… 독일어

a, an	[ə, ei] [æn, ən, n]	[어, 에이] [앤, 언]	관 하나, 하나의, 어떤, 같은, 동일한, ~에, ~마다
abacus	[ǽbəkəs]	[애버커스]	명 주판
abandon	[əbǽndən]	[어밴던]	타 버리다, 버려두다, 포기하다
* *abandon oneself to*	~에 내맡기다, ~에 빠지다, ~에 젖다		
abandonment	[əbǽndənmənt]	[어밴던먼트]	명 포기, 버림받음
abase	[əbéis]	[어베이스]	타 깎아내리다, (지위 따위를) 낮추다
abash	[əbǽʃ]	[어배시]	타 …를 부끄럽게 하다
abate	[əbéit]	[어베이트]	타자 내리다, 감하다, 감소하다
abatement	[əbéitmənt]	[어베이트먼트]	명 인하, 감소
abbess	[ǽbis]	[애비스]	명 여자 대수도원장
abbey	[ǽbi]	[애비]	명 대수도원, 대사원, 승원
abbot	[ǽbət]	[애버트]	명 대수도원장, 승원장
abbreviate	[əbríːviéit]	[어브리이비에이트]	타 짧게하다, 단축하다, 생략하다
abbreviation	[əbríːviéiʃən]	[어브리이비에이션]	명 생략, 생략형, 단축형, 약어
abdomen	[ǽbdəmén]	[애브더멘]	명 배, 복부(belly)

abduct	[æbdʌ́kt]	[애브덕트]	타 유괴하다(kidnap) 「하다
abhor	[əbhɔ́ːr]	[어브호오]	타 증오하다, 몹시 싫어하다, 혐오
abhorrence	[əbhɔ́ːrəns]	[어브호오런스]	명 혐오, 딱 질색인 것, 증오
abhorrent	[əbhɔ́ːrənt]	[어브호오런트]	형 몹시 싫은, 용납하지 않는, 지겨운
abide	[əbáid]	[어바이드]	자타 살다, 머무르다, 묵다, 남다
ability	[əbíliti]	[어빌리티]	명 능력, 수완, 할 수 있는 힘, 재능
abject	[æbdʒʌkt]	[애브젝트]	형 천한, 영락한, 비열한
able	[éibl]	[에이블]	형 ~할 수 있는, 유능한, 재능있는
[be] able to [do]		~할 수 있는 (can)	
abnormal	[æbnɔ́ːrməl]	[애브노오멀]	형 비정상의, 이상의, 예외의, 변칙의
aboard	[əbɔ́ːrd]	[어보오드]	부 배에, 차에, 배에 타고
abode	[əbóud]	[어보우드]	명 거주, 거처 「하다
abolish	[əbɔ́liʃ]	[어볼리시]	타 (제도, 법률, 습관 따위를) 폐지
abolition	[æbəliʃen]	[애벌리션]	명 폐지, 전폐, 철폐
abominable	[əbɔ́minəbl]	[어보미너블]	형 밉살맞은, 지긋지긋하게 싫은
abominate	[əbɔ́minèit]	[어보미네이트]	동 지겨워하다, 혐오하다
abound	[əbáund]	[어바운드]	자 많이 있다, 풍부하다
abound in (with)		~이 풍부하다, ~이 많다	
about	[əbáut]	[어바우트]	전 ~에 대하여 부 대략, 거의, 무렵
[be] about to [do]		막 ~하려 하는([be] on the point of [doing])	
above	[əbʌ́v]	[어버브]	전 ~의 위에 부 위로, ~이상
above all [things]		특히, 그 가운데서도, 무엇보다도, 먼저	

abridge	[əbrídʒ]	[어브리지]	타 단축하다, 줄이다, 요약하다
abroad	[əbrɔ́ːd]	[어브로오드]	부 외국에[으로], 집 밖으로, 널리
abrupt	[əbrʌ́pt]	[어브럽트]	형 갑작스러운, 뜻밖의, 급한, 험한
absence	[ǽbsəns]	[앱선스]	명 부재, 출타, 결석, 결근
absent	[ǽbsənt]	[앱선트]	형 부재의, 결석한
absentminded	[ǽbsntmáindid]	[앱슨트마인디드]	형 멍하고 있는, 넋 잃은
absolute	[ǽbsəlùːt]	[앱설루우트]	형 절대의 , 완전한 명 절대
absolutely	[ǽbsəlùːtli]	[앱설루우틀리]	형 절대로, 단연코, 완전히
absolution	[ǽbsəlúːʃən]	[앱설루션]	명 면제, 무죄 언도, 사면
absolve	[əbsɔ́lv]	[업졸브]	타 방면하다, (죄를) 용서하다
absorb	[əbsɔ́ːrb]	[업소오브]	타 흡수하다, 병합하다
* [be] absorbed in ~에 열중하다, ~에 몰두하다			
absorption	[əbsɔ́ːrpʃən]	[업소오프션]	명 흡수, 병합, 몰입, 전념
abstain	[əbstéin]	[업스테인]	자 삼가다, ~을 끊다, 없애다
* abstain from ~을 삼가다, 끊다			
abstract	[ǽbstrækt]	[앱스트랙트]	형 추상적인 타 추상하다, 발췌하다
abstraction	[æbstrǽkʃən]	[앱스트랙션]	명 방심, 추상(작용), 훔쳐냄
absurd	[əbsə́ːrd]	[업서어드]	형 불합리한, 어이없는
abundance	[əbʌ́ndəns]	[어번던스]	명 풍부, 다수, 다량, 윤택
abundant	[əbʌ́ndənt]	[어번던트]	형 풍부한, 많은, 풍족한
abuse	[əbjúːs]	[어뷰우스]	명 남용, 악용
abyss	[əbís]	[어비스]	명 심연(深淵). 지옥, 혼돈

academic	[æ`kə`démik]	[애커데믹]	형 학원의, 대학의, 학문의, 학구적인
academical	[æ`kə`démikəl]	[애커데미컬]	형 학원의 대학의, 학문상의
academy	[ə`kǽdəmi]	[어캐더미]	명 전문학교, 학원, 학회
accelerate	[æk`sélə`rèit]	[액셀러레이트]	자타 속도를 더하다, 촉진하다
acceleration	[æk`sèlə`réiʃən]	[액셀러레이션]	명 가속, 촉진, 가속도
accent	[ǽksent]	[액센트]	명 어조, 액선트 타 강하게 발음하다
accept	[ək`sépt]	[억셉트]	타 승락하다, 인정하다, 받아들이다
acceptable	[ək`séptəbl]	[억셉터블]	형 훌륭한, 좋은, 받아들일 수 있는
acceptance	[ək`séptəns]	[억셉턴스]	명 수락, 용인
access	[ǽkses]	[액세스]	명 접근, 면회 「부속품, 악세서리
accessory, -sary	[æk`sésəri]	[액세서리]	형 보조의, 부속의 명《보통 복수로》
accident	[ǽksid(ə)nt]	[액시던트]	명 뜻밖의 사건, 사고
* *by accident* 우연히, 뜻밖에(by chance)			
accommodate	[ə`kámə`dèit]	[어카머데이트]	자타 수용하다, 공급하다
accompany	[ə`kámp(ə)ni]	[어컴퍼니]	타 ~에 동반하다, ~에 첨가시키다
* *[be] accompanied by (with)* ~이 따르다, ~이 이어서 일어나다			
accomplice	[ə`kámplis]	[어캄플리스]	명 공범자
accomplish	[ə`kámpliʃ]	[어캄플리시]	타 다하다, 성취하다, 완성하다
accomplished	[ə`kámpliʃt]	[어캄플리시트]	형 성취한, 능숙한, 완성한
accomplishment	[ə`kámpliʃmənt]	[어캄플리시먼트]	명 재주, 교양, 수행, 솜씨
accord	[ə`kɔ́ːrd]	[어코오드]	자타 일치하다, 조화하다 명 일치
* *[be] in accord with* ~와 일치하다			

    * *of one's own accord*   자발적으로
    * *with one accord*   다 함께, 일제히
accordance [əkɔ́ːrdəns]   [어코오던스]   명 일치, 조화
    * *in accordance with*   ~와 일치하여, ~에 따라서
according [əkɔ́ːrdiŋ]   [어코오딩]   분 에 따라서, 준하여
    * *according as*   ~에 준하여, ~함에 따라서
    according to   ~에 의하면, ~에 따라서
accordingly [əkɔ́ːrdiŋli]   [어코오딩리]   분 따라서, 그러므로, 적당히
accordion [əkɔ́ːrdiən]   [어코오디언]   명 손풍금, 아코디언
accost [əkɔ́st]   [어코스트]   타 (남에게) 말을 걸다
account [əkáunt]   [어카운트]   명 설명, 계산(서) 타자 설명하다
    * *account for*   ~을 설명하다(explain), 명백히 하다
    * *make much (no) account of*   ~을 중요시 하다(무시하다)
    * *not ~ on any account*   결코 ~아니다(on no account, by no means)
    * *of much (no) account*   중요한(대수롭지 않은)
    * *on account of*   ~ 때문에, ~까닭으로(because of)
    * *take ~ into account*   ~을 참작하다, 고려하다
    * *turn to account*   이용하다(utilize)
accountable [əkáuntəbl]   [어카운터블]   형 책임이 있는, 변명할 수 있는
accountant [əkáuntənt]   [어카운턴트]   명 회계원, 회계사
accumulate [əkjúːmjəlèit]   [어큐우뮬레이트]   타자 (조금씩) 모으다, 축적하다
accumulation [əkjùːmjuléiʃən]   [어큐우뮬레이션]   명 축적, 축재(蓄財), 축적물, 누적

accuracy	[ǽkjərəsi]	[애큐러시]	명 정확, 정밀, 정밀도
accurate	[ǽkjərət]	[애큐리트]	형 정확한, 정밀한, 조심성 있는
accursed	[əkə́:rsid]	[어커어시드]	형 저주받은, 불행한, 지겨운
accusation	[æ̀kjuzeiʃn]	[애큐제이션]	명 비난, 규탄, 고발, 고소, 죄(명)
accuse	[əkjú:z]	[어큐우즈]	타 고발하다, 고소하다, 비난하다
* accuse ~of		~을 나무라다, 비난하다, 고소하다	
accustom	[əkʌ́stəm]	[어커스텀]	타 습관들게 하다, 익숙케 하다
* accustom oneself to		~의 습관을 들이다, ~에 익숙케 하다	
accustomed	[əkʌ́stəmd]	[어커스텀드]	형 익숙한, 습관의, 언제나의
* be accustomed to		~에 익숙하다, 항상 ~하다	
ache	[eik]	[에이크]	재 아프다, 쑤시다 명 아픔(pain)
achieve	[ətʃí:v]	[어취이브]	타 성취하다, 달성하다, 이루다
achievement	[ətʃí:vmənt]	[어취이브먼트]	명 달성, 성취, 성공, 업적
achromatic	[æ̀krəmǽtik]	[애크로우매틱]	형 무색의
achromatize	[eikróumətàiz]	[어크로우머타이즈]	타 색을 지우다
acid	[ǽsid]	[애시드]	형 신, 신맛의 명 산(酸), 신 것
acidify	[əsidifái]	[어시디파이]	재타 시게 하다, 시어지다
acknowledge	[əkná:lɪdʒ]	[어크날리지]	타 인정하다, 알리다, 감사하다
acknowledg[e]ment	[əknálidʒment]	[어크날리지먼트]	명 승인, 용인, 자백, 통지
acorn	[éikɔ:rn]	[에이코온]	명 도토리, 상수리
acquaint	[əkwéint]	[어퀘인트]	타 알리다, 잘 알게하다, 통고하다
* [be] acquainted with		~을 알고 있는, 정통한	

acquaintance	[əkwéintəns]	[어퀘인턴스]	뗑 익히 앎, 안면, 아는 사람
acquainted	[əkwéintid]	[어퀘인티드]	뗑 안면이 있는, 친한, 정통한
acquiesce	[ӕkwies]	[애퀴에스]	짜 묵인하다, 묵묵히 따르다
acquiescence	[ӕkwiesns]	[애퀴에슨스]	뗑 묵낙, 묵인
acquire	[əkwáiər]	[어콰이어]	탸 얻다, 손에 넣다, 습득하다
acquit	[əkwít]	[어퀫]	탸 석방하다, 무죄로 하다
acre	[éikər]	[에이커]	뗑 에이커[1에이커=약 4,047m²]
acrobat	[ӕkrəbӕt]	[애크러뱃]	뗑 곡예사, 줄타기꾼
across	[əkrɔ́:s]	[어크로오스]	쩐 ~의 저쪽에 閉 가로 질러
act	[ӕkt]	[액트]	짜탸 행동하다 뗑 행위

　　* *act on (upon)*　~에 작용하다, ~에 따르다

action	[ӕkʃn]	[액션]	뗑 행동, 동작, 연기
active	[ӕktiv]	[액티브]	휑 활동적인, 적극적인, 활발한
activity	[ӕktívəti]	[액티비티]	뗑 활동, 활기, 활발, 호경기
actor	[ӕktər]	[액터]	뗑 남배우, 영화배우, 행위자
actual	[ӕktʃuəl]	[액츄얼]	휑 실제의, 현실의, 현재의
actually	[ӕktʃuəli]	[액츄얼리]	閉 현실로, 실제로
acute	[əkjú:t]	[어큐우트]	휑 날카로운, 예민한, (병의)급성의
A.D.	[éidí:]	[에이디이]	《 약어 》 기원후(紀元後)
adapt	[ədӕpt]	[어댑트]	탸 (습관·언행을) 적응시키다

　　* *adapt oneself to*　~에 적응하다, 순응하다

add	[ӕd]	[애드]	짜탸 더하다, 늘리다, 보태다

* *add to*	~을 늘리다(increase)		
* *add up [together]*	~을 합계하다		
addition	[ədíʃn]	[어디션]	圀부가, 부가물, 추가, 덧셈
* *in addition to*	~에 더하여, ~외에(besides)		[걸다
address	[ædrés]	[어드레스]	圀 주소, 연설 囤 주소를 쓰다, 말을
* *address oneself to*	~에게 말을 걸다, ~에 착수하다		
adequate	[ǽdikwət]	[애디큇]	闣 충분한, 적당한, 알맞은
adhere	[ədhír]	[어드히어]	閮 들러붙다, 고수하다, 부착하다
adieu	[ədú:]	[어듀우]	閸《프》안녕 圀 작별
adjacent	[ədʒéisnt]	[어제이선트]	闣 인접한, 이웃의, 가까이 있는
adjective	[ǽdʒiktiv]	[애직티브]	圀《문법》형용사, [약어 *a., adj.*]
adjoin	[ədʒɔ́in]	[어조인]	閮囤 이웃하다, 인접하다
adjoining	[ədʒɔ́iniŋ]	[어조이닝]	闣 인접한
adjourn	[ədʒə́:rn]	[어저언]	閮囤 연기하다(put off), 휴회하다
adjust	[ədʒʌ́st]	[어저스트]	囤 맞추다, 조절하다, 적응시키다
* *adjust oneself to*	~에 순응하다		
adjustment	[ədʒʌ́stmənt]	[어저스트먼트]	圀 조정, 정리, 조절
administer	[ədmínistər]	[어드미니스터]	囤 경영하다, 관리하다
administration	[ədministréiʃn]	[어드미니스트레이션]	圀 행정, 경영, 관리, 통제
admirable	[ǽdmərəbl]	[애드머러블]	闣 칭찬할 만한, 기특한, 훌륭한
admiral	[ǽdmərəl]	[애드머럴]	圀 해군 대장, 제독, 어선 대장
admiration	[ǽdməréiʃən]	[애드머레이션]	圀 감탄, 칭찬, 경탄

admire	[ədmáiər]	[어드마이어]	囲 감탄(탄복)하다, 찬미하다
admirer	[ədmáiərər]	[어드마이어러]	명 숭배자, 찬미자, 구혼자
admiring	[ædmáiəriŋ]	[어드마이어링]	형 감탄하는, 칭찬(찬미)하는
admission	[ədmíʃn]	[어드미션]	명 입장, 입회, 입학, 가입
* admission ticket	입장권		
admit	[ədmít]	[어드밋]	囲재 허락하다, 들이다, 인정하다
* admit of	~(의심, 변명 따위의) 여지가 있다		
admittance	[ədmítns]	[어드미턴스]	명 입장, 입장 허가
admonish	[ədmáːniʃ]	[어드모니시]	囲 훈계하다, 타이르다, 충고하다
ado	[ədúː]	[어두우]	명 야단 법석, 소동
adolescence	[ædəlésns]	[애도우레슨스]	명 청춘기, 사춘기
adopt	[ədáːpt]	[어답트]	囲 채용하다, 양자(양녀)로 삼다
adore	[ədɔ́ːr]	[어도오]	囲 숭배하다, 사모하다
adorn	[ədɔ́ːrn]	[어도온]	囲 꾸미다, 장식하다
adult	[ədʌlt]	[어덜트]	명 성인(成人) 형 성인의 「다
advance	[ədvǽns]	[어드밴스]	재囲 나아가다, 진보하다, (값이)오르
* in advance [of]	~보다 나아가서, ~보다 앞서		
advantage	[ədvǽntɪdʒ]	[어드밴티지]	명 유리한 입장, 이점, 우위
* take advantage of	(좋은 기회를)이용하다, 틈타다		
* to advantage	유리하게		
adventure	[ədvéntʃər]	[어드벤쳐]	명 모험 재囲 모험하다
adventurous	[ədvéntʃərəs]	[어드벤쳐러스]	형 모험심이 많은, 위험한

adverb	[ádverb]	[애드버어브]	명	《문법》부사
adversary	[ǽdvərseri]	[애드버서리]	명	적, 상대자, 반대자
adverse	[ǽdv3:rs]	[애드버어스]	형	거꾸로의, 반대의, 불리한
adversity	[ədvə́:rsəti]	[어드버어시티]	명	역경, 불운, 불행
advertise	[ǽdvərtaiz]	[애드버타이즈]	타자	광고하다, 선전을 하다

    * *advertising agent*   광고 대리업[자]

advertisement	[ædvə́rtaizmənt]	[어드버어티스먼트]	명	광고, 선전
advice	[ədváis]	[어드바이스]	명	충고, 조언, 권고

    * *a piece (word, bit) of advice*   한 마디의 조언

advisable	[ədváizəbl]	[어드바이저블]	형	권고할 만한, 현명한
advise	[ədváiz]	[어드바이즈]	타자	충고하다, 권하다, 통지하다
adviser, advisor	[ədváizər]	[어드바이저]	명	충고자, 의논상대, 고문
advocate {	[ǽdvəkit]	[애드버키트]	명	창도자, 주창자, 변호사
	[ǽdvəkeit]	[애드버케이트]	타	변호(주장, 창도)하다, 지지하다
aeon	[íːən]	[이이언]	명	무한한 시간, 영겁(eternity)
aerial	[ériəl]	[에어리얼]	형	공기의, 대기의, 기체의
aerodrome	[éərədrəʊm]	[에어러드로움]	명	공항
aeronautics	[érənɔ́:tiks]	[에어러노오틱스]	명	항공술, 항공학
aeroplane	[érəplèin]	[에어러플레인]	명	비행기(airplane)
Aesop	[íːsɑp, −səp]	[이이솝]	명	이솝(희랍의 우화작가)
afar	[əfáːr]	[어파아]	부	멀리, 아득히
affable	[ǽfəbl]	[애퍼블]	형	붙임성 있는, 상냥한

A

affair	[əfér]	[어페어]	명 사건, 일, 문제, 사무
affect	[əfékt]	[어펙트]	타 영향을 미치다, ~인 체하다
affectation	[æfekteiʃn]	[애펙테이션]	명 ~체하기, 꾸민 태도, 허식
affection	[əfékʃn]	[어펙션]	명 애정, 사랑, 감동, 영향
affectionate	[əfékʃənət]	[어펙셔니트]	형 애정이 깊은, 자애로운, 상냥한
affectionately	[əfékʃənətli]	[어펙셔니틀리]	부 자유롭게, 애정을 다하여

　　* *Affectionately yours* 　（편지의 맺음말）친애하는 ~로 부터

affinity	[əfínəti]	[어피너티]	명 친척(관계), 유사성, 취미
affirm	[əfə́ːrm]	[어퍼엄]	타자 증언하다, 긍정하다, 단언하다
affirmative	[əfə́ːrmətɪv]	[어퍼어머티브]	형 확언적인, 단정적인, 긍정적인
afflict	[əflíkt]	[어플릭트]	타 괴롭히다(distress)
affliction	[əflíkʃn]	[어플릭션]	명 고난, 고뇌, 고통
affluence	[æfluəns]	[애플루언스]	명 풍요, 부유, 흘러듦, 쇄도
afford	**[əfɔ́ːrd]**	**[어포오드]**	**타 ~의 여유가 있다, 산출하다**

　　* *can afford to [do]* ~ 　~을 할 여유가 있다

affright	[əfráit]	[어프라이트]	명 공포, 놀람 타 놀라게 하다
afire	[əfáiər]	[어파이어]	형부 불타서, 벌겋게, 격하여
aflame	[əfléim]	[어플레임]	부형 불타 올라, 얼굴이 화끈 달아서

　　* *aflame with patriotism* 　애국심에 불타서

afloat	[əflóut]	[어플로우트]	부형 (물 위에) 떠서, 바다 위에
afraid	[əfréid]	[어프레이드]	형 두려워하는, 걱정하는, 우려하는

　　* *be afraid of* ~ 　~을 두려워하다(fear)

afresh	[əfréʃ]	[어프레시]	閉 다시, 새로이
Africa	[ǽfrikə]	[애프리커]	圀 아프리카
after	[ǽftər]	[애프터]	젠 ~의 뒤에, 다음에, 휑 뒤의, 나중의
after all	결국, 요컨대		
afternoon	[æftərnúːn]	[애프터누운]	圀 오후
afterward[s]	[ǽftərwərd(z)]	[애프터워드(즈)]	閉 뒤에, 나중에
again	[əgén]	[어겐]	閉 다시, 게다가, 또
again and again	몇 번이고, 되풀이하여		
against	[əgénst]	[어겐스트]	젠 ~에 반대하여, ~에 대비하여
age	[eidʒ]	[에이지]	圀 나이, 시대, 세대, 성년
come (be) of age	성년이 되다(이다)		
agency	[éidʒənsi]	[에이젼시]	圀 대리, 대리점, 작용, 기관
agent	[éidʒənt]	[에이젼트]	圀 대리인, 대리점, 요인, 행위자
aggravate	[ǽgrəveit]	[애그러베이트]	囲 악화시키다, 괴롭히다
aggressive	[əgrésiv]	[어그레시브]	휑 침략적인, 공세의, 적극적인
agitate	[ǽdʒiteit]	[애지테이트]	囲丞 동요시키다, 흥분시키다, 흔들다
agitation	[ǽdʒiteiʃn]	[애지테이션]	圀 뒤섞기, 동요, 소동
ago	[əgóʊ]	[어고우]	閉 (지금부터) ~전에
agonize	[ǽgənaiz]	[애거나이즈]	囲丞 괴로워하다, 고민하다, 괴롭히다
agony	[ǽgəni]	[애거니]	圀 심한 고통, 고뇌, 극도의 걱정,
agree	[əgríː]	[어그리이]	丞 동의하다, 일치하다 ⌐ 몸부림
agree to	~에 동의하다, 승낙하다		

* agree with		~에 일치하다, 찬성하다	
agreeable	[əgríːəbl]	[어그리어블]	혱 쾌히 응하는, 기분 좋은
agreement	[əgríːmənt]	[어그리이먼트]	몡 협정, 계약, 일치
agricultural	[æ̀grikʌ́ltʃərəl]	[애그리컬추럴]	혱 농업(농사, 농경)의, 농학의
agriculture	[ǽgrikʌltʃər]	[애그리컬쳐]	몡 농업, 농학, 농예
ah	[ɑː]	[아아]	갑 아아!
ahead	[əhéd]	[어헤드]	뮈 전방에, 앞으로, 앞에
* ahead of~		~의 앞에, ~보다 앞서	
* Go ahead!		어서 계속하시오	
aid	[eid]	[에이드]	탸 돕다, 원조하다, 조력하다 몡 원조
* with aid of		~의 도움을 빌어	
ail	[eil]	[에일]	탸 괴롭히다, 앓다
ailing	[éiliŋ]	[에일링]	혱 앓는, 괴로워하는
ailment	[éilmənt]	[에일먼트]	몡 병, 편찮음, 앓는 것
aim	[eɪm]	[에임]	탸쟈 겨누다 몡 겨냥
* take aim at		~을 목표로 삼다, ~을 겨냥하다	
aimless	[éimləs]	[에임리스]	혱 목적(목표) 없는
air	[er]	[에어]	몡 공기, 공중 탸쟈 공기에 쐬다
* air force	공군		
* air pollution	대기 오염		
* by air	비행기로		
* in the air	(소문이) 퍼져		

     * *on the air*   방송 중, 방송되어   「하다

aircondition [érkəndiʃən] [에어컨디션] 🏳 공기를 조절하다, 냉(난)방 장치

airconditioner [érkəndiʃənər] [에어컨디셔너] 몡 공기조절장치, 냉난방장치

aircraft [érkræft] [에어크래프트] 몡 비행기(단수 복수 동형), 항공기

airdrome [éərdròum] [에어드로움] 몡 비행장(airport)

airline [érlain] [에얼라인] 몡 (정기)항공로, 《복수》항공 회사

airmail [érmeil] [에어메일] 몡 항공 우편

airman [érmən] [에어먼] 몡 비행가, 비행사

airplane [éərplèin] [에어플레인] 몡 비행기 🏳 비행기로 가다

airport [érpɔːrt] [에어포오트] 몡 공항

airship [érʃip] [에어십] 몡 비행선

airy [éri] [에어리] 혱 공기 같은, 덧없는, 경쾌한

aisle [ail] [아일] 몡 (교회 좌석 사이의) 통로, 복도

akin [əkín] [어킨] 혱 혈족의, 동족의, 유사한

alabaster [ǽləbæstər] [앨러바아스터] 혱 회고, 매끄러운 몡 설화, 석고

alarm [əláːrm] [얼라암] 몡 놀람, 경보(기) 🏳 경보하다

     * *be alarmed at*   ~에 놀라다

     * *in alarm*   놀라서

alarmclock [əláːrmklɔk] [얼라암클로크] 몡 자명종

alarming [əláːrmiŋ] [얼라아밍] 혱 놀랄 만한, 불온한

alas [əlǽs] [얼래스] 🈺 아아!, 슬프도다!

album [ǽlbəm] [앨범] 몡 앨범, 사진첩

A

alchemy	[ǽlkəmi]	[앨키미]	몡 연금술(鍊金術)
alcohol	[ǽlkəhɔ:l]	[앨커호올]	몡 알코올, 주정(酒精)
alert	[ələ́:rt]	[얼러어트]	혱 빈틈없는, 날쌘 몡 경제
algebra	[ǽldʒibrə]	[앨지브러]	몡 대수(代數), 대수학
alien	[éiliən]	[에일리언]	혱 외국(인)의(foreign), ~와 다른
alight	[əláit]	[얼라이트]	짜 (말·차에서)내리다, (비행기가
			착륙하다
alike	[əláik]	[얼라이크]	혱 닮은, 같은 🕀 마찬가지로
alive	[əláiv]	[얼라이브]	혱 살아있는 🕀 dead(죽은)
all	[ɔ:l]	[오올]	혱 모든, 전부의 몡떼 모든 것, 누구
			ㄴ 나 다

* all along   처음부터 죽, 내내
* all at once   갑자기, 돌연
* all over   도처에, 온몸에
* all right   틀림없이, 무사히, 좋아, 순조롭게
* all sorts of   여러 종류의
* all the more   더욱 더, 점점 더
* all the same   마찬가지(이다), 역시, 그래도
* all the way back   멀리 거슬러 올라가
* all through~   ~동안 쭉, ~동안 내내
* in all   통틀어서(all told), 전부해서
* not at all   조금도 ~않다
* of all   전체 중에서

allay	[əléi]	[얼레이]	団 가라앉히다, 누그러뜨리다
allege	[əlédʒ]	[얼레지]	団 주장하다, ~때문이라고 변명하다
alley	[æli]	[앨리]	명 좁은 길, 샛길, 오솔길
alliance	[əláiəns]	[얼라이언스]	명 협력, 조합, 관계, 동맹(국)
allied	[əláid]	[얼라이드]	형 동맹한, 연합국의
alligator	[æligeitər]	[앨리게이터]	명 (미국산) 악어, 악어가죽
allot	[əlá:t]	[얼로트]	団 할당하다, 정하다, 분배하다
allotment	[əlá:tmənt]	[얼로트먼트]	명 할당, 분배, 배당, 몫, 운명
allow	[əláʊ]	[얼라우]	団 허락하다, 인정하다, 고려하다

     * *allow for*   ~을 고려(참작)하다
     * *allow of*   ~의 여지가 있다, 허용하다

allowance	[əláʊəns]	[얼라우언스]	명 수당, 용돈, 허가, 참작

     * *make allowance [for]*   ~을 참작하다, ~을 공제하다

allude	[əlú:d]	[얼루우드]	재 (넌지시) 비추다, ~에 언급하다
allure	[əlɚr]	[얼루어]	団 유혹하다, 꾀다
allusion	[əlú:ʒn]	[얼루우전]	명 암시, 풍자, 빗댐, 언급
ally	[ælái]	[얼라이]	団 동맹하다, 결연을 맺다
almanac	[ɔ́:lmənæk]	[오올머낵]	명 달력, 책력, 연감
almighty	[ɔ:lmáiti]	[오올마이티]	형 전능의, 대단한 閉 굉장히
almost	[ɔ́:lmoʊst]	[오올모우스트]	閉 거의(nearly), 대체로
alms	[ɑ:mz]	[아암즈]	명 [단·복수 동형]보시(布施),의연금
aloft	[əlɔ́:ft]	[얼로오프트]	閉 위에, 높이(high up)

alone	[əlóʊn]	[얼로운]	형 홀로, 다만 ~뿐 부 단지, 홀로
along	[əlɔ́ːŋ]	[얼로옹]	전부 ~을 따라(서)

     * *along with*   ~와 함께, ~와 같이

aloof	[əlúːf]	[얼루우프]	부 따로 떨어져서, 초연히
aloud	[əláʊd]	[얼라우드]	부 큰소리로 반 silently(조용히)
alphabet	[ǽlfəbet]	[앨퍼벳]	명 알파벳, 초보
alpine	[ǽlpain]	[앨파인]	형 높은 산의, [A-] 알프스 산맥의
Alps	[ǽlps]	[앨프스]	명 [the~] 알프스 산맥
already	[ɔːlrédi]	[오올레디]	부 이미, 벌써 반 yet(아직)
also	[ɔ́ːlsoʊ]	[오올소우]	부 ~도 또한
altar	[ɔ́ːltər]	[오올터]	명 제단, 성찬대
alter	[ɔ́ːltər]	[오올터]	타자 변경하다, 고치다
alternate	[ɔ́ːltərnət]	[오올터네이트]	자타 교대하다, 번갈아 하다
alternative	[ɔːltə́ːrnətiv]	[오올터어너티브]	형 (둘 중의)어느 한쪽의 명 양자택일
although	[ɔːlðóʊ]	[오올도우]	접 비록 ~일지라도, ~이지만
altitude	[ǽltituːd]	[앨티튜우드]	명 높이, 해발, 고도
altogether	[ɔ́ːltəgeðər]	[오올터게더]	부 완전히, 전체적으로, 대체로
aluminium	[æljómɪniəm]	[얼류우미늄]	명 알루미늄
alumnus	[əlʌ́mnəs]	[얼럼너스]	명 (남자) 졸업생, 교우(복수 alumni)

     * *alumni association*   교우회, 동창회

always	[ɔ́ːlweiz]	[오올웨이즈]	부 항상, 언제나, 늘

     * *not always*   반드시 ~한 것은 아니다

am	[æm, əm]	[앰, 엄]	통 ~이다, (~에) 있다
a.m.	[éiém]	[에이엠]	약 오전 반 p.m.(오후)
amass	[əmǽs]	[어매스]	재태 쌓다, 축적하다(accumulate)
amateur	[ǽmətər]	[애머튜어]	명 아마추어 형 아마추어의
amaze	[əméiz]	[어메이즈]	타 놀라다, 깜짝 놀라게 하다
	* be amazed at~	~을 보고(듣고) 깜짝 놀라다	
amazement	[əméizmənt]	[어메이즈먼트]	명 경악, 놀람
ambassador	[æmbǽsədər]	[앰배서더]	명 대사, 사절
amber	[ǽmbər]	[앰버]	명 호박 형 호박색의
ambition	[æmbíʃn]	[앰비션]	명 야심, 대망, 큰 포부
ambitious	[æmbíʃəs]	[앰비셔스]	형 야심적인, 대망을 품은
ambulance	[ǽmbjələns]	[앰뷸런스]	명 야전병원, 구급차
ambush	[ǽmbʊʃ]	[앰부시]	명 잠복, 복병, 매복한 장소
amen	[á:mén]	[아아멘]	감명 아멘(기도끝에 하는 말)
amend	[əménd]	[어멘드]	타 정정하다, 개심하다, 수정하다
amendment	[əméndmənt]	[어멘드먼트]	명 개정, 수정(안), 개심
America	[əmérikə]	[어메리커]	명 아메리카, 미국
American	[əmérikən]	[어메리컨]	형 아메리카의 명 미국인
amiable	[éimiəbl]	[에이미어블]	형 귀여운, 호감을 주는, 상냥한
amiability	[èimiəbíləti]	[에이며빌러티]	명 상냥함, 온화, 사랑스러움
amid	[əmíd]	[어미드]	전 ~의 가운데, ~속에
amidst	[əmídst]	[어미드스트]	전 =amid

A

amiss	[əmís]	[어미스]	부형 잘못하여, 탈이 나서
ammonia	[əmóʊniə]	[어모우니어]	명 암모니아(기체), 암모니아수
ammonium	[əmóʊniəm]	[어모우니엄]	명 암모늄, 암모늄 염기
ammunition	[æ̀mjuníʃn]	[애뮤니션]	명 탄약, 군수품 형 군용의
amoeba	[əmíːbə]	[어미이버]	명 아메바(amoebas 또는 amoebae)
among(st)	[əmʌ́ŋ(st)]	[어멍(스트)]	전 ~의 가운데, ~에 둘러싸여

   * among other things   특히, 무엇보다
   * among the rest   그 중에서도, 특히

| amount | [əmáunt] | [어마운트] | 자 (총계) ~이 되다, 결국 ~이 되다 |

   * amount to ~   (총계가) ~에 달하다

ampere	[æmpiər]	[앰피어]	명 [전기] 암페어(전류의 단위)
ample	[æmpl]	[앰플]	형 풍부한, 충분한, 광대한
amplification	[æ̀mpləfikéiʃən]	[앰플리피케이션]	명 확대, 부연, 증폭
amplify	[æmplifài]	[앰플리파이]	자타 부연하다, 확대하다
amuse	[əmjúːz]	[어뮤우즈]	타 즐겁게 해 주다, 재미나게 하다

   * be amused at (by, with)   ~을 보고(듣고, 하고) 즐기다

amusement	[əmjúːzmənt]	[어뮤우즈먼트]	명 오락, 오락물, 즐거움
amusing	[əmjúːziŋ]	[어뮤우징]	형 재미나는, 즐거운, 유쾌한
anachronism	[ənǽkrəndízəm]	[어내크러니점]	명 시대착오, 시대에 뒤짐
analogue	[ǽnəlɔ̀ːg]	[애널로오그]	명 비슷한 물건, 동류어(同類語)
analogy	[ənǽlədʒi]	[어낼러지]	명 유사, 유추(類推)
analysis	[ənǽləsis]	[어낼리시스]	명 분해, 분석

analyze,-lyse	[ǽnəlàiz]	[애널라이즈]	타 분해하다, 자세히 조사하다
anarchy	[ǽnərki]	[애너키]	명 무정부, 무질서
anatomy	[ənǽtəmi]	[어내터미]	명 해부, 해부학
ancestor	[ǽnsestər]	[앤세스터]	명 조상, 선조 반 descendant(자손)
anchor	[ǽŋkər]	[앵커]	명 닻, (릴레이 따위의) 최종 주자
ancient	[éinʃənt]	[에인션트]	형 고대의 반 modern(현대의)
and	[ənd, ən]	[(강)앤드, (약)언드]	접 그리고, 또한, ~와, 및, 그리하여,
			└ 그러면

     * and so forth (on)   따위, 등등, 기타(and the like)

     * and yet   그런데도, 그럼에도 불구하고

anecdote	[ǽnikdòut]	[애닉도우트]	명 일화(逸話), 비화
anew	[ənú:]	[어뉴우]	부 새로이, 다시 한 번(once more)
angel	[éindʒl]	[에인젤]	명 천사(天使) ┌ 내다
anger	[ǽŋgər]	[앵거]	명 노여움, 화 자타 노하게 하다, 성
angle	[ǽŋgl]	[앵글]	명 모퉁이, 각도, 구석
angry	[ǽŋgri]	[앵그리]	형 성난, 노한
anguish	[ǽŋgwiʃ]	[앵귀시]	명 고뇌, 고통, 심한 고민
animal	[ǽniml]	[애니멀]	명 동물, 짐승 형 동물의, 동물적인
animate	[ǽnimeit]	[애니메이트]	타 고무하다, 활기를 주다
animation	[æniméiʃn]	[애니메이션]	명 생기, 활기, 만화 제작
ankle	[ǽŋkl]	[앵클]	명 복사뼈, 발목
annals	[ǽnlz]	[애널즈]	명 연대기, 기록, 연보
annex	[ənéks]	[어넥스]	타 부가하다, 병합하다, 첨부하다

annihilate	[ənáiəlèit]	[어나이얼레이트]	団 전멸시키다, 근절시키다
anniversary	[æ̀nivə́ːrsəri]	[애니버어서리]	圀 기념일, 기념제 圀 연례의, 기념
announce	[ənáuns]	[어나운스]	団 알리다, 발표하다 ㄴ일의
annoy	[ənɔ́i]	[어노이]	団 귀찮게 굴다, 성가시게 굴다
annoyance	[ənɔ́iəns]	[어노이언스]	圀 괴롭힘, 시달림, 성가심, 고뇌
annual	[ǽnjuəl]	[애뉴얼]	圀 일년에 한번의, 일년의, 圀 연감
anoint	[ənɔ́int]	[어노인트]	団 (종교적 의식으로)기름을 뿌리다
anon	[ənǽːn]	[어논]	圀 이내, 멀지 않아, 곧
another	[ənʌ́ðər]	[어너더]	圀 다른, 또 하나의, 제2의 団 또 하나
* one after another		차례로, 하나씩, 속속, 뒤이어	
* one another		서로	
answer	[ǽnsər]	[아안서]	団困 응하다, 대답하다 圀 대답
* answer back		말대꾸하다	
* answer for		~의 책임을 지다, ~대신 대답하다	
* answer to		~에 부합하다, ~에 회답하다	
answerable	[ǽːnsərəbl]	[아안서러블]	圀 책임이 있는, 대답할 수 있는
ant	[ǽnt]	[앤트]	圀 개미
antagonism	[æntǽgənízəm]	[앤태거니점]	圀 반대, 적대
antagonist	[æntǽgənɪst]	[앤태거니스트]	圀 반대자, 적대자, 경쟁자
antagonistic	[æntægənístik]	[앤태거니스틱]	圀 반대의
antagonize	[æntǽgənàiz]	[앤태거나이즈]	団 반대하다. 적대시키다
antarctic	[æntáːrktik]	[앤타악틱]	圀 남극 (지방)의 圀 남극 지방

antecedent	[æntɪˈsíːdnt]	[앤티시이던트]	혱 앞서는, 선행의, 이전의 몡 선행사
antenna	[ænténə]	[앤테너]	몡 더듬이, 촉각, 안테나, 공중선
anterior	[æntíriər]	[앤티어리어]	혱 (때, 사건)전의, 먼저의
anthem	[ǽnθəm]	[앤섬]	몡 찬미가, 성가, 축가, 송가, 국가
anthology	[ænθάlədʒi]	[앤살러지]	몡 (시의)선집, 명시선(名詩選)
anthracite	[ǽnθrəsàit]	[앤스러사이트]	몡 무연탄(hard coal)
anthropology	[æ̀nθrəpάlədʒi]	[앤스러팔러지]	몡 인류학
anti-aircraft	[ænti̇́ɛərkræft]	[앤티에어크래프트]	혱 비행기에 대항하는, 방공의, 대공의
* *anti-aircraft gun*		고사포	
antibiotic	[æntibaiάtik]	[앤티바이오틱]	혱 항생의 몡 항생물질
anticipate	[æntísipèit]	[앤티시페이트]	타 예상(예기)하다, 미리 짐작하다
anticipation	[æntísipéiʃn]	[앤티시페이션]	몡 예견, 예기, 예상
antidote	[ǽntidòut]	[앤티도우트]	몡 해독제, 교정(矯正) 수단
antique	[æntíːk]	[앤티이크]	혱 고풍의, 낡은, 구식의, 고대의
antiquity	[æntíkwəti]	[앤티쿼티]	몡 고대, 오래됨, 낡음, 고풍, 먼 옛
antler	[ǽntlər]	[앤틀러]	몡 (사슴의) 가지진 뿔　　　└날
antonym	[ǽntənim]	[앤터님]	몡 《문법》반의어
anvil	[ǽnvil]	[앤빌]	몡 모루(대장간용)
anxiety	[æŋzáiəti]	[앵자이어티]	몡 근심, 걱정, 불안, 갈망
anxious	[ǽŋkʃəs]	[앵크셔스]	혱 걱정하는, 불안스런, 열망하는
* *be anxious about*		~을 걱정하다	
* *be anxious for(to do)*		몹시 ~을 하고 싶어하는, ~을 갈망하는	

A

| **any** | [éni] | [에니] | 형대부 무엇인가, 누군가, 얼마간 |

* *in any case*   어떤 경우에도, 어떻든 간에

anybody	[énibàdi]	[에니바디]	대 누구라도, 아무도, 누군가
anyhow	[énihàə]	[에니하우]	부 어떻게든, 어쨌든, 아무튼
anyone	[éniwλn]	[에니원]	대 누구라도, 누구도, 아무도
anything	[éniθiŋ]	[에니싱]	대 무엇이든, 무엇도, 아무것도

* *anything but*   ~외에는 무엇이든, 결코 ~은 아닌, ~은 당치도 않은
* *anything of*   조금도, 조금은

anyway	[éniwèi]	[에니웨이]	부 아무튼, 하여간(anyhow)
anywhere	[éniweər]	[에니훼어]	부 어디든, 어디서나, 아무데도
apace	[əpéɪs]	[어페이스]	부 빨리, 신속히
apart	[əlpáːrt]	[어파아트]	부 떨어져서, 떼어서, 따로

* *apart from*   ~은 별도로 하고, ~은 그렇다 하고
* *take apart*   따로 떼다, (기계 따위) 분해하다

apartment	[əpáːrtmənt]	[어파아트먼트]	명 방, 아파트, 한 세대의 방
ape	[éip]	[에이프]	명 원숭이 타 흉내내다
aperture	[ǽpətʃàr]	[애퍼츄워]	명 틈새, 구멍(opening), 틈(gap)
apiece	[əpíːs]	[어피이스]	부 각각, 하나하나, 각자에 대하여
Apollo	[əpálou]	[어팔로우]	명 아폴로(옛 그리스·로마의 태양신
apologetic	[əpàːlədʒétik]	[어팔러제틱]	형 변명의 명 변증론
apologetically	[əpàːlədʒétikəli]	[어팔러제티컬리]	부 변명적으로
apologist	[əpàːlədʒist]	[어팔러지스트]	명 변호자

apologize	[əpá:lədʒaiz]	[어팔러자이즈]	자 변명하다, 사과하다
* *apologize to ~ for…*	…에 대하여 ~에게 사과하다		
apology	[əpá:lədʒi]	[어팔러지]	명 사과, 변명
appalling	[əpɔ́:liŋ]	[어포올링]	형 섬뜩하게 하는, 무서운, 겁나는
apparatus	[æ̀pərǽtəs]	[애퍼래터스]	명 기구류, 장치, 기관
apparent	[əpǽrənt]	[어패런트]	형 명백한, 눈에 보이는, 외관상의
appeal	[əpí:l]	[어피일]	자타 호소하다, 흥미를 돋우다
appear	[əpíər]	[어피어]	자 나타나다, ~인 것 같다, 등장하다
appearance	[əpírəns]	[어피어런스]	명 출현, 외관, 기색
* *to (in) all appearance(s)*	아무리 보아도, 어느 모로 보나		
appease	[əpí:z]	[어피이즈]	타 달래다, 가라앉히다
appendix	[əpéndiks]	[어펜딕스]	명 부속물, 부록, 충양돌기
appetite	[ǽpitàit]	[애피타이트]	명 욕망, 욕구, 식욕
applaud	[əplɔ́:d]	[어플로오드]	타자 칭찬하다, 박수갈채하다
applause	[əplɔ́:z]	[어플로오즈]	명 박수 갈채, 찬성, 칭찬
* *win an applause*	박수 갈채를 받다		
apple	[ǽpl]	[애플]	명 사과, 능금
appliance	[əpláiəns]	[어플라이언스]	명 기구, 설비, 장치, 적용
applicant	[ǽplikənt]	[애플리컨트]	명 신청자, 지원자, 응모자
application	[æ̀plikéiʃn]	[애플리케이션]	명 적용, 응용, 지원, 신청
apply	[əplái]	[어플라이]	타자 적용하다, 충당하다, 신청하다
* *apply for*	~을 지원하다, 부탁하다, 신청하다		

apply oneself to		~에 몰두하다, ~에 열중하다, ~에 전념하다	
appoint	[əpɔ́int]	[어포인트]	타자 임명하다, 지정하다, 지명하다
appointment	[əpɔ́intmənt]	[어포인트먼트]	명 임명, 관직, 지정, 약속
appreciable	[əprí:ʃəbl]	[어프리이셔블]	형 평가할 수 있는, 다소의
appreciate	[əprí:ʃièit]	[어프리이시에이트]	타 옳게 평가하다, 감상하다, 감사하다
appreciation	[əprì:ʃiéiʃn]	[어프리이시에이션]	명 평가, 감상, 존중
appreciative	[əprí:ʃətiv]	[어프리이셔티브]	형 감식력이 있는, 감사하는
apprehend	[æ̀prihénd]	[애프리헨드]	타 걱정하다, 붙잡다, 깨닫다
apprehension	[æ̀prihénʃn]	[애프리헨션]	명 염려, 이해, 체포
apprehensive	[æ̀prihénsiv]	[애프리헨시브]	형 이해가 빠른, 염려하는
apprentice	[əpréntis]	[어프렌티스]	명 계시, 견습 타 도제로 보내다
apprenticeship	[əpréntiʃip]	[어프렌티스십]	명 계시노릇, 그 생활(연한)
approach	[əpróotʃ]	[어프로우치]	타자 접근하다, ~에 가깝다
approachable	[əpróotʃəbl]	[어프로우쳐블]	형 가까이하기 쉬운
approbation	[æ̀prəbéiʃn]	[애프러베이션]	명 허가, 인가, 면허, 시인
appropriate	[əpróopriət]	[어프로우프리이트]	형 적당한, 특정의
appropriateness	[əpróopriitnis]	[어프로우프리이트니스]	명 적당, 타당성
appropriation	[əpròopriéiʃn]	[어프로우프리에이션]	명 전용, 사용, 충당
appropriator	[əpróuprièitər]	[어프로우프리에이터]	명 전용자, 충당자
approvable	[əprú:vəbl]	[어프루우버블]	형 시인할 수 있는
approval	[əprú:vl]	[어프루우벌]	명 시인, 찬성, 허가
approve	[əprú:v]	[어프루우브]	타자 시인하다, 찬성하다

  * *approve of* ~을 시인하다, ~에 찬성하다

approving [əprúːviŋ] [어프루우빙] 형 찬성의, 만족의

approvingly [əprúːviŋli] [어프루우빙리] 부 찬성하여, 만족스럽게 「근사한

approximate [əprɑ́ksimət] [어프록시메이트] 타자 접근하다, 가깝다[əprɑ́ksimit]형

approximation [əprɑ́ksiméiʃn] [어프록시메이션] 명 접근, 근사, 어림셈, 근사치

April [éiprəl] [에이프럴] 명 4월(약어 Apr.)

apron [éiprən] [에이프런] 명 에이프런, 앞치마

apt [æpt] [앱트] 형 ~하기 쉬운, ~하는 경향이 있는

  * *[be] apt to [do]* ~하기 쉽다, ~하는 경향이 있다

aptitude [æptitùːd] [앱티튜우드] 명 적성, 재능, 경향

Arab [ǽrəb] [애럽] 명형 아라비아 사람(의)

Arabia [əréibiə] [어레이비어] 명 아라비아

Arabic [ǽrəbik] [애러빅] 명 아라비아 말 형 아라비아 말의

arbitrary [ɑ́ːrbətrèri] [아아버트레리] 형 임의의, 독단적인, 제멋대로의

arch [ɑːrtʃ] [아아치] 명 아아치 자타 활 모양으로 하다

archery [ɑ́ːrtʃəri] [아아처리] 명 궁술(弓術)

architect [ɑ́ːrkitèkt] [아아키텍트] 명 건축가, 건축 기사, 설계사

architecture [ɑ́ːrkitèktʃər] [아아키텍쳐] 명 건축, 건축술, 건축학

arctic [ɑ́ːrktik] [아아크틱] 형 북극의 명 [the A-] 북극

ardent [ɑ́ːrdnt] [아아던트] 형 열렬한, 열심인, 강렬한, 타는 듯한

ardour [ɑ́ːrdər] [아아더] 명 열심(eagerness), 작열

arduous [ɑ́ːrdʒuəs] [아아쥬어스] 형 곤란한, 힘드는, 고난의

area	[é(:)riə/ éəriə]	[에리어/ 에어리어]	명 면적, 지역, 지방, 범위
arena	[eríə]	[어리이너]	명 투기장, 경기장, 활동 무대, 도장
Argentina	[à:rdʒəntí:nə]	[아아젠티이너]	명 아르헨티나
argue	[á:rgju:]	[아아규우]	자타 증명하다, 논하다, 설복하다
* argue with (a person) about		~에 대하여 아무와 논의하다	
argument	[á:rgjumənt]	[아아규먼트]	명 논의, 논쟁, 이론, 요지, 논지
argumentation	[à:rgjuməntéiʃn]	[아아규멘테이션]	명 논법, 논증, 입론
argumentative	[à:rgjuméntətiv]	[아아규멘터티브]	형 논쟁적인, 까다로운
aright	[əráit]	[어라이트]	부 바르게, 정확히
arise	[əráiz]	[어라이즈]	자 생기다, 일어나다, 일어서다
aristocracy	[æ̀ristá:krəsi]	[애리스토크러시]	명 귀족 정치, 귀족 사회
aristocrat	[ə́ristəkræt]	[애리스터크래트]	명 귀족, 귀족 정치주의자
aristocratic	[ə̀ristəkrǽtik]	[애리스터크래틱]	형 귀족의, 귀족적인
arithmetic	[əríθmətik]	[어리스머틱]	명 산수, 계산, 셈
arithmetical	[æ̀riθmétikl]	[애리스메티컬]	형 산수의 [병기]
arm	[ɑ:rm]	[아암]	명 팔, 앞다리(동물의), 권력, 무기,
* arm in arm	팔을 서로 끼고		
* with open arms	진심으로(warmly)		
armada	[ɑ:rmá:də]	[아아마아더]	명 함대, 비행대
armament	[á:rməmənt]	[아아머먼트]	명 군비, 병력, 병기, 무장
armchair	[á:rmtʃer]	[아암췌어]	명 팔걸이의자, 안락의자
armed	[á:rmd]	[아암드]	형 무장한

    * armed forces   군대

armful	[ɑ́ːrmfəl]	[아암풀]	몡 한 아름(가득)
armistice	[ɑ́ːrmistis]	[아아미스티스]	몡 휴전(truce), 정전, 휴전 조약
armo(u)r	[ɑ́ːrmər]	[아아머]	몡 갑옷, 장갑(裝甲) 탄 장갑하다
armo(u)ry	[ɑ́ːrməri]	[아아머리]	몡 병기고, 병기공장
army	[ɑ́ːrmi]	[아아미]	몡 육군, 군대, 큰떼, 무리
around	[əráʊnd]	[어라운드]	믠 주위에, 사방에 젠 ~의 주위에
arouse	[əráʊz]	[어라우즈]	탄 깨우다, 일으키다
arrange	[əréindʒ]	[어레인지]	탄짜 가지런히 하다, 정돈하다, 배열

    * arrange for   약속을 정하다, 준비하다   └ 하다

arrangement	[əréindʒmənt]	[어레인지먼트]	몡 정돈, 정리, 협정, 준비, 배열
array	[əréi]	[어레이]	탄 차려 입다, 배열하다 몡 정렬, 소집
arrest	[ərést]	[어레스트]	탄 억제하다, 체포하다 몡 체포, 정지
arrival	[əráivl]	[어라이벌]	몡 도착, 입항, 도달 └ 저지
arrive	[əráiv]	[어라이브]	짜 도착하다, 도달하다
arrogant	[ǽrəgənt]	[애러건트]	휑 거만한, 건방진, 무례한, 오만한
arrow	[ǽroʊ]	[애로우]	몡 화살, 화살표
art	[ɑːrt]	[아아트]	몡 예술, 미술, 기술 휑 예술적인
article	[ɑ́ːrtikl]	[아아티클]	몡 물품, 기사 《문법》 관사
articulate	[ɑːrtíkjuleit]	[아아티큐릿]	휑 (언어가) 또렷한, 분명한
artificial	[ɑ̀ːrtifíʃl]	[아아티피셜]	휑 인공의, 모조의 멘 natural(자연의)
artillery	[ɑːrtíləri]	[아아틸러리]	몡 포병, 《집합적》 대포

artisan	[ɑ́:rtəzn]	[아아티즌]	명 기술공, 공예가
artist	[ɑ́:rtist]	[아아티스트]	명 예술가, 미술가
artistic	[ɑ:rtístik]	[아아티스틱]	형 예술적인
as	[(강)æz, (약)əz]	[(강)애즈, (약)어즈]	접 ~이므로, ~처럼 전 ~으로서
			ㄴ 부 ~와 같이, ~만큼, ~하면서

* *as a matter of course*   당연히, 물론
* *as a matter of fact*   사실은, 사실상
* *as a [general] rule*   대체로, 일반적으로, 대개
* *as~as*   ~와 같은 정도로, ~만큼
* *as~as any*   누구[어떤 것]에도 못지 않게
* *as~as ever*   변함없이, 여전히, 더 없이
* *as~as one can (possible)*   될 수 있는 대로
* *as far as*   (~에 관한)한, ~까지
* *as for*   ~에 관해서는, ~로서는, ~만은(as regards)
* *as if*   마치 ~인 것처럼(as though)
* *as it is*   (사실 있는) 그대로, 사실은 (그렇지 않으므로)
* *as it were*   말하자면 (so to speak)
* *as long as*   ~하는 동안에는, ~하는 이상에는, ~하는 한에는
* *as many as*   ~만큼, ~와 같은 수의
* *as much as*   ~만큼, ~와 같은 양의
* *as often as not*   때때로, 종종(more often than not)
* *as regards*   ~에 대하여, 관하여
* *as~, so…*   ~와 마찬가지로

* *as soon as*   ~ 하자마자, 곧(immediately after)
* *as though*   마치 ~인 것처럼(as if)
* *as to*   ~에 관하여, ~에 대해서
* *as usual*   평소와 같이, 여느 때처럼
* *as well*   ~도 마찬가지로
* *as well as*   ~와 마찬가지로, ~은 물론이고, ~뿐만 아니라
* *as yet*   아직은, 지금까지는

ascend	[əsénd]	[어센드]	재 올라가다, 오르다, 상승하다
ascendancy	[əséndənsi]	[어센던시]	명 우세, 지배권
ascendant	[əséndənt]	[어센던트]	형 떠오르는, 뛰어난
ascension	[əsénʃn]	[어센션]	명 상승, 즉위
ascent	[əsént]	[어센트]	명 향상, 오르막길, 오름, 등산, 앙등
ascertain	[æsərtéin]	[애서테인]	타 확인하다, 탐지하다, 알아채다
ascribable	[əskráibəbl]	[어스크라이버블]	형 ~에 돌릴 수 있는
ascribe	[əskráib]	[어스크라이브]	타 ~에 돌리다, ~의 탓으로 하다

     * *ascribe~to…*   ~을…의 탓으로 돌리다

ascription	[əskrípʃən]	[어스크립션]	명 탓으로 함, 귀속시킴
ash	[æʃ]	[애시]	명 재, 유골, 유해, 폐허
ashamed	[əʃéimd]	[어쉐임드]	형 부끄러워 하는, 부끄러운

     * *be ashamed of*   ~을 부끄러워 하다

ashore	[əʃɔ́:r]	[어쇼어]	부 물가에, 해변에, 기슭에
Asia	[éiʃə]	[에이셔]	명 아시아

A

Asia Minor	[éiʃə mainər]	[에이셔마이너]	명 소아시아
Asian	[éiʒən, éiʃən]	[에이션]	형 아시아의 명 아시아 사람
aside	[əsáid]	[어사이드]	부 곁에, 옆으로, 떨어져서

   * aside from   ~은 별문제로 하고, ~은 제쳐 놓고

| ask | [æsk] | [애스크] | 타자 묻다, 요구하다, 물어보다 |

   * ask after   ~의 안부를 묻다, 문안하다
   * ask for   ~을 청구하다, ~을 찾다

asleep	[əslí:p]	[어슬리이프]	형부 잠들어, (손·발이) 마비되어
aspect	[æspekt]	[애스펙트]	명 (문제 따위의) 양상, 견지, 관점
asphalt	[æsfɔ́:lt]	[애스포올트]	명 아스팔트
aspire	[əspáiər]	[어스파이어]	자 갈망하다, 열망하다
ass	[æs]	[애스]	명 당나귀, 바보(fool)
assail	[əséil]	[어세일]	타 습격하다, 공격하다
assault	[əsɔ́:lt]	[어소올트]	명 습격, 타 습격하다
assay	[əséi]	[어세이]	타 분석(평가)하다, 시금(試金)하다
assemble	[əsémbl]	[어셈블]	자타 모이다, 모으다, 조립하다
assent	[əsént]	[어센트]	자 동의하다 명 동의, 찬동
assert	[əsə́:rt]	[어서어트]	타 주장하다, 단언하다
assess	[əsés]	[어세스]	타 평가하다, (세금 따위를) 과세하다
assign	[əsáin]	[어사인]	타 할당하다, 지정하다
assimilate	[əsíməlèit]	[어시밀레이트]	자타 동화하다, 소화·흡수하다
assist	[əsíst]	[어시스트]	자타 돕다, 거들다, 원조하다

associate	[əsóuʃièit]	[어소우시에이트]	타자 연합시키다, 연상시키다
association	[əsòusiéiʃən]	[어소우시에이션]	명 연합, 합동, 결합, 교체, 동료
assume	[əsúːm]	[어슈움]	타자 인 체하다, 가정하다, 주제넘게
assumption	[əsʌ́mpʃən]	[어섬프션]	명 떠맡음, 횡령, 가장, 가정 ㄴ굴다
assurance	[əʃúərəns]	[어슈어런스]	명 보증, 확인, 자신, 장담

  * *give an assurance*   보증하다
  * *have the assurance to (do)*   뻔뻔스럽게도 ~하다

| **assure** | [əʃúər] | [어슈어] | 타 확인하다, 보증하다, 확신시키다 |

  * *assure oneself of*   ~을 확인하다
  * *be assured of*   ~을 확신하다

astonish	[əstániʃ]	[어스토니시]	타 놀라게 하다, 깜짝 놀래 주다
astonishing	[əstániʃiŋ]	[어스토니싱]	형 놀라운, 눈부신
astound	[əstáund]	[어스타운드]	타 깜짝 놀라게 하다
astray	[əstréi]	[어스트레이]	형부 길을 잃어, 잘못해서
astronomer	[əstránəmər]	[어스트로너머]	명 천문학자
astronomy	[əstránəmi]	[어스트로너미]	명 천문학
asunder	[əsʌ́ndər]	[어선더]	부 산산조각으로, 따로 떨어져
asylum	[əsáiləm]	[어사일럼]	명 수용소, 보호소, 피난처
at	[ǽt, ət]	[애트, 어트]	전 ~에서, ~에, ~하고

  * *at all*   조금도, 적어도, 도대체
  * *at any time*   언제든지, 어느 때라도
  * *at last*   드디어

* at once	한꺼번에, 곧, 당장(right away)		
* at one time or the other	언젠가 한 때		
* at short notice	즉각, 준비없이		
* at that moment	그 순간에		
* at the same time	동시에(simultaneously)		
* at this moment	이 순간에		

ate	[et, eit]	[에트, 에이트]	图 eat(먹다)의 과거형
atelier	[ǽtəljèi]	[애털리에이]	图 아틀리에, 화실, 일터
atheism	[éiθiìzm]	[에이시(이)이점]	图 무신론
Athens	[ǽθinz]	[애신즈]	图 아테네 (그리스의 수도)
athlete	[ǽθliːt]	[애슬리이트]	图 운동가, 경기자, 운동선수
athletic	[æθlétik]	[에슬레틱]	图 운동경기의, 운동가 같은, 강건한
athletics	[æθlétiks]	[에슬레틱스]	图 체육 실기, 육상경기
Atlantic	[ætlǽntik]	[어틀랜틱]	图 대서양의 图 대서양
atlas	[ǽtləs]	[애틀러스]	图 지도책
atmosphere	[ǽtməsfìər]	[애트머스피어]	图 대기, 공기, 분위기, 환경
atmospheric	[ætməsférik]	[애트머스페릭]	图 대기의, 기압의
atom	[ǽtəm]	[애텀]	图 원자, 미분자
atomic	[ətámik]	[어타믹]	图 원자(력)의, 극소의
atomically	[ətámikəli]	[어타미컬리]	图 원자력에 의해, 원자적으로
atone	[ətóun]	[어토운]	图 보상하다, 속죄하다, 갚다
atrocity	[ətrásəti]	[어트로서티]	图 극악, 포악, 잔악

attach [ətǽʃ] [어태치] 匣 붙이다, 달다, 첨부하다
  * *attach oneself to* ~에 가입하다, ~에 애착을 느끼다
attache [ætæʃéi] [어태시에이] 몡 대사관원, 수행원, 무관
attachment [ətǽʃmənt] [어태치먼트] 몡 부착(물), 애착
attack [ətǽk] [어태크] 匣 공격하다, 침범하다, 착수하다
attain [ətéin] [어테인] 匣재 목적을 이루다, 달성하다
attainment [ətéinmənt] [어테인먼트] 몡 도달, 달성, 성취
attempt [ətémpt] [어템(프)트] 匣 시도하다, 기도하다 몡 시도
  * *make an attempt at [to do]* ~하려고 (시도)하다
attend [əténd] [어텐드] 재匣 참석하다, ~에 주의하다
  * *attend on (upon)* ~에게 시중들다, 간호하다, 모시다
  * *attend to* ~에 주의를 기울이다, 보살피다, 유의하다
attention [əténʃən] [어텐션] 몡 주의, 배려, 돌봄
  * *draw (attract, call) one's attention to* 주의를 끌다, 눈에 띄다
  * *pay (give) attention to* ~에 주의하다
attentive [əténtiv] [어텐티브] 혱 주의 깊은, 경청하는
attest [ətést] [어테스트] 匣재 증명하다(prove)
attic [ǽtik] [애틱] 몡 다락방(garret)
attire [ətáiər] [어타이어] 匣 차려입다, 치장시키다 몡 복장, 옷
attitude [ǽtitjùːd] [애티튜우드] 몡 태도, 자세
attorney [ətə́ːrni] [어터어니] 몡 변호사, 대리인
attract [ətrǽkt] [어트랙트] 匣 끌다, 유혹하다, 잡아당기다

attractive	[ətrǽktiv]	[어트랙티브]	형 매력 있는, 애교 있는
attribute	[ətríbjuːt]	[어트리뷰(우)트]	타 ~의 탓으로 돌리다 명 속성, 특질
auction	[ɔ́ːkʃən]	[오옥션]	명 경매, 공매 타 경매하다
audacity	[ɔːdǽsəti]	[오오대서티]	명 대담무쌍함, 뻔뻔스러움, 방약무인
audible	[ɔ́ːdəbl]	[오오더블]	형 들리는, 들을 수 있는
audience	[ɔ́ːdiəns]	[오오디언스]	명 청중, 관객, 접견
auditorium	[ɔ̀ːditɔ́ːriəm]	[오오더토오리엄]	명 강당, 청중석
aught	[ɔːt]	[오오트]	대 어떤 일(것), 무엇이든 명 제로, 영
augment	[ɔːgmént]	[오오그멘트]	타자 증가하다, 늘리다, 늘다
August	[ɔ́ːgəst]	[오오거스트]	명 8월(약어 Aug)
aunt	[aːnt]	[아안트]	명 아주머니, 숙모, 백모, 이모
aural	[ɔ́ːrəl]	[오오럴]	형 귀의, 청각의
aurora	[ɔːrɔ́ːrə]	[오오로오러]	명 오로라, 극광, 서광, 새벽 빛
auspice	[ɔ́ːspis]	[오오스피스]	명 주최, 후원, 길조, 징조
austere	[ɔːstíər]	[오오스티어]	형 엄격한, 가혹한, 심한, 엄한
Australia	[ɔstréiljə]	[오오스트레일리어]	명 오스트레일리아
authentic	[ɔːθéntik]	[오오센틱]	형 진짜의, 믿을 만한, 신빙할 만한
author	[ɔ́ːθər]	[오오서]	명 저자, 창시자
authority	[əθɔ́ːrəti]	[오오소리티]	명 권위, 근거, (보통 복수로)관헌, 당국
auto	[ɔ́ːtou]	[오오토우]	명 자동차(automobile)
autobiography	[ɔ̀ːtoubaiágrəfi]	[오오토바이아그러피]	명 자서전(自叙傳)
automatic	[ɔ́ːtəmǽtik]	[오오터매틱]	형 자동의, 기계적인

automobile	[ɔ́:təməbí:l]	[오오터모우비일]	몡 자동차 짜 자동차에 타다
autumn	[ɔ́:təm]	[오오텀]	몡 가을
auxiliary	[ɔːgzíljəri]	[오오그질리어리]	혱 보조의, 부의 몡 보조자, 조수
avail	[əvéil]	[어베일]	탸짜 소용이 되다, 이용하다

    * *avail oneself of*   ~을 이용하다, ~의 틈(기회)을 타다
    * *be of(no) avail*   도움이 되다(안 되다), 쓸모가 있다(없다)

available	[əvéiləbl]	[어베일러블]	혱 이용할 수 있는, 입수 가능한

    * *be available for*   ~에 도움이 되다, ~에 쓸모가 있다

avalanche	[ǽvəlæntʃ]	[애벌랜치]	몡 눈사태, 사태
avarice	[ǽvəris]	[애버리스]	몡 탐욕, 허욕
avenge	[əvéndʒ]	[어벤지]	탸 복수하다, 원수를 갚다
avenue	[ǽvənjùː]	[애비뉴우]	몡 가로수 길, 큰 거리
average	[ǽvəridʒ]	[애버리지]	몡 평균 혱 보통의, 평균의

    * *on an(the) average*   평균하여, 대개

avert	[əvə́:rt]	[어버어트]	탸 피하다, 막다, 돌리다
aviation	[èiviéiʃən]	[에이비에이션]	몡 비행, 항공, 비행술
aviator	[éivièitər]	[에이비에이터]	몡 비행가, 비행사
avid	[ǽvid]	[애비드]	혱 탐욕스러운 「락
avocation	[ævəkéiʃən]	[애보우케이션]	몡 직업(occupation);부업, 취미, 도
avoid	[əvɔ́id]	[어보이드]	탸 피하다, 회피하다
avoidance	[əvɔ́idəns]	[어보이던스]	몡 기피, 회피, 무효 「하다
avouch	[əváutʃ]	[어바우치]	탸 단언하다(assert), 보증하다, 승인

A

avow	[əváu]	[어바우]	国 공언하다, 고백하다, 승인하다
avowal	[əváuəl]	[어바우얼]	图 공인, 자인(自認)
await	[əwéit]	[어웨이트]	国 기다리다, 대기하다, 예기하다
awake	[əwéik]	[어웨익]	国 일으키다, 깨우다 函 눈을 뜨다
awaken	[əwéikən]	[어웨이컨]	国 잠깨다(awake), 깨우다
award	[əwɔ́ːrd]	[어워어드]	国 (심사하여) 수여하다 图 심판,
aware	[əwέər]	[어웨어]	图 알고 있는, 의식하고 ⌐ 판정

     * (be) aware of   ~을 알고 있다, 알아채고 있다

away	[əwéi]	[어웨이]	图 떨어져서, 멀리, 부재로
awe	[ɔː]	[오오]	国 두렵게 하다 图 두려움, 경외

     * be [stand] in awe of   ~을 두려워하다

A-weapon	[éiwépən]	[에이웨펀]	图 원자무기, 원자폭탄
awesome	[ɔ́ːsəm]	[오오섬]	图 두려운(dread)
awful	[ɔ́ːfəl]	[오오풀]	图 두려운, 장엄한, 무서운
awfully	[ɔ́ːfəli]	[오오풀리]	图 무섭게, 두려워서, 대단히, 심하게
awhile	[əhwáil]	[어와일]	图 잠시, 잠깐
awkward	[ɔ́ːkwərd]	[오오크워드]	图 어설픈, 서투른, 난처한, 거북한
ax[e]	[æks]	[액스]	图 도끼 国 도끼로 찍다
axis	[ǽksis]	[액시스]	图 축(軸), 굴대, 추축
axle	[ǽksl]	[액슬]	图 차바퀴의 굴대
azalea	[əzéiljə]	[어제일리어]	图 진달래
azure	[ǽʒər]	[애저]	图 푸른 图 하늘빛, 창공

B

B b   B b   ℬ ℓ

단어	발음	한글발음	뜻
babble	[bǽbl]	[배블]	자타 졸졸 흐르다, 수다떨다 명 수다,
babe	[beib]	[베이브]	명 갓난아이(baby) └ 졸졸소리
baby	[béibi]	[베이비]	명 갓난아이 형 어린애 같은, 어린
baby-buggy	[béibibʌ̀gi]	[베이비버기]	명 유모차
baby-sit	[béibisit]	[베이비시트]	자 《미·구어》 아기를 보다
bachelor	[bǽtʃələr]	[배철러]	명 미혼 남자, 독신 남자, 학사
back	[bæk]	[백]	명 등, 뒤, 배경 부 뒤에 형 뒤의

                                             └ 타자 후퇴하다

    * *at the back of*   ~의 뒤에, 후원자로서, ~을 쫓아
    * *back and forth*   앞뒤로, 이리 저리
    * *behind (a person's) back*   본인이 없는 곳에서
    * *on one's back*   등에 지고, 반듯이 드러 누워서
    * *to the back*   철저하게, 뼈속까지
    * *turn one's back on*   ~에게 등을 돌리다, 저버리다

| **backbite** | [bǽkbàit] | [백바이트] | 자타 험담하다 |
| **backboard** | [bǽkbɔ̀:rd] | [백보오드] | 명 (농구대 따위의) 백보드, 뒤판 |

backbone	[bǽkbòun]	[백보운]	명 등뼈, 기골, 중추
background	[bǽkgraund]	[백그라운드]	명 배경, 바탕색, 이면
backstage	[bǽksteidʒ]	[백스테이지]	명 부 무대 뒤(에서)
backward	[bǽkwərd]	[백워드]	형 후방으로의, 뒤로의, 역의, 성장
backwards	[bǽkwərdz]	[백워드즈]	부 뒤에, 뒤로 ; 저쪽으로, 이 늦은
bacon	[béikən]	[베이컨]	명 베이컨(돼지고기를 훈제한 것)
bacteria	[bæktíəriə]	[백티어리어]	명 박테리아
bad	[bæd]	[배드]	형 나쁜, 틀린, 서투른, 불량한
	* *be bad at*	~이 서투르다(be poor at)	
	* *(about) go bad*	썩다, 못쓰게 되다, 상하다	
badge	[bædʒ]	[배지]	명 기장, 배지, 상징, 표지
badger	[bædʒər]	[배저]	명 오소리 타 못살게 굴다
badly	[bædli]	[배들리]	부 나쁘게, 서투르게, 몹시, 대단히,
badminton	[bædmintn]	[배드민턴]	명 배드민턴, 깃 공치기 ㄴ아주
baffle	[bǽfl]	[배플]	타 방해하다. 당황하게 하다
bag	[bæg]	[배그]	명 자루, 가방 타 자루에 넣다
baggage	[bǽgidʒ]	[배기지]	명 《미》수하물 (《영》luggage)
bail	[beil]	[베일]	명 보석(保釋), 보석금
bait	[beit]	[베이트]	명 미끼, 유혹 타 미끼로 꾀다
bake	[beik]	[베이크]	자타 (빵 따위를) 굽다
balance	[bǽləns]	[밸런스]	명 균형, 천칭 타 저울로 달다
balcony	[bǽlkəni]	[밸커니]	명 발코니, (극장의)2층 특별석

bald	[bɔːld]	[보올드]	웹 (머리가)벗어진, 꾸밈 없는
ba[u]lk	[bɔːk]	[보오크]	몡 《야구》보오크 [투수의 반칙적인
ball	**[bɔːl]**	**[보올]**	**몡 공, 구(球)** ⌊ 견제 행위]
ballad	[bǽləd]	[밸러드]	몡 민요, 발라드
ballet	[bǽlei]	[밸레이]	몡 발레, 군무(群舞), 무용단
balloon	[bəlúːn]	[벌루운]	몡 기구, 풍선
ballot	[bǽlət]	[밸러트]	몡 투표 재타 투표하다

     * *cast (take) a ballot*   투표하다
     * *elect by ballot*   투표로 뽑다
     * *ballot box*   투표함
     * *ballot paper*   투표 용지

ballpark	[bɔ́ːlpaːrk]	[보올파아크]	몡 《미》야구장
ballroom	[bɔ́ːlꞧ(ː)m]	[보올룸]	몡 무도장
balm	[baːm]	[바암]	몡 향유, 방향, 진통제
balmy	[báːmi]	[바아미]	웹 향기로운, 진통의, 기분 좋은
bamboo	[bæmbúː]	[뱀부우]	몡 대, 죽재, 대나무
ban	[bæn]	[밴]	몡 금지(령) 타재 금지하다
banana	**[bənǽnə]**	**[버나아너]**	**몡 바나나**
band	[bænd]	[밴드]	몡 띠, 악단, 무리 재타 결합하다
bandage	[bǽndidʒ]	[밴디지]	몡 붕대 타 붕대로 감다 ⌊ 단결하다
bandit	[bǽndit]	[밴디트]	몡 산적, 강도, 악당
bane	[bein]	[베인]	몡 독, 해독

bang	[bæŋ]	[뱅]	명 탕, 쾅하는 소리 타자 쾅 치다
banish	[bǽniʃ]	[배니시]	타 추방하다, 쫓아 버리다
bank	[bæŋk]	[뱅크]	명 둑, 제방, 은행, 저장소
banker	[bǽŋkər]	[뱅커]	명 은행가, (도박의)물주
bankrupt	[bǽŋkrʌpt]	[뱅크럽트]	명 파산자 형 파산한
bankruptcy	[bǽŋkrəptsi]	[뱅크럽트시]	명 파산, 도산, 파탄
banner	[bǽnər]	[배너]	명 기, 군기
banquet	[bǽŋkwit]	[뱅쿼트]	명 연회 타자 잔치를 베풀다
baptism	[bǽptizm]	[뱁티점]	명 세례
Baptist	[bǽptist]	[뱁티스트]	명 침례교도
baptize	[bæptáiz]	[뱁타이즈]	타 세례를 주다, 명명(命名)하다
bar	[baːr]	[바아]	명 막대기, 술집, 법정(court)
barbarian	[baːrbéəriən]	[바아베리언]	명 야만인 형 야만적인
barber	[báːrbər]	[바아버]	명 이발사 (《영》hairdresser)
bare	[bɛər]	[베어]	형 적나라한, 벌거벗은 반 clad(옷을 입은)
barely	[béərli]	[베얼리]	반 겨우, 가까스로
bargain	[báːrgən]	[바아긴]	명 흥정, 매매계약, 싸게 산 물건
* into (in) the bargain		더구나, 게다가(besides)	
barge	[baːrdʒ]	[바아지]	명 거룻배, 짐배
bark	[baːrk]	[바아크]	자타 (개가) 짖다 명 짖는 소리
barley	[báːrli]	[바알리]	명 보리
barn	[baːrn]	[바안]	명 헛간, 광, 《미》외양간, 차고

barometer	[bərámitər]	[버라미터]	몡 청우계, 기압계, 지표
baron	[bǽrən]	[배런]	몡 남작(男爵)
barrack	[bǽrək]	[배럭]	몡 《보통 복수》바라크, 병영(兵營)
barrel	[bǽrəl]	[배럴]	몡 통 탄 통에 채우다
barren	[bǽrən]	[배런]	혱 (땅이) 불모의 몡 불모지
barrier	[bǽriər]	[배리어]	몡 장벽, 울타리, 장애
base	[beis]	[베이스]	몡 기초, 토대 탄 기초를 두다 혱비열
baseball	[béisbɔ̀:l]	[베이스보올]	몡 야구(공)
basement	[béismənt]	[베이스먼트]	몡 지하실
basic	[béisik]	[베이식]	몡 기초의, 근본적인, 기본의
basin	[béisn]	[베이슨]	몡 물그릇, 대야, 웅덩이, 너벅지, 분지
basis	[béisis]	[베이시스]	몡 기초, 근거, 토대
basket	[bǽskit]	[바아스킷]	몡 바구니 탄 바구니에 넣다
basketball	[bǽskitbɔ̀:l]	[바아스킷보올]	몡 농구(공)
bass	[beis]	[베이스]	몡 저음악기, 저음(가수)
bat	[bæt]	[배트]	몡 타봉, (구기의)배트, 박쥐
bath	[bæθ]	[배스]	몡 목욕, 목욕실 자탄 목욕하다
bathe	[beið]	[베이드]	탄자 담그다, 목욕하다, 미역 감다
bathroom	[bǽθrù:m]	[바아스룸]	몡 목욕실, 변소
battalion	[bətǽljən]	[버탤리언]	몡 포병대대, 대부대
batter	[bǽtər]	[배터]	몡 (야구)타자 탄자 난타하다
battery	[bǽtəri]	[배터리]	몡 포대, 포병대, 전지 (야구의)피

* a dry battery	건전지		└처와 개처, 한 벌(조)의 기구
* change one's battery	수단을 바꾸다		
* cooking battery	요리 기구 한 벌		
batting	[bǽtiŋ]	[배팅]	몡 타격, 튼 솜, 이불솜
* batting order	타격 순서		
* batting average	타격율		
battle	[bǽtl]	[배틀]	몡 싸움, 전투 재 싸우다
battlefield	[bǽtlfìːld]	[배틀피일드]	몡 싸움터(battleground)
battlement	[bǽtlmənt]	[배틀먼트]	몡 총안벽
battleship	[bǽtlʃip]	[배틀십]	몡 전투함
bawl	[bɔːl]	[보올]	재타 호통치다, 고함치다 몡 고함소리
bay	[bei]	[베이]	몡 짖는 소리, 만(灣) 타재 짖다
bayonet	[béiənit]	[베이어니트]	몡 총검, 타 총검으로 찌르다
bazaar	[bəzáːr]	[버자아]	몡 (동양의) 상점가, 시장
bazooka	[bəzúːkə]	[버주우커]	몡 대전차, 로케트포의 일종, 바주카포
B.C.	[bíːsíː]	[비이시이]	《약어》기원전(Before Christ)
be	[(강) biː, (약) bi]	[(강) 비이, (약) 비]	재 …이다, 있다
* be ~ what it may	~이 어쨌든, …은 ~일지라도		
beach	[biːʃ]	[비이치]	몡 해안(seashore), 물가
beacon	[bíːkən]	[비이컨]	몡 (경계·신호의)표지, 봉화
bead	[biːd]	[비이드]	몡 염주, 염주알, 장식용 구슬
beak	[biːk]	[비이크]	몡 부리, 부리처럼 생긴 것

B

beam	[biːm]	[비임]	몡 광선, 들보, 도리 재태 빛을 내다
bean	[biːn]	[비인]	몡 콩
bear	[bɛər]	[베어]	몡 곰 재태 (아이를) 낳다, 견디다

    * *bear in mind*   기억하고 있다(remember), 명심하다
    * *bear on [upon]*   ~에 무게가 쏠리다, ~에 영향[관계가]이 있다
    * *bear oneself*   처신하다, 거동하다
    * *bear out*   ~을 지지하다, (빛깔이) 나타나다
    * *bear the burden of*   ~을 떠맡다, 곤란에 견디다
    * *bear witness [testimony] to [of]*   증언[증명]하다

beard	[biərd]	[비어드]	몡 턱수염 태 수염을 잡아당기다
bearer	[bέərər]	[베어러]	몡 운반인, 지참인, 짐꾼 ㄴ (뽑다)
bearing	[bέəriŋ]	[베어링]	몡 태도, 관계, 의미, 방위, 출산
beast	[biːst]	[비이스트]	몡 짐승(animal), 야수,(네발)동물
beastly	[bíːstli]	[비이스틀리]	혱 짐승 같은, 지독한 閉 짐승처럼
beastliness	[bíːstlinis]	[비이스틀리니스]	몡 야수성
beat	[biːt]	[비이트]	태재 (계속) 때리다, 이기다
beaten	[bíːtn]	[비이튼]	동 beat의 과거분사 혱 얻어 맞은

    * *beaten track*   항상 지켜야 할 도리, 관계

beating	[bíːtiŋ]	[비이팅]	몡 때림, 매질
beau	[bou]	[보우]	몡 멋쟁이, 애인 혱 아름다운
beautiful	[bjúːtəfəl]	[뷰우티펄]	몡 아름다운, 훌륭한, 멋진
beauty	[bjúːti]	[뷰우티]	몡 미관, 아름다움, 미인

beaver	[bíːvər]	[비이버]	명 해리, 비버(가죽)
because	[bikɔ́ːz]	[비코즈]	접 왜냐 하면, ~이기 때문에
* because of	~ 때문에, ~한 까닭으로		
beckon	[békən]	[베컨]	자타 고개를 끄덕이다(손짓해서 부르다
become	[bikʌ́m]	[비컴]	자타 ~이 되다, ~에 어울리다
* become of	~이 되다, ~되어 가다		
bed	[bed]	[베드]	명 침대, 묘상, 강바닥, 꽃밭
bedroom	[bédrùːm]	[베드룸]	명 침실
bedside	[bédsàid]	[베드사이드]	명 베갯머리 형 머리맡의
bedtime	[bédtàim]	[베드타임]	명 자는 시간, 취침 시간
bee	[biː]	[비이]	명 꿀벌
beech	[biːtʃ]	[비이치]	명 너도밤나무(재목)
beef	[biːf]	[비이프]	명 쇠고기
been	[bin, bíːn]	[빈, 비인]	동 be의 과거분사
beer	[biər]	[비어]	명 맥주
beet	[biːt]	[비이트]	명 근대, 사탕무
beetle	[bíːtl]	[비이틀]	명 딱정벌레, 공이 자 돌출하다
befall	[bifɔ́ːl]	[비포올]	타자 ~이 일어나다, 신변에 닥치다
before	[bifɔ́ːr]	[비포오]	전 ~의 앞에 부 앞쪽에, 이전에
* before long	멀지 않아, 곧		
* long before	훨씬 전에		
beforehand	[bifɔ́ːrhænd]	[비포오핸드]	부 이전에, 전부터, 미리(in advance)

　　　* *be beforehand with* 　　　~에 앞서다, 미리 대비하다
befriend [bifrénd] [비프렌드] 囼 ~의 편이 되다, 도와주다
beg [beg] [베그] 囼困 빌다, 구걸하다, 청하다
　　　* *beg for* 　　~을 빌다, 바라다
　　　* *beg one's pardon* 　　사과하다, 용서를 빌다
beget [bigét] [비겟] 囼 생기게 하다, 보다, 얻다
beggar [bégər] [베거] 囻 거지, 가난뱅이
beggarly [bégərli] [베걸리] 囫 거지 같은
beggary [bégəri] [베거리] 囻 거지 신세 ; 빈궁
begin [bigín] [비긴] 困囼 시작하다, 착수하다
　　　* *begin with* 　　~부터 시작하다
　　　* *to begin with* 　　우선, 제일, 먼저(first of all)
beginner [bigínər] [비기너] 囻 초심자, 초학자
beginning [bigíniŋ] [비기닝] 囻 시초, 개시, 처음, 단서, 초기
　　　* *the beginning of the end* 　　최후의 결과를 미리 알리는 처음의 징조
　　　* *at the beginning [of]* 　　~(의)처음에
beguile [bigáil] [비가일] 囼 속이다(deceive), (시간을)즐겁게
behalf [biháef] [비해프] 囻 위함, 이익 　　　└ 보내다
　　　* *in (one's) behalf of* 　　~을 위하여
　　　* *on (one's) behalf of* 　　~을 대신하여, ~을 위하여 　　　┌ 하다
behave [bihéiv] [비헤이브] 困 행동하다(act), 예절 바르게 처신
behavio[u]r [bihéivjər] [비헤이비어] 囻 행동, 행실, 태도 　　　┌ 뒤에

behind	[biháind]	[비하인드]	문 뒤에, 뒤떨어져, 배후에 전 ~의
* behind the times		시대에 뒤떨어져서	
* behind time		시간에 늦게, 지각하여	
behold	[bihóuld]	[비호울드]	타 보다(look at)
being	[bíːiŋ]	[비이잉]	자 be의 현재분사 명 실제, 본질
Belgium	[béldʒəm]	[벨점]	명 벨기에
belch	[beltʃ]	[벨치]	자 트림을 하다 명 트림
belief	[bilíːf]	[빌리이프]	명 신념, 신앙, 의견
believe	[bilíːv]	[빌리이브]	자타 믿다, 생각하다
* believe in		~을 신용하다, ~의 존재를 믿다	
bell	[bel]	[벨]	명 종, 방울 타 방울을 달다
* bell the cat		(이솝 이야기에서)자진하여 어려운 일에 나서다	
* bear (carry away) the bell		승리를 얻다, 상품을 타다	
belle	[bel]	[벨]	명 미인, 예쁜 소녀
bellow	[bélou]	[벨로우]	자타 짖다, 으르렁거리다
belly	[béli]	[벨리]	명 배, 복부, 위
belong	[bilɔ́ːŋ]	[빌롱]	자 ~에 속하다, ~의 것이다
beloved	[bilʌ́vid]	[빌러비드]	형 가장 사랑하는, 소중한 명 애인
below	[bilóu]	[빌로우]	문 (보다) 아래에(로) 전 ~의 아래에
belt	[belt]	[벨트]	명 띠, 지대, 혁대
bench	[bentʃ]	[벤치]	명 벤치, 긴 의자
bend	[bend]	[벤드]	타 구부리다, 굴복시키다, 쏟다

beneath	[biníːθ]	[비니이스]	전 ~의 바로 밑에 <u>뷔</u> 아래에
beneficial	[bènəfíʃəl]	[베니피셜]	형 유익한, 유리한, 이로운
benefit	[bénəfit]	[베니피트]	명 이익, 은혜, 은전
* for the benefit of	~을 위하여, ~의 이익을 위하여		
benevolence	[bənévələns]	[비네벌런스]	명 은혜, 자선, 자비, 박애
benevolent	[bənévələnt]	[비네벌런트]	명 자애스러운, 친절한
benevolently	[bənévələntli]	[비네벌런틀리]	뷔 자애롭게
benign	[bináin]	[비나인]	형 인자한, 상냥한, 친절한(gracious, kindly), (기후, 풍토 따위가) 온화한(mild) 「열심인
bent	[bent]	[벤트]	통 bend의 과거·과거분사 형 굽은,
benumb	[binʌ́m]	[비넘]	타 무감각하게 하다, 마비시키다
bequeath	[bikwíːð]	[비퀴이스]	타 남기다, 유언으로 물려주다
bereave	[biríːv]	[비리이브]	타 (희망, 기쁨을) 빼앗다, (죽음이 사람을) 앗아가다
bereaved	[biríːvd]	[비리이브드]	형 (가족 따위를) 여윈
bereavement	[biríːvmənt]	[비리이브먼트]	명 사별(死別)
beret	[bəréi]	[베레이]	명 베레모, 특전군의 모자
Berlin	[bəːrlín]	[버얼린]	명 베를린(독일의 수도)
berry	[béri]	[베리]	명 (딸기류의) 과일 자 열매가 열다
berth	[bəːrθ]	[버어스]	명 (배·차의) 침대, 정박지
beseech	[bisíːʧ]	[비시이치]	타 탄원하다, 간청하다

beset	[bisét]	[비세트]	匣 둘러싸다, 공격하다
beside	[bisáid]	[비사이드]	쩐 ~의 옆에, ~와 비교하여

    * *beside oneself with*   정신을 잃고, 실성하여
    * *beside the mark*   과녁을 벗어나서

besides	[bisáidz]	[비사이드즈]	閉 게다가, 그 밖에 쩐 ~외에
besiege	[bisí:dʒ]	[비시이지]	匣 포위하다, 둘러싸다, 몰려들다
best	[best]	[베스트]	혭 (good의 최상급) 가장 좋은, 최선 의 閉 가장 잘 몜 최선, 최상

    * *at (the) best*   기껏해야, 잘 해야, 고작
    * *best of all*   무엇보다도, 첫째
    * *best seller*   (일정 기간에) 가장 잘 팔린 책
    * *at one's best*   한창 때에, 전성기에

bestow	[bistóu]	[비스토우]	匣 (선물로) 주다 돈
bet	[bet]	[베트]	재匣 (돈을) 걸다 몜 내기, 내기에 건
betray	[bitréi]	[비트레이]	匣 (조국·동지 따위를) 배반하다
better	[bétər]	[베터]	혭 더 좋은 閉 더욱 잘

    * *better off*   형편이 더 좋은, 더욱 부유한
    * *all the better*   오히려, 더욱 좋게, 그만큼 더욱

between	[bitwí:n]	[비튀인]	쩐 ~의 사이에 閉 사이에

    * *between ourselves (you and me)*   우리끼리만의 이야기이지만

beverage	[bévəridʒ]	[베버리지]	몜 마실 것, 음료(drink)
beware	[biwéər]	[비웨어]	재匣 조심하다, 주의하다
bewilder	[biwíldər]	[비윌더]	匣 어리둥절하게 하다, 당황하게하다

bewitch	[biwíʧ]	[비위치]	印 요술을 걸다, 매혹시키다
beyond	[biánd,bijánd]	[비욘드]	전 ~의 저쪽에, ~을 넘어서
* beyond description	형언할 수 없을 정도로		
* go beyond oneself	자제력을 잃다		
bias	[báiəs]	[바이어스]	명 경사, 편견 타 기울게 하다
bib	[bib]	[비브]	명 턱받이
Bible	[báibl]	[바이블]	명 성서, 성전 「기념일
bicentennial	[bàisenténiəl]	[바이센테니얼]	형 200년간 계속되는 명 200주년
bicycle	[báisikl]	[바이시클]	명 자전거 자 자전거에 타다
bid	[bid]	[비드]	타자 명하다, 말하다
bidder	[bídər]	[비더]	명 입찰인, 경매자, 명령자
big	[big]	[빅]	형 큰, 중요한, 거드름 피우는
* Big Ben	영국 국회 의사당 탑 위의 큰 시계(종)		
* Big Dipper, the	북두칠성		
* big game	큰 사냥감, 큰 놈, 큰 목표		「만하게
bigly	[bígli]	[비글리]	부 ~인 체하며, 거드름 피우며, 거
bill	[bil]	[빌]	명 계산서, 목록, 어음, 새의 부리
billboard	[bilbɔːrd]]	[빌보오드]	명 게시판
billiards	[bíljərdz]	[빌리어즈]	명 당구
billion	[bíljən]	[빌리언]	명 10억 형 10억의·
billow	[bilou]	[빌로우]	명 놀, 큰 파도 자 큰 파도가 일다
bimonthly	[baimʌnθli]	[바이먼슬리]	형 두 달에 한 번의 ; 한 달의 두 번

ㅣ의 圈 격월 간행물

bin	[bin]	[빈]	圈 저장통 國 통에 넣어 저장하다
bind	[baind]	[바인드]	风國 매다, 묶다, 속박하다
* *bind oneself to*		~할 것을 약속하다, 맹세하다	
binocular	[bainάkjulər]	[비나큘러]	圈 쌍안경 圈 쌍안용의
biography	[baiάgrəfi]	[바이아그러피]	圈 전기(傳記). 전기 문학
biologic[al]	[bàiəlάdʒik(ə)l]	[바이얼라직[지클]]	圈 생물학의
biology	[baiάlədʒi]	[바이알러지]	圈 생물학
bird	[bəːrd]	[버어드]	圈 새
birth	[bəːrθ]	[버어스]	圈 출생, 탄생 國 death(사망)
* *by birth*		타고난, 태생은	
birthday	[báːrθdèi]	[버어스데이]	圈 생일, 탄생일
biscuit	[bískit]	[비스킷]	圈 비스킷
bit	[bit]	[비트]	圈 작은 조각, 소량
* *bit by bit*		조금씩, 점차로	
* *a bit of*		한 조각의 소량의	
bite	[bait]	[바이트]	风國 물다, 물어 뜯다
bitter	[bítər]	[비터]	圈 쓴, 쓰라린, 심한 圈 쓴 맛
black	[blæk]	[블랙]	圈 검은, 어두운, 음울한 圈 검정색
blackboard	[blǽkbɔ̀ːrd]	[블랙보오드]	圈 칠판, 흑판
blackmail	[blǽkmeil]	[블랙메일]	圈 공갈 國 공갈하다
blade	[bleid]	[블레이드]	圈 풀잎, 칼날

B

blame [bleim] [블레임] 卧 책망하다, 비난하다 阅 책망
* *[be] to blame*   책임이 있다, ~가 나쁘다

blank [blæŋk] [블랭크] 阌 백지의, 공허한 阅 백지, 여백
blanket [blǽŋkit] [블랭킷] 阅 담요, 모포 卧 담요로 싸다
blast [blæst] [블라아스트] 阅 한 바탕 부는 바람, 돌풍, 폭발
blaze [bleiz] [블레이즈] 阅 화염, 불꽃 困 타오르다 卧 널리
bleach [bliːʃ] [블리이치] 卧 표백하다, 마전하다 ⌊ 알리다

bleak [bliːk] [블리이크] 阌 황량한, 쌀쌀한, 바람받이의
bleat [bliːt] [블리이트] 卧困 매애 울다 阅 매애 우는 소리
bleed [bliːd] [블리이드] 困 피를 흘리다 卧 애통해하다
blemish [blémiʃ] [블레미시] 阅 홈, 결점, 오점 卧 홈을 내다, 더
blend [blend] [블렌드] 卧困 섞다, 혼합하다 ⌊ 럽히다
bless [bles] [블레스] 卧 찬미하다, 축복하다
* *(be) blessed with*   ~의 혜택을 받고 있다, ~을 누리다
* *bless oneself*   이마와 가슴에 십자를 긋다
* *bless one's stars*   행운을 감사하다
* *God bless you!*   하나님의 가호가 있으시기를, 아니 저런
blessed [blésid] [블레시드] 阌 신성한, 복된
blessing [blésiŋ] [블레싱] 阅 은총, 축복
blight [blait] [블라이트] 阅 말라죽는 병 卧 말라죽게 하다

blind [blaind] [블라인드] 阅 눈 먼, 맹목적인
* *(be) blind to*   ~을 보지 못하다, ~을 모르다

blindfold [blaindfould] [블라인드포울드] 瞳 눈을 가리다 몡 눈가리는 헝겊

blindness [bláindnis] [블라인드니스] 몡 맹목, 무분별

blink [blíŋk] [블링크] 困瞳 깜박거리다, 힐끔 보다

bliss [blis] [블리스] 몡 더 없는 행복

blister [blístər] [블리스터] 瞳困 물집이 생기게 하다, 중상하다

blizzard [blízərd] [블리저어드] 몡 눈보라

block [blák] [블로크] 몡 덩어리, 토막 瞳 방해하다

blockhead [blákhèd] [블로크헤드] 몡 멍청이, 바보

blockade [blakéid] [블로케이드] 몡 봉쇄, 폐쇄

blond(e) [blánd] [블론드] 휑 금발의 몡 블론드의 여자

blood [blʌd] [블러드] 몡 피, 혈액, 살육

　　* *blood bank*　　혈액 은행

　　* *blood vessel*　　혈관

bloody [blʌdi] [블러디] 휑 피의, 피 같은, 피투성이의

bloom [bluːm] [블루움] 몡 꽃, 개화기, 한창 때 困 꽃이 피다

　　* *in full bloom*　　만발하여, 꽃이 피어　　└ (flower)

blossom [blásəm] [블로섬] 몡 (과실의) 꽃 困 꽃이 피다

blot [blat] [블로트] 몡 얼룩, 결점 瞳 더럽히다

blouse [blauz] [블라우즈] 몡 블라우스, 셔츠의 웃옷

blow [blou] [블로우] 困瞳 불다, 허풍치다 몡 강타, 구타

　　* *blow off*　　불어 날려 버리다, (증기 따위를) 내뿜다

　　* *blow up*　　폭파하다, 화내다

* at a (one) blow		일격에, 단번에, 한 번 쳐서	
blue	[bluː]	[블루우]	형 푸른, 우울한 명 파랑, 우울
bluebird	[blúːbəːrd]	[블루우버어드]	명 푸른 새, 파랑새
bluff	[blʌf]	[블러프]	명 절벽 형 솔직한 타자 속이다
blunder	[blʌ́ndər]	[블런더]	명 실수, 실책 자타 큰 실수를 하다
blunt	[blʌnt]	[블런트]	형 둔한, 무딘 타 무디게 하다
blur	[bləːr]	[블러어]	자타 더럽히다, 더러워지다
blush	[blʌʃ]	[블러시]	명 얼굴을 붉힘 자 얼굴을 붉히다
boar	[bɔːr]	[보오]	명 수퇘지, 멧돼지
board	[bɔːrd]	[보오드]	명 판자, 칠판, 뱃전
* on board		승선하여, 승차하여	
boast	[boust]	[보우스트]	자타 자랑하다 명 자랑
boat	[bout]	[보우트]	명 보우트, 기선, 배 자타 배를 젓다
body	[bádi]	[바디]	명 신체, 주요 부분 반 soul(정신)
boil	[bɔil]	[보일]	자타 끓다, 끓이다 명 비등
boisterous	[bɔ́istərəs]	[보이스터러스]	형 떠들썩한, 날씨가 사나운, 거친
bold	[bould]	[보울드]	형 대담한, 뻔뻔스러운
bolt	[boult]	[보울트]	명 전광, 볼트, 빗장, 도주 자타 도망 하다, 걸쇠로 문을 잠그다
bomb	[bam]	[밤]	명 폭탄 자타 폭격하다
bombard	[bambáːrd]	[밤바아드]	타 폭격하다, 질문을 퍼붓다
bonanza	[bənǽnzə]	[보우낸저]	명 노다지판, 운수 대통

bond	[band]	[반드]	몡 속박, 공채(公債) 팁 저당하다
bone	[boun]	[보운]	몡 뼈, 《복수로》 골격 땜 flesh(살)
bonfire	[bánfàiər]	[반파이어]	몡 (축제일·놀이에 피우는) 화톳불
bonus	[bóunəs]	[보우너스]	몡 상여금, 보너스
book	[buk]	[북]	몡 책, 장부 팁 예약하다, 기입하다
bookstore	[bukstɔːr]	[북스토오]	몡《미》책방 (《영》bookshop)
boom	[buːm]	[부움]	몡 쿵 울리는 소리, 붐, 벼락 경기
boon	[buːn]	[부운]	몡 은혜, 혜택 뼹 유쾌한
boor	[buər]	[부어]	몡 시골뜨기, 농군
boot	[buːt]	[부우트]	몡 장화, 목이 긴 구두
booth	[buːθ]	[부우드]	몡 오두막집, 매점, 작은 방
booty	[búːti]	[부우티]	몡 전리품, 획득물
bopeep	[boupíːp]	[보우피입]	몡 아웅, 깍꿍(애를 놀리는 소리)
border	[bɔ́ːrdər]	[보오더]	몡 갓, 경계 팁잢 인접하다 〔거형
bore	[bɔːr]	[보오]	팁 (구멍, 터널)을 뚫다 톰 bear의 과
born	[bɔːrn]	[보오온]	뼹 타고난, 태어난 톰 bear의 과거분
* *born of*		~에서 태어난, ~출신의	〔사
* *born to*		~으로 태어난, ~을 타고난	
borough	[bə́ːrou]	[버러]	몡 자치 도시, 면, 독립구
borrow	[bárou]	[보로우]	팁잢 빌다, 차용하다
bosom	[búzəm]	[부점]	몡 가슴, 흉부
boss	[bɔːs]	[보스]	몡 두목 팁 우두머리가 되다

botanical	[bətǽnikəl]	[버태니컬]	혱 식물의, 식물학의
botany	[bátəni]	[보터니]	몡 식물학
both	[bouθ]	[보우스]	혱 양쪽의 떼 둘 다 튄 다 같이
bother	[báðər]	[보더]	탄짜 폐를 끼치다, 괴롭히다
bottle	[bátl]	[보틀]	몡 병, 술병 탄 병에 담다
bottom	[bátəm]	[보텀]	몡 밑, 밑바닥, 바다 밑
bough	[bau]	[바우]	몡 큰 가지
boulder	[bóuldər]	[보울더]	몡 둥근 돌, 옥석
bounce	[bauns]	[바운스]	탄짜 뛰어오르다, 껑충 뛰다
bound	[baund]	[바운드]	몡 경계, 뜀 짜탄 튀다(게 하다)
* *bound to (do)*		~할 의무가 있다, ~하지 않으면 안 된다	
* *at a bound*		단 한 번의 도약으로, 일약	
boundary	[báundəri]	[바운더리]	몡 경계, 한계
boundless	[báundlis]	[바운들리스]	몡 한없는, 끝없는
bounty	[báunti]	[바운티]	몡 후함, 관대, 박애
bouquet	[boukéi]	[부케이]	몡 꽃다발, 향기
bout	[baut]	[바우트]	몡 한바탕, 한참
bow	{ [bou]	[보우]	몡 활, 나비 매듭
	[bau]	[바우]	짜탄 절하다 몡 절, 뱃머리
bowel	[báuəl]	[바우얼]	몡 내장, 창자
bower	[báuər]	[바우어]	몡 정자, 나무 그늘
bowl	[boul]	[보울]	몡 대접, 사발, 나무공

bowling	[bóuliŋ]	[보울링]	명 보울링(공굴리기 놀이의 일종)
bowman	[báumən]	[보우먼]	명 궁수(弓手), 활쏘는 사람
box	[baks]	[박스]	명 상자 타 상자에 넣다
boxer	[báksər]	[박서]	명 권투가
boxing	[báksiŋ]	[박싱]	명 권투, 복싱
boy	[bɔi]	[보이]	명 소년, 사내아이, 급사
boycott	[bɔ́ikat]	[보이콧]	명 공동 배척, 불매 동맹, 배척
boyhood	[bɔ́ihud]	[보이후드]	명 소년 시대(시절)
boyish	[bɔ́iiʃ]	[보이이시]	형 소년 같은, 어린애 같은
boy scout	[bɔiskaut]	[보이스커웃]	명 소년단, 보이스카우트
brace	[brace]	[브레이스]	명 버팀대 자타 받치다
bracket	[brǽkit]	[브래킷]	명 까치발, 모진 괄호
brag	[bræg]	[브래그]	명 자랑 타자 자랑하다
braid	[breid]	[브레이드]	명 꼰 끈 타 끈을 꼬다
brain	[brein]	[브레인]	명 뇌, 두뇌
brake	[breik]	[브레이크]	명 브레이크 타자 브레이크를 걸다
bran	[bræn]	[브랜]	명 밀기울, 겨
branch	[bræntʃ]	[브라안치]	명 가지, 부문, 분파, 분가
brand	[brænd]	[브랜드]	명 타는 나무, 상표 타 낙인을 찍다
brandy	[brǽndi]	[브랜디]	명 브랜디, 화주(술)
brass	[bræs]	[브라아스]	명 놋쇠, 금관 악기, 뻔뻔스러움
brave	[breiv]	[브레이브]	형 용감한, 화려한

bravery	[bréivəri]	[브레이버리]	몡 용기, 용감, 화려한 옷
brawl	[brɔ:l]	[브로올]	몡 말다툼, 짜 싸움하다
brazen	[bréizn]	[브레이즌]	혱 놋쇠로 만든, 놋쇠 빛의
Brazil	[brəzíl]	[브러질]	몡 브라질
breach	[bri:ʧ]	[브리치]	몡 위반, 깨뜨림 탄 깨뜨리다
bread	[bred]	[브레드]	몡 빵, 양식
breadth	[bredθ]	[브레드스]	몡 폭, 넓이, 넓은 도량
break	[breik]	[브레이크]	탄짜 부수다, 깨뜨리다, 어기다

     * *break away*   도망치다, 이탈하다
     * *break down*   파괴하다, 부서지다
     * *break in*   (말을) 길들이다, (아이를) 훈육하다
     * *break into*   ~에 침입하다, 별안간 ~하기 시작하다
     * *break loose*   탈출하다, 도망치다
     * *break out*   일어나다, 발생하다
     * *break through~*   (~사이에서) 나타나다(come out)
     * *break up*   산회하다, 분쇄하다
     * *break with*   ~와 절교하다, ~을 그만두다

breakable	[bréikəbl]	[브레이커블]	혱 깨지기 쉬운
breakage	[bréikidʒ]	[브레이키지]	몡 파손, 파손물, 파손량
breaker	[bréikər]	[브레이커]	몡 깨뜨리는 사람
breakfast	[brékfəst]	[브렉퍼스트]	몡 조반 짜탄 조반을 먹다
breakneck	[bréknek]	[브레이크넥]	혱 위험천만한

breast	[brest]	[브레스트]	몡 가슴, 흉부
breath	[breθ]	[브레스]	몡 숨, 호흡, 한숨
* out of breath		숨이 차서(breathlessly)	
breathe	[briːð]	[브리이드]	자타 호흡하다, 쉬다
breathless	[bréθlis]	[브레슬리스]	혱 숨가쁜, 숨을 죽인
breeches	[brítʃiz]	[브리치즈]	몡 승마용 바지, 바지
breed	[briːd]	[브리이드]	타자 기르다, 새끼를 낳다
breeze	[briːz]	[브리이즈]	몡 산들바람
brethren	[bréðrin]	[브레드린]	몡 동포, 동업자, 교우
brevity	[brévəti]	[브레비티]	몡 간결, 짧음, 간략
brew	[bruː]	[브루우]	타자 양조하다 몡 양조장
briar	[bráiər]	[브라이어]	몡 찔레, 들장미
bribe	[braib]	[브라이브]	몡 뇌물 자타 뇌물을 주다
bribery	[bráibəri]	[브라이버리]	몡 뇌물을 줌(받음), 증회
brick	[brik]	[브릭]	몡 벽돌 타 벽돌을 쌓다
bridal	[bráidl]	[브라이들]	몡 결혼식 혱 새색시의
bride	[braid]	[브라이드]	몡 새색시, 신부
bridegroom	[bráidgrùːm]	[브라이드그룸]	몡 신랑
bridge	[bridʒ]	[브리지]	몡 다리, 배다리, 교량
bridle	[bráidl]	[브라이들]	몡 말굴레, 구속
brief	[briːf]	[브리이프]	혱 잠시의, 간결한
* hold a brief for		~을 변호하다	

B

* *in brief*		요컨대, 요약하면	
brier	[bráiər]	[브라이어]	圐 찔레, 들장미
brigade	[brigéid]	[브리게이드]	圐 여단, 대대(군)
bright	[brait]	[브라이트]	阌 빛나는, 환한, 밝은
brighten	[bráitn]	[브라이튼]	阌阢 반짝이다, 밝게 하다
brightly	[bráitli]	[브라이틀리]	閈 밝게, 빛나게, 슬기롭게
brightness	[bráitnis]	[브라이트니스]	阌 현명, 빛남
brilliant	[bríljənt]	[브릴리언트]	阌 빛나는, 찬란한
brim	[brim]	[브림]	圐 가장자리, 테두리
bring	[briŋ]	[브링]	阢 가지고 오다, 오게 하다

    * *bring about*   일으키다, 야기하다, 해내다
    * *bring down*   내리다, 꺾다, 멸망시키다
    * *bring forth*   (열매를) 맺다, 생기다 ; 발표하다
    * *bring in*   가지고 들어오다, 소개하다, ~의 수입이 있다
    * *bring out*   공표하다, 출판하다, 생각해 내다
    * *bring to life*   소생시키다
    * *bring to light*   공표하다, 밝히다
    * *bring to mind*   ~을 생각나게 하다
    * *bring to pass*   생기게 하다
    * *bring up*   기르다, 교육하다, 제출하다

brink	[briŋk]	[브링크]	圐 (벼랑의) 가장자리

    * *(be) on the brink of*   ~바야흐로 ~하려 하고 있다

B

brisk	[brisk]	[브리스크]	형 활발한, 빠른
bristle	[brísl]	[브리슬]	명 빳빳한 털 자타 털이 곤두서다
Britain	[brítn]	[브리튼]	명 영국 [Great Britain의 약칭]
British	[brítiʃ]	[브리티시]	형 영국의 명 [the B−] 영국인
broad	[brɔːd]	[브로오드]	형 넓은, 관대한 반 narrow(좁은)
broadcast	[brɔ́ːdkæst]	[브로오드캐스트]	자타 방송하다 명 방송
broil	[brɔil]	[브로일]	타자 (고기를) 불에 굽다(grill)
broken	[bróukən]	[브로우컨]	동 break의 과거분사 형 깨진
broker	[bróukər]	[브로우커]	명 중개인, 중개업자
bronze	[brɑnz]	[브론즈]	형 청동색의 명 청동
brooch	[broutʃ]	[브로우치]	명 브로치
brood	[bruːd]	[브루우드]	명 한 배의 병아리, 한 배 새끼
brook	[bruk]	[브룩]	명 시내, 개울 타 견디다
broom	[bruːm]	[브루움]	명 비 타 비로 쓸다
broth	[brɔːθ]	[브로오스]	명 묽은 수프
brother	[brʌ́ðər]	[브러더]	명 형제, 형, 아우, 동료
brotherhood	[brʌ́ðərhùd]	[브러더후드]	명 형제 관계, 형제의 우애
brow	[brau]	[브라우]	명 이마, 돌출한 끝
brown	[braun]	[브라운]	명 갈색(밤색) 형 갈색의
bruise	[bruːz]	[브루우즈]	명 타박상, 멍 자타 상처를 입다
brush	[brʌʃ]	[브러시]	명 솔, 화필, 브러시, 덤불

     * *at a brush*   일거에, 단번에

* *brush aside (away)*   털어 버리다, 무시하다
* *brush up*   다듬다, 몸단장을 하다

brutal	[brúːtl]	[브루우틀]	형 짐승 같은, 잔인한
brute	[bruːt]	[브루우트]	명 짐승, 야수
bubble	[bʌ́bl]	[버블]	명 거품, 자타 거품이 일다
buck	[bʌ́k]	[벅]	명 수사슴
bucket	[bʌ́kit]	[버킷]	명 바케쓰, 물통
buckle	[bʌ́kl]	[버클]	명 혁대 장식, 죔쇠
bud	[bʌd]	[버드]	명 꽃눈, 싹, 봉오리
Buddha	[búːdə]	[부더]	명 부처
Buddhism	[búːdizm]	[부디점]	명 불교
Buddhist	[búːdist]	[부디스트]	명형 불교도(의), 불교의
budget	[bʌ́dʒit]	[버짓]	명 예산안 자 예산을 세우다
budgetary	[bʌ́dʒitèri]	[버지터리]	형 예산에 관한, 예산의
buff	[bʌf]	[버프]	명 담황색의 가죽
buffalo	[bʌ́fəlòu]	[버펄로우]	명 물소, 들소(bison)
buffet	[bʌ́fit]	[버핏]	명 일격, 찬장, 칵테일 파티식 요리
bug	[bʌg]	[버그]	명 빈대, 곤충
bugle	[bjúːgl]	[뷰우글]	명 나팔 자타 나팔을 불다
build	[bild]	[빌드]	태자 짓다, 세우다

* *build a nest*   둥지를 짓다(틀다)
* *build a fire*   불을 피우다

building	[bíldiŋ]	[빌딩]	몡 건물, 건축, 빌딩 「이 되다
bulb	[bʌlb]	[벌브]	몡 구근(球根), 전구(電球) 재 구근
bulk	[bʌlk]	[벌크]	몡 부피, 크기 재 부풀다
bull	[bul]	[불]	몡 황소
bulldog	[buldɔːg]	[불도오그]	몡 불독(사나운 개의 일종)
bulldozer	[búldòuzər]	[불도우저]	몡 불도우저 [땅을 고르는 중장비]
bullet	[búlit]	[불릿]	몡 탄환, 소총탄
bulletin	[búlitən]	[불리튼]	몡 공보, 회보, 게시
bullfight	[búlfàit]	[불파이트]	몡 투우
bully	[búli]	[불리]	몡 약한 자를 못살게 구는 자
bump	[bʌmp]	[범프]	몡 충돌 태재 부딪치다
bunch	[bʌnʧ]	[번치]	몡 (과일 따위의)송이, (열쇠 따위의)
bundle	[bʌ́ndl]	[번들]	몡 다발, 묶음 태재 묶다 「다발
bunny	[bʌ́ni]	[버니]	몡 토끼, 다람쥐
buoyant	[bɔ́iənt]	[보이언트]	혱 쾌활한, 활기 있는, 잘 뜨는
burden	[bə́ːrdn]	[버어든]	몡 무거운 짐 태 짐을 지우다
bureau	[bjúərou]	[뷰로우]	몡 국(局), 부, 처
burglar	[bə́ːrglər]	[버어글러]	몡 밤도둑, 야간의 강도
burial	[bériəl]	[베리얼]	몡 매장 혱 매장의
burn	[bəːrn]	[버언]	태재 태우다, 볕에 타다
burrow	[bə́ːrou]	[버로우]	몡 굴, 숨어있는 곳
burst	[bəːrst]	[버어스트]	태재 파열하다, 터지다 몡 파열, 폭발

B

* *burst into tears*	울음을 터뜨리다		
* *burst out laughing (into laughter)*	웃음을 터뜨리다		

bury [béri] [베리] 配 묻다, 감추다, 매장하다

bus [bʌs] [버스] 명 버스

bush [buʃ] [부시] 명 숲, 관목, 덤불

bushel [búʃəl] [부셜] 명 부셸(양을 재는 단위, 약36미터)

bushy [búʃi] [부시] 형 관목(덤불)이 많은, 털이 많은

busily [bízili] [비질리] 閉 바쁘게, 분주하게

business [bíznis] [비즈니스] 명 사무, 직업, 영업

    * *do a big business*   장사가 잘 되다, 번창하다
    * *have no business to (do)*   ~할 권리가 없다
    * *make a great business of*   ~을 감당 못하다
    * *on business*   상용으로, 용무가 있어

businesslike [bíznislaik] [비즈니스라이크] 형 사무적인, 능률적인

businessman [bíznismæn] [비즈니스맨] 명 실업가, 상인, 사무가

bust [bʌst] [버스트] 명 흉상, 상반신, (부인의) 흉부

bustle [bʌsl] [버슬] 재配 떠들다, 떠들게 하다

busy [bízi] [비지] 명 바쁜, 분주한   「하는 사람

busybody [bízibádi] [비지바디] 명 참견하는 사람, 일 봐주기를 좋아

but [bʌt, bət] [밧, 벗] 접 그러나, 그렇지만 閉 다만

    * *all but*   거의(almost, nearly)
    * *but for*   ~이 없(었)다면 (without)

* *but little*	거의 ~하지 않다(very little)		
* *but that*	만일 ~이 아니면, ~이란 것		
butcher	[búʧər]	[부쳐]	뗑 도살업자, 백정 팀 도살하다
butcherly	[búʧərli]	[부철리]	뗑 도살자 같은, 잔인한
butchery	[búʧəri]	[부쳐리]	뗑 살생, 도살장, 도살업
butler	[bʌ́tlər]	[버틀러]	뗑 하인의 우두머리, 집사
butt	[bʌt]	[벗]	팀재 머리(뿔)로 받다, 부딪치다
butter	[bʌ́tər]	[버터]	뗑 버터 팀 버터를 바르다, 아첨하다
butterfly	[bʌ́tərflài]	[버터플라이]	뗑 나비, (여자)멋쟁이, 접영
button	[bʌ́tən]	[버튼]	뗑 단추 팀재 단추를 채우다
buy	[bai]	[바이]	팀 사다, 매수하다 뗑 산 물건
buzz	[bʌz]	[버즈]	뗑 윙윙거리는 소리 재 윙윙거리다
by	[bai]	[바이]	쩐 ~의 곁에, ~에 의하여 쀼 곁에,
			∟ 옆에
* *by and by*	얼마 안 있어, 이윽고		
* *by birth*	태생은, 타고난		
* *by chance*	우연히(by accident)		
* *by dint of*	~의 힘으로, ~에 의하여		
* *by far*	훨씬, 퍽		
* *by land*	육로로		
* *by oneself*	혼자, 단독으로(alone)		
* *by the way*	그런데, 말이 나온 김에		
by-election	[baiilékʃən]	[바이일렉션]	뗑 보궐 선거

bygone	[baigɔːn]	[바이고온]	혱 지나간 몡 《복수》과거(지사)
bypass	[baipæs]	[바이패스]	몡 샛길, 바이패스(자동차용 우회로)
bypath	[báipæθ]	[바이패스]	몡 샛길 ㄴ団 우회하다
by-product	[baiprádʌkt]	[바이프라덕트]	몡 부산물(副産物)
bystander	[baistǽndər]	[바이스탠더]	몡 구경꾼, 방관자, 국외자
byway	[baiwei]	[바이웨이]	몡 샛길, 옆길
bywork	[baiwəːrk]	[바이워어크]	몡 부업(副業)

C c   C c   *C c*

cab	[kæb]	[캡]	몡 (4륜)마차, 택시 짜 택시로 가다
cabbage	[kǽbidʒ]	[캐비지]	몡 양배추, 캐비지
cabby	[kǽbi]	[캐비]	몡 《구어》 택시 운전사
cabin	[kǽbin]	[캐빈]	몡 선실, 오두막집, 객실
cabinet	[kǽbənit]	[캐비닛]	몡 내각, 캐비닛, 농, 진열실, 장식장
cable	[kéibl]	[케이블]	몡 굵은 밧줄, 해저 전선, 닻줄
cacao	[kəká:ou]	[커카아오우]	몡 카카오 나무(열매)
caddie	[kǽdi]	[캐디]	몡 캐디(골프장의 심부름꾼) 짜 캐디
cadence	[kéidns]	[케이던스]	몡 운율, 억양 ㄴ로 일하다
cafe	[kæféi]	[캐페이]	몡 찻집, 다방, 커피점, 요리점
cafeteria	[kæfətíəriə]	[캐퍼티어리어]	몡 《미》 카페테리아(손님 스스로가 음식을 날라다 먹는 간이 식당)
cage	[keidʒ]	[케이지]	몡 우리, 새장 타 새장에 넣다
cake	[keik]	[케이크]	몡 과자, (비누 따위의) 덩어리
calamity	[kəlǽməti]	[컬래미티]	몡 재난(disaster), 불행, 비운

calcium	[kǽlsiəm]	[캘시엄]	똉 《화학》 칼슘《기호 Ca》
calculate	[kǽlkjulèit]	[캘큘레이트]	짜탸 계산하다, 적응시키다, 기대하다
calendar	[kǽləndər]	[캘린더]	똉 달력, 목록표, 일람표, 예정표
calf	[kæf]	[캐프]	똉 송아지,(사슴·코끼리 따위의)새끼
call	[kɔːl]	[코올]	짜탸 부르다, 방문하다, 전화하다

    * call after   ~을 따서 이름 짓다
    * call back   (사람을) 다시 불러들이다, 《미》 나중에 전화를 다시 하다
    * call at   (집을) 방문하다, 들르다
    * call for   요구하다, 데리러 가다, 찾다
    * call forth   환기하다, 분기시키다, 불러일으키다
    * call on (upon)   (사람을) 방문하다, 부탁하다
    * call out   도전하다, 소집하다, 소리치다
    * call up   전화 걸다
    * what is called ; what you call   소위, 이른바

| calm | [kaːm] | [카암] | 똉 평온한, 바람이 없는 탸짜 가라앉[히다 |
| calmness | [káːmnis] | [카암니스] | 똉 평온, 냉정, 침착, 고요 |

    * with calmness   조용히(calmly)

calorie	[kǽləri]	[캘러리]	똉 칼로리《음식의 열량 단위》
camel	[kǽməl]	[캐멀]	똉 낙타
camera	[kǽmərə]	[캐머러]	똉 카메라, 사진기
camp	[kæmp]	[캠프]	똉 야영, 캠프 짜 야영하다
campaign	[kæmpéin]	[캠페인]	똉 캠페인, 운동, 유세 짜 유세하다

campfire	[kǽmpfaiər]	[캠프파이어]	몡 (야영의) 모닥불
camping	[kǽmpiŋ]	[캠핑]	몡 야영, 캠핑
campus	[kǽmpəs]	[캠퍼스]	몡 교정, 학교 구내, 학원, 대학생활
* on the campus	교정에서(on campus)		
can	[kǽn, kən]	[캔, 컨]	조 ~할 수 있다 몡 깡통, 통조림통
* cannot ~ too	아무리 ~하여도 지나치지 않다		
* cannot but do	~하지 않을 수 없다		
Canada	[kǽnədə]	[캐너더]	몡 캐나다
Canadian	[kənéidiən]	[커네이디언]	혱 캐나다의 몡 캐나다 사람
canal	[kənǽl]	[커낼]	몡 운하, 수로(水路), 도랑
canary	[kənéəri]	[커네리]	몡 카나리아 혱 카나리아 빛깔의
cancel	[kǽnsəl]	[캔설]	자타 취소하다, 무효로 하다
cancer	[kǽnsər]	[캔서]	몡 암, (사회의) 적폐(積弊)
candid	[kǽndid]	[캔디드]	혱 솔직한, 숨김 없는, 정직한
candidate	[kǽndidèit]	[캔디데이트]	몡 지원자, 후보자
candle	[kǽndl]	[캔들]	몡 초, 촉광
cando(u)r	[kǽndər]	[캔더]	몡 공평함, 솔직, 담백함
candy	[kǽndi]	[캔디]	몡 사탕 과자, 캔디, 과자
cane	[kein]	[케인]	몡 지팡이, 단장, 몽둥이
cannon	[kǽnən]	[캐넌]	몡 대포 자 대포를 쏘다
cannot	[kǽnət]	[캐노트]	몡 ~할 수 없다
* cannot but do	~하지 않을 수 없다(cannot help~ing)		

* cannot help ~ ing		~하지 않을 수 없다	
* cannot ~ too		아무리 ~하여도 지나치는 법은 없다	
* cannot ~ without		~안하고선 ~못하다, ~하면 반드시 ~하다	
canoe	[kənúː]	[커누우]	몡 카누우, 통나무배 탄 통나무배를
canon	[kǽnən]	[캐넌]	몡 교회법, 교회 법규, 경전 ㄴ젓다
canopy	[kǽnəpi]	[캐너피]	몡 닫집, 차양 탄 천개로 덮다
can't	[kænt]	[캔트]	조 ~할 수 없다, cannot의 단축형
canton	[kǽntən]	[캔톤]	몡 (스위스의) 주, 프랑스의 군
canvas	[kǽnvəs]	[캔버스]	몡 돛, 화포, 캔버스
canvass	[kǽnvəs]	[캔버스]	탄탄 검토하다, 유세하다 몡 유세,
canyon	[kǽnjən]	[캐뉴언]	몡 대협곡 ㄴ권유, 검토
cap	[kæp]	[캡]	몡 챙 없는 모자, 학생모, 뚜껑
capable	[kéipəbl]	[케이퍼블]	혱 ~을 할 수 있는, 유능한
* [be] capable of		~할 능력이 있는, 역량이 있는	
capacity	[kəpǽsəti]	[커패시티]	몡 용적, 수용량, 역량, 자격
cape	[keip]	[케이프]	몡 곶, (소매 없는) 외투, 어깨 망토
capital	[kǽpətl]	[캐피틀]	혱 수위의, 으뜸가는 몡 수도, 자본
capsize	[kǽpsaiz]	[캡사이즈]	탄탄 (배 따위를) 전복시키다
capsule	[kǽpsəl]	[캡슐]	몡 (약의) 캡슐, (로켓의) 캡슐
captain	[kǽptən]	[캡틴]	몡 우두머리, 선장, 육군 대위
captive	[kǽptiv]	[캡티브]	혱 사로잡힌 몡 포로
capture	[kǽptʃər]	[캡처]	탄 사로잡다 몡 사로잡음, 잡기, 포획

car	[kaːr]	[카아]	몡 차, 자동차, 전차
caramel	[kǽrəmèl]	[캐러멜]	몡 구운 설탕, 캐러멜
caravan	[kǽrəvæn]	[캐러밴]	몡 (사막의) 대상(隊商), 포장마차
carbon	[káːrbən]	[카아번]	몡 탄소
carbonic	[kɑːrbánik]	[카아보닉]	혱 탄소의
carcass	[káːrkəs]	[카아커스]	몡 (짐승의) 시체
card	[kaːrd]	[카아드]	몡 카아드, 트럼프, 명함, 엽서
cardboard	[kaːrdbɔːrd]	[카아드보오드]	몡 판지, 마분지
cardinal	[káːrdənl]	[카아디널]	혱 기본적인, 진홍빛의
care	[kɛər]	[케어]	몡 주의, 근심, 걱정 쟈 걱정하다, 염
			ㄴ려하다

* *care for* ~을 좋아하다, ~을 돌보다
* *care to* 원하다, 희망하다
* *take care of* ~을 돌보다

career	[kəríər]	[커리어]	몡 이력, 생애, 경력
careful	[kέərfəl]	[케어펄]	혱 주의 깊은, 조심스런
carefulness	[kέərfəlnis]	[케어펄니스]	몡 주의 깊음, 세심함, 신중
careless	[kέərlis]	[케얼리스]	혱 부주의한, 경솔한
carelessness	[kέərlisnis]	[케얼리스니스]	몡 부주의, 소홀
caress	[kərés]	[커레스]	몡 애무 톄 애무하다, 품에 안다
caretaker	[kέərtèikər]	[케어테이커]	몡 돌보는 사람
careworn	[kέərwɔ̀ːrn]	[케어워언]	혱 고생에 시달린
cargo	[káːrgou]	[카아고우]	몡 뱃짐, 화물

caricature	[kǽrikəʃər]	[캐리커츄어]	몡 만화, 풍자화
caricaturist	[kǽrikəʃuərist]	[캐리커츄리스트]	몡 풍자화가, 만화가
carnal	[káːrnl]	[카아널]	혱 육체의, 현세의
carnation	[kɑːrnéiʃən]	[카아네이션]	몡 카네이션, 살색
carnival	[káːrnəvəl]	[카아니벌]	몡 사육제, 축제
carol	[kǽrəl]	[캐럴]	몡 기쁨의 노래, 찬미가
carp	[kɑːrp]	[카아프]	몡 잉어 재 흠을 잡다
carpenter	[káːrpəntər]	[카펀터]	몡 목수 재태 목수일을 하다
carpet	[káːrpit]	[카아핏]	몡 양탄자 태 양탄자를 깔다
carriage	[kǽridʒ]	[캐리지]	몡 마차, 《 영 》 객차, 운반
carrier	[kǽriər]	[캐리어]	몡 운반인, 운송업자, (병균의) 매개체
carrot	[kǽrət]	[캐럿]	몡 당근
carry	[kǽri]	[캐리]	태재 나르다, 지탱하다, 휴대하다

* *carry away*   가져 가다, 황홀하게 하다
* *carry off*   (상품·명예를) 획득하다, 빼앗아 가다
* *carry on*   영위하다, 계속하다
* *carry out*   실행하다, 성취하다
* *carry through*   끝까지 견디어 내다, 이루다, 관철하다

cart	[kɑːrt]	[카아트]	몡 짐마차, 짐수레
carton	[káːrtn]	[카아턴]	몡 (두꺼운 종이로 만든)상자, 판지
cartoon	[kɑːrtúːn]	[카아투운]	몡 만화, 초벌 그림
carve	[kɑːrv]	[카아브]	재태 조각하다, (고기 따위를)자르다

case [keis] [케이스] 명 경우, 실정, 사실, 상자
* *in case [of, that]* ~의 경우에는, ~의 경우를 고려하여
* *in any case* 어떠한 경우에도, 어쨌든(anyway)
* *in no case* 결코 ~이 아니다
* *in the case of* ~에 관하여 말하면, ~의 경우에는

cash [kæʃ] [캐시] 명 현금 타 (수표를) 현금으로 바꾸다
cashier [kæʃíər] [캐시어] 명 출납계
cask [kæsk] [카아스크] 명 통, 한통(의 분량) 타 통에 넣다
casket [kǽskit] [카아스킷] 명 (보물 넣는) 작은 상자, 관, 함
cassette [kəsét] [커셋] 명 카세트 [소형 녹음 테이프 통]
cast [kæst] [캐스트] 타자 던지다, 주조하다 명 던짐
* *cast about* 찾아 다니다, 궁리하다
* *cast out* 내던지다, 버리다

castle [kǽsl] [카아슬] 명 성곽, 저택, 누가 타자 성을 쌓다
casual [kǽʒuəl] [캐쥬얼] 형 우연의, 뜻하지 않은
cat [kæt] [캐트] 명 고양이
catalog(ue) [kǽtəlɔ̀ːg] [캐털로그] 명 목록 타 목록에 올리다
catastrophe [kətǽstrəfi] [커태스트러피] 명 대재난, (비극의)대단원, 파국
catch [kætʃ] [캐치] 타자 붙잡다, 따르다 명 포획
* *catch (a) cold* 감기 들다, 감기에 걸리다
* *catch at* ~을 잡으려고 하다, 덤벼들다
* *catch (take) fire* 불붙다(begin to burn)

    * *catch hold of*   ~을 잡다, 파악하다
    * *catch (one's) breath*   (놀라서) 숨을 삼키다, 헐떡이다
    * *catch sight of*   ~을 발견하다, ~을 갑자기 보다
    * *catch up with*   ~을 따라가다

catcher	[kǽtʃər]	[캐쳐]	몡 잡는 사람, 포수《야구》
catching	[kǽtʃiŋ]	[캐칭]	혱 전염하는, (마음을) 빼앗는
catchphrase	[kǽtʃfreiz]	[캐치프레이즈]	몡 표어, 유행어구
category	[kǽtəgɔ̀:ri]	[캐터고오리]	몡 범주, 부류, 종류(class)
caterpillar	[kǽtərpilər]	[캐터필러]	몡 모충, 풀쐐기, 무한 궤도(차)
cathedral	[kəθí:drəl]	[커시이드럴]	몡 대성당, 대사원, 본산
catholic	[kǽθəlik]	[캐설릭]	혱 전반적인, 도량이 넓은
Catholic	[kǽθəlik]	[캐설릭]	혱 카톨릭교의 몡 카톨릭 교도
cattle	[kǽtl]	[캐틀]	몡 소, 가축
cause	[kɔ:z]	[코오즈]	혱 원인, 이유, 동기
caution	[kɔ́:ʃən]	[코오션]	몡 조심, 경고, 신중함
cautious	[kɔ́:ʃəs]	[코오셔스]	혱 조심스러운, 신중한
cavalier	[kævəlíər]	[캐벌리어]	몡 기사, 춤상대 혱 거만한
cavalry	[kǽvəlri]	[캐벌리]	몡 기병대
cave	[keiv]	[케이브]	몡 동굴 재타 함몰하다, 무너지다
cavern	[kǽvərn]	[캐번]	몡 (넓은)동굴
cavity	[kǽvəti]	[캐버티]	몡 공동(空洞), 구멍, 빈 곳
caw	[kɔ:]	[코오]	재 까악까악 울다

cease	[siːs]	[시이스]	자타 그치다, 끝나다, 멈추다
ceaseless	[síːslis]	[시이슬리스]	형 끊임없는
cedar	[síːdər]	[시이더]	명 히말라야 삼나무
ceiling	[síːliŋ]	[시일링]	명 천장, 판자, 한계
celadon	[sélədàn]	[셀러던]	명 청자
celebrate	[séləbrèit]	[셀리브레이트]	타자 경축하다, 거행하다
celebrated	[séləbrèitid]	[셀리브레이티드]	형 유명한, 이름높은
celebrity	[səlébrəti]	[셀리브리티]	명 명성, 명사(名士)
celebration	[sèləbréiʃən]	[셀리브레이션]	명 축하, 칭찬, 찬양
* in celebration of	~을 축하하여		
celery	[séləri]	[셀러리]	명 셀러리《식물의 이름》
celestial	[səléstʃəl]	[설레스철]	형 하늘의, 신성한
cell	[sel]	[셀]	명 작은 방, 독방, 세포
cellar	[sélər]	[셀러]	명 지하실, 움
cement	[simént]	[시멘트]	명 시멘트 타 시멘트로 붙이다
cemetery	[sémətèri]	[세머테리]	명 묘지, 공동 묘지
censorship	[sénsərʃip]	[센서쉽]	명 검열(檢閱)
censure	[sénʃər]	[센셔]	명 비난, 견책 타 비난하다
census	[sénsəs]	[센서스]	명 국세 조사, 인구 조사
cent	[sent]	[센트]	명 센트, [미국의 1/100달러의 동화]
centenary	[séntənèri]	[센터네리]	형 백년의 명 백년간, 백년제
center, -tre	[séntər]	[센터]	명 중심, 한가운데, 중심지

central	[séntrəl]	[센트럴]	형 중심의, 주요한
century	[sén∫əri]	[센츄리]	명 세기, 100년
cereal	[síəriəl]	[시어리얼]	명 곡물, 곡류 형 곡류의
ceremony	[sérəmòuni]	[세리모우니]	명 의식, 격식
certain	[sə́:rtn]	[서어튼]	형 확실한, 반드시, 어떤, 일정한
* for certain	확실히(for sure)		
certainly	[sə́:rtnli]	[서어튼리]	부 확실히, 꼭, (대답으로) 물론이죠
certificate	{ [sərtífikit]	[서티피킷]	명 증명서(證明書)
	[sərtífikèit]	[서티피케이트]	타 증명서를 주다, 면허하다
certify	[sə́:rtəfài]	[서어티파이]	타 증명하다, 확인하다 「로 묶다
chain	[t∫ein]	[체인]	명 사슬, 《보통 복수》 구속 타 사슬
chair	[t∫εər]	[체어]	명 의자, 강좌, 의장
chairman	[t∫εərmən]	[체어먼]	명 의장, 회장, 위원장
chalk	[t∫ɔ:k]	[초오크]	명 분필, 백목, 백악 타 분필로 쓰다
challenge	[t∫ǽlindʒ]	[챌린지]	명 도전, 수하, 요청 타 도전하다
chamber	[t∫éimbər]	[체임버]	명 방, 의회, 회의실
chamberlain	[t∫éimbərlin]	[체임버린]	명 시종, 청지기, 의전관
champagne	[∫æmpéin]	[샴페인]	명 (C~)프랑스 북부 지방, 샴페인
champion	[t∫ǽmpiən]	[챔피언]	명 우승자, 선수권자, 투전사
chance	[t∫æns]	[차안스]	명 기회, 우연, 호기 형 우연의
chandelier	[∫ændəlíər]	[샌딜리어]	명 꽃 전등 ; 샹들리에
change	[t∫eindʒ]	[체인지]	타 변하다, 바꾸다 명 변화, 교환

　　　　* *change about*　　　　변절하다, 마음이 흔들리다
　　　　* *change for the better*　　좋아지다, 호전하다

channel　　　　[tʃǽnl]　　　　[채널]　　　　圀 수로, 해협, 방면, 경로
chant　　　　　[tʃænt]　　　　[차안트]　　　圀 노래, 찬송 囤㉣ 노래하다, 칭송
chaos　　　　　[kéias]　　　　[케이아스]　　圀 혼돈, 혼란, 무질서　　 ㅣ 하다
chap　　　　　[tʃæp]　　　　　[채프]　　　　圀 놈, 녀석, 자식, 갈라진 금, 틈
chapel　　　　　[tʃǽpəl]　　　　[채펄]　　　　圀 (학교, 병원 구내) 예배당, 교회당
chaplain　　　　[tʃǽplin]　　　　[채플린]　　　圀 예배당 전속 목사, 군목
chapter　　　　[tʃǽptər]　　　　[채프터]　　　圀 (책의)장(章), 한 구간, 부문
character　　　　[kǽriktər]　　　　[캐릭터]　　　圀 인격, 성격, 품성, 특성, 명성
characteristic　[kæriktərístik]　[캐럭터리스틱]　혱 특유한, 독특한 圀 특색
characterize　　[kǽriktəràiz]　[캐럭터라이즈]　囤 특징을 나타내다, 특색짓다
charcoal　　　　[tʃáːrkòul]　　[차아코올]　　圀 목탄, 숯
charge　　　　　[tʃaːrdʒ]　　　[차아지]　　　囤 채워넣다, 채우다 圀 책임, 대가
　　　　* *(be) in charge of~*　　~을 책임지고 있다, ~을 담당하고 있다
　　　　* *charge at (upon)~*　　~을 향해 돌진하다, ~에게 돌격해 들어가다
　　　　* *(be) charged with*　　~이 부과되다, ~의 죄로 고발되다
　　　　* *take charge of~*　　~을 떠맡다, 감독하다, 담임하다
charger　　　　[tʃáːrdʒər]　　[차아져]　　　圀 (장교용의) 군마, 충전기
chariot　　　　　[tʃǽriət]　　　[채리어트]　　圀 (옛 희랍·로마의) 2륜 마차
charitable　　　[tʃǽritəbl]　　[채리터블]　　圀 자비심 많은
charity　　　　　[tʃǽrəti]　　　[채러티]　　　圀 사랑, 자비, 양육원

charm	[ʧɑːrm]	[차암]	명 마력, 매력 타자 매혹하다
charming	[ʧɑ́ːrmiŋ]	[차아밍]	형 매력적인, 아름다운
chart	[ʧɑːrt]	[차아트]	명 그림, 해도(海圖), 도표
charter	[ʧɑ́ːrtər]	[차아터]	명 특허장, 헌장, 계약서
chartered	[ʧɑ́ːrtərd]	[차아터드]	형 특허를 받은, 고용한
chase	[ʧeis]	[체이스]	타 뒤쫓다, 쫓아가다 명 추격
chasm	[kǽzm]	[캐점]	명 깊게 갈라진 틈, 틈새
chaste	[ʧeist]	[체이스트]	형 정숙한, 수수한, 담백한
chastity	[ʧǽstəti]	[채스티티]	명 정조, 순결
chat	[ʧæt]	[채트]	명 잡담, 한담 자 잡담하다
chatter	[ʧǽtər]	[채터]	자 지껄여 대다 명 수다, 잡담
chatterbox	[ʧǽtərbaks]	[채터박스]	명 수다쟁이
chauffeur	[ʃóufər]	[쇼우퍼]	명 (자가용차의) 운전수 자 몰고 가다
chauvinism	[ʃóuvənizm]	[쇼오비니점]	명 맹목적 애국심, 광신적 배타주의
cheap	[ʧiːp]	[치이프]	형 싼, 싸구려의 값싼
cheaply	[ʧiːpli]	[치이플리]	부 값싸게(at a low price)
cheat	[ʧiːt]	[치이트]	타자 속이다, 속여 빼앗다
check	[ʧek]	[체크]	명 저지, 대조, 방해 타 저지하다, 막다
cheek	[ʧiːk]	[치이크]	명 볼, 뺨, 뻔뻔함
cheer	[ʧiər]	[치어]	명 아주 기쁨, 환호, 갈채 [발한
cheerful	[ʧiərfəl]	[치어풀]	형 기분이 좋은, 즐거운, 쾌활한, 활
cheery	[ʧíəri]	[치어리]	형 기분 좋은, 명랑한, 활기 있는

cheese	[ʧiːz]	[치이즈]	몡 치즈
chemical	[kémikəl]	[케미컬]	혱 화학의, 화학적인 몡 화학제품
chemise	[ʃəmíːz]	[시미이즈]	몡 시미즈, 속치마
chemist	[kémist]	[케미스트]	몡 화학자, 약제사, 약종상
chemistry	[kéməstri]	[케미스트리]	몡 화학
cherish	[ʧériʃ]	[체리시]	탓 소중히 하다, 귀여워하다
chess	[ʧes]	[체스]	몡 체스, 서양장기
chest	[ʧest]	[체스트]	몡 상자, 궤, 흉곽, 가슴, 자금
chestnut	[ʧésnʌt]	[체스너트]	몡 밤 혱 밤색의
chew	[ʧuː]	[추우]	탓좌 씹다, 씹어 부수다 몡 씹음
chicken	[ʧíkən]	[치킨]	몡 새새끼, 병아리, 닭고기
chide	[ʧaid]	[차이드]	탓좌 꾸짖다, 꾸짖어 내쫓다
chief	[tʃiːf]	[치이프]	몡 수령, 지도자, 추장 혱 최고의, 주
chieftain	[ʧíːftən]	[치이프턴]	몡 (산적의) 두목, 추장 ⌐요한
chiffonier	[ʃifəníər]	[치퍼니어]	몡 화장농, 찬장
child	[tʃaild]	[차일드]	몡 아이, 어린애, 유아
childhood	[ʧáildhùd]	[차일드후드]	몡 유년기, 초기의 시대
childish	[ʧáildiʃ]	[차일디시]	혱 어린애 같은, 앳띤
childlike	[ʧáildlàik]	[차일드라이크]	혱 어린애다운, 순진한
children	[tʃildrən]	[칠드런]	몡 child의 복수, 어린이들
chill	[ʧil]	[칠]	몡 한기, 냉기, 으스스함
chilly	[ʧili]	[칠리]	혱 냉냉한, 추운

| **chime** | [ʧaim] | [차임] | 몡 차임 目짜 가락을 맞추어 올리다 |

    * chime in*   맞장구를 치다

chimney	[ʧímni]	[침니]	몡 굴뚝
chin	[tʃin]	[친]	몡 턱 짜目 지껄여대다
China	[tʃáinə]	[차이너]	몡 중국
china	[tʃáinə]	[차이너]	몡 도자기 톙 도자기의
Chinese	[ʧàiníːz]	[차이니즈]	톙 중국의 몡 중국어
chink	[ʧiŋk]	[칭크]	몡 쨍그렁 소리 짜目 쨍그렁 울리다
chip	[ʧip]	[칩]	몡 토막, 조각 짜目 깎다. 자르다
chisel	[ʧízəl]	[치즐]	몡 끌 目 끌로 깎다
chivalry	[ʃívəlri]	[시벌리]	몡 기사도, 기사적 정신
chocolate	[ʧɔ́ːkələt]	[초오컬럿]	몡 초콜렛 톙 초콜렛의
choice	[ʧɔis]	[초이스]	몡 선택, 선발 톙 정선한

    * have no choice but to [do]*   ~할 수밖에 없다
    * make a choice*   선택하다

choir	[kwaiər]	[콰이어]	몡 합창대(chorus), 성가대
choke	[ʧouk]	[초우크]	目짜 질식시키다, 막다 몡 질식
cholera	[kálərə]	[콜러러]	몡 콜레라
choose	[ʧuːz]	[추우즈]	目짜 고르다, 선택하다, 원하다
chop	[tʃap]	[촵]	目짜 (도끼 따위로)자르다, 잘게 썰다
choral	[kɔ́ːrəl]	[코오럴]	톙 합창대(곡)의, 합창의
chord	[kɔːrd]	[코오드]	몡 (악기의) 줄, 현, 끈, 화음

chorus	**[kɔ́:rəs]**	**[코오러스]**	몡 합창(대)
chosen	[ʧóuzn]	[초우즌]	톰 choose의 과거분사 혱 선택된
Christ	[kraist]	[크라이스트]	몡 그리스도, 구세주
christen	[krísn]	[크리슨]	탄재 세례를 주다, 이름을 붙이다
Christian	[krísʧən]	[크리스쳔]	몡 기독교도 혱 그리스도의
Christianity	[krisʧiǽnəti]	[크리스티애니티]	몡 기독교
Christmas	**[krísməs]**	**[크리스머스]**	몡 크리스마스, 성탄절
chronicle	[kránikl]	[크로니클]	몡 연대기(年代記), 기록
chuckle	[ʧʌ́kl]	[처클]	재 킬킬 웃다, 꼬꼬거리다
church	**[ʧə́:rʧ]**	**[처어치]**	몡 교회당, 성당
churchman	[ʧə́:rʧmən]	[처어치먼]	몡 목사, 성직자
churchyard	[ʧə́:rʧjaːrd]	[처어치야아드]	몡 교회의 경내, 묘지
cider	[sáidər]	[사이더]	몡 사과 술, 사이다
cigar	**[sigɑ́:r]**	**[시가아]**	몡 엽궐연, 여송연, 시가
cigaret	[sigərét]	[시거레트]	몡 궐연, 시가레트, 담배
cinder	[síndər]	[신더]	몡 (석탄 따위) 탄 재, 뜬 숯
cinema	[sínəmə]	[시너머]	몡 영화, 영화관
circle	**[sə́:rkl]**	**[서어클]**	몡 원, 집단, 사회, ~계(界)
circuit	[sə́:rkit]	[서어킷]	몡 순회, 주위, 《전기》 회로
circulate	[sə́:rkjulèit]	[서어큘레이트]	재탄 순환하다, 유포하다, 유통하다
circumference	[sərkʌ́mfərəns]	[서컴프런스]	몡 주위, 원주
circumstance	[sə́:rkəmstæns]	[서어컴스탠스]	몡 《복수》 환경, 경우, 사정

circus	[sə́ːrkəs]	[서어커스]	몡 서커스, 원형 광장, 곡마단
citizen	[sítəzən]	[시티즌]	몡 시민, 국민
city	[síti]	[시티]	몡 도시, 시(市)
civil	[sívəl]	[시블]	휑 시민의, 국내의, 정중한
civilization -sa-	[sìvəli-zéiʃən]	[시빌리제이션]	몡 문명, 개화
civilize	[sívəlàiz]	[시빌라이즈]	탙 문명화하다, 교화하다
claim	[kleim]	[클레임]	탙재 요구하다, 주장하다 몡 요구
clamber	[klǽmbər]	[클램버]	재 기어오르다 몡 기어오르기
clamo[u]r	[klǽmər]	[클래머]	몡 외치는 소리, 아우성 소리
clap	[klæp]	[클랩]	재탙 탁 치다, 찰싹 때리다 몡 박수
clash	[klæʃ]	[클래시]	재탙 충돌하다 몡 충돌, 불일치
clasp	[klæsp]	[클래스프]	탙재 꽉 잡다, 끌어안다 몡 악수
class	[klæs]	[클래스]	몡 계급, 학급, 등급 탙 등급을 매기
classic	[klǽsik]	[클래식]	휑 고전의 몡 고전, 대작가 ㄴ다
classify	[klǽsəfài]	[클래시파이]	탙 분류하다
classmate	[klǽsmeit]	[클라아스메이트]	몡 급우, 동급생
classroom	[klǽsrùːm]	[클라아스룸]	몡 교실 ㄴ나다
clatter	[klǽtər]	[클래터]	몡 덜걱덜걱 소리 재탙 덜걱덜걱 소리
clause	[klɔːz]	[클로오즈]	몡 조목, 조항, 절
claw	[klɔː]	[클로오]	몡 (고양이, 매 따위의) 발톱
clay	[klei]	[클레이]	몡 찰흙, 점토
clean	[kliːn]	[클리인]	휑 깨끗한, 청결한, 순결한

* clean up		청소하다	
* make a clean breast of~		~을 깨끗이 털어놓다	
cleaner	[klíːnər]	[클리이너]	명 청소원(기), 세탁소, 세제
cleanse	[klenz]	[클렌즈]	타 깨끗이 하다, 청결하게 하다
clear	[kliər]	[클리어]	형 맑은, 투명한, 분명한
* be clear of		~이 전연 없다	
* clear away		걷어 치우다, (안개 따위가) 걷히다	
* clear off		제거하다, (빚 따위를) 갚다	
* clear up		(날씨가) 개다, 해결하다	
clearly	[klíərli]	[클리얼리]	부 똑똑히, 분명히, 확실히
cleave	[kliːv]	[클리이브]	자타 (결을 따라) 쪼개다, 고수하다
clement	[klémənt]	[클레먼트]	형 너그러운, 온화한
clench	[klenʃ]	[클렌치]	타자 꼭 쥐다, (이를) 악물다
clergyman	[kláːrdʒimən]	[클러어지먼]	명 목사, 성직자
clerk	[kləːrk]	[클러어크]	명 서기, 사무원, 《미》점원
clever	[klévər]	[클레버]	형 영리한 반 stupid(우둔한)
click	[klik]	[클릭]	명 째각 소리 자타 째각 소리나다
client	[kláiənt]	[클라이언트]	명 소송 의뢰인, 단골 손님
cliff	[klif]	[클리프]	명 절벽, 낭떠러지
climate	[kláimit]	[클라이미트]	명 기후, 풍토
climax	[kláimæks]	[클라이맥스]	명 절정, 자타 절정에 달하다
climb	[klaim]	[클라임]	타자 기어오르다, 올라가다

clime	[klaim]	[클라임]	몡 《詩》풍토, 지방, 나라
cling	[kliŋ]	[클링]	짜 집착하다, 달라붙다
* *cling to~*	~에 달라붙다, 집착하다(stick to)		
clinic	[klínik]	[클리닉]	몡 임상 강의(실), 진찰실, 진료소
clip	[klip]	[클립]	타 가위로 자르다, 오려 내다
clipper	[klípər]	[클리퍼]	몡 깎는 사람, (복수로) 이발 기계
cloak	[klouk]	[클로우크]	몡 (소매 없는) 외투, 망토
cloakroom	[kloukruːm]	[클로우크룸]	몡 휴대품 맡기는 곳
clock	[klak]	[클라크]	몡 시계 타짜 ~의 시간을 재다
clockwise	[klakwaiz]	[클락와이즈]	혱 오른쪽으로 도는
clockwork	[klakwəːrk]	[클락워어크]	몡 시계 장치 ⌈틀어막다
clog	[klag]	[클라그]	몡 나막신, 장애물 짜타 방해하다,
cloister	[klɔ́istər]	[클로이스터]	몡 수도원, 은둔처, 복도, 낭하
close	[klouz]	[클로우즈]	타 닫다, 막다 혱 [klóus]근접한, 좁
* *close by*	~의 가까이, ~의 바로 옆에		⌊은, 정밀한
* *close in on*	포위하다, 육박하다		
* *close on (upon)*	~거의, ~에 가까운(nearly)		
* *close to~*	~에 가까이		
* *close up*	밀집하다, 꼭 닫다, (상처가) 아물다		
* *close with*	~와 접전하다 ; ~와 협정하다		
* *be close to*	~에 접근하고 있다, 가깝다		
closely	[klóusli]	[클로우슬리]	뮈 가까이, 밀접하여, 자세히

closet	[klázit]	[클로지트]	몡 벽장, 다락장 팀 벽장에 가두다
cloth	[klɔ:θ]	[클로스]	몡 헝겊, 천, 식탁보, 옷감
clothe	[klouð]	[클로우드]	팀 입히다, 덮다, 가리다
clothes	[klouðz]	[클로우드즈]	몡 옷, 의복
clothing	[klóuðiŋ]	[클로우딩]	몡 의류
cloud	[klaud]	[클라우드]	몡 구름, 연기, 암운
cloudy	[kláudi]	[클라우디]	혱 흐린, 똑똑하지 않은, 탁한
clover	[klóuvər]	[클로우버]	몡 토끼풀, 클로버
clown	[klaun]	[클라운]	몡 어릿광대, 촌뜨기
club	[klʌb]	[클러브]	몡 곤봉, 굵은 몽둥이, 클럽, 타봉
clue	[klu:]	[클루우]	몡 단서, 실마리
clumsy	[klʌ́mzi]	[클럼지]	혱 솜씨 없는, 맵시 없는, 서툰
cluster	[klʌ́stər]	[클러스터]	몡 떼, 송이 재타 떼를 이루다
clutch	[klʌʧ]	[클러치]	몡 (자동차의) 클러치 재타 움켜 잡다
clutter	[klʌ́tər]	[클러터]	몡 난잡, 소란 재타 떠들다
coach	[kouʧ]	[코우치]	몡 역마차, (운동의)코치 타재 지도
coal	[koul]	[코울]	몡 석탄　　　　　　　ㅣ 하다
coarse	[kɔ:rs]	[코오스]	혱 조잡한, 상스러운, 거친
coast	[koust]	[코우스트]	몡 연안, 해안(seashore)
coat	[kout]	[코우트]	몡 웃옷, 코우트 팀 입히다, 씌우다
coax	[kouks]	[코우크스]	재타 살살 구슬리다, 달래다
cobweb	[kábwèb]	[카브웹]	몡 거미집

cock	[kak]	[칵]	몡 수탉, (새의) 수컷 땐 hen(암탉)
cocktail	[káktèil]	[칵테일]	몡 칵테일
cocoa	[kóukou]	[코우코우]	몡 코코아
coconut	[kóukənʌt]	[코우커넛]	몡 야자수 열매
code	[koud]	[코우드]	몡 법전, 암호, (사회의) 규약
coexist	[kòuigzíst]	[코우이그지스트]	재 공존하다, 동시에 있다
coffee	[kɔ́ːfi]	[코오피]	몡 코피
coffin	[kɔ́(ː)fin]	[코오핀]	몡 관, 널 태 관에 넣다 「일
coil	[kɔil]	[코일]	재태 사리다, 뚤뚤 감다 몡《전기》코
coin	[kɔin]	[코인]	몡 화폐, 돈 태 화폐를 주조하다
* *coin after*	~에서 (신어를) 만들어 내다		
coinage	[kɔ́inidʒ]	[코이니지]	몡 화폐 주조, 화폐 제도
coincide	[kòuinsáid]	[코인사이드]	재 일치하다, 부합하다
coincidence	[kouínsidəns]	[코우인시던스]	몡 일치, 동시 발생 「(Coca Cola)
coke	[kouk]	[코우크]	몡 코크스, (미, 속어) 코카콜라
cold	[kould]	[코울드]	혱 추운, 차가운, 한기가 도는
* *have a cold*	감기에 걸려 있다		
* *catch cold*	감기에 걸리다		
			「합작하다
collaborate	[kəlǽbərèit]	[컬래버레이트]	재 함께 일하다, 공동으로 연구하다
collapse	[kəlǽps]	[컬랩스]	몡 붕괴, 쇠약 재 붕괴하다
collar	[kálər]	[콜러]	몡 칼라, 깃, 목걸이
colleague	[káliːg]	[콜리이그]	몡 동료, 동아리

collect	[kəlékt]	[컬렉트]	태자 모으다, 수집하다, 모이다
collection	[kəlékʃən]	[컬렉션]	명 수금, 징수, 수집
collective	[kəléktiv]	[컬렉티브]	형 집합적인, 집단적인
college	[kálidʒ]	[콜리지]	명 단과 대학, 전문학교
colonel	[kə́:rnl]	[커어널]	명 육군 대령, 연대장
colonial	[kəlóuniəl]	[컬로우니얼]	형 식민지의, 식민의
colonist	[kálənist]	[콜러니스트]	명 이주민, 식민지 사람
colony	[káləni]	[콜러니]	명 식민지, 거류지, 거류민
colo(u)r	[kʌ́lər]	[컬러]	명 빛, 색깔 자태 색칠하다
colorful	[kʌ́lərfəl]	[컬러펄]	명 다채로운, 화려한
colossal	[kəlásəl]	[컬로슬]	형 거대한, 굉장한
colt	[koult]	[코올트]	명 망아지, 초심자, 당나귀 새끼
Columbus	[kəlʌ́mbəs]	[컬럼버스]	명 콜롬부스(1451-1506)
column	[káləm]	[콜럼]	명 원주, (신문의) 난(欄), 단(段)
comb	[koum]	[코움]	명 빗, 닭의 볏 태 빗질하다
combat	[kəmbát]	[콤버트]	명 격투, 싸움, 전투
combatant	[kəmbátənt]	[콤버턴트]	명 전투원 형 싸우는
combative	[kəmbátiv]	[콤버티브]	형 싸움을 좋아하는, 호전적인
combination	[kàmbənéiʃən]	[콤비네이션]	명 결합, 단결, 배합
combine	[kəmbáin]	[컴바인]	태자 결합시키다, 합동하다
combustion	[kəmbʌ́sʧən]	[컴버스천]	명 연소, 산화
come	[kʌm]	[컴]	자 오다, 일어나다, ~이 되다

C

* *come about*	생기다, 일어나다(happen)		
* *come across*	만나다, 발견하다, 갚다		
* *come on*	다가오다, 등장하다		
* *come to*	결국 ~이 되다, ~의 액수에 달하다, 회복하다		
comedy	[kámədi]	[코미디]	몡 희극
comely	[kʌ́mli]	[컴리]	혱 아름다운, 자색이 고운
comet	[kámit]	[코미트]	몡 혜성, 살별
comfort	[kʌ́mfərt]	[컴퍼트]	몡 위로, 위안, 안락 탄 위로하다
comfortable	[kʌ́mfərtəbl]	[컴퍼터블]	혱 기분 좋은, 안락한
comic	[kámik]	[코믹]	혱 희극의, 우스운
coming	[kʌ́miŋ]	[커밍]	몡 도래, (the C~)그리스도의 재림 [혱 미래의
comma	[kámə]	[코머]	몡 코머, 쉼표(,)
command	[kəmænd]	[커맨드]	탄 명하다, 지배하다
* *at one's command*	~의 지휘 아래, ~의 명령대로		
* *command of the seas*	제해권		
commandant	[kàməndǽnt]	[코먼댄트]	몡 지휘관, 대장 「를) 징발하다
commandeer	[kàməndíər]	[코먼디어]	탄 (장정을) 징집하다, (소·말 따위
commander	[kəmǽndər]	[커맨더]	몡 지휘관, 해군 중령
* *commander-in-chief*	총사령관, 최고 사령관		
commandment	[kəmǽndmənt]	[커맨드먼트]	몡 계명, 계율
commemorate	[kəmémərèit]	[커메머레이트]	통 기념하다
commemoration	[kəmèməréiʃən]	[커메머레이션]	몡 기념, 축하

    * *in commemoration of~*   ~의 기념으로

commemorative [kəmémərèitiv] [커메머러티브] 휑 기념의, 기념하기 위한

commence [kəméns] [커멘스] 탄짜 개시하다, 시작하다

commencement [kəménsmənt] [커멘스먼트] 똉 개시, 졸업식

commend [kəménd] [커멘드] 탄 추천하다, 칭찬하다

comment [kάment] [카멘트] 똉 논평, 주석 짜 논평하다

commerce [kάmə:rs] [카머스] 똉 상업, 무역(trade)

commercial [kəmə́:rʃəl] [커머어셜] 휑 상업의, 상거래의 똉 광고 방송

commission [kəmíʃən] [커미션] 똉 위임, 위임장 탄 위임하다

commit [kəmít] [커밋] 탄 위탁하다, (죄·과오를) 범하다

    * *commit oneself to*   ~에 몸을 맡기다, ~한다고 약속하다, ~에 전념하다

committee [kəmíti] [커미티] 똉 위원회(委員會), 위원

commodity [kəmάdəti] [커마디티] 똉 상품, 물품, 일용품

common [kάmən] [카먼] 휑 공통의, 보통의 똉 공유지

    * *[be] common to*   ~에 공통하다

    * *in common*   공통으로, 공동으로

commonly [kάmənli] [카먼리] 뮌 일반적으로, 보통

commonplace [kάmənplèis] [카먼플레이스] 휑 평범한, 보통의 똉 평범한 일

commonwealth [kάmənwèlθ] [코먼웰스] 똉 국가, 공화국

commotion [kəmóuʃən] [커모우션] 똉 동요, 동란, 폭동

commune [kəmjú:n] [커뮤운] 짜 간담하다

communicate [kəmjú:nəkèit] [커뮤우니케이트] 탄짜 전하다, 통신하다

communication	[kəmjùːnəkéiʃən]	[커뮤니케이션]	명 전달, 통신, 교통
communion	[kəmjúːnjən]	[커뮤우니언]	명 공유, 친교, 간담, 성찬식
communism	[kámjunìzm]	[코뮤니점]	명 공산주의
communist	[kámjunist]	[카뮤니스트]	명 공산주의자

     * *communist party*　　공산당

community	[kəmjúːnəti]	[커뮤우니티]	명 사회, 공동(생활)체, 부락
compact	[kəmpǽkt]	[컴팩트]	형 꽉 찬, 간결한 타 꽉 채우다
companion	[kəmpǽnjən]	[컴패니언]	명 동반자, 친우, 동무, 짝
company	[kʌ́mpəni]	[컴퍼니]	명 사귐, 교제, 교우, 회사

     * *in company*　　사람들과 어울려 있는데서, 다른 사람 앞에서
     * *in company with*　　~와 함께, ~와 더불어

comparable	[kámpərəbl]	[콤퍼러블]	형 비교할 수 있는
comparative	[kəmpǽrətiv]	[컴패러티브]	형 비교의, 비교적인, 필적하는
compare	[kəmpéər]	[컴페어]	타자 비교하다, 필적하다

     * *compare to*　　~에 비유하다
     * *compare with*　　~와 비교하다

comparison	[kəmpǽrisn]	[컴패리슨]	명 비교, 대조

     * *in comparison with*　　~에 비하면

compartment	[kəmpáːrtmənt]	[컴파아트먼트]	명 구분, 구획, 칸막이
compass	[kʌ́mpəs]	[컴퍼스]	명 나침반, 범위, 컴퍼스, 한계
compassion	[kəmpǽʃən]	[컴패션]	명 불쌍히 여김, 연민, 동정
compatible	[kəmpǽtəbl]	[컴패터블]	형 양립할 수 있는, 적합한

compel	[kəmpél]	[컴펠]	타 억지로~시키다, 강요하다
compensate	[kámpənsèit]	[캄펀세이트]	자타 배상하다, 보상하다
compete	[kəmpíːt]	[컴피이트]	자 경쟁하다, 겨루다
competent	[kámpətənt]	[캄피턴트]	형 능력 있는, 유능한
competition	[kàmpətíʃən]	[캄피티션]	명 경쟁(競爭)
competitive	[kəmpétətiv]	[컴페터티브]	형 경쟁의, 경쟁적인
compile	[kəmpáil]	[컴파일]	타 편찬하다, 편집하다
complacent	[kəmpléisnt]	[컴플레이스트]	형 만족한, 자기 만족의
complain	[kəmpléin]	[컴플레인]	자 불평하다, 호소하다
complement	[kámpləmənt]	[캄플리먼트]	명 보완하는 것, 보충 《문법》 보어
complete	[kəmplíːt]	[컴플리이트]	타 완성하다 형 완전한
completely	[kəmplíːtli]	[컴플리이틀리]	부 완전히, 충분히, 전혀, 전부
complex {	[kámpléks]	[컴플렉스]	형 복잡한, 복합의
	[kámpleks]	[캄플렉스]	명 합성물, 《심리》 콤플렉스
complexion	[kəmplékʃən]	[컴플렉션]	명 안색, 형세, 외모
compliance	[kəmpláiəns]	[컴플라이언스]	명 응낙, 순종
compliant	[kəmpláiənt]	[컴플라이언트]	형 고분고분한
complicate	[kámpləkèit]	[콤플리케이트]	타 복잡하게 하다, 뒤얽히게 하다
complicated	[kámpləkèitid]	[콤플리케이티드]	형 복잡한
complication	[kàmpləkéiʃən]	[콤플리케이션]	명 복잡, 분규(tangle)
compliment	[kámpləmənt]	[콤플리먼트]	명 찬사, 빈말, 인사치레, 치하
complimentary	[kàmpləméntəri]	[콤플리멘터리]	형 칭찬의, 인사의

C

comply	[kəmplái]	[컴플라이]	困 응하다, 따르다
component	[kəmpóunənt]	[컴포우넌트]	혱 구성하는, 성분의 몡 성분
compose	**[kəmpóuz]**	**[컴포우즈]**	**타재 구성하다, 짜 맞추다**
* be composed of		~으로 이루어지다	
composed	[kəmpóuzd]	[컴포우즈드]	혱 태연한, 침착한
composer	[kəmpóuzər]	[컴포우저]	몡 작곡가
composition	[kàmpəzíʃən]	[캄퍼지션]	몡 짜 맞춤, 조립, 조성
composure	[kəmpóuʒər]	[컴포우저]	몡 평정, 침착, 고요
compound	[kámpaund]	[컴파운드]	타 혼합하다, 화해하다
comprehend	[kàmprihénd]	[콤프리헨드]	타 이해하다, 포함하다
comprehensive	[kàmprihénsiv]	[콤프리헨시브]	혱 이해력이 있는, 포함하는
compress	[kəmprés]	[컴프레스]	타 압축하다, 줄이다
comprise	[kəmpráiz]	[컴프라이즈]	타 포함하다, ~로 되다
compromise	[kámprəmàiz]	[콤프러마이즈]	몡 타협, 절충안 타재 타협하다
compulsory	[kəmpʌ́lsəri]	[컴펄서리]	혱 강제적인, 의무적, 필수의
compute	[kəmpjúːt]	[컴퓨우트]	타재 계산하다, 측정하다
computer	**[kəmpjúːtər]**	**[컴퓨우터]**	**몡 전자 계산기, 계산하는 사람**
comrade	[kámræd]	[캄래드]	몡 친구(friend), 전우(戰友)
concave	[kankéiv]	[칸케이브]	혱 오목한 凹 convex(볼록면의)
conceal	[kənsíːl]	[컨시일]	타 숨기다, 은닉하다
concede	[kənsíːd]	[컨시이드]	타 양보하다, 용인하다, 인정하다
conceit	[kənsíːt]	[컨시이트]	몡 자만, 자부심

conceive	[kənsíːv]	[컨시이브]	태자 상상하다, 임신하다
concentrate	[kánsəntrèit]	[콘센트레이트]	태자 집중하다, 전념하다
* concentrate~ on…		~을 …에 집중하다	
concentration	[kànsəntréiʃən]	[칸센트레이션]	명 집중, 전념, 정신 통일
concept	[kánsept]	[칸셉트]	명 개념, 관념
conception	[kənsépʃən]	[컨셉션]	명 임신, 개념, 착상
conceptive	[kənséptiv]	[컨셉티브]	형 개념적인
conceptual	[kənséptʃuəl]	[컨셉튜얼]	형 개념의
concern	[kənsə́ːrn]	[컨서언]	태 ~와 관계가 있다, 관계하다
* (be) concerned with		~에 관계가 있다	
* concern oneself about		~을 염려하다(be concerned about~)	
concerned	[kənsə́ːrnd]	[컨서언드]	형 근심하는, 관계하고 있는
concernedly	[kənsə́ːrnidli]	[컨서어니들리]	부 걱정하여
concerning	[kənsə́ːrniŋ]	[컨서어닝]	전 ~에 관하여(about)
concernment	[kənsə́ːrnmənt]	[컨서언먼트]	명 관계, 용건, 중요성
concert	[kánsəːrt]	[콘서트]	명 협력, 합주, 연주회
* concert hall		음악회장	
concession	[kənséʃən]	[컨세션]	명 양보, 허가, 면허, 조계(租界)
conciliate	[kənsílièit]	[컨실리에이트]	태 무마하다, 조정하다, 화해시키다
conciliator	[kənsílièitər]	[컨실리에이터]	명 조정자
concise	[kənsáis]	[컨사이스]	형 간명한, 간결한
conclude	[kənklúːd]	[컨클루우드]	태자 끝내다, 결정하다, 결심하다

* to conclude		결론적으로 말하면	
conclusion	[kənklúːʒən]	[컨클루우전]	명 결말, 종결, 결론
concomitant	[kankámətənt]	[컨카미턴트]	형 공존의, 부수의 명 부수물
concord	[kánkɔːrd]	[콩코오드]	명 일치, 조화 반 discord(불일치)
concourse	[kánkɔːrs]	[칸코오스]	명 집합, 군집
concrete	[kánkriːt]	[칸크리이트]	형 구체적인 명 응고물, 콘크리트
* in the concrete		구체적으로	
concur	[kənkə́ːr]	[컨커어]	자 일치하다, 동시에 일어나다
condemn	[kəndém]	[컨뎀]	타 나무라다, 비난하다
condense	[kəndéns]	[컨덴스]	타자 응축시키다, 요약하다
condescend	[kàndəsénd]	[콘디센드]	자 자신을 낮추다, 겸손하다
condescension	[kàndəsénʃən]	[콘디센션]	명 겸손
condition	[kəndíʃən]	[컨디션]	명 상태, 처지, 조건, 신분
* in condition		건강하여, 양호한 상태로	
* on condition that		~이라는 조건으로, 만약 ~이라면(if)	
* out of condition		건강하지 못하여, 나쁜 상태로	
conduct	[kándʌkt]	[콘닥트]	명 행위, 품행, 행실, 지휘
conductor	[kəndʌ́ktə]	[컨닥터]	명 지도자, 안내자, 차장
cone	[koun]	[코운]	명 원추, 솔방울, 원추형
confederacy	[kənfédərəsi]	[컨페더러시]	명 연합, 동맹, 연방
confer	[kənfə́ːr]	[컨퍼어]	타자 주다, 수여하다, 상담하다
conference	[kánfərəns]	[칸퍼런스]	명 회의, 상담, 협의

confess	[kənfés]	[컨페스]	태자 자인하다, 자백하다
confession	[kənféʃən]	[컨페션]	명 자백, 신앙 고백, 고해
confide	[kənfáid]	[컨파이드]	태 털어놓다, 신탁하다
confidence	[kánfədəns]	[콘퍼던스]	명 신임, 신용, 신뢰
confident	[kánfədənt]	[콘퍼던트]	형 확신하는, 자신있는
confidential	[kànfədénʃəl]	[콘퍼덴셜]	형 신임하는, 심복의
confine	[kənfáin]	[컨파인]	태 가두다, 제한하다
* *confine oneself to*		~에 틀어박혀 있다, ~에 국한하다	
confirm	[kənfə́:rm]	[컨퍼엄]	태 확인하다, 확실히 하다
confirmation	[kànfərméiʃən]	[컨퍼메이션]	명 확정, 확인
confiscate	[kánfəskèit]	[콘피스케이트]	태 몰수하다, 압수하다
conflict	[kənflíkt]	[콘플릭트]	명 투쟁, 모순, 싸움
conform	[kənfɔ́:rm]	[컨포옴]	자태 일치하다, 따르게 하다
confound	[kanfáund]	[컨파운드]	태 혼동하다, 당황케 하다
confront	[kənfrʌ́nt]	[컨프런트]	태 직면하다, 대결하다, 대항하다
* *[be] confronted with (by)*		~에 직면하다	
confuse	[kənfjú:z]	[컨퓨우즈]	태 혼란시키다, 어리둥절하게 하다
confusion	[kənfjú:ʒən]	[컨퓨우전]	명 혼란, 당황, 혼동
congenial	[kəndʒí:njəl]	[컨지이니얼]	형 같은 성질의, 성미에 맞는
congest	[kəndʒést]	[컨제스트]	태 혼잡하게 하다, 충혈시키다
congratulate	[kəngrǽtʃulèit]	[컨그래츌레이트]	태 축하하다, 축사를 하다
congregate	[káŋgrigèit]	[캉그리게이트]	자태 모이다, 모으다

congress	[káŋgris]	[캉그리스]	몡 회의, 대회, [C-]《미》의회
conjugation	[kùndʒugéiʃən]	[칸쥬게이션]	몡 《문법》(동사의) 활용, 결합
conjunction	[kəndʒʌ́ŋkʃən]	[컨정션]	몡 《문법》접속사 [약어:conj.]
conjure	[kándʒər]	[칸져]	자타 환기하다, 마법을 쓰다
connect	[kənékt]	[커넥트]	타자 잇다, 이어지다, 연락하다
* [be] connected with		~와 연고 관계가 있다	
connection	[kənékʃən]	[커넥션]	몡 관계, 친척, 접속, 연락 [다)
conquer	[káŋkər]	[캉커]	타자 정복하다 앤 surrender (항복하
conquest	[kánkwest]	[칸퀘스트]	몡 정복, 획득
conscience	[kánʃəns]	[칸션스]	몡 양심, 도의심
conscious	[kánʃəs]	[칸셔스]	혱 의식적인, 자각하고 있는
* [be, become] conscious of		~을 의식하다, ~을 알아채다	
consciousness	[kánʃəsnis]	[칸셔스니스]	몡 의식, 자각
conscript	[kənskrípt]	[콘스크립트]	혱 징집된 몡 징병 타 징집하다
consecrate	[kánsəkrèit]	[칸시크레이트]	타 봉헌하다, 바치다
consecution	[kànsəkjú:ʃən]	[콘시큐우션]	몡 연속
consecutive	[kənsékjutiv]	[컨세큐티브]	혱 연속하는, 잇달은
consent	[kənsént]	[컨센트]	몡 동의 자 승낙하다, 동의하다
* with the consent of~		~의 동의를 얻어	
consequence	[kánsəkwèns]	[칸시퀜스]	몡 결과, 중요성 앤 cause(원인)
* in consequence of		~의 결과, ~때문에	
consequent	[kánsəkwènt]	[칸시퀜트]	혱 결과로서 일어나는, 당연한

consequently	[kánsəkwèntli]	[칸시퀜틀리]	閈 그러므로, 필연적으로
conservative	[kənsə́:rvətiv]	[컨서어버티브]	閺 보수적인, 전통적인
conserve	[kənsə́:rv]	[컨서어브]	閶 보존하다, 설탕에 절여 두다
consider	[kənsídər]	[컨시더]	閶閬 숙고하다, ~이라고 생각하다
considerable	[kənsídərəbl]	[컨시더러블]	閺 상당한, 고려해야 할
consideration	[kənsìdəréiʃən]	[컨시더레이션]	閔 고려(考慮), 사려
consist	[kənsíst]	[컨시스트]	閬 ~으로 이루어지다, ~에 있다

     * *consist in*   ~에 있다, ~에 존재하다
     * *consist of*   ~으로 이루어지다

consistent	[kənsístənt]	[컨시스턴트]	閺 일치하는, 시종 일관한, 양립하는
consolation	[kànsəléiʃən]	[콘설레이션]	閔 위자료, 위로, 낙, 위로가 되는
consolatory	[kənsálətɔ̀:ri]	[컨솔러터리]	閺 위로의 ㄴ 사연
console	[kənsóul]	[컨소울]	閶 위로하다, 위안하다
consolidate	[kənsálədèit]	[컨솔리데이트]	閶閬 공고히 하다, 굳어지다
consonance	[kánsənəns]	[칸서넌스]	閔 일치, 조화

     * *in consonance with*   ~와 일치(조화)하여

consonant	[kánsənənt]	[콘서넌트]	閺 일치하는, 자음의 閔 자음
consort	[kánsɔ:rt]	[콘소오트]	閔 (왕, 여왕의) 배우자
conspicuous	[kənspíkjuəs]	[컨스피큐어스]	閺 두드러진, 유난히 눈에 띄는
conspiracy	[kənspírəsi]	[컨스피러시]	閔 공모, 음모
conspirator	[kənspírətər]	[컨스피러터]	閔 공모자, 음모자
conspire	[kənspáiər]	[컨스파이어]	閬閶 공모하다, 음모를 꾸미다

constable	[kánstəbl]	[컨스터블]	명 경관, 순경
constancy	[kánstənsi]	[콘스턴시]	명 불변성, 항구성, 성실함
constant	[kánstənt]	[콘스턴트]	형 불변의, 일정한
constantly	[kánstəntli]	[콘스턴틀리]	부 끊임없이, 항상, 변함없이
constellation	[kànstəléiʃən]	[칸스틸레이션]	명 별자리, 성좌
constituency	[kənstíʃuənsi]	[컨스티튜언시]	명 선거민, 선거구
constituent	[kənstíʃuənt]	[컨스티튜언트]	형 조직하는, 선거권이 있는
constitute	[kánstətjùːt]	[칸스티튜우트]	타 구성하다, 설립하다, 임명하다
constitution	[kànstətjúːʃən]	[칸스티튜우션]	명 구성, 체격, 헌법
constrain	[kənstréin]	[컨스트레인]	타 강제하다, 억지로~시키다
construct	[kənstrʌ́kt]	[컨스트럭트]	타 건조하다, 건설하다
construction	[kənstrʌ́kʃən]	[컨스트럭션]	명 조립, 건축, 구조
* *under construction*		공사 중, 건축 중	
constructive	[kənstrʌ́ktiv]	[컨스트럭티브]	형 건설적인, 구성의, 구조상의
consul	[kánsəl]	[칸설]	명 영사(領事)
consult	[kənsʌ́lt]	[컨설트]	자타 상의하다, 상담하다
consume	[kənsúːm]	[컨수움]	타자 소비하다, 다 써 버리다
contact	[kántækt]	[칸택트]	명 접촉, 교제 타 연락하다
* *in (into) contact with*		~와 접촉하여, ~와 사귀어	
contain	[kəntéin]	[컨테인]	타 내포하다, 포함하다
contemplate	[kántəmplèit]	[콘템플레이트]	타자 깊이 생각하다, 응시하다
contemporary	[kəntémpərèri]	[컨템퍼레리]	형 현대의, 같은 시대의

contempt [kəntémpt] [컨템트] 몡 경멸, 모욕 딴 respect(존경)
  * *in contempt*   경멸하여, 부끄럽게
contend [kənténd] [컨텐드] 자타 싸우다, 논쟁하다, 주장하다
  * *contend with [against]*   ~와 다투다, 싸우다, 대결하다
content { [kántent] [칸텐트] 몡 《복수로》속에 담긴 것, 내용물
         [kəntént] [컨텐트] 몡 만족 혱 만족한 타 만족시키다
  * *content oneself with*   ~에 만족하다
  * *in content*   만족하여
  * *to one's heart's content*   마음껏, 실컷
contest [kántest] [컨테스트] 자타 겨루다, 경쟁하다, 다투다
continent [kántənənt] [콘티넌트] 몡 대륙, 육지, 유럽 대륙
continual [kəntínjuəl] [컨티뉴얼] 혱 빈번한, 끊임없이 되풀이하는
continuance [kəntínjuəns] [컨티뉴언스] 몡 계속, 연속
continuation [kəntinjuéiʃən] [컨티뉴에이션] 몡 계속, 연속, 속편
continue [kəntínjuː] [컨티뉴우] 자타 계속하다, 연장하다, 이어지다
continuous [kəntínjuəs] [컨티뉴어스] 혱 연속적인, 끊임없는
contract [kántrækt] [칸트렉트] 몡 정관, 계약 타자 계약하다 [반 되다
contradict [kàntrədíkt] [칸트러딕트] 타 부인하다, 반박하다, 모순되다, 상
contrary [kántreri] [콘트러리] 혱 거꾸로의, 반대의, 모순된
  * *on the contrary*   반대로, 오히려, ~이기는 커녕
  * *to the contrary*   그와 반대로, 그 반대의
contrast [kəntrǽst] [콘트라이스트] 몡 대조, 대비 타자 대조하다

contribute	[kəntríbjuːt]	[컨트리뷰우트]	태재 기부하다, 공헌하다
contribution	[kàntrəbjúːʃən]	[콘트러뷰우션]	명 기부, 기증, 공헌
*　* make a contribution to (towards)*		~에 기부(공헌)하다	
contributor	[kəntríbjutər]	[컨트리뷰터]	명 기부자, 기고자
contributory	[kəntríbjutɔ̀ːri]	[컨트리뷰터리]	명 공헌하는, 보조의
contrivance	[kəntráivəns]	[컨트라이번스]	명 고안, 고안물
contrive	[kəntráiv]	[컨트라이브]	태 연구하다, 고안하다
control	[kəntróul]	[컨트로울]	명 지배, 관리 태 지배하다
*　* bring ~ under control*		~을 제어하다(억누르다)	
controllable	[kəntróuləbl]	[컨트로울러블]	형 지배(억제, 통제) 할 수 있는
controversial	[kàntrəvə́ːrʃəl]	[콘터러버어셜]	형 논쟁거리가 되는
controversy	[kántrəvə̀ːrsi]	[콘터러버어시]	명 논쟁, 논박전
controvert	[kántrəvə̀ːrt]	[콘터러버어트]	재태 토론하다
convene	[kənvíːn]	[컨비인]	재태 소집하다, 소환하다
convenient	[kənvíːnjənt]	[컨비이니언트]	형 편리한 반 inconvenient(불편한)
convent	[kánvent]	[칸벤트]	명 수도원, 수녀원
convention	[kənvénʃən]	[컨벤션]	명 관례, 인습, 회의, 집회
conventional	[kənvénʃənl]	[컨벤셔널]	형 인습적인, 틀에 박힌
conversation	[kànvərséiʃən]	[칸버세이션]	명 회화, 담화
converse	[kənvə́ːrs]	[컨버어스]	재 이야기를 나누다 형 반대의
convert {	[kənvə́ːrt]	[컨버어트]	태 바꾸다, 개종시키다
	[kánvəːrt]	[칸버어트]	명 개종자, 전향자

convey	[kənvéi]	[컨베이]	囲 나르다, 전하다
convict	{ [kənvíkt]	[컨빅트]	囲 유죄로 판결하다
	[kánvikt]	[칸빅트]	圐 죄수
conviction	**[kənvíkʃən]**	**[컨빅션]**	圐 **확신, 유죄의 판결**
convince	**[kənvíns]**	**[컨빈스]**	囲 **확신시키다, 납득시키다**
	* [be] convinced of	~을 확신하다	
convoy	[kánvɔi]	[칸보이]	圐 호송, 호송선 囲 호송하다
convulsion	[kənvʌ́lʃən]	[컨벌션]	圐 발작, 경련, 격동
cook	**[kuk]**	**[쿡]**	囲困 **요리하다** 圐 **요리사**
cool	**[ku:l]**	**[쿠울]**	圀 **서늘한, 차가운, 냉정한**
coop	[ku:p]	[쿠우프]	圐 닭장 囲 닭장에 넣다, 가두다
cooperate	[kouápərèit]	[코우오퍼레이트]	困 협동하다, 서로 돕다
cooperation	**[kouàpəréiʃən]**	**[코우오퍼레이션]**	圐 **협동, 협력**
	* in cooperation with~	~와 협력(협동)하여	
cooperative	[kouápərətiv]	[코우오퍼러티브]	圀 협동의 圐 협동조합
coordinate	{ [kouɔ́:rdənət]	[코우오오디니트]	圀 동등의 圐 동등한 것
	[kouɔ́:rdənèit]	[코우오오디네이트]	囲 동등하게 하다, 조정하다
cope	[koup]	[코우프]	困 지지 않고 싸우다, 대처하다
	* cope with~	잘 대항하다, 수습하다, 대처하다	
copious	[kóupiəs]	[코우피어스]	圀 풍부한, 방대한, 지식이 풍부한
copper	[kápər]	[코퍼]	圐 동, 구리, 동화
copy	**[kápi]**	**[코피]**	圐 **베낌, 복사, 모방, 등본**

copyright	[kápirait]	[코피라이트]	명 판권 타 판권을 얻다
coral	[kɔ́:rəl]	[코럴]	명 산호 형 산호빛의
cord	[kɔ:rd]	[코오드]	명 가는 바, 줄 타 가는 바로 묶다
cordial	[kɔ́:rdʒəl]	[코오디얼]	형 충심으로의, 성실한, 진심의
cordiality	[kɔ̀:rdʒtǽləti]	[코오디앨러티]	명 진심, 성실 [골자
core	[kɔ:r]	[코오]	명 핵심, 나무 속, 속 마음, 응어리,
* to the core 속속들이, 철저히			
cork	[kɔ:rk]	[코오크]	명 코르크 타 코르크 마개를 하다
corkscrew	[kɔ:rkskru:]	[코오크스크루우]	명 코르크 마개 뽑이, 타래송곳
corn	[kɔ:rn]	[코온]	명 곡물, 낱알
corner	[kɔ́:rnər]	[코오너]	명 구석, 모퉁이, 궁지
corona	[kəróunə]	[커로우너]	명 관, 화관, 코로나 방전
coronation	[kɔ̀:rənéiʃən]	[코러네이션]	명 즉위, 대관식
corporal	[kɔ́:rpərəl]	[코오퍼럴]	형 육체의 명 하사
corporation	[kɔ̀:rpəréiʃən]	[코오퍼레이션]	명 법인, 자치, 단체 [단체
corps	[kɔ:r]	[코오]	명 [복수 : corps [kɔ:rz]군단, 병단,
corpse	[kɔ:rps]	[코오프스]	명 시체 [하다
correct	[kərékt]	[커렉트]	형 올바른, 정확한 타 고치다, 정정
correction	[kərékʃən]	[커렉션]	명 정정, 수정
correspond	[kɔ̀:rəspánd]	[코오리스판드]	자 서신 왕래를 하다, 부합하다
* correspond to ~에 해당하다, ~에 부합하다			
* correspond with ~와 편지 왕래를 하다, ~와 일치하다			

correspondence	[kɔ̀ːrəspándəns]	[코오리스판던스]	명 편지 왕래, 통신, 일치, 조화
correspondent	[kɔ̀ːrəspándənt]	[코오리스판던트]	명 통신원, 통신인, 특파원
corridor	[kɔ́ːridər]	[코오리더]	명 복도, 낭하
corrupt	[kərʌ́pt]	[커럽트]	형 썩은, 타락한 자타 썩다
cosmopolitan	[kàzməpálətn]	[카즈머팔리턴]	형 세계적인, 세계를 제집으로 삼는 명 세계인, 세계주의자
cossack	[kásæk]	[코색]	명 (러시아의) 카자흐 인
cost	[kɔːst]	[코오스트]	명 비용 타 (비용이 얼마)들다

    * *at all costs*   어떠한 희생이 있더라도, 무슨 일이 있어도
    * *at any cost*   어떤 희생을 치르더라도, 만난을 무릅쓰고
    * *at the cost of*   ~을 희생하여, ~을 들여서
    * *to one's cost*   ~의 부담으로, ~에게 폐를 끼치고, 혼이 나게

costly	[kɔ́ːstli]	[코오스틀리]	형 값비싼(expensive), 고가의
costume	[kástjuːm]	[코스튜움]	명 (특유한) 복장, (부인의) 의상
cot	[kɔt]	[코트]	명 오두막집, 간이 침대
cottage	[kátidʒ]	[코티지]	명 시골 집, 작은 주택
cotton	[kátn]	[코튼]	명 목화, 솜, 무명, 면
couch	[kauʃ]	[카우치]	명 침대, 소파 타 재우다
cough	[kɔːf]	[코오프]	명 기침 타자 기침하다
could	[kud]	[쿠드]	조 ~할 수 있었다, can의 과거
council	[káunsəl]	[카운실]	명 평의회, 회의
counsel	[káunsəl]	[카운셀]	명 상담, 협의, 충고

count	[kaunt]	[카운트]	타자 세다, 계산하다, 수를 세다

* count for little [nothing]   대수롭지 않다
* count on [upon]   믿다, 기대하다
* count out   세어 내다, 제외하다

countless	[káuntlis]	[카운틀리스]	형 셀 수 없는, 많은, 무수한
countenance	[káuntənəns]	[카운티넌스]	명 얼굴, 용모, 안색
counter	[káuntər]	[카운터]	명 카운터, 계산대
counteract	[kàuntərǽkt]	[카운터랙트]	타 반작용하다, 방해하다
counterfeit	[káuntərfit]	[카운터피트]	형 모조의 명 가짜 타 흉내내다
countess	[káuntis]	[카운티스]	명 백작 부인, 여백작
country	[kʌ́ntri]	[컨트리]	명 나라, 국가, 고국, 시골
countryman	[kʌ́ntrimən]	[컨트리먼]	명 시골 사람, 시골뜨기
countryside	[kʌ́ntrisaid]	[컨트리사이드]	명 시골, 지방
county	[káunti]	[카운티]	명 주, 군
couple	[kʌ́pl]	[커플]	명 한 쌍, 부부 타자 결혼하다, 맺다

* a couple of   두 개의, 두서넛의

coupon	[kúːpan]	[쿠우폰]	명 쿠폰, 할인권, 회수권
courage	[kə́ːridʒ]	[커리지]	명 용기(bravery)
courageous	[kəréidʒəs]	[커레이져스]	명 용기 있는, 용감한
course	[kɔːrs]	[코오스]	명 진행, 진로, 길, 경과

* in the course of   ~하는 중에, 동안에
* of course   물론, 당연히(naturally)

court	[kɔːrt]	[코오트]	똉 법원, 궁정, 재판소, 마당
courteous	[kə́ːrtiəs]	[커어티어스]	똉 예의 바른, 정중한
courtesy	[kə́ːrtsi]	[커어티시]	똉 예절, 공손
cousin	[kʌ́zn]	[커즌]	똉 사촌, 친척
cover	[kʌ́vər]	[커버]	똉 덮다, 가리다 똉 덮개, 표지, 뚜껑
	* [be] covered with	~으로 덮혀 있다	
	* cover up	싸서 감추다, (덮어) 감싸다	
cow	[kau]	[카우]	똉 암소 ঞ bull(수소) 똉 위협하다
coward	[káuərd]	[카우어드]	똉 겁쟁이 똉 겁 많은
cozy	[kóuzi]	[코우지]	똉 포근한, 기분 좋은
crab	[kræb]	[크랩]	똉 게, 야생의 능금(crab-apple)
crack	[kræk]	[크랙]	똉 갈라진, 금, 결점 똉 금가다
cradle	[kréidl]	[크레이들]	똉 요람, (학문 따위의) 발상지
craft	[kræft]	[크래프트]	똉 솜씨, 기능, 교활
crafty	[kræfti]	[크래프티]	똉 교활한, 간교한
cram	[kræm]	[크램]	똉 다져 넣다 똉 주입식 공부
cramp	[kræmp]	[크램프]	똉 경련 똉 경련을 일으키다
crane	[krein]	[크레인]	똉 두루미 똉 기중기로 나르다
crank	[kræŋk]	[크랭크]	똉 크랭크, 굴곡, 변덕
crash	[kræʃ]	[크래시]	똉 충돌, 추락 똉 와지끈 무너지다
crate	[kreit]	[크레이트]	똉 나무틀, 나무 상자
crater	[kréitər]	[크레이터]	똉 (화산의) 분화구

crave	[kreiv]	[크레이브]	태자 열망하다, 간절히 바라다
	* crave for~	~을 간청(갈망)하다	
crawl	[krɔːl]	[크로올]	자 기다, 살금살금 걷다
crayon	[kréian]	[크레이언]	명 크레용 태 크레용으로 그리다
craze	[kreiz]	[크레이즈]	태자 미치게 하다, 잔금이 생기다
crazy	[kréizi]	[크레이지]	형 미친, 열광한
creak	[kriːk]	[크리이크]	자태 삐걱거리다, 금이 가다
cream	[kriːm]	[크리임]	명 크림, 크림색, 유지, 노른자
creamy	[kríːmi]	[크리이미]	형 크림 같은, 크림색의
create	[kriéit]	[크리에이트]	태 창조하다, 창시하다
creation	[kriéiʃən]	[크리에이션]	명 창조, 창작품, 창설
creative	[kriéitiv]	[크리에이티브]	형 창조적인, 창조력이 있는
creature	[kríːʧər]	[크리이쳐]	명 창조물, 생물, 동물
credit	[krédit]	[크레디트]	명 신용, 명예, 명성
	* give credit to	~을 믿다, ~을 신임하다	
	* on credit	신용대부로, 외상으로	
creed	[kriːd]	[크리이드]	명 신조, 교의
creek	[kriːk]	[크리이크]	명 후미, 작은 개울, 지류
creep	[kriːp]	[크리이프]	자 기다, 살금살금 걷다
crescent	[krésnt]	[크레슨트]	명 초생달 형 초생달 모양의
crest	[krest]	[크레스트]	명 닭의 볏, 봉우리
crevice	[krévis]	[크레비스]	명 갈라진 틈, 터진 곳

crew	[kruː]	[크루우]	명 승무원, 패거리, 동아리
cricket	[kríkit]	[크리킷]	명 귀뚜라미, 크리켓
crime	[kraim]	[크라임]	명 범죄, 나쁜 짓, 죄
criminal	[krímənl]	[크리미널]	형 범죄의, 죄의 명 범인
crimson	[krímzn]	[크림즌]	명 진홍색 형 진홍색의
cripple	[krípl]	[크리플]	명 절름발이, 불구자
crisis	[kráisis]	[크라이시스]	명 위기, (병의)고비, 중대 시국
crisp	[krisp]	[크리스프]	형 (머리가) 곱슬곱슬한, 파삭파삭한
critic	[krítik]	[크리틱]	명 비평가, 감정가, 평론가
critical	[krítikəl]	[크리티컬]	형 비평의, 평론의, 위기의
criticism	[krítəsizm]	[크리티시점]	명 비평, 평론
criticize	[krítəsàiz]	[크리티사이즈]	타자 비평하다, 비난하다
crooked	[krúkid]	[크루키드]	형 구부러진, 비뚤어진
crop	[krap]	[크랍]	명 수확, 농작물 타자 수확하다
cross	[krɔːs]	[크로오스]	명 십자가 형 가로의, 교차되는
crouch	[krauʃ]	[크라우치]	자 웅크리다, 굽실거리다
crow	[krou]	[크로우]	명 까마귀 자 (수탉이) 울다
crowd	[kraud]	[크라우드]	명 군중, 많은 사람, 다수

    * a crowd of~ ; crowds of   ~많은
    * be crowd with   ~으로 혼잡하다, ~으로 만원이다

crown	[kraun]	[크라운]	명 왕관 타 왕위에 즉위시키다
crucial	[krúːʃəl]	[크루우셜]	형 최종적인, 혹독한, 곤란한

crude	[kru:d]	[크루우드]	형 천연 그대로의, 생으로의, 투박한
cruel	[krúːəl]	[크루얼]	형 잔인한, 비참한
cruelly	[krúːəli]	[크루우얼리]	부 잔인하게
cruelty	[krúːəlti]	[크루얼티]	명 잔인
cruise	[kru:z]	[크루우즈]	명 순항 자 순항하다, 떠돌다
crumb	[krʌm]	[크럼]	명 빵 부스러기, 빵의 속
crumble	[krʌ́mbl]	[크럼블]	타자 부스러지다, 무너지다
crumple	[krʌ́mpl]	[크럼플]	명 주름, 구김 타자 구기다
crusade	[kru:séid]	[크루우세이드]	명 십자군, 개혁 운동
* a temperance crusade		금주 운동	
crush	[krʌʃ]	[크러시]	타 눌러 으스러뜨리다, 으깨다
crust	[krʌst]	[크러스트]	명 빵의 껍질 타자 외피로 덮다
crutch	[krʌtʃ]	[크러치]	명 버팀, 협장
cry	[krai]	[크라이]	명 외침 자타 부르짖다, 외치다
* cry for	~을 울며 요구하다, ~을 갈망하다		
* cry off	(계약 · 약속 따위를)포기하다, 취소하다		
crystal	[krístl]	[크리스틀]	명 결정체, 수정 형 수정같은
cub	[kʌb]	[커브]	명 버릇없는 아이, (곰, 사자)새끼
cube	[kju:b]	[큐우브]	형 입방체, 세 제곱 타 세 제곱하다
cubic	[kjúːbik]	[쿠우빅]	형 입방체의, 세 제곱의
cuckoo	[kúːkuː]	[쿠쿠우]	명 뻐꾸기
cucumber	[kjúːkʌmbər]	[큐우컴버]	명 오이

cuddle	[kʌ́dl]	[커들]	태자 꼭 껴안다, 안고 귀여워하다
cue	[kjuː]	[큐우]	명 단서, 계기
cuff	[kʌf]	[커프]	명 소맷 끝동, 수갑(보통 복수)
cultivate	[kʌ́ltəvèit]	[컬티베이트]	명 경작하다, 재배하다
culture	[kʌ́lʧər]	[컬쳐]	명 경작, 재배, 문화
cunning	[kʌ́niŋ]	[커닝]	형 교묘한, 교활한 명 교활
cup	[kʌp]	[컵]	명 잔, 찻종, 컵, 상배(賞杯)
cupboard	[kʌ́bərd]	[커버드]	명 찬장
cure	[kjuər]	[큐어]	명 치유, 약 태자 치료하다
curiosity	[kjùəriásəti]	[큐리아시티]	명 호기심, 기묘, 진기한 물건
curious	[kjúəriəs]	[큐리어스]	형 이상스러운, 호기심 강한
curl	[kəːrl]	[커얼]	명 고수머리 태자 머리털을 지지다
current	[kə́ːrənt]	[커어런트]	형 유행의, 유통되고 있는 명 전류
curriculum	[kəríkjuləm]	[커리큘럼]	명 (교과의) 과목, 교과 과정
curse	[kəːrs]	[커어스]	명 저주 태자 저주하다
curtail	[kəːrtéil]	[커어테일]	태 단축하다, 생략하다
curtain	[kə́ːrtn]	[커어턴]	명 커튼, 막 태 커튼을 달다
curve	[kəːrv]	[커어브]	명 곡선, 굽음 태자 구부리다
cushion	[kúʃən]	[쿠션]	명 쿠션, 방석, 베개, 완충물
custard	[kʌ́stərd]	[커스터드]	명 커스터드(과자의 일종)
custody	[kʌ́stədi]	[커스터디]	명 보관, 보호, 관리
custom	[kʌ́stəm]	[커스텀]	명 습관, 관례, 풍습

customary [kʌ́stəmèri] [커스터메리] 휑 관습상의, 관례의
customer [kʌ́stəmər] [커스터머] 펭 고객, 손님, 단골
customs [kʌ́stəmz] [커스텀즈] 펭 관세, 세관
    * *customs and passport control*   세관과 출입국 관리소
cut [kʌt] [컷] 태 베다, 자르다, 잘라내다
    * *cut across*   횡단하다, 질러 가다
    * *cut a figure*   사람의 눈을 끌다, 출중하다
    * *cut down*   자르다, 줄이다(reduce, lessen)
    * *cut in*   끼어 들다, 참견하다
    * *cut off*   떼어 내다, 중단하다
    * *cut out*   오려 내다, 생략하다, 앞지르다
    * *cut short*   갑자기 중지하다, 단축하다
    * *cut up*   ~을 잘게 썰다, ~을 혹평하다
cute [kjuːt] [큐우트] 휑 영리한, 귀여운, 약삭빠른
cutter [kʌ́tər] [커터] 펭 자르는 사람, 재단사
cycle [sáikl] [사이클] 펭 주기, 순환, 자전거, 주파(사이클)
                                                   자 순환하다, 자전거를 타다
cylinder [sílindər] [실린더] 펭 원통, 기관의 실린더
cynical [sínikəl] [시니컬] 휑 냉소적인, 빈정대는
cypress [sáiprəs] [사이프리스] 펭 삼나무의 일종(애도의 상징)
Czar [zaːr] [자아] 펭 옛 러시아 황제
Czechoslovakia [tʃèkəsləváːkiə] [체코우슬로우배키어] 펭 체코슬로바키아

D d   **D d**   *𝒟 𝒹*

dad[dæd], daddy	[dǽdi]	[대드, 대디]	몡 아빠(papa, father)
daffodil	[dǽfədil]	[대퍼딜]	몡 《식》 수선, 수선화의 일종
dagger	[dǽgər]	[대거]	몡 단검, 비수, 단도
dahlia	[dǽljə]	[댈리어]	몡 《식》 다알리아 [몡 일간신문
daily	[déili]	[데일리]	혱 매일의, 일상의, 나날의 恩 매일,
dainty	[déinti]	[데인티]	몡 맛있는 것 혱 맛있는, 우아한
dairy	[déəri]	[데리]	몡 착유장(搾乳場), 낙농업
daisy	[déizi]	[데이지]	몡 데이지, 들국화 혱 훌륭한, 멋진
dale	[deil]	[데일]	몡 골짜기, 계곡
dam	[dæm]	[댐]	몡 댐, 둑, 방축 囘 둑으로 막다
* *a storage dam*	저수지		
damage	[dǽmidʒ]	[대미지]	몡 손해, 손상 囘 손상시키다
dame	[deim]	[데임]	몡 귀부인, 부인, 주부
damn	[dæm]	[댐]	囘巫 비난하다, 저주하다
damnation	[dæmnéiʃən]	[댐네이션]	몡 유죄, 비난

damp	[dæmp]	[댐프]	명 습기, 실망, 낙담 형 습기 찬
dampen	[dǽmpən]	[댐픈]	타 축축하게 하다
damsel	[dǽmzəl]	[댐절]	명 《古·雅》 소녀, 처녀
dance	[dæns]	[다안스]	명 춤, 무용 재타 춤추다, 뛰다
dancer	[dǽnsər]	[다안서]	명 댄서, 무용가
dancing	[dǽnsiŋ]	[다안싱]	명 춤, 무용
dandelion	[dǽndəlàiən]	[댄딜라이언]	명 민들레
dandy	[dǽndi]	[댄디]	명 멋쟁이, 잘차린 남자 형 멋내는
Dane	[dein]	[데인]	명 덴마크 사람
danger	[déindʒər]	[데인저]	명 위험, 장애
* (be) in danger of		~의 위험이 있는	
dangerous	[déindʒərəs]	[데인져러스]	형 위험한, 위독한 반 safe(안전한)
dangle	[dǽŋgl]	[댕글]	재타 매달다, 매달리다, 붙어 다니다
dare	[dɛər]	[데어]	타재 감히 ~하다, 도전하다
daring	[déəriŋ]	[데어링]	형 대담한, 결사의 명 대담무쌍
dark	[daːrk]	[다아크]	형 어두운, 검은 명 어둠, 암흑
darkness	[dáːrknis]	[다아크니스]	명 어둠, 무지, 엉클함
darling	[dáːrliŋ]	[다알링]	형 귀여운 명 사랑하는 사람
dart	[daːrt]	[다아트]	재타 돌진하다, 던지다 명 투창
dash	[dæʃ]	[대시]	명 돌진 재타 던지다, 돌진하다
* dash against [upon]		~에 충돌하다	
data	[déitə]	[데이터]	명 자료, 근거, 데이터

date [deit] [데이트] 명 날짜,《미》회합의 약속, 데이트
    * *out of date*   시대에 뒤떨어진, 구식의
    * *up to date*   현재까지, 최신의, 현대적인
daughter [dɔ́:tər] [도오터] 명 딸
daunt [dɔ:nt] [도온트] 타 놀라게 하다, 기를 꺾다, 으르다
dawn [dɔ:n] [도온] 명 새벽, 시작 자 날이 새다
day [dei] [데이] 명 낮, 날,《보통 복수로》시대 반 ⌊ night(밤)
    * *all day [long]*   종일
    * *by day*   낮에는 반 by night(밤에는)
    * *day after day*   매일, 날마다
    * *day by day*   나날이, 날마다
    * *from day to day*   나날이, 날이 갈수록
    * *in those days*   그 때에는, 그 당시에는
    * *one day*   (과거나 미래의) 어느 날, 언젠가는
    * *the day after tomorrow*   모레
    * *the day before yesterday*   그저께
daybreak [déibrèik] [데이브레이크] 명 새벽(녘)(dawn)
daydream [deidri:m] [데이드리임] 명 백일몽, 공상
daytime [deitaim] [데이타임] 명 낮, 주간
daze [deiz] [데이즈] 타 눈부시게 하다 명 망연 ⌈ 빛
dazzle [dǽzl] [대즐] 타자 눈부시게 하다 명 현혹, 눈부신
dead [ded] [데드] 형 죽은, 무감각한, 생기가 없는

deadly	[dédli]	[데들리]	형 치명적인 뮈 죽은 듯이, 지독하게
deaf	[def]	[데프]	형 귀머거리의, 들으려 하지 않는
deafen	[défən]	[데픈]	탄 귀먹게 하다, 안 들리게 하다
deal	[di:l]	[디일]	탄자 분배하다, 거래하다, 다루다

    * *a great [good] deal*   다량, 대량, 많이, 훨씬, 아주
    * *deal in*   ~을 팔다, ~에 종사하다
    * *deal out*   ~을 나누어 주다
    * *deal with*   ~와 거래하다, ~을 취급하다, ~와 교제하다

dealing	[dí:liŋ]	[디일링]	명 분배, 거래, 교제, 처치
dean	[di:n]	[디인]	명 학장, 학부장, 학생감, 수석 목사
dear	[diər]	[디어]	형 친애하는, 귀중한, 비싼 명 애인
dearth	[də:rθ]	[더어스]	명 부족, 결핍(lack, scarcity)
death	[deθ]	[데스]	명 죽음, 사망, 절멸, 사인

    * *be the death of*   ~의 사인이 되다, ~을 죽이다

deathlike	[deθlaik]	[데슬라이크]	형 죽음 같은, 죽은 듯한
deathly	[déθli]	[데슬리]	형 죽음의 뮈 죽은 듯이
deathbed	[deθbed]	[데스베드]	명 임종
debase	[dibéis]	[디베이스]	탄 (가치, 품질 따위를) 떨어뜨리다
debate	[dibéit]	[디베이트]	명 토론, 논쟁 탄자 토론하다
debt	[det]	[데트]	명 부채, 빚, 채무, 의리, 은혜

    * *be in debt*   빚을 지고 있다
    * *run [get, fall] into debt*   빚지다

decade	[dékeid]	[데케이드]	몡 10년간
decagram	[dék-əgræm]	[데커그램]	몡 데카그램, 10그램
decaliter	[dékəli:tər]	[데컬리터]	몡 데카리터, 10리터
decameter	[dikǽmətər]	[데커미이터]	몡 데카미터, 10미터
decay	[dikéi]	[디케이]	짜 썩다, 부패하다 몡 부패
decease	[disí:s]	[디시이스]	몡 사망 짜 사망하다
deceit	[disí:t]	[디시잇]	몡 허위, 거짓, 사기
deceive	[disí:v]	[디시이브]	타 속이다, 기만하다
December	[disémbər]	[디셈버]	몡 12월(Dec.)
decency	[dí:snsi]	[디이슨시]	몡 예의, 점잖음
decent	[dí:snt]	[디이슨트]	혱 보기 싫지 않은, 점잖은
deception	[disépʃən]	[디셉션]	몡 기만, 사기
deceptive	[diséptiv]	[디셉티브]	혱 속이는, 기만적인
decide	[disáid]	[디사이드]	타짜 결정하다, 해결하다, 판결하다

  * *decide for~*   ~하기로 결심하다
  * *decide on~*   ~로 결정하다

decided	[disáidid]	[디사이디드]	혱 뚜렷한, 명백한, 결정적인
decigram	[désəgræm]	[데시그램]	몡 데시그램, 1/10그램
deciliter	[désəli:tər]	[데실리터]	몡 데시리터, 1/10리터
decimeter	[désəmi:tər]	[데시미터]	몡 데시미터, 1/10미터
decision	[disíʒən]	[디시젼]	몡 결정, 결심, 해결
deck	[dek]	[데크]	몡 갑판 타 장식하다

declaim	[dikléim]	[디클레임]	태자 낭독하다, 연설하다
declaration	[dèklaréiʃən]	[데클러레이션]	명 선언, 포고, (세관에서의) 신고
declare	[dikléər]	[디클레어]	태자 선언하다, (세관에서) 신고하다
decline	[dikláin]	[디클라인]	자태 기울다, 쇠퇴하다
decode	[di:kóud]	[디이코우드]	태 암호를 풀다
decorate	[dékərèit]	[데커레이트]	태 장식하다, 훈장을 수여하다
decrease	[dikrí:s]	[디크리이스]	자태 감소하다, 줄다 「다
decree	[dikrí:]	[디크리이]	명 명령, 포고 태자 포고하다, 명령하
dedicate	[dédikèit]	[데디케이트]	태 봉납하다, 바치다, 헌납하다
deduce	[didjú:s]	[디듀우스]	태 연역하다, 추론하다, 끌어내다
deed	[di:d]	[디이드]	명 행위, 실행, 사실
deem	[di:m]	[디임]	자태 ~이라고 생각하다
deep	[di:p]	[디이프]	형 깊은 부 깊게 반 shallow(얕은)
deeply	[dí:pli]	[디이플리]	부 깊이, 짙게, 대단히
deer	[diər]	[디어]	명 [단수, 복수 동형] 사슴
defeat	[difí:t]	[디피이트]	명 패배, 실패 태 지우다, 무효로 하다
defect	[dí:fekt]	[디펙트]	명 결점, 단점 반 merit(장점)
defend	[difénd]	[디펜드]	태 방어하다, 변호하다
defense	[diféns]	[디펜스]	명 방어, 수비 반 offense(공격)
defer	[difə́:r]	[디퍼어]	태자 늦추다, 연기하다
defiance	[difáiəns]	[디파이언스]	명 도전, 반항, 무시

in defiance of   ~을 무시하고, ~을 상관 않고, ~에 반항하여

* set ~ at defiance		반항하다, 무시하다(bid defiance to)	
deficiency	[difíʃənsi]	[디피션시]	명 결함, 결핍, 부족
deficient	[difíʃənt]	[디피션트]	형 결함있는, 불충분한
defile	[difáil]	[디파일]	자타 더럽히다, 종대로 행진하다
define	[difáin]	[디파인]	타 한계를 정하다, 정의를 내리다
definite	[défənit]	[데피니트]	형 일정한, 명확한, 뚜렷한, 한정된
definitive	[difínətiv]	[디피니티브]	형 결정(한정)적인, 최후적인, 일정한, 명확한
deflation	[difléiʃən]	[디플레이션]	명 공기빼기, 통화수축, 디플레이션
deform	[difɔ́:rm]	[디포옴]	타 모양없이 하다 ; 불구로 하다
deformity	[difɔ́:rməti]	[디포오머티]	명 불구, (인격상의)결함, 기형
deft	[deft]	[데프트]	형 능숙한(skillful), 솜씨 좋은
deftly	[déftli]	[데프틀리]	부 능숙하게
deftness	[déftnis]	[데프트니스]	명 솜씨있음, 능숙
defy	[difái]	[디파이]	타 도전하다, 반항하다
degenerate	[didʒénərèit]	[디제너레이트]	자 나빠지다, 타락하다, 퇴화하다
degrade	[digréid]	[디그레이드]	자타 타락하다, 품위를 떨어뜨리다
degree	[digrí:]	[디그리이]	명 도(度), 정도, 급, 학위, 지위
* by degrees		점차로(gradually)	
* to a degree		대단히, 매우	
deity	[díːəti]	[디이어티]	명 신(god), 신격, 신성
deject	[didʒékt]	[디젝트]	자 낙심시키다, 기를 꺾다

delay	[diléi]	[딜레이]	타자 늦추다, 연기하다 명 연기
delegate	[déligèit]	[델리게이트]	타 (대표로서) 파견하다 명 대표자
deliberate	[dilíbərət]	[딜리버레이트]	자타 숙고하다, 검토하다
delicacy	[délikəsi]	[델리커시]	명 섬세, 우아, 고상함
delicate	[délikət]	[델리키트]	명 섬세한, 우아한, 미묘한, 정묘한
delicious	[dilíʃəs]	[딜리셔스]	형 맛있는, 진미의, 멋진, 유쾌한
delight	[diláit]	[딜라이트]	명 기쁨, 유쾌 자타 기뻐하다
delighted	[diláitid]	[딜라이티드]	형 아주 기뻐하는
* be delighted at [with]		~을 기뻐하다	
delightful	[diláitfəl]	[딜라이트펄]	형 매우 기쁜, 유쾌한, 즐거운
deliver	[dilívər]	[딜리버]	타 구하다, 해방시키다, 배달하다
* deliver the goods		물품을 건네주다, 약속을 이행하다	
deliverance	[dilívərəns]	[딜리버런스]	명 구출, 석방, 진술, 구조
delivery	[dilívəri]	[딜리버리]	명 배달, 인도, 교부, 납품
dell	[del]	[델]	명 작은 골짜기
delta	[déltə]	[델터]	명 삼각주, 삼각형의 물건, 델터
delude	[dilúːd]	[딜루우드]	타 속이다(deceive), 현혹하다
deluge	[déljuːdʒ]	[델류우지]	명 대홍수, 큰 비, 폭우
deluxe	[dəlʌ́ks]	[딜룩스]	형 호화판의, 사치스러운
delusion	[dilúːʒən]	[딜루우전]	명 속임, 미혹, 환상, 착각
demand	[dimǽnd]	[디마안드]	명 요구, 수요, 청구 타 요구하다
demeanor	[dimíːnər]	[디미이너]	명 행동, 태도, 품행

democracy	[dimάkrəsi]	[디모크러시]	명 민주주의, 민주 정체, 민주국
democrat	[déməkræt]	[데머크래트]	명 민주주의자
democratic	[dèməkrǽtik]	[데모크래틱]	형 민주주의의, 민주적인, 민주 정체의
demon	[díːmən]	[디이먼]	명 악마, 귀신, 마귀
demonstrate	[démənstrèit]	[데먼스트레이트]	타자 논증하다, 시위 운동을 하다
demonstration	[dèmənstréiʃən]	[데먼스트레이션]	명 증명, 시범, 시위 운동, 데모
den	[den]	[덴]	명 (야수의)소굴, (도둑의)소굴
denial	[dináiəl]	[디나이얼]	명 부정, 거부, 부인, 절제
Denmark	[dénmɑːrk]	[덴마아크]	명 덴마크
denomination	[dinὰmənéiʃən]	[디노미네이션]	명 명명, 명칭, 종류
denote	[dinóut]	[디노우트]	타 나타내다, 표시하다
denounce	[dináuns]	[디나운스]	타 (공공연히) 비난하다, 고발하다
dense	[dens]	[덴스]	형 조밀한, 짙은, 우둔한, 밀집한
density	[dénsəti]	[덴시티]	명 밀도, 농도
dent	[dent]	[덴트]	명 옴폭 들어간 곳
dental	[déntl]	[덴틀]	형 이의, 치과의, 처음의
dentist	[déntist]	[덴티스트]	명 치과 의사
dentistry	[déntistri]	[덴티스트리]	명 치과 의술(업)
denunciation	[dinʌ́nsiéiʃən]	[디넌시에이션]	명 탄핵, 비난, (조약의) 폐기 공고
deny	[dinái]	[디나이]	타 부정하다, 거절하다
depart	[dipάːrt]	[디파아트]	자 출발하다, 떠나다
department	[dipάːrtmənt]	[디파아트먼트]	명 부(部), 부문, 국, 성

D

departure	[dipá:rʃər]	[디파아쳐]	명 출발, 이탈
depend	[dipénd]	[디펜드]	자 ~에 의존하다, ~에 달려 있다
dependent	[dipéndənt]	[디펜던트]	형 의존하고 있는, 종속하는
* [be] dependent on (upon)		~에 의존하다, ~나름이다	
depeople	[di:pí:pl]	[디이피이플]	타자 인구를 줄이다, 인구가 줄다
depict	[dipíkt]	[디픽트]	타 묘사하다, 서술하다
deplore	[dipló:r]	[디플로오]	타 한탄하다, 슬퍼하다
deposit	[dipázit]	[디파지트]	명 예금, 맡긴 것 타 맡기다
deprave	[dipréiv]	[디프레이브]	타 타락시키다, 악화시키다
depress	[diprés]	[디프레스]	타 억압하다, 내리누르다
deprive	[dipráiv]	[디프라이브]	타 빼앗다, 박탈하다 반 endow(주다)
* deprive~of…		~으로부터 …을 빼앗다	
depth	[depθ]	[뎁스]	명 깊이, 깊은 곳, 깊음
deride	[diráid]	[디라이드]	타 비웃다, 조소하다
derive	[diráiv]	[디라이브]	타자 이끌어 내다, 유래하다
* derive from		~에서 나오다, 유래하다	
descend	[disénd]	[디센드]	자 내리다, 내려가다
descendant	[diséndənt]	[디센던트]	명 후예, 자손
descent	[disént]	[디센트]	명 하강, 내리받이, 상속
describe	[diskráib]	[디스크라이브]	타 기술하다, 그리다
description	[diskrípʃən]	[디스크립션]	명 묘사, 서술, 기술
descriptive	[diskríptiv]	[디스크립티브]	형 기술적, 서술적

desert	[dézərt]	[데저트]	명 황무지, 사막 타 [dizə́:rt]버리다
deserter	[dizə́:rtər]	[디저어터]	명 도망자, 유기자
deserve	[dizə́:rv]	[디저어브]	타자 ~을 받을 가치가 있다
design	[dizáin]	[디자인]	명 계획, 설계, 의장 타 계획하다

    * *be designed to~*   ~하도록 고안되어(만들어져) 있다
    * *by design*   고의로, 계획적으로
    * *have designs upon (against)*   ~을 해칠 뜻을 품다

designate	[dézignèit]	[데지그네이트]	타 가리키다, 명명하다
designedly	[dizáinidli]	[디자이니들리]	부 고의적으로
desirable	[dizáiərəbl]	[디자이어러블]	형 바람직한, 갖고 싶은
desire	[dizáiər]	[디자이어]	타 원하다, 바라다 명 욕망, 소원
desirous	[dizáiərəs]	[디자이어러스]	형 원하는, 바라는
desk	[desk]	[데스크]	명 책상
desolate	[désələt]	[데설리트]	형 황량한, 황폐한, 고독한
despair	[dispéər]	[디스페어]	명 절망 자 절망하다, 단념하다
despairing	[dispéəriŋ]	[디스페어링]	형 절망의, 단념의
despatch	[dispǽʧ]	[디스패치]	명 급송 타 급송하다(dispatch)
desperate	[déspərət]	[데스퍼리트]	형 절망적인, 필사적인
despise	[dispáiz]	[디스파이즈]	타 경멸하다, 얕보다
despite	[dispáit]	[디스파이트]	명 원한, 무례 전 ~에도 불구하고
despond	[dispánd]	[디스판드]	자 낙담하다, 실망하다
dessert	[dizə́:rt]	[디저어트]	명 디저어트(식후의 과자나 과일)

destine	[déstin]	[데스틴]	国 운명짓다, 예정하다
destiny	[déstəni]	[데스티니]	명 운명, 천명, 숙명
destitute	[déstətjùːt]	[데스티튜우트]	형 결핍한, ~이 없는
destroy	[distrɔ́i]	[디스트로이]	国 파괴하다, 죽이다
destruction	[distrʌ́kʃən]	[디스트럭션]	명 파괴 반 construction (건설)
destructive	[distrʌ́ktiv]	[디스트럭티브]	형 파괴적인
detach	[ditǽʃ]	[디태치]	国 분리하다, 파견하다
detail	[ditéil]	[디이테일]	명 상설(詳說), 세부 国재 상세히 말 하다
in detail		상세히, 세부에 걸쳐	
detect	[ditékt]	[디텍트]	国 간파하다, 발견하다, 탐지하다
detective	[ditéktiv]	[디텍티브]	명 탐정 형 탐정의
deteriorate	[ditíəriərèit]	[디티리어레이트]	国 저하시키다, 악화시키다
determine	[ditə́ːrmin]	[디터어민]	国재 결정하다, 《법률》판결하다
detest	[ditést]	[디테스트]	国 아주 싫어하다, 혐오하다
detract	[ditrǽkt]	[디트랙트]	国재 (가치를) 떨어뜨리다
develop	[divéləp]	[디벨럽]	재国 발달하다, 발전시키다
development	[divéləpmənt]	[디벨럽먼트]	명 발달, 발전, 발육, 개발
device	[diváis]	[디바이스]	명 고안, 계획, 장치
devil	[dévl]	[데블]	명 악마, 악마 같은 사람
devise	[diváiz]	[디바이즈]	国 고안하다, 궁리하다
devoid	[divɔ́id]	[디보이드]	형 ~이 없는, 결여된
devote	[divóut]	[디보우트]	国 바치다, 이바지하다

* *devote oneself to*		~에 전념하다, ~에 빠지다, ~에 몰두하다	
devoted	[divóutid]	[디보우티드]	혱 헌신적인, 열애하는
devotion	[divóuʃən]	[디보우션]	몡 헌신, 전념, 애착
devour	[diváuər]	[디바우어]	탄 게걸스럽게 먹다, 삼켜 버리다
dew	[dju:]	[듀우]	몡 이슬, (땀, 눈물 따위) 방울
dewy	[djú:i]	[듀우이]	혱 이슬을 머금은, 이슬 같은
diagram	[dáiəgræm]	[다이어그램]	몡 도표, 도식, 도형
dial	[dáiəl]	[다이얼]	몡 다이얼, (시계·해시계·나침판
dialect	[dáiəlèkt]	[다이얼렉트]	몡 방언, 사투리 ㄴ 따위의)숫자판
dialog(ue)	[dáiəlɔ̀:g]	[다이얼로그]	몡 대화, 문답
diameter	[daiǽmətər]	[다이애미터]	몡 직경, 지름
diamond	[dáiəmənd]	[다이어먼드]	몡 다이아몬드, 금강석, 유리칼
diary	[dáiəri]	[다이어리]	몡 일기, 일지
dice	[dais]	[다이스]	몡 주사위, 작은 육면체
dictate	[díkteit]	[딕테이트]	자탄 받아쓰게 하다, 명령하다
dictation	[diktéiʃən]	[딕테이션]	몡 받아쓰기, 명령, 지령
dictator	[díkteitər]	[딕테이터]	몡 구술자, 지령자, 독재자
dictatorship	[diktéitərʃip]	[딕테이터십]	몡 독재, 독재권, 독재자의 지위
dictionary	[díkʃənèri]	[딕셔너리]	몡 사전, 사서
did	[did]	[디드]	몡 do(행하다, 하다)의 과거
die	[dai]	[다이]	자 죽다, 아사하다, 말라죽다
* *die away*		사라지다, (바람·소리 따위가) 차츰 조용해지다	

* die from		~으로 죽다(외상·부주의에 의함)	
* die hard		좀처럼 죽지 않다 ; (습관 따위가) 쉽사리 없어지지 않다	
* die of~		~으로 죽다(병·굶주림·노쇠 따위)	
* die out		(생물이) 멸종(사멸)하다	
diet	[dáiət]	[다이어트]	명 (일상의)음식물, 규정식, 식이요법
differ	[dífər]	[디퍼]	자 다르다, 의견을 달리하다
difference	[dífərəns]	[디퍼런스]	명 다름, 차이, 불화
* make no difference		차이가 없다, 차별하지 않다	
different	[dífərənt]	[디퍼런트]	형 다른, 여러 가지의, 틀린
* be different from~		~와 다르다(differ from~)	
differential	[difərénʃəl]	[디퍼렌셜]	형 차별적인, 구별하는
difficult	[dífikʌlt]	[디피컬트]	형 곤란한, 어려운, 까다로운
difficulty	[dífikʌlti]	[디피컬티]	명 곤란, 난사, 지장, 난국
* with difficulty		어렵게, 힘들게, 겨우	
* have (no) difficulty in		~이 곤란하다(하지 않다)	
diffident	[dífidənt]	[디피던트]	형 자신이 없는, 수줍은
diffuse	[difjú:z]	[디퓨우즈]	타자 흐트러뜨리다, 발산하다
dig	[dig]	[디그]	타자 파다, 파내다 반 bury (묻다)
digest	[didʒést, dai-]	[디제스트, 다이-]	타자 소화하다, 숙고하다
	[dáidʒest]	[다이제스트]	명 요약(要約), 다이제스트
digital	[dídʒətl]	[디지틀]	형 손가락의, 계수형(計數型)의
dignify	[dígnəfài]	[디그니파이]	타 위엄을 갖추다

dignity	[dígnəti]	[디그니티]	몡 위엄(威嚴)
dike	[daik]	[다이크]	몡 도랑, 둑, 제방
dilemma	[dilémə]	[딜레머]	몡 진퇴 유곡, 궁지, 딜레마
diligent	[dílədʒənt]	[딜리전트]	혱 근면한 빤 lazy(게으른)
dilute	[dilúːt]	[다일류우트]	탄 묽게 하다 잔 묽어지다
dim	[dim]	[딤]	혱 어둠침침한, 의미한
dime	[daim]	[다임]	몡 (미국, 캐나다의) 10센트 은화
dimension	[diménʃən]	[디멘션]	몡 치수, 크기, 용적
diminish	[dimíniʃ]	[디미니시]	탄잔 감소시키다, 감소하다
diminutive	[dimínjutiv]	[디미뉴티브]	혱 작은, 소형의
dimple	[dímpl]	[딤플]	몡 보조개 탄잔 보조개를 짓다
din	[din]	[딘]	몡 소음 탄 소음을 일으키다
dine	[dain]	[다인]	잔탄 식사를 하다, 정찬을 들다
*　* dine out		밖에서 식사하다	
dingy	[díndʒi]	[딘지]	혱 거무스름한, 지저분한, 더러운
dining car	[dáiniŋ kaːr]	[다이닝카아]	몡 식당차
dining room	[dáiniŋ ruːm]	[다이닝룸]	몡 식당
dinner	[dínər]	[디너]	몡 정찬, 오찬, 만찬, 향연
dint	[dint]	[딘트]	몡 힘, 폭력, 움푹 들어간 곳
*　* by dint of		~의 힘으로, ~에 의하여	
dip	[dip]	[디프]	탄잔 적시다, 담그다, 살짝 적시다
diploma	[diplóumə]	[디플로우머]	몡 면허장, 졸업장

D

diplomacy	[diplóuməsi]	[디플로우머시]	똉 외교, 수완
diplomat	[dípləmæt]	[디플러매트]	똉 외교관, 외교가
diplomatic	[dìpləmǽtik]	[디플러매틱]	휑 외교의
dipper	[dípər]	[디퍼]	똉 국자, 주걱, (the D-) 북두칠성
dire	[daiər]	[다이어]	휑 무서운, 극도의
direct	[dirékt]	[디렉트]	탄 지도하다 휑 직접의, 솔직한
direction	[dirékʃən]	[디렉션]	똉 방위, 방향, 지휘, 방침
* in many directions		여러 방향으로	
directly	[diréktli]	[디렉틀리]	믠 곧 바로, 즉시, 직접
director	[diréktər]	[디렉터]	똉 지휘자, 지도자, 중역, 이사
directory	[diréktəri]	[다이렉터리]	똉 주소 성명록, 전화 번호부
dirt	[dəːrt]	[더어트]	똉 쓰레기, 먼지, 오물, 진흙
dirty	[də́ːrti]	[더어티]	휑 더러운, 추잡한, 비열한
disable	[diséibl]	[디세이블]	탄 무능하게 하다, 불구로 만들다
disadvantage	[dìsədvǽntidʒ]	[디서드바안티지]	똉 불리, 불편, 손해
disagree	[dìsəgríː]	[디서그리이]	쟈 일치하지 않다, 맞지 않다
disagreeable	[dìsəgríːəbl]	[디서그리어블]	휑 불쾌한, 까다로운
disappear	[dìsəpíər]	[디서피어]	쟈 안보이게 되다, 소멸하다
disappoint	[dìsəpɔ́int]	[디서포인트]	탄 실망시키다, 기대를 어기다
disappointment	[dìsəpɔ́intmənt]	[디서포인트먼트]	똉 실망, 낙담
disapproval	[dìsəprúːvəl]	[디서프루우벌]	똉 불찬성, 비난
disapprove	[dìsəprúːv]	[디서프루우브]	탄 ~을 안 된다고 하다, 비난하다

disarm	[disá:rm]	[디사암]	印图 군비를 축소하다
disarmament	[disá:rməmənt]	[디사아머먼트]	图 군비 축소, 무장 해제
disaster	[dizǽstər]	[디자아스터]	图 재앙, 재해, 재난
disastrous	[dizǽstrəs]	[디재스트러스]	图 재해의, 비참한
discard	[diská:rd]	[디스카아드]	囤 버리다, 해고하다
discern	[disə́:rn]	[디저언]	囤 분별하다, 식별하다
discharge	[disʧá:rdʒ]	[디스차아지]	囤图 발사하다, 수행하다, 짐을 부리다
disciple	[disáipl]	[디사이플]	图 제자, 문하생, 사도
discipline	[dísəplin]	[디시플린]	图 훈련, 훈육, 규율
disclaim	[diskléim]	[디스클레임]	囤图 포기하다, 기권하다
disclose	[disklóuz]	[디스클로우즈]	囤 드러내다, 폭로하다
discomfort	[diskʌ́mfərt]	[디스컴퍼트]	图 불유쾌, 불안
discontent	[dìskəntént]	[디스컨텐트]	图 불만, 불평 图 불만스러운
discord	[dískɔ:rd]	[디스코오드]	图 불화, 불일치 凹 concord(일치)
discount	[dískaunt]	[디스카운트]	图 할인, 참작 囤 할인하다
discourage	[diskə́:ridʒ]	[디스커어리지]	囤 용기를 잃게 하다, 낙담시키다
discourse	[dískɔ:rs]	[디스코어스]	图 담화 困 이야기하다
discover	[diskʌ́vər]	[디스커버]	囤 발견하다, 알게 되다
discoverer	[diskʌ́vərər]	[디스커버러]	图 발견자
discovery	[diskʌ́vəri]	[디스커버리]	图 발견, 발견물
* *make a discovery*		발견하다	
discredit	[diskrédit]	[디스크레디트]	图 불신용 囤 신용하지 않다

D

discreet	[diskríːt]	[디스크리이트]	휑 사려가 깊은, 신중한, 분별 있는
discretion	[diskréʃən]	[디스크레션]	똉 사려, 분별, 신중
discriminate	[diskrímənèit]	[디스크리미네이트]	재타 구별하다, 차별 대우를 하다
discrimination	[diskrìmənéiʃən]	[디스크리미네이션]	똉 구별, 식별, 차별 대우
discus	[dískəs]	[디스커스]	똉 (경기용) 원반, 원반던지기
* discus−throw (ing)*		원반던지기	
discuss	[dískəs]	[디스커스]	타 음미하다, 논의하다, 검토하다
discussion	[diskʌ́s]	[디스커션]	똉 토론, 토의, 변론, 논문
disdain	[disdéin]	[디스데인]	똉 모멸, 경멸, 멸시 타 경멸하다
disease	[dizíːz]	[디지이즈]	똉 병, 질환
disfigure	[disfígjər]	[디스피거]	타 모양을 손상하다, 추하게 하다
disgrace	[disgréis]	[디스그레이스]	똉 치욕, 불명예 타 치욕을 주다
disguise	[disgáiz]	[디스가이즈]	타 변장하다, 가장하다, 감추다
disgust	[disgʌ́st]	[디스거스트]	타 역겹게 하다, 정떨어지게 하다
dish	[diʃ]	[디시]	똉 접시, 요리 타 접시에 담다
dishonest	[disánist]	[디소니스트]	휑 정직하지 않은, 부정한, 불성실한
dishono(u)r	[disánər]	[디소너]	똉 망신, 불명예 타 망신시키다
disk	[disk]	[디스크]	똉 원반, 레코드
dislike	[disláik]	[디슬라이크]	타 싫어하다, 미워하다 똉 혐오
dislocation	[dìsloukéiʃən]	[디슬로우케이션]	똉 탈구(脫臼), 전위(轉位), 단층
disloyal	[dislɔ́iəl]	[디슬로이얼]	휑 불충실한, 불충한, 성실하지 못한
dismal	[dízməl]	[디즈멀]	휑 음침한, 우울한, 음산한

dismay [disméi] [디스메이] 명 놀람, 당황 타 깜짝 놀라게 하다

dismiss [dismís] [디스미스] 타 해고하다, 제거하다, 해산하다

dismount [dismáunt] [디스마운트] 타자 (말·자전거 따위에서) 내리다

disobey [dìsəbéi] [디서베이] 타자 순종하지 않다, 어기다

disorder [disɔ́:rdər] [디소오더] 명 난잡, 혼란, 무질서

disorganize [disɔ́:rgənàiz] [디소오거나이즈] 타 조직을 파괴하다, 혼란시키다

disorientate [disɔ́:riəntèit] [디소오리엔테이트] 타 방향을 잃게 하다, 어리둥절하게

dispatch [dispǽtʃ] [디스패치] 타자 급송하다, 파견하다 ⌐하다

dispel [dispél] [디스펠] 타 (걱정, 의심 따위를) 떨쳐 버리다

dispensary [dispénsəri] [디스펜서리] 명 약방, 약국

dispense [dispéns] [디스펜스] 타자 분배하다, 조제하다, 나눠 주다

　　* dispense with 　~을 폐지하다, ~없이 지내다, ~을 면제하다

disperse [dispə́:rs] [디스퍼어스] 자타 흐트러지다, 퍼뜨리다

dispirit [dispírit] [디스피리트] 타 낙담시키다(discourage)

displace [displéis] [디스플레이스] 타 바꾸어 놓다, 이동시키다 ⌐표시

display [displéi] [디스플레이] 타 보이다, 진열하다 명 진열, 과시,

　　* out of display 　이것 보란 듯이

displease [displí:z] [디스플리이즈] 타 불쾌하게 하다, 성나게 하다

disposal [dispóuzəl] [디스포우절] 명 배치, 처리, 처분, 매각

dispose [dispóuz] [디스포우즈] 타자 배열하다, 처리하다

　　* dispose of 　~을 처분하다, ~을 해결하다　　　　　　⌐있는

disposed [dispóuzd] [디스포우즈드] 형 ~하는 경향이 있는, ~할 생각이

disposition	[dìspəzídʃən]	[디스퍼지션]	閏 기질, 배열, 처분
dispute	[dispjúːt]	[디스퓨우트]	配困 논쟁하다, 다투다 閏 논쟁
disregard	[dìsrigáːrd]	[디스리가아드]	配 무시하다 閏 무시, 경시
dissatisfy	[dissǽtisfài]	[디(스)새티스파이]	配 불만을 느끼게 하다
dissect	[disékt]	[디섹트]	配 자세히 조사하다, 해부하다
dissent	[disént]	[디센트]	困 ~와 의견이 다르다
dissolve	[dizálv]	[디잘브]	困配 용해하다, 해산시키다
distance	[dístəns]	[디스턴스]	閏 거리, 간격

    * *at a distance*   얼마간 떨어져, 떨어진 곳에
    * *in the distance*   아주 먼 곳에, 멀리

distant	[dístənt]	[디스턴트]	冏 떨어진, 먼
distaste	[distéist]	[디스테이스트]	閏 싫음(dislike)
distill	[distíl]	[디스틸]	配困 증류하다, 방울져 떨어지다

    * *distilled water*   증류수

distinct	[distíŋkt]	[디스팅크트]	冏 명백한, 별개의, 다른
distinction	[distíŋkʃən]	[디스팅크션]	閏 차별, 구별
distinctive	[distíŋktiv]	[디스팅크티브]	冏 독특한, 특수한
distinguish	[distíŋgwiʃ]	[디스팅귀시]	配 분간하다, 구별하다

    * *distinguish ~ from…*   ~와 …을 구별하다
    * *distinguish oneself*   두드러지게 하다, 뚜렷하게 하다

distort	[distɔ́ːrt]	[디스토오트]	配 (얼굴을) 일그러뜨리다
distract	[distrǽkt]	[디스트랙트]	配 (마음을) 혼란케 하다

distress	[distrés]	[디스트레스]	몡 고통, 고민, 곤궁
distribute	[distríbju:t]	[디스트리뷰트]	타 분배하다, 배급하다
distribution	[dìstrəbjúːʃən]	[디스트리뷰우션]	몡 분배, 배급, 배치
district	[dístrikt]	[디스트릭트]	몡 지구(地區), 지방
distrust	[distrʌ́st]	[디스트러스트]	몡 불신, 의심 타 믿지 않다
disturb	[distə́ːrb]	[디스터어브]	타 교란하다, 방해하다
disturbance	[distə́ːrbəns]	[디스터어번스]	몡 소동, 폭동, 불안
disuse	{ [disjúːs]	[디슈우스]	몡 폐기, 쓰지 않음
	[disjúːz]	[디슈우즈]	타 쓰지 않다, 폐기하다
ditch	[ditʃ]	[디치]	몡 도랑, 개천
dive	[daiv]	[다이브]	자 다이빙하다, 잠수하다 몡 잠수
diverge	[divə́ːrdʒ]	[디버어지]	자 분기하다, 갈라지다
diverse	[divə́ːrs]	[디버어스]	혱 다른, 여러 가지의
divert	[divə́ːrt]	[디버어트]	타 전환하다, 위안하다
divide	[diváid]	[디바이드]	타자 나누다, 구분하다, 분할하다
divine	[diváin]	[디바인]	혱 신의, 신성한 타 예언하다
division	[divíʒən]	[디비전]	몡 분할, 구분, 나눗셈
divorce	[divɔ́ːrs]	[디보오스]	몡 이혼, 분리 타 이혼하다, 분리하다
dizzy	[dízi]	[디지]	혱 현기증나는, 어질어질한
do	[duː, du, də;]	[두우, 두, 더]	동 하다, 행하다, 처리하다

　　* *do ~ a favor* 　　~에게 은혜를 베풀다
　　* *do away with* 　　~을 폐지하다, ~을 없애다, 버리다

* *do by*	대우하다		
* *do for*	~을 대리하다, ~을 돌보다		
* *do (a person) a good turn*	~에게 친절을 다하다		
* *do well*	잘하다, 번영하다, 경과가 좋다		
* *do with*	~을 처분하다, ~을 참다, ~에 만족하다, ~을 다루다		
* *do without*	~없이 지내다, ~없이 해 나가다		

docile [dásəl] [도우사일, 도실] 형 온순한(obedient), 다루기 쉬운

dock [dak] [도크] 명 선창, 부두 타자 도크에 넣다

doctor [dáktər] [독터] 명 의사, 박사 타 치료하다

doctrine [dáktrin] [독트린] 명 교의(敎義), 교리, 주의

document [dákjumənt] [도큐먼트] 명 서류, 문서, 증서

dodge [dadʒ] [도지] 자타 휙 몸을 피하다, 살짝 피하다

* *dodge about*   요리조리 몸을 피하다

dog [dɔːg] [도그] 명 개, 놈

dogma [dɔ́ːgmə] [도오그머] 명 교의, 신조, 정설

doings [dú(ː)iŋz] [두잉즈] 명 행위, 짓, 소행, 행동

doll [dal] [돌] 명 인형, 인형 같은 미인

dollar [dálər] [돌러] 명 달러, 불(弗) (미국의 화폐 단위)

dolly [dáli] [돌리] 명 (아기말)인형, 이동식 촬영기대, 작은 수레

dolphin [dálfin] [돌핀] 명 돌고래

domain [douméin] [더메인] 명 영토, 판도, 영역

dome [doum] [도움] 명 둥근지붕, 둥근 천장

domestic	[dəméstik]	[더메스틱]	형 가정내의, 가정적인, 국내의
dominant	[dάmənənt]	[도미넌트]	형 우세한, 지배적인
dominate	[dάmənèit]	[도미네이트]	타자 지배하다, 통치하다
dominion	[dəmínjən]	[더미니언]	명 통치권, 주권, 지배력
don	[dan]	[돈]	명 스페인 신사, 거물, 명사 타 걸치다
donate	[dóuneit]	[도우네이트]	타 증여하다, 기증하다
done	[dʌn]	[던]	동 do(하다, 행하다)의 과거분사
donkey	[dάŋki]	[동키]	명 당나귀, 바보, 고집쟁이
doom	[du:m]	[두움]	명 (나쁜 뜻으로)운명, 죽음 타 운명
door	[dɔːr]	[도오]	명 문, 출입구　　　　 └ 짓다

* *from door to door*　집집마다
* *out of doors*　　옥외에서

dormitory	[dɔ́ːrmətɔ̀ːri]	[도오머토오리]	명 기숙사(寄宿舍)
dose	[dous]	[도우스]	명 (약의) 1회 복용량
dot	[dat]	[다트]	명 점 타 점을 찍다

* *be dotted with*　　~이 점점이 흩어져있다
* *on the dot*　　정각에, 제 시간에, 즉석에서

double	[dʌ́bl]	[더블]	형 2배의, 겹친, 이중의 부 2배로
doubt	[daut]	[다우트]	명 의심, 의혹 자타 의심하다

* *beyond doubt*　　의심할 나위 없이
* *in doubt*　　의심스러운, 확실치 않은
* *no doubt*　　의심할 여지 없이, 확실히

D

doubtful	[dáutfəl]	[다우트펄]	혱 확실치 않은, 의심스러운
dough	[dou]	[도우]	몡 밀가루 반죽, 굽지 않은 빵
doughnut	[dóunət]	[도우넛]	몡 도우넛
dove	[dʌv]	[더브]	몡 비둘기(pigeon), 평화의 사자
down	[daun]	[다운]	閅 아래로, 밑으로 젠 ~의 아래쪽으로
downstairs	[dáunstéərz]	[다운스테어즈]	閅 아래층으로 혱 아래층의
downtown	[dauntaun]	[다운타운]	몡 번화가, 도심지
doze	[douz]	[도우즈]	몡 선잠, 졸기 재탄 졸다
dozen	[dʌzn]	[더즌]	몡 다스(12개), 다수

     * *dozens of~*   수십의, 다수의
     * *half -dozen*   반 다스, 여섯 개

Dr.	[dáktər]	[닥터]	앺 Doctor의 줄임말, 박사, 의사
drab	[dræb]	[드래브]	혱 단조로운, 멋없는 몡 단정치 못한
draft	[dræft]	[드라아프트]	몡 초고, 초안 탄 기초하다 ㄴ 여자
drag	[dræg]	[드래그]	재탄 끌다, 질질 끌다, 당기다
draggle	[drægl]	[드래글]	탄 질질 끌어 더럽히다
dragnet	[drǽgnèt]	[드래그넷]	몡 저인망(底引網), 그물, 수사망
dragon	[drǽgən]	[드래건]	몡 용(龍), [천문] 용자리
dragonfly	[drǽgənflai]	[드래건플라이]	몡 잠자리
drain	[drein]	[드레인]	탄재 배수하다, 흘러 없어지다
drainage	[dréinidʒ]	[드레이니지]	몡 배수, 하수
drake	[dreik]	[드레익]	몡 수오리, 집오리

drama	[dráːmə]	[드라아머]	명 극, 희곡, 각본
dramatic	[drəmǽtik]	[드러매틱]	형 연극의, 희곡의
drapery	[dréipəri]	[드레이퍼리]	명 포목, 피륙, 휘장
drastic	[drǽstik]	[드래스틱]	형 과감한, 맹렬한, 철저한
draught	[dræft]	[드라아프트]	동 선발하다(draft)
draw	[drɔː]	[드로오]	타자 끌다, 당기다, 접근하다

    * *draw away*   떼어 놓다, 앞서다
    * *draw back*   되돌리다, 후퇴하다, 물러나다
    * *draw in*   끌어 들이다, 저물다, 꾀어 들이다, 절감하다
    * *draw near*   가까워지다, 다가오다
    * *draw off*   벗다, (물 따위를) 빼다, (주의를) 딴 데로 돌리다
    * *draw on*   다가오다, 신다, ~에 의지하다, (장갑 따위를) 끼다
    * *draw out*   끌어내다, 그리다, 잡아 늘이다
    * *draw to a close (an end)*   종말에 가까와지다
    * *draw up*   끌어 올리다, (마차가) 멈추다

drawer	[drɔ́ːər]	[드로오어]	명 (어음) 발행인, 서랍
drawing	[drɔ́ːiŋ]	[드로오잉]	명 뽑기, 유인, 제도, 그림
drawing room	[drɔ́ːiŋ ruːm]	[드로오잉룸]	명 응접실, 객실
drawl	[drɔːl]	[드로올]	타자 느릿느릿 말하다
drawn	[drɔːn]	[드로온]	동 draw의 과거분사 형 무승부의
dread	[dred]	[드레드]	타자 두려워하다, 걱정하다
dreadful	[drédfəl]	[드레드풀]	형 무서운, 무시무시한, 지독한

D

dream [driːm] [드리임] 圐 꿈, 공상 胚围 꿈을 꾸다
  * *dream of* ~의 꿈을 꾸다, ~을 몽상하다
dreary [dríəri] [드리어리] 圀 쓸쓸한, 황량한, 음울한
drench [drentʃ] [드렌치] 围 흠뻑 적시다, 물에 담그다
  * *[be] drenched to the skin* 흠뻑 젖다
dress [dres] [드레스] 圐 의복, 복장 胚凨 옷을 입히다
  * *dress up* 성장하다 (시키다)
drift [drift] [드리프트] 胚围 표류하다 圐 표류 「뚫다
drill [dril] [드릴] 圐 훈련, 송곳 胚凨 훈련하다, 구멍을
drink [driŋk] [드링크] 围胚 마시다, 건배하다 圐 음료
  * *drink up* ~을 다 마셔 없애다
  * *have [take] a drink* (술을) 한 잔 하다
drip [drip] [드립] 胚围 (물방울 따위가) 똑똑 떨어지다
  * *in a drip* 방울저서, 젖어서
drive [draiv] [드라이브] 围胚 몰다, 운전하다, 드라이브하다
  * *drive at* ~을 겨누다, ~을 하려고 마음먹다
  * *drive away* 몰아내다, 차를 몰고 가버리다
  * *drive out* 몰아내다, 배격하다
  * *drive to work* 일터로 차를 몰고 가다
  * *driving force* 추진력
driver [dráivər] [드라이버] 圐 마부, 조종자, 운전사
drizzle [drízl] [드리즐] 胚 이슬비가 내리다 圐이슬비, 가랑비

drone	[droun]	[드로운]	명 (꿀벌의) 수벌, 게으름뱅이
droop	[druːp]	[드루웁]	자 시들다, 수그러지다
drop	[drap]	[드롭]	명 물방울, 낙하 자타 떨어지다

    * *drop across*   ~를 우연히 만나다, 꾸짖다
    * *drop away*   한 방울씩 떨어지다, 하나 둘 가버리다
    * *drop down*   쓰러지다, (바람 따위가) 갑자기 자다
    * *drop in*   ~에 잠깐 들르다
    * *drop into*   기항하다, 습관에 빠지다
    * *drop off*   하나 둘 가버리다, 차차 줄어들다, (차례차례) 떨어져 나가다

drought	[draut]	[드라우트]	명 가뭄, 한발
drown	[draun]	[드라운]	타자 물에 빠뜨리다, 물에 빠지다
drowsy	[dráuzi]	[드라우지]	형 졸리는, 졸음 오게 하는
drug	[drʌg]	[드러그]	명 약, 약제, 약품
druggist	[drʌ́gist]	[드러기스트]	명 약종상, 약제사
drum	[drʌm]	[드럼]	명 북, 고동 타자 북을 치다
drunkard	[drʌ́ŋkərd]	[드렁커드]	명 술고래
drunken	[drʌ́ŋkən]	[드렁컨]	형 술 취한, 술고래의
dry	[drai]	[드라이]	형 마른, 건조한 타자 말리다

    * *dry up*   바싹 마르다 [말리다], 고갈되다

dryly	[dráili]	[드라일리]	부 냉담하게, 공정하게
duchess	[dʌ́ʧis]	[더치스]	명 공작 부인, 여공작
duck	[dʌk]	[덕]	명 오리, 집오리

D

due	[djuː]	[듀우]	형 만기가 된, 마땅히 지불되어야 할
due to	~에 의하여, ~때문에		
duel	[djúːəl]	[듀우얼]	명 결투, 투쟁 자 결투하다
duke	[djuːk]	[듀우크]	명 공작(公爵)
dull	[dʌl]	[덜]	형 둔한, 무딘 반 sharp(예리한)
duly	[djúːli]	[듀울리]	부 정당하게, 충분히
dumb	[dʌm]	[덤]	형 벙어리의, 말을 못하는 「는 곳
dump	[dʌmp]	[덤프]	타 (쓰레기를) 버리다 명 쓰레기 버리
duplicate	[djúːplikət]	[듀우플리킷]	형 이중의, 복사의 명 사본, 복사
durable	[djúərəbl]	[듀어러블]	형 오래 견디는, 질긴
during	[djúəriŋ]	[듀어링]	전 ~동안에, ~하는 중에
dusk	[dʌsk]	[더스크]	명 땅거미, 황혼 반 dawn(새벽)
dust	[dʌst]	[더스트]	명 먼지, 티끌 타자 먼지를 떨다
dusty	[dʌsti]	[더스티]	형 먼지가 많은, 먼지 투성이의
Dutch	[dʌtʃ]	[더치]	명 네덜란드 사람(말) 형 네덜란드
duty	[djúːti]	[듀우티]	명 의무, 직무, 세금 「사람(말)의
off [on] duty	비(당)번으로, 근무 시간 외(내)에		
duty-free	[djúːtifriː]	[듀우티프리]	형부 면세의, 면세로
dwarf	[dwɔːrf]	[드워어프]	명형 난쟁이(의) 반 giant(거인)
dwell	[dwel]	[드웰]	자 거주하다, 살다
dwell upon [on]	~에 대해서 상세히 말하다, 곰곰이 생각하다		
dwindle	[dwíndl]	[드윈들]	자 (점점) 작아지다, 줄다, 저하하다

dye	[dai]	[다이]	명 물감, 색조 자타 물들이다
dyeing	[dáiiŋ]	[다이잉]	명 염색, 염색법
dying	[dáiiŋ]	[다이잉]	형 죽어가는, 임종의, 망해가는
dynamic	[dainǽmik]	[다이내믹]	형 힘찬, 동적인 ; 역학상의 ; 유력한
dynamics	[dainǽmiks]	[다이내믹스]	명 역학, 동력학
dynamite	[dáinəmàit]	[다이너마이트]	명 다이너마이트
dynamo	[dáinəmòu]	[다이너모우]	명 발전기, 다이너모우
dynasty	[dáinəsti]	[디너스티]	명 왕조, 왕가

D

E e   **E e**   *E e*

each   [iːtʃ]   [이이치]   혱 각자의, 각각의 떼 각자, 제각기
    * *each other*   서로, 상호간에
    * *each time*   그때마다, ~할 때마다
eager   [íːgər]   [이이거]   혱 열심인, 열망하는
    * *[be] eager to [do]*   몹시 ~하고 싶어하다
eagerly   [íːgərli]   [이이걸리]   튄 열심히, 간절히
eagle   [íːgl]   [이이글]   몡 독수리
ear   [iər]   [이어]   몡 귀, 청각
early   [ə́ːrli]   [어얼리]   혱 이른, 가까운 장래의 튄 일찌기
earn   [əːrn]   [어언]   타 일하여 벌다, 얻다
    * *earn [make] one's living*   생계비를 벌다
earnest   [ə́ːrnist]   [어어니스트]   혱 열심인, 진지한 몡 진심, 진지함
    * *in earnest*   진지하게, 열심히
earphone   [iərfòun]   [이어포운]   몡 《복수》 수화기, 이어폰
earth   [əːrθ]   [어어스]   몡 지구, 땅, 흙 땐 heaven(하늘)

* *on earth*		세상에서, (의문문에서) 도대체, (부정문에서) 조금도	
earthly	[ə́:rθli]	[어어슬리]	혱 지구의, 속세의
earthquake	[ə́:rθlikweik]	[어어스퀘이크]	몡 지진
ease	[i:z]	[이이즈]	몡 편안, 안정 타자 안심시키다
* *at ease*		마음놓고, 편안히	
* *be [feel] at ease*		안심하다	
* *ill at ease*		(불안하여) 마음 놓이지 않는, 긴장하여	
* *with ease*		용이하게, 쉽게	
easily	[í:zili]	[이이질리]	뷔 용이하게, 쉽게, 쉽사리, 편안히
east	[i:st]	[이이스트]	몡 동쪽, 동방 혱 동쪽의 뷔 동쪽에
Easter	[í:stər]	[이이스터]	몡 부활절
eastern	[í:stərn]	[이이스턴]	혱 동쪽의, 동양의
easy	[í:zi]	[이이지]	혱 쉬운, 용이한, 안락한, 마음 편한
eat	[i:t]	[이이트]	타자 먹다, 식사하다, 침식하다
eaves	[i:vz]	[이이브즈]	몡 챙, 처마
ebb	[eb]	[에브]	몡 썰물, 간조, 쇠퇴
ebony	[ébəni]	[에버니]	몡 흑단, 칠흑 혱 흑단의
eccentric	[ikséntrik]	[익센트릭]	혱 이상한, 별난, 괴벽스러운
echo	[ékou]	[에코우]	몡 메아리, 반향 타자 반향하다
eclipse	[iklíps]	[이클립스]	몡 일(월)식, (세력, 명예가) 떨어짐
ecology	[ikálədʒi]	[이이칼러지]	몡 생태학
economic	[èkənámik]	[이이커노믹]	혱 경제학의, 경제상의

economical	[èkənάmikəl]	[이이커노미컬]	형 절약하는, 경제적인
economics	[èkənάmiks]	[이이커노믹스]	명 경제학
economist	[ikάnəmist]	[이이코너미스트]	명 경제학자, 검약자
economize	[ikάnəmàiz]	[이이코너마이즈]	자타 절약하다
economy	[ikάnəmi]	[이이코너미]	명 경제, 절약, 검약
ecstasy	[ékstəsi]	[엑스터시]	명 광희, 황홀, 대희열, 무아의 경지
ecstatic	[ekstǽtik]	[엑스태틱]	형 황홀한, 꿈같은
eddy	[édi]	[에디]	명 소용돌이, 회오리
edge	[edʒ]	[에지]	명 칼날, 날카로움, 가장자리
* on (at) the edge of		~의 가장자리에, 막 ~하려고 하는 찰나에	
edit	[édit]	[에딧]	타 편집하다
edition	[idíʃən]	[이디션]	명 판(版), 간행본
editor	[édətər]	[에디터]	명 편집인, 기자, 논설위원
editorial	[èdətɔ́ːriəl]	[에디토오리얼]	명 사설(社說) 형 편집의
educate	[édʒukèit]	[에쥬케이트]	타 교육하다, 훈련하다, 길들이다
education	[èdʒukéiʃən]	[에쥬케이션]	명 교육, 소양
educational	[èdʒukéiʃənl]	[에쥬케이셔널]	형 교육상의
effect	[ifékt]	[이펙트]	명 결과, 영향, 효과
* have an effect on (upon)		~에 영향을 미치다, ~에 효과가 있다	
effective	[iféktiv]	[이펙티브]	형 유효한, 효과적인
effectual	[iféktʃuəl]	[이펙튜얼]	형 유효한, 효과 있는
efficiency	[ifíʃənsi]	[이피션시]	명 능률, 효력, 능력

efficient	[iʃíʃənt]	[이피션트]	형 효과적인, 유능한
effort	[éfərt]	[에퍼트]	명 노력, 수고, 노고
egg	[eg]	[에그]	명 알, 달걀
ego	[égou]	[에고우]	명 자아, 자기, 자부심
Egypt	[íːdʒipt]	[이이집트]	명 이집트
eight	[eit]	[에이트]	명 8 형 8의
eighteen	[èitíːn]	[에이티인]	명 18 형 18의
eighteenth	[èitíːnθ]	[에이티인스]	명 제 18 형 제 18의
eighth	[eitθ]	[에잇스]	명 제 8 형 제 8의
eighty	[éiti]	[에이티]	명 80 형 80의
either	[íːðər]	[아이더, 이이더]	형대 둘 중 어느 하나의, 어느 것이든
* *either ~ or* ~든가 또는 ~든가, 어느 한쪽, ~도 ~도 아니다(부정을 수반)			
ejaculate	[idʒækjulèit]	[이재큘레이트]	자타 별안간 소리지르다
eject	[idʒékt]	[이젝트]	타 쫓아내다, 추방하다, 뿜어내다
elaborate	[ilæbərət]	[일래버리트]	형 공들인, 정성들여 만든 ㅣ 분출하다
elapse	[ilǽps]	[일랩스]	자 (때가) 경과하다
elastic	[ilǽstik]	[일래스틱]	형 탄력 있는, 신축성 있는
elate	[iléit]	[일레이트]	타 의기 양양하게 하다
elbow	[élbou]	[엘보우]	명 팔꿈치 타자 팔꿈치로 찌르다
elder	[éldər]	[엘더]	형 손위의, 나이가 위인 명 연장자
elderly	[éldərli]	[엘덜리]	형 나이가 위인, 나이가 지긋한
eldest	[éldist]	[엘디스트]	형 최연장의, 맏이의

E

elect	[ilékt]	[일렉트]	囲 뽑다, 선거하다 囹 뽑힌
election	[ilékʃən]	[일렉션]	띵 선택, 선거, 선임
electioneer	[ilèkʃəníər]	[일렉셔니어]	邳 선거 운동을 하다
elector	[iléktər]	[일렉터]	띵 선거인, 유권자
electric	[iléktrik]	[일렉트릭]	囹 전기의, 전기 장치의
* *electric light*		전등	
* *electric power*		전력	
electrical	[iléktrikəl]	[일렉트리컬]	囹 전기 같은, 강렬한
* *electrical engineer*		전기 기사	
electricity	[ilektrísəti]	[일렉트리시티]	띵 전기, 전기학
elegant	[éligənt]	[엘리건트]	囹 우아한, 품위 있는
elegy	[élədʒi]	[엘리지]	띵 비가(悲歌), 애가(哀歌)
element	[éləmənt]	[엘리먼트]	띵 요소, 원소
elementary	[èləméntəri]	[엘리멘터리]	囹 초보의
elephant	[éləfənt]	[엘리펀트]	띵 코끼리
elevate	[éləvèit]	[엘리베이트]	囲 올리다, 승진시키다, 향상시키다
elevator	[éləvèitər]	[엘리베이터]	띵 《미》승강기, 엘리베이터
eleven	[ilévən]	[일레븐]	囹 11의 띵 11
eliminate	[ilímənèit]	[일리미네이트]	囲 제거하다, 삭제하다
elite	[eilíːt]	[에일리이트]	띵 선택된 사람, 엘리트
eloquent	[éləkwənt]	[엘러퀀트]	囹 웅변의, 능변인 「으면
else	[els]	[엘스]	锅 그 밖에, (or else로서) 그렇지 않

elsewhere	[élshwεər]	[엘스웨어]	🖻 어딘가 딴 곳에, 딴 곳으로
elude	[ilú:d]	[일루우드]	🖽 피하다, 모면하다, 회피하다
emancipate	[imǽnsəpèit]	[이맨서페이트]	🖽 해방하다, 석방하다
embank	[imbǽŋk]	[임뱅크]	🖽 둑으로 두르다, 둑을 쌓다
embark	[imbá:rk]	[임바아크]	🗎🖽 배를 타다, 배에 태우다
embarrass	[imbǽrəs]	[임배러스]	🖽 난처하게 하다, 곤란케 하다
embarrassment	[imbǽrəsmənt]	[임배러스먼트]	🖺 난처함, 당황
embassy	[émbəsi]	[엠버시]	🖺 대사관, 사절
ember	[émbər]	[엠버]	🖺 타다 남은 불
emblem	[émbləm]	[엠블럼]	🖺 상징, 문장 🖽 상징하다
embody	[imbádi]	[임보디]	🖽 구현하다, 구체화하다
embrace	[imbréis]	[임브레이스]	🖽 포옹하다, 껴안다
embroider	[imbrɔ́idər]	[임브로이더]	🖽 자수하다, 수놓다
embroidery	[imbrɔ́idəri]	[임브로이더리]	🖺 자수, 수, 윤색
embryo	[émbriòu]	[엠브리오우]	🖺 태아, 움, 싹 ; 징조
emerald	[émərəld]	[에머럴드]	🖺 취옥, 에머럴드(빛깔)
emerge	[imə́:rdʒ]	[이머어지]	🗎 나타나다, 벗어나다
emergency	[imə́:rdʒənsi]	[이머어전시]	🖺 위급, 긴급, 비상 사태
* in an emergency 위급한 때에			
emigrant	[émigrənt]	[에미그런트]	🖻 이주하는, 이민하는 🖺 이민
emigrate	[émigrèit]	[에미그레이트]	🗎🖽 이주하다, 이주시키다
eminence	[émənəns]	[에미넌스]	🖺 높은 곳, 언덕, 탁월, 고귀

E

eminent	[émənənt]	[에미넌트]	혱 우수한, 저명한
emission	[imíʃən]	[이미션]	몡 (빛·열 따위의) 방사, 방출
emit	[imít]	[이미트]	탄 내다, 방사하다, 발행하다
emotion	[imóuʃən]	[이모우션]	몡 정서, 감정
emotional	[imóuʃənl]	[이모우셔널]	혱 감정의, 감정적인
emperor	[émpərər]	[엠퍼러]	몡 황제
emphasis	[émfəsis]	[엠퍼시스]	몡 강조, 강세, 여세
emphasize	[émfəsàiz]	[엠퍼사이즈]	탄 강조하다, 역설하다
empire	[émpaiər]	[엠파이어]	몡 제국, 절대 지배권
employ	[implói]	[임플로이]	탄 고용하다, 쓰다 몡 사용, 고용
employee	[implóiiː]	[임플로이이이]	몡 고용인, 종업원
employer	[implóiər]	[임플로이어]	몡 고용주
employment	[implóimənt]	[엠플로이먼트]	몡 고용, 사용
empress	[émpris]	[엠프리스]	몡 황후, 여제(女帝)
empty	[émpti]	[엠프티]	혱 빈, 공허한 탄잔 비우다, 비다
emulate	[émjulèit]	[에뮬레이트]	탄 경쟁하다
enable	[inéibl]	[이네이블]	탄 ~할 수 있게 하다
enact	[inǽkt]	[이낵트]	탄 (법률을) 제정하다, 공연하다
encamp	[inkǽmp]	[인캠프]	잔탄 야영하다, 야영시키다
enchantment	[inʧǽntmənt]	[엔챈트먼트]	몡 요술, 매력
encircle	[insə́ːrkl]	[인서어클]	탄 둘러싸다
enclose	[inklóuz]	[엔클로우즈]	탄 봉해 넣다, 둘러싸다

encore	[áːŋkɔːr]	[앙코오오]	圆 앙코오르, 재청(再請)
encounter	[inkáuntər]	[엔카운터]	匨匨 (우연히) 만나다 圆 조우(遭遇)
encourage	[inkə́ːridʒ]	[인커어리지]	匨 용기를 돋구다, 격려하다
encyclop[a]edia	[insàikləpíːdiə]	[엔사이클로우피이디어]	圆 백과사전(百科事典)
end	[end]	[엔드]	圆 마지막, 종말, 끝, 최후

    * *at the end*   마침내
    * *end for end*   거꾸로, 반대로
    * *end to end*   끝과 끝을 이어서

endeavo(u)r	[indévər]	[인데버]	圆 노력 匨匨 노력하다
endless	[éndlis]	[엔들리스]	圈 끝없는, 무한한
endow	[indáu]	[인다우]	匨 부여하다, 기부하다

    * *(be) endowed with*   ~이 부여되어 있다, ~을 갖추고 있다

endurable	[indjúərəbl]	[인듀어러블]	圈 견딜 수 있는, 감내할 수 있는
endurance	[indjúərəns]	[인듀어런스]	圆 인내, 인내력
endure	[indjúər]	[인듀어]	匨匨 견디다, 참다, 지속하다
enemy	[énəmi]	[에너미]	圆 적, 원수, 적군, 반대자
energetic	[ènərdʒétik]	[에너제틱]	圈 정력적인, 원기 왕성한
energy	[énərdʒi]	[에너지]	圆 정력, 활기, 힘, 에너지
enforce	[infɔ́ːrs]	[인포오스]	匨 실시하다, 강요하다
enforcement	[infɔ́ːrsmənt]	[인포오스먼트]	圆 실시, 시행, 강요
engage	[ingéidʒ]	[인게이지]	匨匨 종사케 하다, 약속하다

    * *(be) engaged in*   ~에 종사하다, 착수하다

E

    * *engage oneself to (do)*   (~하겠다)고 서약하다
    * *engage with*   ~에 관계하다, ~와 교전하다

engagement [ingéidʒmənt] [인게이지먼트] 몡 약속, 계약, 약혼
engaging [ingéidʒiŋ] [인게이징] 혱 애교 있는
engender [indʒéndər] [인젠더] 탣 생기게 하다(produce), 자아내다
engine [éndʒin] [엔진] 몡 기관, 엔진, 기관차
engineer [èndʒiníər] [엔지니어] 몡 기사, 공학자, 기술자, 설계자
England [íŋɡlənd] [잉글런드] 몡 잉글랜드, 영국
English [íŋɡliʃ] [잉글리시] 혱 영국의, 잉글랜드의, 영어의

    * *Modern English*   근대 영어(1500년 이후)
    * *the English*   영국 국민

Englishman [íŋɡliʃmən] [잉글리시먼] 몡 영국사람
Englishwoman [íŋɡliʃwùmən] [잉글리시우먼] 몡 영국 여자
engrave [ingréiv] [인그레이브] 탣 새기다, 조각하다, 명심하다
engross [ingróus] [인그로우스] 탣 열중케 하다, 매점하다, 도맡아 하
                                            다, 큰 글자로 쓰다

    * *(be) engrossed in*   ~에 열중해 있다
enhance [inhǽns] [엔핸스] 탣 (미·가치 따위를) 높이다(raise)
                                              올리다(heighten)
enjoin [indʒɔin] [인조인] 탣 (침묵·순종 따위를) 명하다
enjoy [indʒɔi] [엔죠이] 탣 즐기다, 향락하다
    * *enjoy oneself*   즐겁게 지내다, 즐기다

enjoyment	[indʒɔ́imənt]	[엔죠이먼트]	몡 향락, 환락
enlarge	[inlá:rdʒ]	[엔라아지]	탄자 증대하다, 확대하다
enlighten	[inláitn]	[엔라이튼]	탄 계몽하다, 교화하다
enlist	[inlíst]	[인리스트]	탄자 병적에 올리다, 응모하다
enmity	[énməti]	[엔미티]	몡 적의(敵意), 증오
enormous	[inɔ́:rməs]	[이노오머스]	혱 거대한, 막대한
enough	[ináf]	[이너프]	혱 충분한, 넉넉한 분 충분히
* *enough to [do]*		~하기에 충분한	
enrage	[inréidʒ]	[엔레이지]	탄 격분하게 하다, 성나게 하다
enrich	[inríʃ]	[엔리치]	탄 부유하게 하다
enrol[l]	[inróul]	[엔로울]	탄 명부에 올리다, 병적에 올리다
enslave	[insléiv]	[엔슬레이브]	탄 노예로 삼다, 사로잡다
ensure	[inʃúər]	[엔슈어]	탄 ~을 확실하게 하다
entangle	[intǽŋgl]	[인탱글]	탄 얽히게 하다, 말려들게 하다
enter	[éntər]	[엔터]	탄자 참가하다, 들어가다
* *enter for*		~에 참가를 신청하다	
* *enter into*		~들어가다, ~을 시작하다, 들어서다, ~에 참가하다	
* *enter on (upon)*		소유권을 얻다, ~에 들어가다, ~에 착수하다	
enterprise	[éntərpràiz]	[엔터프라이즈]	탄 기획, 기업, 모험심
entertain	[èntərtéin]	[엔터테인]	탄 즐겁게 하다, 접대하다
entertaining	[èntərtéiniŋ]	[엔터테이닝]	혱 재미있는, 흥미있는(interesting)
entertainment	[èntərtéinmənt]	[엔터테인먼트]	몡 대접, 환대, 연회

E

enthusiasm	[inθúːziæzm]	[인슈우지애즘]	명 열심, 열중, 열광
entice	[intáis]	[인타이스]	타 유혹하다, 꾀다
entire	[intáiər]	[인타이어]	형 전체의, 완전한, 온전한
entirely	[intáiərli]	[인타이얼리]	부 전체적으로, 완전히
entitle	[intáitl]	[인타이틀]	타 칭호를 주다, 권리를 주다
*(be) entitled to	~을 받을 권리가 있다		
entity	[éntəti]	[엔티티]	명 (독립된) 실재물, 본질, 존재
entrance	[éntrəns]	[엔트런스]	명 입구, 입장, 입학, 입회
entreat	[intríːt]	[엔트리이트]	타 간청하다, 탄원하다
entrust	[intrʌ́st]	[엔트러스트]	타 위임하다, 위탁하다
entry	[éntri]	[엔트리]	명 들어감, 입장, 입학
enumerate	[injúːmərèit]	[이뉴우머레이트]	타 (수를) 세다, 열거하다
envelop	[invéləp]	[엔벨럽]	타 싸다, 에워싸다
envelope	[énvəlòup]	[엔벌로우프]	명 봉투
envious	[énviəs]	[엔비어스]	형 부러워하는, 시기하는
environment	[inváiərənmənt]	[엔바이런먼트]	명 환경, 주위, 둘레, 둘러쌈
envy	[énvi]	[엔비]	타 부러워하다 명 선망, 부러움
epic	[épik]	[에픽]	명 서사시 형 서사시적인
epidemic	[èpədémik]	[에피데믹]	명 유행병 형 유행성의
episcopal	[ipískəpəl]	[이피스커펄]	형 감독의, 감독파의
episode	[épəsòud]	[에피소우드]	명 삽화, 에피소우드
epistle	[ipísl]	[이피슬]	명 편지, 서간

epitaph	[épitæf]	[에피타아프]	명 (묘)비명
epoch	[épək]	[이이폭]	명 신기원, 신시대
equal	**[íːkwəl]**	**[이이퀄]**	**형 같은, 동등한 타 ~와 같다**

   * *be equal to*   ~와 같다, ~에 비등하다, ~을 감당할 수 있다

equality	[ikwáləti]	[이이퀄리티]	명 평등, 대등, 평균, 동등
equator	[ikwéitər]	[이퀘이터]	명 적도(赤道)
equilibrium	[ìːkwəlíbriəm]	[이이퀼리브리엄]	명 균형, 평형
equinox	[íːkwənàks]	[이이퀴녹스]	명 주야 평분시, 춘(추)분
equip	[ikwíp]	[이퀴프]	타 갖추다, 준비하다, 꾸미다

   * *equipped with*   ~을 갖추고 있다, ~이 장비되어 있다

equipment	[ikwípmənt]	[이퀴프먼트]	명 채비, 준비, 장비
equity	[ékwəti]	[에퀴티]	명 공평, 공정, 형평법
equivalent	[ikwívələnt]	[이퀴벌런트]	형 동등의, 동등한, ~와 같은
era	[íərə]	[이어러]	명 기원, 시대, 연대
eradicate	[irædəkèit]	[이래디케이트]	타 뿌리째 뽑다, 근절하다
erase	[iréis]	[이레이즈]	타 지워버리다, 말살하다
eraser	[iréisər]	[이레이저]	명 칠판 지우개, 고무 지우개
ere	[ɛər]	[에어]	전 ~의 전에 접 ~이전에
erect	[irékt]	[이렉트]	형 꼿꼿이 선 타 똑바로 세우다
Eros	[éras]	[에라스]	명 에로스(사랑의 신)
erosion	[iróuʒən]	[이로우전]	명 부식, 침해, 침식 작용
err	[əːr]	[어어]	자 틀리다, 잘못하다, 실수하다

E

errand	[érənd]	[에런드]	몡 심부름
* *go on an errand*		심부름가다, 사명을 띠고 가다	
error	[érər]	[에러]	몡 잘못, 과실, 착오
eruption	[irʌ́pʃən]	[이럽션]	몡 (화산의) 폭발, 분화
escalator	[éskəlèitər]	[에스컬레이터]	몡 에스컬레이터 「도망
escape	[iskéip]	[에스케이프]	자타 도망하다, 벗어나다, 면하다 몡
* *escape from*	~에서 달아나다		
escort	[éskɔːrt]	[이스코오트]	타 호위하다
		[에스코오트]	몡 호위, 호송 「사람의
Eskimo, -mau	[éskəmòu]	[에스키모우]	몡 에스키모 사람(말) 혱 에스키모
especial	[ispéʃəl]	[이스페셜]	혱 특별한, 특수한
especially	[ispéʃəli]	[이스페셜리]	틘 특히, 각별히
essay	[ései]	[에세이]	몡 수필, 논문, 시도(試圖)
essence	[ésns]	[에슨스]	몡 본질, 정수, 진수
essential	[isénʃəl]	[이센셜]	혱 본질적인, 필수의 몡 《복수》본질
* *[be] essential to*	~에 필수 불가결하다		
essentially	[isénʃəli]	[이센셜리]	틘 본질적으로, 실질상
establish	[istǽbliʃ]	[에스태블리시]	타 확립하다, 설립하다
* *establish oneself*	자리잡다, 정착하다, 개업하다		
establishment	[istǽbliʃmənt]	[에스태블리시먼트]	몡 설립, 시설, 설치
estate	[istéit]	[이스테이트]	몡 재산, 유산, 토지, 신분
esteem	[istíːm]	[이스티임]	타 귀중히 여기다, 존중하다

estimate	[éstəmèit]	[에스티메이트]	탄자 어림잡다, 견적하다
estimation	[èstəméiʃən]	[에스티메이션]	명 견적, 평가, 판단
etc.	[et sétərə]	[잇세터러]	약 et cetera의 줄임, 따위, ~등, 기타
eternal	[itə́:rnəl]	[이터어널]	형 영원한, 불멸의, 끝없는
eternity	[itə́:rnəti]	[이터어니티]	명 영원, 영구, 내세
ether	[í:θər]	[이이서]	명 에테르, 정기(精氣)
ethics	[éθiks]	[에식스]	명 윤리, 윤리학
etiquette	[étikit]	[에티켓]	명 예의, 예의범절, 예법
etymology	[ètəmálədʒi]	[에티몰러지]	명 어원(語源), 어원학
Europe	[júərəp]	[유어럽]	명 유럽, 구주
European	[jùərəpíən]	[유어러피언]	형 유럽의 명 유럽 사람
evacuate	[ivǽkjuèit]	[이배큐에이트]	탄 철퇴하다, 비워주다, 소개시키다
evade	[ivéid]	[이베이드]	탄 ~을 면하다, 피하다
evaporate	[ivǽpərèit]	[이배퍼레이트]	자타 증발하다, 증발시키다
Eve	[i:v]	[이이브]	명 이브 《아담의 아내》, 하와
eve	[i:v]	[이이브]	명 전야제, 명절의 전날 밤, 직전
even	[í:vən]	[이이번]	형 평평한 부 ~이라도, ~조차
* *even if (though)*		비록 ~이라 할지라도, ~한다손 치더라도	
evening	[í:vniŋ]	[이이브닝]	명 저녁, 해질 무렵
event	[ivént]	[이벤트]	명 사건, 대사건, 결과, 경과
* *at all events*	여하튼, 좌우간		
* *in any event*	무슨 일이 있어도, 하여튼		

E

* *in the event of*		만일 ~의 경우에는	
eventual	[ivén∫uəl]	[이벤츄얼]	휑 결국의, 최후의(final)
eventually	[ivén∫uəli]	[이벤츄얼리]	帛 결국
ever	[évər]	[에버]	帛 일찍이, 언젠가, 언제나
* *ever since*		그 이래로 내내	
* *ever so*		아무리 ~라도, 매우	
* *hardly ever*		좀처럼 ~않다	
evergreen	[évərgri:n]	[에버그리인]	휑 상록의 똉 상록수
ever-increasing	[évər-inkrí:siŋ]	[에버인크리이싱]	휑 점증하는
everlasting	[évərlǽstiŋ]	[에버라아스팅]	휑 영원한, 변함없는, 끝없는
evermore	[èvərmɔ́:r]	[에버모오]	帛 언제나, 항상, 영구히
every	[évri]	[에브리]	휑 모든, 누구나 다, 어느 것이나 다
* *every now and then (again)*		가끔, 때때로 (from time to time)	
* *every time*		~할 때마다(whenever)	
everybody	[évribádi]	[에브리바디]	떼 누구나 다, 각자가 모두
everyday	[évridei]	[에브리데이]	휑 날마다의, 매일의
everything	[évriθiŋ]	[에브리싱]	떼 무엇이나 다, 가장 중요한 것
everywhere	[évrihwɛər]	[에브리웨어]	帛 어디에나, 도처에
evidence	[évədəns]	[에비던스]	똉 증거, 명료 탸 증명하다
evident	[évədənt]	[에비던트]	휑 명백한, 뚜렷한
evil	[í:vəl]	[이이벌]	휑 사악한, 유해한 똉 사악(邪惡)
evolution	[èvəlú:∫ən]	[이이벌류우션]	똉 진화, 발전

evolve	[iválv]	[이발브]	자타 진화하다, 발전시키다
ewe	[éiwei]	[유우]	명 암양(羊)
exact	[igzǽkt]	[이그잭트]	형 엄밀한, 정확한
exactly	[igzǽktli]	[이그잭틀리]	부 정확히, 바로
exaggerate	[igzǽdʒərèit]	[이그재저레이트]	타 과장하다, 허풍떨다
exalt	[igzɔ́ːlt]	[이그조올트]	타 높이다, 승진시키다
exam	[igzǽm]	[이그잼]	명 《口語》 시험(examination의 단축
examination	[igzæmənéiʃən]	[이그재미네이션]	명 시험, 검사, 심사, 조사 ㄴ어
examine	[igzǽmin]	[이그재민]	타자 조사하다, 검사하다
examinee	[igzæməníː]	[이그재미니이]	명 수험자
examiner	[igzǽmənər]	[이그재미너]	명 시험관
example	[igzǽmpl]	[에그잼플]	명 실례, 보기, 견본

    * *for example*   예를 들면, 이를테면
    * *make an example of*   ~를 본보기로 (징계)하다
    * *set (give) an example to*   ~에게 모범을 보이다

exasperate	[igzǽspərèit]	[에그재스퍼레이트]	타 화나게 하다
excavate	[ékskəvèit]	[엑스커베이트]	타 (구멍을) 파다(dig), 발굴하다
exceed	[iksíːd]	[익시이드]	타자 초과하다, (한도)를 넘다
exceeding	[iksíːd]	[익시이딩]	형 대단한, 초과의, 굉장한
exceedingly	[iksíːdiŋli]	[익시이딩리]	부 대단히, 몹시, 굉장히
excel	[iksél]	[익셀]	자타 (남보다) 낫다
excellent	[éksələnt]	[엑설런트]	형 우수한, 뛰어난

except [iksépt] [엑셉트] 젠 ~을 제외하고는 태 제외하다
    * *except for*   ~외에, 만약 ~이 없었다면 (but for)

exception [iksépʃən] [엑셉션] 명 예외, 제외, 이의(異義)
    * *with the exception of*   ~을 제외하고는, ~외에는

excess [iksés] [엑세스] 명 초과, 여분, 과도(過渡)

excessive [iksésiv] [엑세시브] 형 과도한, 지나친, 엄청난

exchange [ikstʃéindʒ] [엑스체인지] 타자 교환하다 명 교환, 교체
    * *in exchange for (of)*   ~와 교환으로, ~대신
    * *exchange ~ for…*   ~을 …와 교환하다

excite [iksáit] [엑사이트] 타 흥분시키다, 자극하다, 일으키다

excitement [iksáitmənt] [엑사이트먼트] 명 자극, 흥분

exclaim [ikskléim] [엑스클레임] 타자 큰 소리로 외치다

exclamation [èkskləméiʃən] [엑스클러메이션] 명 외침, 절규, 감탄

exclude [iksklú:d] [익스클루우드] 타 배척하다, 추방하다

exclusive [iksklú:siv] [익스클루우시브] 형 제외적인, 배타적인

exclusively [iksklú:sivli] [익스클루우시블리] 부 오로지, 독점적으로

excursion [ikskə́:rʒən] [익스커어션] 명 소풍, 수학 여행

excuse [ikskjú:z] [익스큐우즈] 타 변명하다, 용서하다
    * *excuse oneself*   변명하다, 사과하다
    * *in excuse of*   ~의 변명으로서

execute [éksikjù:t] [엑시큐우트] 타 실행하다, 실시하다

execution [èksikjú:ʃən] [엑시큐우션] 명 실행, 수행, 이행

executive	[igzékjutiv]	[에그제큐티브]	형 실행의, 행정적인 명 중역, 행정부
exempt	[igzémpt]	[이그젬프트]	타 면제하다 형 면제된
exercise	[éksərsàiz]	[엑서사이즈]	명 운동, 연습, 행사, 사용 타자 연습
exert	[igzə́ːrt]	[이그저어트]	타 발휘하다, 쓰다 ㄴ하다, 행사하다
exert oneself to do		노력하다, 진력하다	
exhale	[ekshéil]	[엑스헤일]	타자 내쉬다, 발산하다
exhaust	[igzə́ːst]	[에그조오스트]	타자 다 써 버리다, 지치게 하다
exhibit	[igzíbit]	[에그지비트]	타 보이다, 진열하다 명 출품, 전시
exhibition	[èksəbíʃən]	[엑시비션]	명 박람회, 전시회
exhort	[igzə́ːrt]	[이그조오트]	타 간곡히 당부하다, 권하다
exile	[égzail]	[에그자일]	명 유배, 추방 타 추방하다
exist	[igzíst]	[에그지스트]	자 존재하다, 살아있다
existence	[igzístəns]	[에그지스턴스]	명 존재, 실체, 생활
exit	[égzit]	[에그지트]	명 출구, 퇴장 자 퇴장하다
exotic	[igzátik]	[에그자틱]	형 외국의, 이국적(異國的)인
expand	[ikspǽnd]	[엑스팬드]	자타 퍼지다, 펴다, 확대하다
expect	[ikspékt]	[엑스펙트]	타 기대하다, ~이라고 생각하다
expectation	[èkspektéiʃən]	[엑스펙테이션]	명 기대, 예상, 가망
expedition	[èkspədíʃən]	[엑스피디션]	명 탐험, 탐험대, 원정
expel	[ikspél]	[익스펠]	타 내쫓다, (탄환을) 발사하다
expend	[ikspénd]	[엑스펜드]	타 (시간·노력)을 들이다, 쓰다
expense	[ikspéns]	[엑스펜스]	명 소비, 지출, 비용, 손실

E

* at the expense of		~의 비용으로, ~에게 폐를 끼치고, ~을 희생하여
expensive [ikspénsiv]	[엑스펜시브]	형 비싼, 사치스런, 비용이 드는
expensively [ikspénsivli]	[엑스펜시블리]	부 비싸게
experience [ikspíəriəns]	[엑스피어리언스]	명 경험, 체험, 경험담
experienced [ikspíəriənst]	[엑스피어리언스트]	형 경험이 있는, 노련한
experiment [ikspérəmənt]	[엑스페리먼트]	명 실험, 시험 타 실험하다
experimental [ikspèrəméntl]	[엑스페러멘틀]	형 실험적인, 실험상의
expert [ékspə:rt]	[엑스퍼어트]	명 숙련자, 노련가, 전문가
expire [ikspáiər]	[익스파이어]	자타 끝나다, (숨을) 내쉬다
explain [ikspléin]	[엑스플레인]	타자 설명하다, 해석하다
explanation [èksplənéiʃən]	[엑스플러네이션]	명 설명, 해설
explode [iksplóud]	[엑스플로우드]	타자 폭발시키다, 파열하다
exploit [iksplɔ́it]	[엑스플로이트]	타 이용하다, 개척하다 명 공적
exploration [èkspləréiʃən]	[엑스플로오레이션]	명 탐험, 탐구, 개발
explore [iksplɔ́:r]	[엑스플로오]	타자 탐험하다, 탐구하다
explorer [iksplɔ́:rər]	[엑스플로오러]	명 탐험가, 탐구자
explosion [iksplóuʒən]	[익스플로우젼]	명 파열, 폭발
export [ikspɔ́:rt]	[엑스포오트]	명 수출 타 수출하다
expose [ikspóuz]	[엑스포우즈]	타 (위험·비바람 따위에) 쐬다
exposition [èkspəzíʃən]	[엑스퍼지션]	명 자세한 설명, 해명, 박람회
exposure [ikspóuʒər]	[엑스포우저]	명 진열, 노출, 폭로
express [iksprés]	[엑스프레스]	타 짜내다, 표현하다. 발표하다

    * *by express*   속달로, 급행 열차로
    * *express oneself*   생각하는 바를 말하다

expression   [ikspréʃən]   [엑스프레션]   몡 표현, 말투, 표정, 발표
exquisite   [ikskwízit]   [엑스퀴짓]   혱 지극히 아름다운, 섬세한
extend   [iksténd]   [엑스텐드]   탄 뻗다, 펴다, 넓히다
    * *extend into~*   ~로 퍼지다
extension   [iksténʃən]   [익스텐션]   몡 신장, 연장, 확장
extensive   [iksténsiv]   [익스텐시브]   혱 넓은, 대규모의
extent   [ikstént]   [엑스텐트]   몡 넓이, 크기, 범위
    * *to a certain extent*   어느 정도, 다소간
extenuate   [iksténjuèit]   [엑스테뉴에이트]   탄 죄를 가볍게 하다
exterior   [ikstíəriər]   [엑스티어리어]   혱 외부의, 바깥의 몡 외부, 외관
exterminate   [ikstə́:rmənèit]   [엑스터어미네이트]   탄 전멸시키다, 근절시키다
external   [ikstə́:rnl]   [엑스터어널]   혱 외부의, 외계의, 피상적인
extinct   [ikstíŋkt]   [엑스팅트]   혱 꺼진, 끊어진, 폐지된
extinction   [ikstíŋkʃən]   [엑스팅션]   몡 소화, 진화, 소멸
extinguish   [ikstíŋgwiʃ]   [익스팅귀시]   탄 끄다, 껴다, 절멸시키다
extol(l)   [ikstóul]   [엑스톨]   탄 격찬하다(praise highly), 칭찬하다
extra   [ékstrə]   [엑스트러]   혱 가외의(additional), 특별한 閉 가외
extract   { [ekstrǽkt]   [엑스트랙트]   탄 뽑아내다, 발췌하다   ㄴ로
      { [ékstrækt]   [엑스트랙트]   몡 발췌
extraordinary   [ikstrɔ́:rdənèri]   [엑스트로오디네리]   혱 이상한, 비범한, 비상한

extravagant	[ikstrǽvəgənt]	[엑스트래비건트]	형 돈을 함부로 쓰는, 터무니 없는
extreme	[ikstríːm]	[엑스트리임]	형 극단의, 과격한 명 극단(極端)
* go to extremes (to an extreme)		극단에 치우치다	
extremely	[ikstríːmli]	[엑스트리임리]	부 극단적으로, 몹시
extricate	[ékstrəkèit]	[엑스트리케이트]	타 구해 내다, 탈출시키다
exult	[igzʌ́lt]	[이그절트]	자 몹시 기뻐하다
eye	[ai]	[아이]	명 눈, 시력 타 보다, 주시하다
* in the eyes of		~이 보는 바로는, ~의 견지에서 보면	
* have an eye for		~을 보는 눈이 있다	
eyeball	[aibɔːl]	[아이보올]	명 눈알
eyebrow	[aibrau]	[아이브라우]	명 눈썹
eyelash	[ailæʃ]	[아일래시]	명 속눈썹
eyelid	[ailid]	[아일리드]	명 눈꺼풀, 눈두덩
eye-opening	[ai-óupəniŋ]	[아이오우프닝]	형 괄목할 만한, 놀랄 만한, 눈에 번쩍 띄는
eyesight	[aisait]	[아이사이트]	명 시력, 시계, 시야, 시각
eyewitness	[aiwítnis]	[아이위트니스]	명 목격자

fable	[féibl]	[페이블]	명 우화(寓話), 꾸며낸 이야기, 비유
* *Aesop's Fables*		이솝 우화	
fabric	[fǽbrik]	[패브릭]	명 조직, 피륙, 건물, 건축물 ⌈한
fabulous	[fǽbjuləs]	[패뷸러스]	형 전설적인, 믿기 어려운, 황당무계
face	[feis]	[페이스]	명 얼굴, 표정, 표면, 뻔뻔스러움
* *face to face (with)*	(~와) 얼굴을 맞대고, ~에 직면하여		타자 직면하다
* *in (the) face of*	~의 면전에서, ~에도 아랑곳없이, ~에도 불구하고		
* *make faces*	얼굴을 찌푸리다		
* *to a person's face*	아무에게 정면으로, 공공연히		
facility	[fəsíləti]	[퍼실리티]	명 쉬움, 재주, 솜씨 ⌈것)
fact	[fækt]	[팩트]	명 사실, 진상 반 fiction (허구, 꾸며낸
* *in fact*	**실로, 실제로, 요컨대**		
faction	[fǽkʃən]	[팩션]	명 무리, 당파, 파벌, 분쟁
factor	[fǽktər]	[팩터]	명 요소, 요인
factory	[fǽktəri]	[팩터리]	명 공장(工場)

faculty	[fǽkəlti]	[패컬티]	명 능력, 재능, 기능, 수완,(대학의)교수
fade	[feid]	[페이드]	자타 (빛깔이) 바래다, 시들다

    * *fade away*   바래다, (빛·기억이)흐릿해지다, 시들다

Fahrenheit	[fǽrənhàit]	[패런하이트]	형 화씨의, 화씨 온도계의, [약어:*F*.]
fail	[feil]	[페일]	자타 실패하다, 버리고 돌보지 않다

    * *fail in*   ~에 실패하다
    * *fail of*   ~을 달성하지 못하다, ~을 실패하다, ~할 수 없다
    * *fail to [do]*   ~을 달성하지 못하다, ~할 수 없다
    * *cannot [never] fail to [do]*   반드시 ~하다

failure	[féiljər]	[페일리어]	명 실패, 불이행, 태만, 낙제, 쇠약
fain	[fein]	[페인]	형 기꺼이 ~하는 부 기꺼이, 쾌히
faint	[feint]	[페인트]	형 약한, 희미한 명 기절 자 기절하다
faintly	[féintli]	[페인틀리]	부 힘없이, 희미하게
fair	[fɛər]	[페어]	형 아름다운, 공평한, 맑은 명 정기

    * *be in a fair way to (do)*   ~할 가망이 있다   ᆫ시장

fairly	[féərli]	[페얼리]	부 공평하게, 완전히, 꽤
fairy	[féəri]	[페어리]	명 요정 형 요정의, 요정 같은
fairyland	[féərilænd]	[페어리랜드]	명 요정의 나라, 동화의 나라
faith	[feiθ]	[페이스]	명 믿음, 신뢰, 신념, 신앙
faithful	[féiθfəl]	[페이스펄]	형 성실한, 정확한, 충실한
faithfully	[féiθfəli]	[페이스펄리]	부 충실하게, 성실하게
faithfulness	[féiθfəlnis]	[페이스펄니스]	명 충실

fake	[feik]	[페이크]	명 위조품 타 위조하다, 날조하다
falcon	[fɔ́ːlkən]	[포올컨]	명 (사냥에 쓰는) 매
fall	[fɔːl]	[포올]	자 떨어지다, 함락하다 명 낙하, 가을

* *fall asleep*   잠들다
* *fall away*   저버리다(desert), 줄다, 사라지다, 여위다
* *fall back upon (on)*   ~에 의지하다
* *fall down*   넘어지다, 엎드리다
* *fall ill (sick)*   병이 들다
* *fall in*   (지붕 따위가) 내려앉다, 꺼지다, (눈이) 쑥 들어가다
* *fall in love with~*   ~와 사랑에 빠지다
* *fall in one's way*   만나다
* *fall in with*   ~와 우연히 만나다, ~와 일치하다
* *fall into*   ~이 되다, ~에 빠지다, ~하기 시작하다
* *fall into the habit of*   ~하는 버릇이 생기다
* *fall into the hands of*   ~의 수중에 들어가다
* *fall off*   떨어지다, 넘어지다

fallen	[fɔ́ːlən]	[포올런]	동 fall의 과거분사 형 떨어진
false	[fɔːls]	[포올스]	형 거짓의, 틀린 부 거짓으로
falsehood	[fɔːlshud]	[포올스후드]	명 거짓, 허위, 잘못
falter	[fɔ́ːltər]	[포올터]	자타 비틀거리다, 머뭇머뭇 말하다
fame	[feim]	[페임]	명 명성, 세평 타 유명하게 만들다
familiar	[fəmíljər]	[퍼밀리어]	형 친한, 흔한, 잘 알려져 있는

F

familiarity	[fəmiliǽrəti]	[퍼밀리애리티]	몡 친교, 정통
family	[fǽməli]	[패밀리]	몡 가족, 식구, 일가, 한 집안
famine	[fǽmin]	[패민]	몡 기근, 굶주림, 대부족
famous	[féiməs]	[페이머스]	혱 유명한, 이름 있는
fan	[fæn]	[팬]	몡 부채, 팬 団沼 부채질하다
fancy	[fǽnsi]	[팬시]	몡 공상, 환상, 변덕 団 공상하다
fantastic(al)	[fæntǽstik(əl)]	[팬태스틱(컬)]	혱 변덕스러운, 공상적인, 기묘한
fantasy	[fǽntəsi]	[팬터시]	몡 공상, 환상
far	[fɑːr]	[파아]	혱 먼, 저쪽의 問 멀리, 아득히

     * *by far*   아주, 훨씬, 단연코 《최상급, 비교급을 수식한다》
     * *far and away*   훨씬, 사뭇
     * *far and wide*   널리, 두루 (far and near, everywhere), 도처에
     * *far from(~ing)*   ~하기는 커녕, 조금도 ~않다
     * *far off*   멀리 떨어져서(far away)
     * *go too far*   너무하다, (너무) 지나치다
     * *so far*   지금까지, 여기까지

farce	[fɑːrs]	[파아스]	몡 익살, 소극, 어릿광대극
fare	[fɛər]	[페어]	몡 (탈것의) 요금, 승객 沼 지내다, 여행하다
farewell	[fɛərwél]	[페어웰]	캄 안녕! 혱 작별의 몡 작별
farm	[fɑːrm]	[파암]	몡 농장, 농가 団沼 경작하다
farmer	[fɑ́ːrmər]	[파아머]	몡 농부

farmhouse	[fɑ́ːrmhaus]	[파암하우스]	명 농가, 농사군의 집
farmstead	[fɑ́ːrmsted]	[파암스테드]	명 (부속 건물을 합친)농가, 농장
farmyard	[fɑ́ːrmjɑːrd]	[파암야아드]	명 농가의 마당
far-off	[fɑ́ːr-ɔːf]	[파아오프]	형 아득히 먼, 까마득한, 아주 먼
farther	[fɑ́ːrðər]	[파아더]	형 더 먼, 더 앞의 부 더 멀리
farthest	[fɑ́ːrðist]	[파아디스트]	형 가장 먼 부 가장 멀리
farthing	[fɑ́ːrðiŋ]	[파아딩]	명 파아딩, 동화(영국의 최소액의 동전, 1/4 penny)
fascinate	[fǽsənèit]	[패시네이트]	타 매혹시키다(charm)
* be fascinated with~		~에 매혹당하다, ~에 흘리다	
fascination	[fæsənéiʃən]	[패시네이션]	명 매혹, (최면술의) 감응
fascism	[fǽʃizm]	[패시즘]	명 파시즘, 독재적 국가 사회주의
fashion	[fǽʃən]	[패션]	명 유행, 방식, 형(style)
* [be] in (out of) fashion		유행하고(유행에 뒤떨어져) 있다	
* bring [come] into fashion		유행시키다 [하기 시작하다]	
fashionable	[fǽʃənəbl]	[패셔너블]	형 유행하는, 유행에 맞는, 사교계의
fast	[fæst]	[패스트]	형 빠른, 고정된, 민첩한 부 빨리
fasten	[fǽsnːsən]	[패슨]	타자 단단히 고정시키다, 단단히 묶다
fat	[fæt]	[패트]	형 살찐, 비옥한 명 지방(脂肪)
fatal	[féitl]	[페이틀]	형 치명적인, 숙명적인
fate	[feit]	[페이트]	명 죽음, 숙명, 파멸 타 운명지우다
father	[fɑ́ːðər]	[파아더]	명 아버지, 선조, 원조(元祖), 신부

F

father-in-law	[fáːðər-in-lɔː]	[파아더인로오]	명 시아버지, 장인
fathom	[fǽðəm]	[패덤]	명 길(깊이를 재는 단위 : 6피이트)
fatigue	[fətíːg]	[퍼티이그]	명 피로, 노동 타 피로하게 하다
fault	[fɔːlt]	[포올트]	명 결점, 잘못, 죄 반 merit(장점)
favo(u)r	[féivər]	[페이버]	명 호의, 부탁, 찬성, 유리, 편지

     * *ask a favor of (one)*   (~에게) 청을 하다, 부탁하다
     * *in favor of*   ~에 찬성하여, ~에 유리하게, ~에게 지불하는(수표 따위)
     * *out of favor with*   (~의) 눈밖에 나서

favo(u)rable	[féivərəbl]	[페이버러블]	형 호의적인, 찬성하는, 유리한
favo(u)rite	[féivərit]	[페이버리트]	형 마음에 드는 명 인기 있는 사람
fawn	[fɔːn]	[포온]	명 새끼 사슴 자타 (사슴이) 새끼를 낳다 [하다
fear	[fiər]	[피어]	명 두려움, 공포, 걱정 타자 무서워

     * *for fear of [that ~ should]*   ~을 두려워하여, ~하지 않을까 염려하여

fearful	[fíərfəl]	[피어풀]	형 무서운, 염려하는, 걱정하는
fearfully	[fíərfəli]	[피어풀리]	부 지독히, 두려워하면서
feast	[fiːst]	[피이스트]	명 축제일, 향연 타자 잔치를 베풀다
feat	[fiːt]	[피이트]	명 행위, 공적, 묘기
feather	[féðər]	[페더]	명 깃털, 깃
feature	[fíːʃər]	[피이쳐]	명 용모, 특징 타 ~의 특징이 되다
February	[fébruèri]	[페브루어리]	명 2월 (약 Feb.)
federal	[fédərəl]	[페드럴]	형 연방 (聯邦)의

federate	[fédərèit]	[페드릿]	형 연합한, 동맹의 자타 연합하다
fee	[fi:]	[피이]	명 요금, 보수 타 요금을 치르다
feeble	[fí:bl]	[피이블]	형 약한, 기력이 없는, 연약한
feed	[fi:d]	[피이드]	타자 먹을 것을 주다, 양육하다 명 먹이
* * feed on*	~을 먹고 살다, ~으로 기르다		
feel	[fi:l]	[피일]	타자 느끼다, 만져보다 명 촉각, 느낌
* * feel like ~ing*	~하고 싶은 느낌이 들다		
feeling	[fí:liŋ]	[피일링]	명 느낌, 촉감, 지각, 감정 형 감정적인
feign	[fein]	[페인]	타자 ~인 체하다, 속이다
fellow	[félou]	[펠로우]	명 동료, 동지, 동배, 사나이 형 동료의, 동지의
female	[fí:meil]	[피이메일]	명 여성, 암컷 형 여성의, 암컷의
feminine	[fémənin]	[페미닌]	형 여성의, 여성다운, 연약한
fence	[fens]	[펜스]	명 담, 울타리 자타 울타리를 치다
ferocious	[fəróuʃəs]	[퍼로우셔스]	형 흉포한, 사나운 반 gentle(순한)
ferry	[féri]	[페리]	명 나룻배, 나루터
fertile	[fə́:rtl]	[퍼어틀]	형 비옥한, 기름진
fervo(u)r	[fə́:rvər]	[퍼어버]	명 열심, 열정. 백열(상태)
festival	[féstəvəl]	[페스티벌]	명 축전, 축제일, 축제 형 축제의
fetch	[fetʃ]	[페치]	타 가서, 가져오다, 불러오다
fetter	[fétər]	[페터]	명 족쇄, 속박 타 속박하다
feud	[fju:d]	[퓨우드]	명 불화, 반목, 싸움

F

feudal	[fjúːdl]	[퓨우들]	형 봉토[영지]의, 봉건제도[시대]의,
feudalism	[fjúːdlìzm]	[퓨우덜리즘]	명 봉건 제도 ㄴ봉건적인
fever	[fíːvər]	[피이버]	명 열병, 열, 열광 타 발열시키다
feverish	[fíːvəriʃ]	[피이버리시]	명 열이 있는, 열병의
few	[fjuː]	[퓨우]	명 소수 형 소수의, 약간의, 거의 없는
* a few	소수의, 두 셋의		
* few and far between		아주 드물게	
fiance	[fiáːnsei]	[피아아안세이]	명 《프랑스 말》 약혼자(남자)
fiber	[fáibər]	[파이버]	명 섬유, 천의 바탕, 성질
fickle	[fíkl]	[피클]	형 변덕스러운, 변하기 쉬운
fiction	[fíkʃən]	[픽션]	명 소설, 꾸며낸 일, 허구
fictitious	[fiktíʃəs]	[픽티셔스]	형 소설적인, 허구의(fictive)
fiddle	[fídl]	[피들]	명 바이올린 자타 바이올린을 켜다
fidelity	[fidéləti]	[피델러티]	명 충실, 성실, 절개, 진실
field	[fiːld]	[피일드]	명 벌판, 들, 광장, 분야
fiend	[fíːnd]	[피인드]	명 악마, 악령, 잔인한 사람
fierce	[fiərs]	[피어스]	형 사나운, 맹렬한, 지독한
fiercely	[fíərsli]	[피어슬리]	부 맹렬히, 지독하게
fiery	[fáiəri]	[파이어리]	형 불의, 불같은, 불빛의
fifteen	[fiftíːn]	[피프티인]	명 15 형 15의
fifteenth	[fiftíːnθ]	[피프티인스]	명 열다섯째 형 15번째의
fifth	[fifθ]	[피프스]	명 제5, 5분의 1 형 제 5의

fiftieth	[fíftiəθ]	[피프티이스]	휑 제 50의 명 제 50
fifty	**[fífti]**	**[피프티]**	**명 50 형 50의**
fig	[fig]	[피그]	명 무화과, 복장, 몸차림
fight	**[fait]**	**[파이트]**	**명 전투, 다툼 타자 싸우다**

    * *fight for*   ~을 위하여 싸우다
    * *fight off*   싸워서 격퇴하다

fighter	[fáitər]	[파이터]	명 전사, 투사, 권투 선수
fighting	[fáitiŋ]	[파이팅]	명 싸움, 전투
figure	**[fígjər]**	**[피겨]**	**명 모양, 그림, 숫자 자타 그리다**

    * *figure out*   계산하여 합계하다

filament	[fíləmənt]	[필러먼트]	명 (삼 따위의) 섬유, (전구의) 필라
file	**[fail]**	**[파일]**	**명 서류철, 파일, 종렬(縱列)** ㅣ멘트
filial	[fíliəl]	[필리얼]	휑 자식으로서의, 효성스러운
fill	**[fil]**	**[필]**	**타자 채우다, 가득 차다 명 충분한 양**

    * *fill up [in]*   채우다, 메우다, (서류 · 공백에) 필요 사항을 기입하다

film	**[film]**	**[필름]**	**명 필름, 영화, 엷은 막**
filter	[fíltər]	[필터]	명 필터, 여과기 자타 여과하다
filth	[filθ]	[필스]	명 쓰레기, 오물, 분뇨, 더러움
fin	[fin]	[핀]	명 지느러미
final	[fáinl]	[파이널]	휑 최후의, 결정적인 만 first(최초의)
finally	**[fáinəli]**	**[파이널리]**	**명 최후로, 마침내** (잃다)
finance	[finǽns]	[피낸스]	명 재정, 재원 타 자금을 공급하다

find [faind] [파인드] 태자 찾아내다, 발견하다
  * *find fault with*   ~의 흠을 잡다, ~을 비난하다, ~에 잔소리하다
  * *find one's way*   길을 찾아가다, ~에 도달하다
  * *find out*   발견하다(discover), 이해하다, (문제를) 풀다
  * *find time for ~*   ~을 위한 시간이 있다

fine [fain] [파인] 형 아름다운, 훌륭한 명 벌금, 과료
  * *fine art*   미술

finely [fáinli] [파인리] 부 훌륭히, 아름답게

finger [fíŋgər] [핑거] 명 손가락 태자 손가락으로 만지다

fingerprint [fíŋgərprint] [핑거프린트] 명 지문(指紋)

finish [fíniʃ] [피니시] 태자 끝내다, 완성하다, 완료하다

finite [fáinait] [파이나이트] 형 유한의, 한정된

fir [fəːr] [퍼어] 명 전나무

fire [faiər] [파이어] 명 불, 화롯불, 모닥불
  * *on fire*   불타는(burning), 흥분하여, 격하여
  * *open fire*   포문을 열다, 사격을 시작하다
  * *catch [take] fire*   불이 붙다, 타기 시작하다

fire engine [faiər éndʒin] [파이어엔진] 명 소방차, 소방 펌프

firefly [faiərflai] [파이어플라이] 명 개똥벌레

fireman [faiərmæn] [파이어먼] 명 (직업적) 소방수, 소방관

fireplace [faiərpleis] [파이어플레이스] 명 (벽) 난로, 화로

fireworks [faiərwəːrks] [파이어워어크스] 명 꽃불, 봉화

firm	[fə:rm]	[퍼엄]	휑 굳은, 견고한, 안정된 휀 굳게
firmament	[fə́:rməmənt]	[퍼어머먼트]	휑 하늘, 창공
firmly	[fə́:rmli]	[퍼엄리]	휀 튼튼하게, 굳게, 단단히
firmness	[fə́:rmnis]	[퍼엄니스]	휑 견고, 확실
first	[fə:rst]	[퍼어스트]	휑 제1의, 최초의 휀 첫째로, 최초로

     * *at first*   처음에는, 최초에는
     * *at first sight*   언뜻 보아서는, 한 번 보아서는, 첫눈에, 얼핏 보기에
     * *first of all*   첫째로, 우선, 제일 먼저
     * *for the first time*   처음으로
     * *in the first place*   맨 먼저, 무엇보다도 먼저   「휑 (병의)발작

fit	[fit]	[피트]	휑 ~에 적당한 휀휀 ~에 적합하다

     * *by fits (and starts)*   발작적으로, 갑자기 생각난 듯이
     * *fit on*   ~에 맞는지 입어 보다, 잘 끼우다

fitness	[fit]	[피트니스]	휑 적당, 적합
five	[faiv]	[파이브]	휑 5 휑 5의

     * *Five- Year Economic Development Plan*   경제 개발 5개년 계획

fix	[fiks]	[픽스]	휀휀 고정시키다, 정하다

     * *fix on [upon]*   ~으로 결정하다, ~을 택하다, ~을 고르다

flag	[flæg]	[플래그]	휑 기(旗) 휀 기를 세우다
flake	[fleik]	[플레이크]	휀 (눈·깃털 따위가) 펄펄 내리다
flame	[fleim]	[플레임]	휑 불꽃, 격정 휀휀 타오르다
flank	[flæŋk]	[플랭크]	휑 옆구리, 측면 휀휀 ~의 측면에 서다

F

flannel	[flǽnl]	[플래늘]	圀 플란넬
flap	[flæp]	[플랩]	囤囵 찰싹 때리다, 날개를 치다
flare	[fleər]	[플레어]	囵囤 훨훨 타오르다 圀 확 타오름
flash	[flæʃ]	[플래시]	圀 번쩍임, 순간 囤囵 번쩍이다
* * in a flash* 순식간에			
flask	[flæsk]	[플래스크]	圀 (실험용) 플라스크, 병, 탄약통
flat	[flæt]	[플랫]	圀 평평한, 무미건조한 圀 평면
flatten	[flǽtn]	[플래튼]	囤囵 평평하게 하다, 무미하게 되다
flatter	[flǽtər]	[플래터]	囤 아첨하다, 즐겁게 하다
* * flatter oneself* 자부하다, 우쭐해하다			
flavo[u]r	[fléivər]	[플레이버]	圀 독특한 맛, 풍취 囤 풍미를 더하다
flaw	[flɔ:]	[플로오]	圀 결함, 흠, 갈라진 금
flea	[fli:]	[플리이]	圀 벼룩
flee	[fli:]	[플리이]	囵囤 도망하다, 달아나다
fleece	[fli:s]	[플리이스]	圀 (한 마리 분의) 양털
fleet	[fli:t]	[플리이트]	圀 함대, 대(隊) 囵 쏜살같이 지나가 ㄴ다
flesh	[fleʃ]	[플레시]	圀 살, 육체 圀 soul(정신)
flexible	[fléksəbl]	[플렉시블]	圀 유연성이 있는, 융통성 있는
flicker	[flíkər]	[플리커]	囵 깜박거리다 圀 (빛의) 깜박임
flight	[flait]	[플라이트]	圀 비행, 항공여행, 날기, 시간의 경과
* * a nonstop flight* 무착륙 비행			
fling	[fliŋ]	[플링]	囤囵 내던지다, 돌진하다

flint	[flint]	[플린트]	명 부싯돌, 완고한 사람, 라이터돌
flinty	[flínti]	[플린티]	형 고집이 센
flirt	[fləːrt]	[플러어트]	타자 흔들어대다, 희롱하다
flit	[flit]	[플리트]	자 홀쩍 날다, 문득 스치다
float	[flout]	[플로우트]	자타 뜨다, 띄우다 명 낚시찌
flock	[flak]	[플록]	명 (양·새의) 떼 자 떼지어 오다
flog	[flag]	[플로그]	타 채찍질하다 (whip, beat)
flood	[flʌd]	[플러드]	명 홍수, 범람, 만조 타자 범람하다
floor	[flɔːr]	[플로오]	명 마루, 층계, 의원석, 바닥
* *have [get] the floor*		발언권을 가지다(have the right to speak in meeting)	
flop	[flap]	[플롭]	자타 털썩 떨어지다, 탁 던지다
flora	[flɔ́ːrə]	[플로오러]	명 (한 시대, 한 지역의) 식물상
florid	[flɔ́ːrid]	[플로오리드]	형 화려한 ; 사치스러운, 현란한
florist	[flɔ́ːrist]	[플로오리스트]	명 꽃 장수
flounder	[fláundər]	[플라운더]	명 버둥거림 자 버둥거리다
flour	[fláuər]	[플라워]	명 가루, 밀가루 타 가루를 뿌리다
flourish	[fláːriʃ]	[플러리시]	자타 무성하다, 번창하다, 번영하다
flow	[flou]	[플로우]	자 흐르다, 넘쳐 흐르다 명 흐름, 유출
flower	[fláuər]	[플라워]	명 꽃 자타 꽃이 피다
fluctuate	[flʌ́kʧuèit]	[플럭츄에이트]	자 (시세·열 따위가) 오르내리다
fluent	[flúːənt]	[플루언트]	형 유창한, 거침없는
fluid	[flúːid]	[플루이드]	명 유동체 형 유동성의, 변하기 쉬운

flush	[flʌʃ]	[플러시]	재타 (얼굴이) 붉어지다 명 홍조
flute	[flu:t]	[플루우트]	명 피리, 플루우트 타재 피리를 불다
flutter	[flʌ́tər]	[플러터]	재타 날개치다, (깃발이) 펄럭이다
fly	[flai]	[플라이]	명 파리, 비행 재타 날다, 도망치다
foam	[foum]	[포움]	명 거품 재 거품이 일다
focus	[fóukəs]	[포우커스]	명 초점, 중심 타재 집중하다
foe	[fou]	[포우]	명 적(enemy)
fog	[fɔ:g]	[포오그]	명 안개, 혼미 타재 안개가 끼다
foil	[fɔil]	[포일]	명 (금속의) 박 타 좌절시키다
fold	[fould]	[포울드]	타재 접다, 끼다, 싸다 명 주름

    * fold one's hands   깍지 끼다, 빈둥빈둥 놀고 지내다
    * fold up   반듯하게 접다, 파산하다

foliage	[fóuliidʒ]	[포울리이지]	명 (무성한)나뭇잎
folk	[fouk]	[포우크]	명 사람들, 가족, 민족, 일가
follow	[fálou]	[폴로우]	타재 ~의 뒤를 따라가다, 따르다

    * as follows   다음과 같이
    * follow out   끝까지 해내다, 철저히 추구하다

| follower | [fálouər] | [폴로워] | 명 부하, 문하, 제자, 수행원 |
| following | [fálouiŋ] | [폴로우잉] | 형 다음의, 이하의, 순풍의 명 다음 |

    * the following day   그 다음 날, 그 이튿날

| folly | [fáli] | [폴리] | 명 어리석음, 어리석은 짓 |
| fond | [fand] | [폰드] | 형 좋아하는, 다정한, 사랑하는 |

---

    * *be fond of*   ~을 좋아하다

fondly   [fándli]   [폰들리]   児 정답게, 애정을 가지고, 다정하게
fondness   [fándnis]   [폰드니스]   명 애호, 자애
food   [fuːd]   [푸우드]   명 음식물, 자양분, 식량
fool   [fuːl]   [푸울]   명 바보 재타 우롱하다, 농담하다

    * *be a fool to*   ~와는 비교가 안 되다, 훨씬 못하다
    * *make a fool of*   ~을 바보 취급하다, ~을 우롱하다

foolery   [fúːləri]   [푸울러리]   명 어리석은 짓
foolhardy   [fuːlháːrdi]   [푸울하아디]   형 무모한, 물불을 가리지 않는
foolish   [fúːliʃ]   [푸울리시]   형 어리석은, 바보 같은
foot   [fut]   [푸트]   명 발, (책상 따위의)다리 타자 걷다

    * *at the foot of*   ~의 기슭에, (페이지의) 아랫 부분에
    * *on foot*   걸어서, 도보로
    * *set foot in*   ~에 발을 디디다[들어가다]
    * *set foot on*   ~을 밟고 서다, ~에 들어가다

football   [púbɔ̀ːl]   [풋보올]   명 축구, 축구공
for   [fɔ́ːr, fər]   [(강)포, (약)퍼]   전 ~을 위해, ~동안, ~ 때문에,
                                  ~에 관해, ~을 향해 접 왜냐 하면
                                          └ ~이기 때문에

    * *for all*   ~에도 불구하고
    * *for long*   한참 동안, 오래
    * *for my [own] part*   나로서는, 나라면
    * *for oneself*   스스로, 혼자 힘으로, 남의 도움 없이

F

* *for one's age*	나이에 비해서는		
* *for one's life*	필사적으로, 목숨을 걸고 (desperately)		
* *for one's own sake*	자신을 위하여		
forage	[fɔ́:ridʒ]	[포리지]	명 꼴, 마초 타자 말 먹이를 구하다
forbear	[fɔːrbɛ́ər]	[포오베어]	타자 억누르다, 참고 견디다, 삼가다
forbid	[fərbíd]	[퍼비드]	타 금하다, 금지하다, 방해하다
forbidden	[fərbídn]	[퍼비든]	동 forbid의 과거분사 형 금지된
force	[fɔ́:rs]	[포오스]	명 힘, 폭력, 병력, 완력 타 강요하다
* *by force*	힘으로, 강제적으로, 폭력으로		
* *force ~ to…*	~이 …하지 않을 수 없게 하다 (be forced to)		
* *in force*	시행되고 있는, 효력이 있는		
ford	[fɔ:rd]	[포오드]	명 여울 타자 여울을 건너다
fore	[fɔ:r]	[포오]	명 앞면 부 앞에, 먼저 형 전방의
forecast	[fɔ:rkæst]	[포오카아스트]	명 예보, 예상 타 예상[예보]하다
forefather	[fɔ:rfɑ́:ðər]	[포오파아더]	명 선조, 조상
forefinger	[fɔ:rfíŋgər]	[포오핑거]	명 집게손가락(=index finger)
forehead	[fɔ:rhed]	[포리드]	명 이마, 앞부분
foreign	[fɔ́:rən]	[포린]	형 외국의, 외래의, 이질적인
* *foreign language*	외국어		
foreigner	[fɔ́:rənər]	[포리너]	명 외국인, 이방인, 외래품, 외국선
foremost	[fɔ:rmoust]	[포오모우스트]	형 맨 앞의 부 맨 앞에
forenoon	[fɔ:rnu:n]	[포오누운]	명 오전

foresee	[fɔːrsíː]	[포오시이]	태재 예지하다, 예견하다
foresight	[fɔːrsait]	[포오사이트]	명 선견지명, 심려, 전망
forest	[fɔ́ːrist]	[포리스트]	명 숲, 삼림 태 숲으로 만들다
foretell	[fɔːrtel]	[포오텔]	태재 예언하다, 예고하다
forever	[fərévər]	[퍼레버]	부 영원히, 언제나, 영구히
forfeit	[fɔ́ːrfit]	[포오피트]	명 벌금, 상실 태 상실하다
forge	[fɔːrdʒ]	[포오지]	명 철공장 태 벼리다, 단련하다
forget	[fərgét]	[퍼겟]	태 잊다, 잊어 버리다, 소홀히 하다
* *forget oneself*	（일 따위에) 몰두하다, 자신을 돌보지 않다		
forgive	[fərgív]	[퍼기브]	태 용서하다, 면제하다
forgiveness	[fərgívnis]	[퍼기브니스]	명 용서, 면제, 관용, 너그러움
fork	[fɔːrk]	[포오크]	명 포오크, 쇠스랑, 갈퀴
forlorn	[fərlɔ́ːrn]	[퍼로온]	형 버림받은, 고독한, 비참한
form	[fɔːrm]	[포옴]	명 꼴, 형태, 모양, 외형 태 모양을 짓다
* *in the form of*	~한 형태[모습]로		
formal	[fɔ́ːrməl]	[포오멀]	형 형식상의, 형식적인, 정식의
formality	[fɔːrmǽləti]	[포오맬리티]	명 정식, 의례, 형식에 구애됨
former	[fɔ́ːrmər]	[포오머]	형 이전의, 옛날의, 전자의 명 전자
formerly	[fɔ́ːrmərli]	[포오멀리]	부 옛날에, 이전에
formidable	[fɔ́ːrmidəbl]	[포오미더블]	형 무서운, 만만치 않은
formula	[fɔ́ːrmjulə]	[포오뮬러]	명 (수학 따위의)공식, 처방, 정칙
forsake	[fərséik]	[퍼세이크]	태 버리다, 포기하다

F

fort	[fɔ:rt]	[포오트]	몡 성채, 보루, 요새(要塞)
forth	[fɔ:rθ]	[포오스]	閉 앞으로, 나타나서, 밖으로
fortitude	[fɔ́:rtətjù:d]	[포오티튜우드]	몡 인내, 용기
fortnight	[fɔ́:rtnàit]	[포오트나이트]	몡 2주일간
fortress	[fɔ́:rtris]	[포오트리스]	몡 요새, 요새지
fortunate	[fɔ́:rtʃənət]	[포오쳐너트]	혱 운 좋은, 행운의
fortune	[fɔ́:rtʃən]	[포오천]	몡 운, 행운, 재산
forty	[fɔ́:rti]	[포오티]	몡 40 혱 40의
forum	[fɔ́:rəm]	[포오럼]	몡 (여론의) 심판, 공개 토론회
forward	[fɔ́:rwərd]	[포오워드]	閉 앞쪽에, 앞으로 혱 전방의
fossil	[fásəl]	[포슬]	몡 화석 혱 화석의
foster	[fɔ́:stər]	[포스터]	탄 기르다, 양육하다, 돌보다
foul	[faul]	[파울]	혱 더러운, 불결한, 추잡한, 엉클어진
foulness	[fáulnis]	[파울니스]	몡 더러움, 불결, 입이 상스러움
found	[faund]	[파운드]	탄짜 기초를 두다, 창설하다
foundation	[faundéiʃən]	[파운데이션]	몡 토대, 기초, 근거
founder	[fáundər]	[파운더]	몡 창설자, 시조 짜탄 침몰하다
fountain	[fáuntən]	[파운틴]	몡 샘, 분수, 원천, 수원
fountain pen	[fáuntən pen]	[파운틴 펜]	몡 만년필
four	[fɔ:r]	[포오]	몡 4, 넷 혱 4의, 넷의
* on all fours	네 발로 기어, 꼭 들어맞아		
fourscore	[fɔ:rskɔ:r]	[포오스코오]	몡 80, 혱 80의

fourteen	[fɔ́:rtí:n]	[포오티인]	명 제 14, 열넷 형 제 14의
fourth	[fɔ:rθ]	[포오스]	명 제 4, 넷째 형 제 4의
fowl	[faul]	[파울]	명 닭, 가금, 닭고기
fox	[faks]	[폭스]	명 여우
fraction	[frǽkʃən]	[프랙션]	명 단편, 부분, 분수
fracture	[frǽktʃər]	[프랙쳐]	명 부서짐, 부러짐 타자 부수다
fragile	[frǽdʒəl]	[프래자일]	형 부서지기 쉬운, 연약한
fragment	[frǽgmənt]	[프래그먼트]	명 파편, 단편, 미완성 유고
fragmentary	[frǽgməntèri]	[프래그먼터리]	형 단편적인 (fragmental)
fragrance(y)	[fréigrəns(i)]	[프레이그런스(시)]	명 향기, 방향(芳香)
fragrant	[fréigrənt]	[프레이그런트]	형 냄새 좋은, 유쾌한
frail	[freil]	[프레일]	형 약한 반 strong (튼튼한)
frame	[freim]	[프레임]	명 구조, 골격 타 형성하다, 구성하다
framework	[freimwə:rk]	[프레임워어크]	명 뼈대, 골격, 구조
France	[fræns]	[프랜스]	명 프랑스
frank	[fræŋk]	[프랭크]	형 솔직한, 정직한, 명백한
frankly	[frǽŋkli]	[프랭클리]	부 솔직히, 터놓고, 숨김없이
frantic	[frǽntik]	[프랜틱]	형 광란의, 열광한
fraternal	[frətə́:rnl]	[프러터어널]	형 형제의, 친한
fraternity	[frətə́:rnəti]	[프러터어니티]	명 형제관계, 우애, 동업, 친목
fraud	[frɔ:d]	[프로오드]	명 사기, 부정 수단, 사기꾼
freak	[fri·k]	[프리이크]	명 변덕, 기형물

F

| freckle | [frékl] | [프레클] | 명 주근깨 자타 주근깨가 생기다 |
| **free** | [fri:] | [프리이] | 형 자유로운 타 자유롭게 하다 |

* *free from* ~을 벗어난, 모면한, ~이 없는
* *free of* ~이 면제되어, ~을 떠나서, ~이 없는
* *free to do* 자유로이 ~해도 좋다
* *make free with* 허물없이 굴다, ~마음대로 쓰다
* *set free* ~을 해방하다, ~을 석방하다

freedom	[fri:dəm]	[프리이덤]	명 자유 ; 자주, 독립, 해방, 면제
freeman	[fri:mən]	[프리이먼]	명 자유민, 공민, 자유 시민
freeze	[fri:z]	[프리이즈]	자타 얼어붙다, 얼다

* *freeze to death* 얼어 죽다 (be frozen to death)

freight	[freit]	[프레이트]	명 화물 수송, 화물
French	[frenʃ]	[프렌치]	형 프랑스의, 프랑스어의
Frenchman	[fréntʃmən]	[프렌치먼]	명 프랑스인, 프랑스 사람
frenzy	[frénzi]	[프렌지]	명 광란, 열광 타 광란케 하다
frequent	[frí:kwənt]	[프리이퀀트]	형 빈번한 타 자주 가다
frequently	[frí:kwəntli]	[프리이퀀틀리]	부 자주, 빈번하게, 흔히
fresh	[freʃ]	[프레시]	형 새로운, 신선한, 상쾌한, 청순한
fret	[fret]	[프레트]	타자 초조하게 하다, 애태우다, 괴롭
fretful	[frétfəl]	[프레트풀]	형 초조해 하는, 뾰로통 한 ㅣ히다
friar	[fráiər]	[프라이어]	명 탁발승, 수도승
friction	[fríkʃən]	[프릭션]	명 마찰, 불화, 알력

Friday	[fráidei]	[프라이디]	명 금요일 (약어 Fri.)
friend	[frend]	[프렌드]	명 벗, 친구, 동무, 자기편

    * *be [keep, make] friend with*   ~와 친하다[친하게 지내다]

friendly	[fréndli]	[프렌들리]	형 친한, 호의적인, 친절한, 우정있는
friendship	[fréndʃip]	[프렌드십]	명 우정, 친선, 교우 관계
fright	[frait]	[프라이트]	명 놀람, 공포, 보기 흉한 사람[사물]

    * *take fright at*   ~에 깜짝 놀라다

frighten	[fráitn]	[프라이튼]	타 깜짝 놀라게 하다, 겁을 주다
frigid	[frídʒid]	[프리지드]	형 몹시 추운, 쌀쌀한, 매정한, 차가운
fringe	[frindʒ]	[프린지]	명 가두리 장식, 가장자리, 변두리
frivolous	[frívələs]	[프리벌러스]	형 경박한, 어리석은(foolish)
fro	[frou]	[프로우]	부 저쪽으로
frock	[frak]	[프록]	명 부인복, 성직자의 옷
frog	[frɔːg]	[프로오그]	명 개구리
frolic	[frálik]	[프랄릭]	자 장난치다, 법석 떨다 명 야단 법석
from	[frəm]	[프롬]	전 ~에서, ~부터, ~으로, ~ 때문에
			ㄴ, ~로, ~에서

    * *from day to day*   매일매일 (everyday), 날마다
    * *from hand to mouth*   그 날 벌어 그 날 먹는
    * *from hour to hour*   시시각각 (every hour)
    * *from now on*   금후, 지금부터 (from now forward)
    * *from nowhere*   어디선지, 모르는 곳에서
    * *from ~ point of view*   ~의 견지로는

F

* *from sun-up to sun-down*		해가 뜨면서부터 해가 지기까지	
* *from then on*	그 이후로 계속		
* *from time to time*		때때로(sometimes), 종종(often)	
front	[frʌnt]	[프런트]	몡 앞쪽 혱 정면의 티재 맞서다
* *come to the front*		정면에 나서다, 유명해지다	
* *in front of*		(~의) 앞에, 정면에, 표면에	
frontier	[frʌntíər]	[프런티어]	몡 국경 지방, 변경, 새 분야
front line	[frʌnt lain]	[프런트라인]	몡 최전선, 일선
* *frontier spirit*		개척자 정신	
frost	[frɔːst]	[프로오스트]	몡 서리, 결빙 티 서리가 내리다
frosty	[frɔ́sti]	[프라스티]	혱 서리가 내리는, 쌀쌀한
frown	[fraun]	[프라운]	티재 눈살을 찌푸리다
* *frown down*		무서운 얼굴로 위압하다	
frozen	[fróuzn]	[프로우즌]	동 freeze의 과거분사 혱 냉동의
frugal	[frúːgəl]	[프루우걸]	혱 검소한, 알뜰한, 검약한
fruit	[fruːt]	[프루우트]	몡 과일, 과실 재티 열매를 맺다
fruitful	[frúːtfəl]	[프루우트풀]	혱 열매가 잘 열리는, 다산의
fruitless	[frúːtlis]	[프루우틀리스]	혱 효과가 없는, 불모의
frustrate	[frʌ́streit]	[프러스트레이트]	티 (적의 계략 따위를) 꺾다
fry	[frai]	[프라이]	티재 기름에 튀기다
fryingpan	[fraiŋpæn]	[프라이잉팬]	몡 프라이 냄비
fuel	[fjúːəl]	[퓨얼]	몡 연료 티재 연료를 공급하다

fugitive	[fjúːdʒətiv]	[퓨우지티브]	휑 도망친, 달아나는 몡 도망자
fulfill	[fulfíl]	[풀필]	탄 (의무, 약속 따위를) 완수하다
full	[ful]	[풀]	휑 가득 찬, 충분한 몡 전부 閈 충분
* * [be] full of	~으로 가득 차다, ~에 몰두하고 있다		└ 하게
* * in full	상세히, 모조리		
full-time	[ful-taim]	[풀타임]	휑 전시간 근무의, 전임의
fully	[fúlli]	[풀리]	閈 충분히, 완전히
fumble	[fʌ́mbl]	[펌블]	짜탄 손으로 더듬다, 서투르게 다루다
fume	[fjuːm]	[퓨움]	몡 증기, 연기 짜 연기가 나다
fun	[fʌn]	[펀]	몡 장난, 희롱, 농담, 즐거운 일
* * for fun	장난으로, 재미로		
* * make fun (of)	~을 놀리다, 노리개로 삼다		
function	[fʌ́ŋkʃən]	[펑션]	몡 기능, 역할, 직능 짜 작용하다
fund	[fʌnd]	[펀드]	몡 자금, 《복수》재원, 공채
fundamental	[fʌ̀ndəméntl]	[펀더멘틀]	휑 기본적인, 근본적인 몡 기본, 기초
funeral	[fjúːnərəl]	[퓨우너럴]	몡 장례식 휑 장례식의
fungus	[fʌ́ŋgəs]	[펑거스]	몡 버섯, 균류(菌類)
funnel	[fʌ́nl]	[퍼늘]	몡 깔때기, (기관차·기선의) 굴뚝
funny	[fʌ́ni]	[퍼니]	휑 재미있는, 우스운, 기묘한
fur	[fəːr]	[퍼어]	몡 모피, 부드러운 털, 털가죽 옷
furious	[fjúəriəs]	[퓨어리어스]	휑 격분한, 맹렬한
furiously	[fjúəriəsli]	[퓨어리어슬리]	閈 무섭게, 맹렬히

F

furl	[fə:rl]	[퍼얼]	재타 (기 따위를) 말다, (우산 따위
furnace	[fə́:rnis]	[퍼어니스]	명 화덕, 용광로, 화로 ㄴ를) 접다
furnish	[fə́:rniʃ]	[퍼어니시]	타 비치하다, 공급하다, 설비하다
furniture	[fə́:rniʧər]	[퍼어니쳐]	명 가구, 비품
furrier	[fə́:riər]	[퍼어리어]	명 모피장수
furrow	[fə́:rou]	[퍼어로우]	명 도랑, 밭고랑, 굵은 주름살
furry	[fə́:ri]	[퍼어리]	형 모피로 덮인, 부드러운 털의
further	[fə́:rðər]	[퍼어더]	형 더 먼, 그 이상의 부 더욱이, 게다
furthermore	[fə́:rðərmɔ̀:r]	[퍼어더모오]	부 더욱이, 게다가 ㄴ가
furthermost	[fə́:rðərmoust]	[퍼어더모우스트]	형 가장 먼
furthest	[fə́:rðist]	[퍼어디스트]	형 가장 먼 부 가장 멀리
fury	[fjúəri]	[퓨어리]	명 격분, 격렬, 광포
fuse	[fju:z]	[퓨우즈]	명 퓨우즈, 도화선, 신관 타재 녹이다
fusion	[fjú:ʒən]	[퓨우전]	명 융해, 융합 ㄱ 타다
fuss	[fʌs]	[퍼스]	명 야단법석, 대소동, 안달 재타 속
* *make a fuss*		야단법석하다	
futile	[fjú:tl]	[퓨우타일]	형 쓸데없는, 하찮은, 경박한 ㄱ 의
future	[fjú:ʧər]	[퓨우쳐]	명 미래, 장래, 앞날 형 미래의, 장래
* *for the future*		장래는, 금후는 (in (the) future)	
* *in (the) future*		장래에 (있어서)	
fuzz	[fʌz]	[퍼즈]	명 잔털, 솜털 재타 보풀이 일다
fuzzy	[fʌ́zi]	[퍼지]	형 솜털 같은, 솜털 모양의

gabble	[gæbl]	[개블]	자타 재잘거리다 명 허튼 소리
gadget	[gædʒit]	[개지트]	명 부속품, 기구, 작은 기계
gag	[gæg]	[개그]	명 입마개,《연극》개그 자 익살부리다
gaiety	[géiəti]	[게이어티]	명 유쾌, 명랑, 화려, 환락 「하게
gaily	[géili]	[게일리]	부 흥겹게, 유쾌하게, 명랑하게, 화려
gain	**[gein]**	**[게인]**	**타자 얻다, 벌다, 이기다, 도달하다**
* *gain on [upon]*	~을 바싹 쫓아가다, ~을 침식하다		
* *gain over*	설복시키다, (자기 편으로) 끌어들이다		
gait	[geit]	[게이트]	명 걸음걸이, 걷는 모양, 보조
gaiter	[géitər]	[게이터]	명 각반, 장화
galaxy	[gæləksi]	[갤럭시]	명 은하(수)
gale	[geil]	[게일]	명 강풍, 큰 바람, 센 바람
gall	[gɔːl]	[고올]	명 쓸개즙, 담낭, 원한, 오배자
gallant	[gæ13ənt]	[갤런트]	형 용감한, 씩씩한, 친절한
gallantly	[gæləntli]	[갤런틀리]	부 용감하게

gallantry	[gǽləntri]	[갤런트리]	명 용감, 무용(武勇), 정중
gallery	[gǽləri]	[갤러리]	명 화랑, 관람석
galley	[gǽli]	[갤리]	명 갤리선(노예가 노젓는 대형 보트)
gallon	[gǽlən]	[갤런]	명 갈론(용량을 재는 단위)
gallop	[gǽləp]	[갤럽]	명 갤럽(말의 질주) 자타 질주하다
gallows	[gǽlouz]	[갤로우즈]	명 교수대, 교수형
gamble	[gǽmbl]	[갬블]	자타 도박을 하다, 투기하다
game	[geim]	[게임]	명 유희, 경기, 시합, 사냥감 타자 내
gander	[gǽndər]	[갠더]	명 수컷 거위(male goose) 기하다
gang	[gæŋ]	[갱]	명 (악한 따위의) 한 떼, 일당, 갱
gaoler	[dʒéilər]	[제일러]	명 교도관, 《미》 jailer
gap	[gæp]	[갭]	명 간격, 갈라진 틈, 협곡
gape	[geip]	[게이프]	자 입을 크게 벌리다, 하품하다
garage	[gərá:dʒ]	[거라아지]	명 차고(車庫), 자동차 수리장
garb	[ga:rb]	[가아브]	명 복장(服裝), 의상
garden	[gá:rdn]	[가아든]	명 뜰, 정원 자타 뜰을 만들다
gardener	[gá:rdnər]	[가아드너]	명 정원사
garland	[gá:rlənd]	[가아런드]	명 영관, 화환, 화관 타 화관을 씌우다
garment	[gá:rmənt]	[가아먼트]	명 긴 웃옷, 《복수》의복
garnish	[gá:rniʃ]	[가아니시]	타 장식하다 명 장식
garret	[gǽrit]	[개릿]	명 다락방
garrison	[gǽrisn]	[개리슨]	명 수비대, 주둔군, 요새

garter	[gáːrtər]	[가아터]	몡 양말 대님
gas	[gæs]	[개스]	몡 기체, 가스 재 가스를 공급하다
gaseous	[gǽsiəs]	[게이시어스]	혱 가스의, 기체의
gash	[gæʃ]	[개시]	몡 깊은 상처 탄 깊은 상처를 주다
gasoline	[gǽsəliːn]	[개설리인]	몡 가솔린, 휘발유
gasp	[gæsp]	[가아슾]	재탄 헐떡거리다, 숨이 막히다
gate	[geit]	[게이트]	몡 문짝, 문, 수문, 출입문
gateway	[geitwei]	[게이트웨이]	몡 문, 출입구, 통로
gather	[gǽðər]	[개더]	탄재 모으다, 수집하다, 모이다

　　* *gather flesh* 　살찌다, 살이 붙다
　　* *gather oneself up* 　기운을 내다, 용기를 내다
　　* *gather up* 　한데 모으다, 주워 모으다, 움츠리다

GATT	[gæt]	[개트]	《약어》 General Agreement on Tariffs and Trade(관세 및 무역에 관한 일반 협정)
gaudy	[gɔ́ːdi]	[고오디]	혱 야한, 현란한
gauge, gage	[geidʒ]	[게이지]	몡 계량기, 계기, 표준 치수
gauze	[gɔːz]	[고오즈]	몡 얇은 천, 사(紗), 가아제
gay	[gei]	[게이]	혱 쾌활한, 명랑한 밴 sad (슬픈)
gaze	[geiz]	[게이즈]	재 지켜보다, 응시하다 몡 응시
gear	[giər]	[기어]	몡 톱니바퀴 재탄 톱니바퀴가 맞물리다
gem	[dʒem]	[젬]	몡 보석, 옥
general	[dʒénərəl]	[제너럴]	혱 일반적인, 개괄적인 몡 육군 대장

G

* *in general*		일반적으로, 대체로	
generally	[dʒénərəli]	[제너럴리]	閉 대개, 일반적으로, 대체로
* *generally speaking*		일반적으로 말하면, 대체로 말하면	
generate	[dʒénərèit]	[제너레이트]	四 낳다, 발생시키다, 일으키다
generation	[dʒènəréiʃən]	[제너레이션]	圀 일대(一代… 약 30년), 세대
generous	[dʒénərəs]	[제너러스]	圀 관대한, 마음이 넓은, 비옥한
generously	[dʒénərəsli]	[제너러슬리]	閉 관대하게, 아낌없이
genial	[dʒíːnjəl]	[지이니얼]	圀 온화한, 친절한, 상냥한
geniality	[dʒìːniǽləti]	[지이니앨리티]	圀 온화, 친절
genius	[dʒíːnjəs]	[지이니어스]	圀 천재, 타고난 자질, 특질, 수호신
genteel	[dʒentíːl]	[젠티일]	圀 고상한, 품위 있는(refined), 예의 바른
gentle	[dʒéntl]	[젠틀]	圀 상냥한, 온화한, 얌전한, 침착한
gentleman	[dʒéntlmən]	[젠틀먼]	圀 신사, 점잖은 사람, 남자
gentlemanly	[dʒéntlmənli]	[젠틀먼리]	圀 신사적인, 신사다운
gentleness	[dʒéntlnis]	[젠틀니스]	圀 온화, 상냥, 친절
gently	[dʒéntli]	[젠틀리]	閉 상냥하게, 친절하게
gentry	[dʒéntri]	[젠트리]	圀 신사 계급, 상류 사회, 양반
genuine	[dʒénjuin]	[제뉴인]	圀 순수한, 성실한, 진짜의
geography	[dʒiágrəfi]	[지오그러피]	圀 지리학, 지세(地勢)
geographic(al)	[dʒìːəgrǽfik(əl)]	[지오그래픽(컬)]	圀 지리학의, 지세의
geology	[dʒiálədʒi]	[지올러지]	圀 지질학, 지질

geometry	[dʒiámətri]	[지오미트리]	몡 기하학
germ	[dʒəːrm]	[저엄]	몡 어린 싹, 병원균, 세균, 근원
German	[dʒə́ːrmən]	[저어먼]	쥅 독일의 몡 독일 사람
Germany	[dʒə́ːrməni]	[저어머니]	몡 독일, 도이치
germinate	[dʒə́ːrmənèit]	[저어미네이트]	쥅탄 싹트다, 발아하다, 발생시키다
gerund	[dʒérənd]	[제런드]	몡 (문법) 동명사
gesture	[dʒésʧər]	[제스처]	몡 손짓, 몸짓, 태도, 거동　[하다
get	**[get]**	**[겟]**	탄쥅 얻다, 이르다, ~하게 하다, 도착

* *get about*　　돌아다니다 ; 일에 힘쓰다
* *get (earn, make) a living*　　벌어먹고 살다
* *get along*　　살아가다, 지내다, 진척되다
* *get along with*　　~와 사이좋게 지내다
* *get at*　　~에 이르다, 닿다, 도착하다, ~에 달하다
* *get down*　　(위에서) 내려오다
* *get in*　　(탈것에) 타다, (기차 · 기선 따위가) 도착하다
* *get in the way*　　방해가 되다
* *get off*　　출발하다, 도망치다, (말, 자동차에서) 내리다, ~을 피하다　[타다
* *get on*　　입다, 신다, 진보하다, 성공하다, 살아가다, (버스 · 기차 · 비행기 따위에)
* *get out of~*　　(차에서) 내리다, ~에서 나오다
* *get ready for~*　　~에 대한 준비를 하다
* *get the better of*　　~을 이기다
* *get to*　**~에 도착하다, 하기 시작하다, 연락을 취하다**

G

* get up		일어나다, 일어서다	
ghastly	[gǽstli]	[가아스틀리]	형 무서운, 유령같은 부 송장같이
ghost	[goust]	[고우스트]	명 귀신, 유령, 환영, 망령
giant	[dʒáiənt]	[자이언트]	명 거인 형 거대한
giddy	[gídi]	[기디]	형 현기증 나는, 어지러운
gift	[gift]	[기프트]	명 선물, 증여, 기증품 타 선사하다
gifted	[gíftid]	[기프티드]	형 천부의 재능이 있는, 수재의
gigantic	[dʒaigǽntik]	[자이갠틱]	형 거인 같은, 거대한
giggle	[gígl]	[기글]	자 낄낄거리다 명 낄낄 웃음
gild	[gild]	[길드]	타 금박을 입히다, 도금하다
gill	[gil]	[길]	명 (물고기의) 아가미
gilt	[gilt]	[길트]	동 gild의 과거분사 형 도금한
ginger	[dʒíndʒər]	[진저]	명 생강, 원기, 기운
ginseng	[dʒínsèŋ]	[진생]	명 《식》 인삼
gipsy	[dʒípsi]	[집시]	명 집시, 집시 같은 사람
giraffe	[dʒərǽf]	[지래프]	명 기린
gird	[gəːrd]	[거어드]	타자 두르다, 띠를 졸라매다
girl	[gəːrl]	[거얼]	명 소녀(少女), 애인
gist	[dʒist]	[지스트]	명 요점, 요지, 취지
give	[giv]	[기브]	타자 주다, 선사하다, 자선하다
* give a try to~		~해 보려고 시험해 보다 (have a try to~), 해 보다	
* give attention		~에 주력하다, 유의하다	

* *give away*   거저 주다, (비밀을) 누설하다
* *give in*   항복하다, 제출하다
* *give oneself (up) to*   ~에 전념하다, ~에게 바치다
* *give oneself up for~*   자수하다, 단념하다
* *give out*   발산하다, 다 쓰다, 분배하다, 힘이 다하다
* *give over*   그만두다, 버리다, 단념하다, 넘겨주다, 양보하다
* *give place to*   ~에 대신하다, ~에게 양보하다
* *give up*   그만두다, 단념하다, 포기하다
* *give vent to*   나올 구멍을 만들어 주다, ~을 트다
* *give way*   ~에게 자라를 양보하다, ~에게 지다, 힘이 빠지다, 무너지다

giver	[gívər]	[기버]	몡 주는 사람
glacier	[gléiʃər]	[글래셔]	몡 빙하
glad	[glæd]	[글래드]	휑 기쁜, 기쁜 듯한, 즐거운
gladly	[glǽdli]	[글래들리]	뮌 기쁘게, 기꺼이, 쾌히
gladness	[glǽdnis]	[글래드니스]	몡 기쁨, 기꺼움, 즐거움
gladden	[glǽdn]	[글래든]	탄잔 기쁘게 하다, 기뻐하다
glade	[gleid]	[글레이드]	몡 숲 속의 빈터, 늪지
glamour	[glǽmər]	[글래머]	몡 마력, 신비한 매력
glance	[glæns]	[글라안스]	몡 힐끗 봄 잔탄 힐끗 보다, 얼른 보

    * *at a glance*   첫 눈에, 얼른 보아서   ㅣ다

gland	[glænd]	[글랜드]	몡 《생리》 선(腺)
glare	[glɛər]	[글레어]	몡 번쩍이는 빛 잔탄 눈부시게 빛나다

G

glass	[glæs]	[글라아스]	몡 글라아스, 유리, 컵 타 유리를 끼우다
glaze	[gleiz]	[글레이즈]	타자 유리를 끼우다, 매끄럽게 되다
gleam	[gli:m]	[글리임]	몡 희미한 빛, 섬광 자 번쩍이다
glean	[gli:n]	[글리인]	타자 (이삭을) 줍다, 조금씩 모으다
glee	[gli:]	[글리이]	몡 환희, 유쾌, 기쁨
glen	[glen]	[글렌]	몡 협곡, 작은 골짜기
glide	[glaid]	[글라이드]	자타 미끄러지다, 미끄러뜨리다
glider	[gláidər]	[글라이더]	몡 글라이더, 활주자, 활공기
glimmer	[glímər]	[글림머]	자 깜박이다, 희미하게 빛나다 몡미광
glimpse	[glimps]	[글림프스]	몡 힐끗 봄, 언뜻 봄 타 힐끗 보다
glint	[glint]	[글린트]	자 반짝이다 몡 반짝이는 빛, 섬광
glitter	[glítər]	[글리터]	자 번쩍번쩍 빛나다, 화려하다
globe	[gloub]	[글로우브]	몡 공, 구(球), [the~] 지구
gloom	[glu:m]	[글루움]	몡 어둠, 우울 자타 어두워지다
gloomy	[glú:mi]	[글루우미]	혱 어두운, 우울한
glorious	[gló:riəs]	[글로오리어스]	혱 영광스러운, 빛나는, 장려한
glory	[gló:ri]	[글로오리]	몡 영광, 광휘 자 기뻐하다
gloss	[glas]	[글로오스]	몡 광택 자타 윤을 내다, 허식하다
glossy	[glási]	[글로오시]	혱 광택이 있는, 그럴 듯한
glove	[glʌv]	[글러브]	몡 장갑, 《야구·권투의》 글러브
glow	[glou]	[글로우]	자 작열하다 몡 백열(白熱), 홍조

glue	[glu:]	[글루우]	명 아교, 풀 타 아교로 붙이다
gnaw	[nɔ:]	[노오]	타자 갉아먹다, 괴롭히다
GNP	《약어》Gross National Product (국민 총생산)		
go	[gou]	[고우]	자 가다 타 견디다

* go about   돌아다니다, ~에 힘쓰다
* go abroad   외국에 가다
* go against   ~에 반항하다, ~에 거스르다
* go along   (앞으로) 나아가다, ~을 실행하다
* go away   떠나다, 가버리다
* go back   되돌아오다, 회고하다
* go by   (날·때가) 지나가다, 경과하다
* go down   내려가다, 기록되다, 항복하다
* go into   ~에 들어가다, ~로 통하다
* go off   (총 따위가) 오발하다, 떠나다
* go on   계속되다, 진행하다
* go out   나가다, 외출하다, (불이) 꺼지다
* go over   ~을 넘어가다, 되풀이하다
* go round   돌다, 골고루 미치다
* go through   통과하다, (피로움 따위를) 경험하다(겪다)
* go through with   ~을 끝까지 해내다
* go too far   극단으로 흐르다
* go up   오르다, (가격이) 상승하다

* *go well (wrong) [with]*   잘 되어 가다(잘못 되어 가다)
* *go with*   ~와 동행하다, ~에 조화되다
* *[be] going to [do]*   ~하려 하고 있다, ~할 작정이다

goal	[goul]	[고울]	몡 결승점, 목적, 목적지, 목표
goat	[gout]	[고우트]	몡 염소
god	[gad]	[갓]	몡 신(神), [G -](기독교의) 신
goddess	[gádis]	[가디스]	몡 여신(女神)
godfather	[gadfá:ðər]	[갓파아더]	몡 대부(代父) [건한
godly	[gádli]	[가들리]	혱 신을 공경하는, 믿음이 깊은, 경
gold	[gould]	[고울드]	몡 금, 금빛 혱 금의, 황금빛의
golden	[góuldən]	[고울든]	혱 금빛의, 황금 같은, 귀중한
golf	[galf]	[골프]	몡 골프
good	[gud]	[굿]	혱 좋은, 잘된, 훌륭한, 착한

* *be good at (in)*   ~에 능숙하다 (be a good hand at)
* *good for nothing*   아무 소용도 없는
* *a good deal*   많은 (a great deal), 많이
* *a good many*   많은, 다수의 (a great many)
* *be good for*   ~에 유익하다 ; ~동안은 유효하다
* *be no good*   도움이 되지 않다, 틀렸다
* *do good to*   이롭다, 도움이 되다, 기쁘게 하다
* *for the good of*   ~을 위하여, ~의 이익을 위하여

good-by(e)	[gùd-bái]	[굿바이]	갑 안녕히! 몡 고별, 작별

good-looking	[gùd-lúkiŋ]	[굿루킹]	혱 잘 생긴, 핸섬한
goodly	[gúdli]	[굿리]	혱 꽤 많은, 잘 생긴, 훌륭한
good-natured	[gùd-néitʃərd]	[굿네이처드]	혱 사람이 좋은, 온후한
goodness	goodness	[굿니스]	몡 좋음, 선량함, 미덕
goods	[gudz]	[굿즈]	몡 물건, 재산, 천, 필요한 조건
goodwill	[gúdwíl]	[굿윌]	몡 호의, 동정, 영업권
goose	[guːs]	[구우스]	몡 거위, 바보, 얼간이
gore	[gɔːr]	[고오]	몡 흘린 피, 응혈, 삼각주
gorge	[gɔːrdʒ]	[고오지]	몡 목구멍, 골짜기, 삼킨 음식
gorgeous	[gɔ́ːrdʒəs]	[고오저스]	혱 호화스러운, 굉장한
gosh	[gaʃ]	[고시]	캄 아이쿠! 큰일났군!
gospel	[gáspəl]	[고스펄]	몡 (예수의)복음, 교리, 진리
gossip	[gásəp]	[고십]	몡 잡담 잰 잡담하다
Gothic	[gáθik]	[고식]	혱 고딕 건축의, 고트족의
govern	[gʌ́vərn]	[거번]	타잰 통치하다, 관리하다
government	[gʌ́vərnmənt]	[거번먼트]	몡 정부, 통치, 지배, 정치
governor	[gʌ́vərnər]	[거버너]	몡 통치자, 지사, 장관, 사령관
gown	[gaun]	[가운]	몡 긴 겉옷, 잠옷, 가운
grab	[græb]	[그랩]	타잰 움켜잡다 몡 움켜 쥐기
grace	[greis]	[그레이스]	몡 은총, 우아 타 우아하게 하다
gracious	[gréiʃəs]	[그레이셔스]	혱 우아한, 정중한, 자애로운
grade	[greid]	[그레이드]	몡 등급, 학년 타 등급으로 나누다

G

* make the grade   어려움을 이겨내다, 합격하다

gradual	[grǽdʒuəl]	[그래쥬얼]	혱 서서히 하는, 점차적인
gradually	[grǽdʒuəli]	[그래쥬얼리]	児 서서히, 점차로
graduate	{ [grǽdʒuèit]	[그래쥬에이트]	태재 졸업하다, 학위를 주다
	[grǽdʒuət]	[그래쥬잇]	몡 졸업생 혱 졸업생의
graduation	[grædʒuéiʃən]	[그래쥬에이션]	몡 졸업, 학위 수여
graft	[grǽft]	[그라아프트]	몡 접목, 눈접 태재 접목하다
grain	[grein]	[그레인]	몡 곡식, 낟알, 미량
gram	[grǽm]	[그램]	몡 그램(g)
grammar	[grǽmər]	[그래머]	몡 문법, 문법책
grammarian	[grəméəriən]	[그러메에리언]	몡 문법학자
grammatical	[grəmǽtikəl]	[그러매티컬]	혱 문법(상)의
gramme	[grǽm]	[그램]	몡 그램(g ; 영국에서 씀)
gramophone	[grǽməfòun]	[그래머포운]	몡 축음기
granary	[gréinəri]	[그래너리]	몡 곡창
grand	[grǽnd]	[그랜드]	혱 웅대한, 장엄한, 위대한
grandchildren	[grǽndʃàild]	[그랜칠드런]	몡 grandchild (손자·손녀)의 복수형
granddaughter	[grǽnddɔ̀:tər]	[그랜도오터]	몡 손녀
grandeur	[grǽndʒər]	[그랜저]	몡 장엄, 화려, 성대, 웅장
grandfather	[grǽndfà:ðər]	[그랜파아더]	몡 할아버지, 조부
grandma	[grǽndmà:]	[그랜마아]	몡 할머니
grandmother	[grǽndmʌðər]	[그랜머더]	몡 조모, 할머니

grandpa	[grǽndpàː]	[그랜파아]	몡 할아버지
grandson	[grǽndsʌn]	[그랜선]	몡 손자
granite	[grǽnit]	[그래니트]	몡 화강암, 쑥돌
granny	[grǽni]	[그래니]	몡 할머니, 늙은 여자
grant	[grænt]	[그라안트]	틴 승낙하다, 허락하다 수여하다

* *granted (granting) that* 설사 ~이라고 하더라도, 가령 ~이라 할지라도
* *look ~ for granted* ~을 당연하다고 생각하다
* *take ~ for granted* ~을 당연한 것으로 생각하다

grape	[greip]	[그레이프]	몡 포도
grapple	[grǽpl]	[그래플]	틴 꽉 잡다, 맞붙어 싸우다
grasp	[græsp]	[그라아스프]	틴 잡다, 쥐다, 이해하다

* *with one's grasp* 손이 닿는 곳에, 가까이에

grass	[græs]	[그라아스]	몡 풀, 목초, 잔디, 목장
grasshopper	[grǽshàpər]	[그라아스호퍼]	몡 메뚜기, 여치
grassy	[grǽsi]	[그라아시]	혱 풀같은, 풀이 무성한
grate	[greit]	[그레이트]	틴짜 (신경에) 거슬리다. 박박 긁다
grateful	[grǽitfəl]	[그레이트펄]	혱 감사하여 마지않는
gratify	[grǽtəfài]	[그래티파이]	틴 만족시키다, 기쁘게 하다
gratitude	[grǽtətjùːd]	[그래티튜우드]	몡 감사, 사의(謝意) 「하다
grave	[greiv]	[그레이브]	혱 중대한, 엄숙한 몡 무덤 틴 조각
gravel	[grǽvəl]	[그래블]	몡 자갈 틴 자갈을 깔다
gravely	[grǽivli]	[그레이블리]	뮈 진지하게, 중대하게

G

gravelly	[grǽvəli]	[그래블리]	형 자갈이 많은, 자갈을 깐
gravitate	[grǽvəitèit]	[그래비테이트]	자 중력에 끌리다, 가라앉다
gravitation	[grævətéiʃən]	[그래비테이션]	명 인력, 중력
gravity	[grǽvəti]	[그래비티]	명 중력, 중량, 장중
gravy	[gréivi]	[그레이비]	명 고기국물(소오스)
gray	[grei]	[그레이]	명 회색, 황혼 형 회색의, 창백한
grayish	[gréiiʃ]	[그레이이시]	형 잿빛을 띤, 희끄무레한
graze	[greiz]	[그레이즈]	자타 풀을 뜯어 먹다 명 목축
grease	[gri:s]	[그리이스]	명 (윤활유 따위의) 기름 타 기름을
great	[greit]	[그레이트]	형 큰, 위대한, 훌륭한　　ㄴ바르다
greatly	[gréitli]	[그레이틀리]	부 크게, 대단히
greatness	[gréitnis]	[그레이트니스]	명 큼, 위대, 거대, 거창
Greece	[gri:s]	[그리이스]	명 그리이스
greed	[gri:d]	[그리이드]	명 탐욕, 지나친 욕심
greedy	[grí:di]	[그리이디]	형 탐욕스런
Greek	[gri:k]	[그리이크]	형명 그리이스 (사람·말)의
green	[gri:n]	[그리인]	형 녹색의 명 녹색, 채소, 녹지
greet	[gri:t]	[그리이트]	타 인사하다, 환영하다
grief	[gri:f]	[그리이프]	명 큰 슬픔, 비탄, 통탄할 일
grieve	[gri:v]	[그리이브]	타자 슬프게 하다, 몹시 슬퍼하다
grill	[gril]	[그릴]	명 석쇠, 구운 고기 타 굽다
grim	[grim]	[그림]	형 무서운, 엄격한

grin	[grin]	[그린]	재 이를 드러내고 씩 웃다 명 씩 웃음
grind	[graind]	[그라인드]	타재 찧다, 갈다 명 찧음, 빻음
grip	[grip]	[그립]	명 꽉 쥠 타재 꽉 쥐다, 붙잡다
grit	[grit]	[그리트]	명 (기계에 장해되는) 잔모래
grizzle	[grízl]	[그리즐]	명 회색(의 것) 타재 회색이 되다
groan	[groun]	[그로운]	재 신음하다 명 신음소리
grocer	[gróusər]	[그로우서]	명 어물상, 식료품상
grocery	[gróusəri]	[그로우서리]	명 어물점, 식료품점
groom	[gru:m]	[그루움]	명 마부, 신랑 타 몸차림시키다
groove	[gru:v]	[그루우브]	명 가늘고 긴 흠, 정해진 순서
grope	[group]	[그로우프]	재타 모색하다, 손으로 더듬다
gross	[grous]	[그로우스]	형 조잡한, 큰, 투박한, 거친
grotesque	[groutésk]	[그로우테스크]	형 괴상한, 터무니없는
ground	[graund]	[그라운드]	명 땅 타재 세우다, 좌초하다

    * *break ground*   땅을 일구다, 땅을 갈다, 착수(기공)하다
    * *burn to the ground*   전소(全燒)하다
    * *come (go) to the ground*   망하다, 지다
    * *fall to the ground*   (계획 따위가) 실패로 돌아가다
    * *on the ground of [that]*   ~이라는 이유로

groundwork	[graundwə:rk]	[그라운드워어크]	명 기초, 토대(foundation)
group	[gru:p]	[그루우프]	명 무리, 집단 재타 모으(이)다
grouse	[graus]	[그라우스]	명 뇌조무리, 불평 재 불평하다

G

grove	[grouv]	[그로우브]	명 작은 숲, 수풀, 작은 나무 밭
grow	[grou]	[그로우]	재타 성장하다, 자라나다, ~이 되다

* *grow hot with rage*   격노하다
* *grow on [upon]*   점점 더하다, 차차 마음에 들게 되다
* *grow out of*   (성장해서) ~을 못 입게 되다, ~에서 탈피하다
* *grow rich*   부자가 되다
* *grow up*   성장하다, 어른이 되다
* *grow (up) into*   발달하여 ~이 되다

growl	[graul]	[그라울]	재 으르렁거리다 명 으르렁 거리는 소 [리
grown-up	[groun-ʌp]	[그로운업]	명 성인, 어른(adult) 형 성장한
growth	[grouθ]	[그로우스]	명 성장, 증가, 발달

* *growth rate*   성장 비율

grub	[grʌb]	[그러브]	타 (나무뿌리 따위를) 찾아내다
grudge	[grʌdʒ]	[그러지]	타 아까와하다 명 원한
gruff	[grʌf]	[그러프]	형 (목소리가) 굵고 탁한, 거친, 난폭
grumble	[grʌ́mbl]	[그럼블]	재타 불평하다, 투덜거리다 [한
grunt	[grʌnt]	[그런트]	재 투덜거리다 명 불평
guarantee	[gærəntíː]	[개런티이]	타 보증하다, 보장하다 명 보증(인)
guard	[gaːrd]	[가아드]	타재 지키다, 경비하다 명 경계, 위병

* *guard against*   ~하지 않도록 조심[경계]하다, 방지하다
* *guard ~ from…*   … 로부터 ~을 지키다
* *off [on] one's guard*   방심하여[경계하여]

guardian	[gá:rdiən]	[가아디언]	명 보호자, 후견인
guess	[ges]	[게스]	타자 추측하다 명 추측
guest	[gest]	[게스트]	명 손님, 숙박인 반 host(주인)
guidance	[gáidns]	[가이던스]	명 안내, 지도, 길잡이
* under the guidance of		~의 지도[안내]로	
guide	[gaid]	[가이드]	명 안내자, 가이드, 지침 타 안내하다
guild	[gild]	[길드]	명 동업 조합, 협회, 길드
guilt	[gilt]	[길트]	명 죄, 유죄, 범죄 행위
guilty	[gílti]	[길티]	형 유죄의, 양심에 거리낌이 있는
* be guilty of		~의 죄를 범한	
guitar	[gitá:r]	[기타아]	명 기타
gulf	[gʌlf]	[걸프]	명 만(灣) 타 삼키다
gull	[gʌl]	[걸]	명 갈매기, 잘 속는 사람 타 속이다
gulp	[gʌlp]	[걸프]	타자 단숨에 꿀꺽 마시다 명 한 모금
gum	[gʌm]	[검]	명 고무, 《미》 껌
gun	[gʌn]	[건]	명 총, 대포 자타 총으로 쏘다
gunpowder	[gʌnpáudər]	[건파우더]	명 화약(火藥)
gush	[gʌʃ]	[거시]	자타 내뿜다, 분출시키다 명 분출
gust	[gʌst]	[거스트]	명 질풍, 소나기, (감정의) 폭발
gusto	[gʌ́stou]	[거스토우]	명 기호, 좋아함, 취미, 맛
gut	[gʌt]	[거트]	명 내장, 창자, 담력
gutter	[gʌ́tər]	[거터]	명 (처마의) 홈통 타자 도랑을 내다

G

guy	[gai]	[가이]	명 사나이, 녀석, 놈
gym	[dʒim]	[짐]	명 체육관, 도장, 체조
gymnasium	[dʒimnéiziəm]	[짐네이지엄]	명 체조장, 체육관
gymnastic	[dʒimnǽstik]	[짐내스틱]	명 체조 형 체조의, 체육의
gymnastics	[dʒimnǽstiks]	[짐내스틱스]	명 체조, 훈련
gypsy, gipsy	[dʒípsi]	[집시]	명 집시 (유랑 민족)

 **H h**

ha	[하아]	웹 하아!, 허어!, 야아!
habit	[해비트]	명 버릇, 습관, 습성, 성질, 체질
* *be in the habit of*	~하는 버릇이 있다	
habitation	[해비테이션]	명 주소, 거주
habitual	[허비튜얼]	형 습관적인, 버릇대로의
hack	[핵]	타자 새기다, 잘게 베다 명 칼자국,
had	[해드, 허드]	통 have의 과거분사 ㄴ삯말
* *had better do*	~하는 편이 낫다	
* *had it not been for*	~이 없었더라면	
* *had rather ~ than*	차라리 ~하는 편이 낫다	
hag	[해그]	명 마귀 할멈, 마녀, 늪
haggard	[해거드]	형 여윈, 비쩍 마른, 수척한
hail	[헤일]	명 싸락눈, 우박 자타 싸락눈이 오다
hair	[헤어]	명 털, 머리털
* *both of a hair*	우열이 없음, 같은 정도, 비슷비슷 함	

H

    * by the [a] turn of a hair   가까스로, 간신히, 아슬아슬하게
    * put up one's hair   머리를 얹다, 조발하다, 소녀가 어른이 되다

hale	[heil]	[헤일]	혱 늠름한, 건강한, 근력이 좋은
half	[hæf]	[하아프]	몡 절반 혱 절반의 튄 반쯤, 대략
halfpenny	[héipəni]	[헤이퍼니]	몡 반페니(동전) 혱 하찮은
halfway	[hæfwei]	[하아프웨이]	혱 중도의, 불충분한 튄 중도에서
hall	[hɔːl]	[호올]	몡 회관, 복도, 큰 방, 홀, 현관
hallow	[hǽlou]	[핼로우]	탱 신성하게 하다
halt	[hɔːlt]	[호올트]	쟈탱 멈춰 서다, 휴식하다 몡 휴지
ham	[hæm]	[햄]	몡 햄 [돼지의 뒷다리 고기를 소금에
			절여 훈제(燻製) 한 것]
hamburger	[hǽmbə̀ːrgər]	[햄버어거]	몡 햄버거(스테이크용의 다진 고기)
hamlet	[hǽmlit]	[햄릿]	몡 (교회가 없는) 작은 마을
hammer	[hǽmər]	[해머]	몡 해머, 쇠망치 탱쟈 망치로 치다
hammock	[hǽmək]	[해먹]	몡 해먹, 달아 맨 그물 침대
hamper	[hǽmpər]	[햄퍼]	몡 족쇄(足鎖) 탱 방해하다
hand	[hænd]	[핸드]	몡 손, 일손, 솜씨 탱 넘겨 주다

    * [at] first (second) hand   직접으로(간접으로 ; 중고로)
    * at hand   바로 가까이에, 준비되어
    * by hand   손으로, 인공으로
    * from hand to mouth   하루 벌어 하루 먹는
    * give a hand   손을 빌리다, 도와주다

```
    * hand down      ~을 유산으로 넘기다, 후세에 전하다
    * hand in hand      손에 손을 잡고, 제휴하여, 협력하여
    * hand on      전하다, 다음 차례로 돌리다
    * in hand      수중에 있는, 당면한, (일 따위가) 진행 중인, 착수하여
    * on the other hand      한편으로, 그와 반면에, 그런가 하면
    * put one's hand to      ~에 착수하다, ~에 종사하다
    * with bare hands      맨손으로
```

단어	발음	한글발음	뜻
handbag	[hǽndbæg]	[핸드백]	명 핸드백 (부인용 손가방)
handbook	[hǽndbuk]	[핸드북]	명 안내서 〔조건을 달다
handicap	[hǽndikæp]	[핸디캡]	명 핸디캡, 불리한 조건 타 불리한
handkerchief	[hǽŋkərʃif]	[행커치프]	명 손수건
handle	[hǽndl]	[핸들]	명 자루, 손잡이 타 조종하다
handsome	[hǽnsəm]	[핸섬]	형 멋진, 잘 생긴, 활수한, 당당한
handy	[hǽndi]	[핸디]	형 가까이 있는, 알맞은, 편리한
hang	[hæŋ]	[행]	타자 걸다, 매달리다, 교살하다

```
    * hang around      《미》 이리저리 돌아다니다
    * hang on      매달리다, 붙잡고 늘어지다, 귀를 기울이고 기다리다
    * hang oneself      목매어 죽다
    * hang over      ~에 접근하고 있다, 위로 돌출하다, 임박하다
    * hang together      조리가 서다, 단결하다
    * hang up      전화를 끊다, ~을 걸다, 매달다, ~을 연기하다
```

단어	발음	한글발음	뜻
hanging	[hǽŋiŋ]	[행잉]	명 교수(형), 교살 형 축 늘어진

H

happen	[hǽpən]	[해픈]	재 일어나다, 생기다, 마침 … 하다

    As it happens   공교롭게

    happen to do   우연히 ~하다

happening	[hǽpniŋ]	[해프닝]	명 우발사, 사건
happiness	[hǽpinis]	[해피니스]	명 행복, 행운, 유쾌, 만족
happily	[hǽpili]	[해필리]	부 행복하게, 다행히, 운좋게
happy	[hǽpi]	[해피]	형 행복한, 행운의, 즐거운, 기쁜
harass	[hǽrəs]	[해러스]	타 애먹이다, 괴롭히다 「다
harbo[u]r	[háːrbər]	[하아버]	명 정박소, 항구 타재 숨기다, 정박하
hard	[haːrd]	[하아드]	형 어려운, 단단한 부 열심히, 굳게

    be hard on   ~에게 모질게 굴다

    [be] hard up (for)   ~(이) 몹시 필요하다, 곤경에 빠져 있다

harden	[háːrdn]	[하아든]	타재 딱딱하게 하다, 굳어지다
hardly	[háːrdli]	[하아들리]	부 거의 ~아니다 [하지 않다]

    hardly ~ when [before]   하자마자 (as soon as)

hardship	[háːrdʃip]	[하아드쉽]	명 고난, 곤란, 신고(辛苦), 궁핍
hare	[hɛər]	[헤어]	명 산토끼
harm	[haːrm]	[하암]	명 해(害), 손상 타 해치다

    do ~ harm, do harm to   ~을 해치다, ~에 해를 끼치다

harmful	[háːrmfəl]	[하암풀]	형 해로운, 유해한
harmless	[háːrmlis]	[하암리스]	형 해가 없는, 순진한, 무해한
harmonica	[haːrmánikə]	[하아마니커]	명 하모니카

harmony	[háːrməni]	[하아머니]	圐 조화, 화합 ; 《음악》 화음(和音)
	in harmony (with)	(~와) 조화되어 ; 사이 좋게	
harness	[háːrnis]	[하아니스]	圐 마구(馬具) 㖌 마구를 채우다
harp	[haːrp]	[하아프]	圐 하프 困 하프를 타다
harrow	[hǽrou]	[해로우]	圐 써레 㖌困 써레질하다
harry	[hǽri]	[해리]	㖌 침략하다, 약탈하다
harsh	[haːrʃ]	[하아시]	웹 거친, 귀에 거슬리는, 가혹한
harshly	[háːrʃli]	[하아슬리]	昢 거칠게, 가혹하게, 엄하게
harshness	[háːrʃnis]	[하아시니스]	圐 거칢, 가혹함
hart	[haːrt]	[하아트]	圐 수사슴(stag)
harvest	[háːrvist]	[하아비스트]	圐 수확, 추수, 보수 㖌困 거두어 들
	an abundant harvest	풍작	⌐이다
has	[hǽz, həz]	[해즈, 허즈]	圀 have의 3인칭 단수
haste	[heist]	[헤이스트]	圐 급속, 서두름 困㖌 서두르다, 재촉
	in haste	서둘러서, 조급하게	⌐하다
hasten	[héisn]	[헤이슨]	㖌困 서두르게 하다, 재촉하다
hastily	[héistili]	[헤이스틸리]	昢 급히 서둘러서, 허둥대어
hasty	[héisti]	[헤이스티]	웹 급한, 성급한, 경솔한
hat	[hǽt]	[해트]	圐 (테가 있는) 모자　⌐강구
hatch	[hǽtʃ]	[해치]	㖌困 알을 까다 圐부화, (배의) 승
hate	[heit]	[헤이트]	㖌 (몹시)미워하다, 싫어하다 圐혐오
hatred	[héitrid]	[헤이트리드]	圐 증오, 미움　⌐圐 잡아당김

H

haul	[hɔːl]	[호올]	目困 (끈 따위를) 세게 끌어 당기다
haunt	[hɔːnt]	[호온트]	目困 종종 방문하다, 출몰하다
have	**[hæv, həv]**	**[(강)해브, (약)허브]**	**目 가지고 있다**

    * *have a good (fine) time*   즐겁게 지내다
    * *have a hard time of it*   고생하다, 고난을 겪다
    * *have a mind to do*   ~하려고 하다, ~할 작정이다
    * *have a share in*   ~을 분담하다, ~에 관여하다
    * *have done with*   ~을 끝마치다, ~와 관계를 끊다
    * *have got*   (구어) ~을 가지다(have)
    * *have got to [do]*   ~하지 않으면 안 되다
    * *have one's (own) way*   마음대로 하다, 뜻대로 하다
    * *have only to [do]*   ~하기만 하면 되다
    * *have something to do with*   ~와 관계가 조금 있다
    * *have to do*   ~하지 않으면 안 되다

haven	[héivn]	[헤이븐]	名 항구, 피난처
havoc	[hǽvək]	[해벅]	名 대파괴, 황폐
Hawaii	[həwáiiː]	[허와이이]	名 하와이
hawk	[hɔːk]	[호오크]	名 매 目困 매사냥을 하다, 행상하다
hay	[hei]	[헤이]	名 건초(乾草) 「다
hazard	[hǽzərd]	[해저드]	名 위험, 모험 目 위험을 무릅쓰고 하

    * *at all hazards*   만난을 무릅쓰고

| haze | [heiz] | [헤이즈] | 名 아지랑이, 몽롱 困目 흐릿해지다 |

hazel	[héizəl]	[헤이즐]	명 담갈색, 개암나무 형 엷은 색의
he	[híː]	[히이]	대 그는, 그가, 그 사람
head	[hed]	[헤드]	명 머리, 두뇌, 정상, 지력 동 (~을 향 해) 나아가다
* *head for~*	~을 향하여 가다		
headache	[hedeik]	[헤데익]	명 두통, 골칫거리
headlight	[hedlait]	[헤드라이트]	명 헤드라이트
headline	[hedlain]	[헤드라인]	명 제목, 표제 타 제목을 붙이다
headlong	[hedlɔːŋ]	[헤드로옹]	부 곤두박이로 ; 무모하게 형 무모한
headquarters	[hedkwɔ́ːrtərz]	[헤드쿼어터즈]	명 본부, 본영, 사령부, 본사
headstrong	[hedstrɔːŋ]	[헤드스트롱]	형 고집이 센, 완고한
heal	[hiːl]	[히이일]	타자 낫게 하다, 고치다, 치료하다
health	[helθ]	[헬스]	명 건강, 건강 상태
healthful	[helθfəl]	[헬스펄]	형 건강에 좋은, 건전한
healthy	[helθi]	[헬시]	형 건강한, 위생적인, 건전한
heap	[hiːp]	[히이프]	명 더미, 퇴적 타 쌓아 올리다
hear	[hiər]	[히어]	타자 듣다, 들리다, 들어서 알다
* *hear about*	~에 대하여 자세히 듣다		
* *hear from*	~에게서 소식을 듣다 [편지를 받다]		
* *hear of*	~의 소문을 듣다, ~에 찬성하다		
hearer	[hiərər]	[히어러]	명 듣는 사람
hearing	[hiəriŋ]	[히어링]	명 청취, 청력, 청각. 듣기
* *in one's hearing*	~이 듣고 있는 데에서		

H

hearken	[háːrkən]	[하아컨]	困 귀를 기울이다, 경청하다
heart	[haːrt]	[하아트]	圈 심장, 마음, 애정, 본심, 중심

     * *at heart*   내심은, 사실은, 마음 속은
     * *be of good heart*   비관하지 않다
     * *break one's heart*   비탄에 젖게 하다
     * *by heart*   암기하여, (learn by heart)암기하다
     * *heart attack*   심장마비 (heart failure)

heartfelt	[haːrtfelt]	[하아트펠트]	圈 진심에서 우러나온 (sincere)
hearth	[haːrθ]	[하아스]	圈 난로, 난로가, 노변 (fireside)
hearty	[háːrti]	[하아티]	圈 진심에서 우러난, 기운찬
heat	[hiːt]	[히이트]	圈 열, 더위 困困 뜨겁게 하다
heater	[híːtər]	[히이터]	圈 난방 장치, 난로, 히터
heath	[hiːθ]	[히이스]	圈 히이스가 무성한 황야, 히이스
heathen	[híːðən]	[히이던]	圈 이교도, 이방인 圈 이교도의
heather	[héðər]	[헤더]	圈 히이드(heath)속의 식물 「지다
heave	[hiːv]	[히이브]	困困 들어올리다, (한숨을)쉬다, 높아
heaven	[hévən]	[헤븐]	圈 천국, 하늘, 공중, 하나님
heavenly	[hévənli]	[헤븐리]	圈 하늘의, 천국 같은, 거룩한
heavy	[hévi]	[헤비]	圈 무거운, 답답한, 침울한, 심한
Hebraic	[hibréiik]	[히브레이익]	圈 히브리 사람의
Hebrew	[híːbruː]	[히이브루우]	圈 히브리 사람, 유태인
hectogram	[héktəgræm]	[헥토우그램]	圈 100g

hectoliter	[héktəli:tər]	[헥토울리이터]	명 100ℓ
hedge	[hedʒ]	[헤지]	명 산울타리 타 울타리로 에워싸다
heed	[hi:d]	[히이드]	명 조심, 주의 타자 주의하다, 유의
			ㄴ 하다

    * *give (pay) heed to*   ~에 주의하다, ~을 명심하다
    * *take heed of*   ~에 조심하다, 주의하다

heedless	[hí:dlis]	[히이들리스]	형 조심성 없는, 주의하지 않는
heel	[hi:l]	[히일]	명 뒤꿈치 타자 뒤축을 대다
height	[hait]	[하이트]	명 높이, 고도, 키, 절정

    * *at the height of*   ~의 절정에, 한창 ~중에

heighten	[háitn]	[하이튼]	타자 높이다, 높게 하다, 늘이다
heir	[ɛər]	[에어]	명 상속인, 후계자, 계승자
heiress	[ɛ́aris]	[에어리스]	명 여자 상속인
heirless	[hɛ́ərlis]	[에얼리스]	형 상속인이 없는
hell	[hel]	[헬]	명 지옥, 곤경, 저승

    * *be hell on*   ~에 해롭다, ~에게 모질게 굴다
    * *hell for*   ~에 굉장히 열성적이고
    * *hell of*   ~지옥 같은

hellish	[héliʃ]	[헬리시]	형 지옥 같은
hello	[helóu]	[헬로우]	감 여보! 여보세요! (hallo, hullo)
helm	[helm]	[헬름]	명 키, 지배 타 키를 잡다

    * *take the helm of*   ~의 주도권을 잡다, 정권을 잡다

helmet	[hélmit]	[헬밋]	명 투구, 헬멧, 철모

H

helmsman	[hélmzmən]	[헬므즈먼]	명 키잡는 사람, 조타수
help	[help]	[헬프]	타자 돕다, 구해 주다, 거들어 주다

    * *help off*   거들어서 벗겨 주다, 차에서 내려주다
    * *help on*   거들어서 입히다, 차에 태우다
    * *help oneself to*   ~을 마음대로 집어먹다, 훔치다(steal)
    * *help out*   구해 내다, 도와서 완성시키다
    * *help ~ with …*   … 가 ~하는 것을 거들다

helpful	[hélpfəl]	[헬프펄]	형 도움이 되는, 유용한
helpless	[hélplis]	[헬플리스]	형 어찌할 수 없는, 속수무책인
hem	[hem]	[헴]	명 (천·옷의) 가장자리, 감침질
hemisphere	[hémisfiər]	[헤미스피어]	명 (지구·천체의) 반구(半球)
hen	[hen]	[헨]	명 암탉, 《일반적으로》 암새
hence	[hens]	[헨스]	부 지금부터, ~후에, 그러므로
henceforth	[hènsfɔ́ːrθ]	[헨스포오스]	부 이제부터는, 앞으로
herald	[hérəld]	[헤럴드]	명 전달자, 선구자 타 미리 알리다
herb	[həːrb]	[허어브]	명 풀, 약용 식물
herd	[həːrd]	[허어드]	명 떼, 군중 자타 떼를 짓다
here	[hiər]	[히어]	부 여기에, 이 때에 명 여기

    * *here and there*   여기 저기에 (to and fro)

hereafter	[hiərǽftər]	[히어애프터]	부 이제부터
hereby	[hiərbai]	[히어바이]	부 이에 의하여, 이로 말미암아
hereditary	[hərédətèri]	[히레디터리]	형 세습의, 유전의. 대대의

herein	[híərín]	[히어린]	뮈 여기에, 이 속에
heresy	[hérəsi]	[헤러시]	뗑 이교(異敎), 이단(異端)
heretic	[hérətik]	[헤러틱]	뗑 이교도 혱 이교도의, 이단자의
heretofore	[híərtəfɔ́ːr]	[히어터포오]	뮈 지금까지, 이제까지
heritage	[héritidʒ]	[헤리티지]	뗑 유산, 상속 재산, 천성
hermit	[hə́ːrmit]	[히어미트]	뗑 은자, 속세를 버린 사람
hero	**[híərou]**	**[히어로우]**	**뗑 영웅, (연극, 소설 속의) 주인공**
heroic	[hiróuik]	[히로우익]	혱 영웅적인, 용감한, 장렬한
heroine	[hérouin]	[헤로우인]	뗑 여주인공, 여걸, 여장부
heroism	[hérouìzm]	[헤로우이즘]	뗑 영웅적 행위, 장렬
heron	[híːran]	[헤런]	뗑 왜가리(鳥)
herring	[hériŋ]	[헤링]	뗑 청어
hers	[həːrz]	[허어즈]	때 그 여자의 것
herself	[hərsélf]	[허어셀프]	때 그 여자 자신
he's	[híːz]	[히이즈]	얚 he is (he has)의 줄임
hesitate	[hézətèit]	[헤지테이트]	짜 주저하다, 싫어하다
hew	[hjuː]	[휴우]	타짜 (도끼로) 찍다, 베다
hiccup	[híkʌp]	[히컵]	뗑 딸꾹질 짜타 딸꾹질하다
hidden	[hídn]	[히든]	동 hide의 과거분사 혱 숨겨진
hide	**[haid]**	**[하이드]**	**타짜 숨기다 뗑 짐승의 가죽**
hideous	[hídiəs]	[히디어스]	혱 무서운, 가증한 [계급 조직
hierarchy	[háiərɑ̀ːrki]	[하이어라아키]	뗑 성직 계급 제도, 《일반적으로》

H

high	[hai]	[하이]	혱 높은, 고급의 昗 높게 몡 높은 곳
	high school	고등학교	
high-handed	[hai-hǽndid]	[하이핸디드]	혱 고압적인, 고자세의
highland	[háilənd]	[하일런드]	몡 고지, 산악지 혱 고지의
highly	[háili]	[하일리]	昗 높이, 격찬하여
highway	[háiwèi]	[하이웨이]	몡 공로(公路), 큰길
hike	[haik]	[하이크]	쟈타 도보 여행을 하다 몡 도보여행
	go on a hike	도보 여행을 하다	
hiking	[háikiŋ]	[하이킹]	몡 하이킹, 도보 여행
hill	[hil]	[힐]	몡 언덕, 작은 산, 야산, 흙더미
hillside	[hílsàid]	[힐사이드]	몡 산중턱, 산허리
hilltop	[híltàp]	[힐톱]	몡 언덕의 꼭대기
hilly	[híli]	[힐리]	혱 작은 산이 많은
him	[him]	[힘]	때 그를, 그에게
himself	[himsélf]	[힘셀프]	때 그 자신, 자기 스스로
	by himself	혼자 힘으로, 혼자서	
hind	[haind]	[하인드]	혱 뒤의, 후방의, 뒤쪽의
hinder	[híndər]	[힌더]	타쟈 방해하다, 방해가 되다
hindrance	[híndrəns]	[힌드런스]	몡 방해
Hindu, Hindoo	[hínduː]	[힌두우]	몡 힌두교도, 인도 사람
Hinduism	[hínduːizm]	[힌두우이즘]	몡 힌두교
hinge	[hindʒ]	[힌지]	몡 돌쩌귀, 요점

hint	[hint]	[힌트]	명 힌트, 암시 타자 암시하다
hinterland	[híntərlænd]	[힌터랜드]	명 (강가·해안 지대의) 배후 지역 ; 오지, 시골
hip	[hip]	[히프]	명 엉덩이, 둔부
hippopotamus	[hìpəpátəməs]	[히퍼파터머스]	명 하마(河馬)
hire	[haiər]	[하이어]	명 임대료, 고용 타 세놓다
his	[hiz]	[히즈]	대 그의, 그의 것
hiss	[his]	[히스]	명 쉬이, 욋 자타 쉬이 소리를 내다
historian	[histɔ́:riən]	[히스토오리언]	명 역사가, 사학자
historic	[histɔ́:rik]	[히스토릭]	형 역사상 유명한, 역사에 남은
historical	[histɔ́:rikəl]	[허스토리컬]	형 역사상의, 역사적인
history	[hístəri]	[히스터리]	명 역사, 사학, 연혁
hit	[hit]	[히트]	타자 치다, 적중하다 명 명중

    * *hit at*   ~에 덤벼들다, ~을 조소하다
    * *hit it off*   사이좋게 지내다, 잘 어울려 지내다
    * *hit it up*   버티다, 견디어 내다
    * *hit on (upon)*   ~에게 부딪치다, 생각해 내다

hitch	[hitʃ]	[히치]	타자 홱 움직이다, 걸어매다
hither	[híðər]	[히더]	부 이리로, 여기로 형 이쪽의
hitherto	[híðərtù:]	[히더투우]	부 지금까지, 여태까지
hive	[haiv]	[하이브]	명 벌꿀의 집 타 벌통에 넣다
ho	[hou]	[호우]	감 어이! 저런! 허허! 흥!
hoard	[hɔ:rd]	[호오드]	타자 저장하다 명 저장, 축적

hoarse	[hɔːrs]	[호오스]	형 목이 쉰, 쉰 목소리의
hobby	[hábi]	[하비]	명 취미, 도락, 장기
hockey	[háki]	[하키]	명 하키
hoe	[hou]	[호우]	명 괭이 타자 괭이질하다
hoist	[hɔist]	[호이스트]	타 (기 따위를) 올리다 명 게양
hold	[hould]	[호울드]	타자 갖고 있다, 쥐다 명 움켜쥠

     * *hold back*   말리다, 억제하다, 망설이다
     * *hold down*   누르다, 압박하다
     * *hold forth*   제시(提示) 하다
     * *hold good*   유효하다, 적용되다
     * *hold on*   붙잡고 늘어지다, 지탱하다
     * *hold one's breath*   숨을 죽이다
     * *hold one's peace (tongue)*   침묵을 지키다
     * *hold out*   지탱하다, 제출하다
     * *hold to*   ~을 고수하다, 고집하다
     * *hold up*   올리다, 강탈하다
     * *catch (take) hold of*   ~을 붙잡다, ~을 파악하다
     * *have a hold on*   ~에 지배력을 가지다

hole	[houl]	[호울]	명 구멍, 굴, 곤경 자타 구멍을 파다
holiday	[hálədèi]	[할러데이]	명 휴일, 명절, 휴가, 축일

     * *in holiday spirits*   축제 기분으로
     * *make holiday*   휴업하다

holiness	[hóulinis]	[호울리니스]	몡 신성, 맑고 깨끗함
Holland	[hálənd]	[홀런드]	몡 네덜란드
hollow	[hálou]	[홀로우]	몡 우묵한 곳 짜타 움푹 들어가다
holly	[háli]	[홀리]	몡 호랑가시나무
holy	[hóuli]	[호울리]	혱 신성한, 거룩한, 덕이 높은
homage	[hámidʒ]	[호미지]	몡 신하로서의 예(禮), 존경, 경의
home	[houm]	[호움]	몡 가정, 고향, 《야구》본루 혱 가정의

    * *at home*   집에 있어, 본국에, 고향에, 마음 편히
    * *feel at home*   마음이 놓이다, 익숙해지다
    * *go home*   귀가하다, 귀국하다

homeland	[hóumlænd]	[호움랜드]	몡 고국(故國)
homely	[hóumli]	[호움리]	혱 가정적인, 검소한, 수수한
homesick	[hóumsik]	[호움식]	혱 회향병의, 향수에 잠긴
homework	[hóumwəːrk]	[호움워어크]	몡 숙제, 가정에서 하는 일
honest	[ánist]	[아니스트]	혱 정직한, 성실한
honesty	[ánisti]	[아니스티]	몡 정직, 성실
honey	[háni]	[허니]	몡 벌꿀, 감미, 애인 혱 꿀의, 단맛의
hono[u]r	[ánər]	[아너]	몡 명예, 경의, 자존심 타 명예를 주다

    * *in hono[u]r of*   ~을 축하하여, ~에게 경의를 표하여
    * *on one's honor*   명예를 걸고, 맹세코

hood	[hud]	[후드]	몡 두건, 덮개 타 두건으로 가리다
hoof	[huf]	[후우프]	몡 발굽

H

hook	[huk]	[훅]	몡 갈고리, 코바늘 쟈탸 굽다, 갈고리
hop	[hap]	[합]	쟈탸 한 발로 뛰다 몡 도약 ㅣ로 걷다
hope	[houp]	[호우프]	몡 희망, 기대 탸쟈 희망하다
* hope for	~을 기대하다, ~을 바라다		
hopeful	[hóupfəl]	[호웁펄]	혱 유망한, 희망에 찬
hopeless	[hóuplis]	[호우플리스]	혱 가망 없는, 절망의
horde	[hɔːrd]	[호오드]	몡 군중, 큰 무리(crowd)
horizon	[həráizn]	[허라이즌]	몡 수평선, 지평선, 시야
horizontal	[hɔ̀ːrəzántl]	[호리존틀]	혱 지평선의, 수평의, 평면의
horn	[hɔːrn]	[호온]	몡 뿔, 촉각, 촉수, 뿔 제품
hornless	[hɔ́ːrnlis]	[호온리스]	혱 뿔 없는
horrible	[hɔ́ːrəbl]	[호러블]	혱 무서운, 심한, 지겨운, 끔찍한
horrid	[hɔ́ːrid]	[호리드]	혱 무서운, 지겨운, 심한
horrify	[hɔ́ːrəfài]	[호리파이]	탸 무섭게 하다, 소름끼치게 하다
horror	[hɔ́ːrər]	[호러]	몡 공포, 혐오, 몹시 무서움
* have a horror of	~이 질색이다		
horse	[hɔːrs]	[호오스]	몡 말 탸쟈 말을 타다, 말에 태우다
horseback	[hɔːrsbæk]	[호오스백]	몡 말의 등
horseman	[hɔːrsmæn]	[호오스먼]	몡 말탄 사람, 기병, 마술가
horsepower	[hɔːrpáuər]	[호오스파워]	몡 마력
horseshoe	[hɔ́ːrsʃùː]	[호오스슈우]	몡 편자 탸 편자를 박다
hose	[houz]	[호우즈]	몡 호오스 탸 긴 양말을 신기다

hospitable	[háspitəbl]	[호스피터블]	형 후대하는, 호의적인
hospital	[háspitl]	[호스피틀]	명 병원
hospitality	[hàspətǽləti]	[호스피탤리티]	명 환대, 친절한 대접
host	[houst]	[호우스트]	명 주인(노릇), 집 주인, 많은 사람
* a host of	많은, 다수의		
hostel	[hástl]	[호스틸]	명 합숙소, 호스텔
hostile	[hástl]	[호스타일]	형 적의가 있는, 반대하는, 적국의
hostility	[hastíləti]	[호스틸리티]	명 적의, 적대(敵對), 《복수로》 전쟁
hot	[hat]	[핫]	형 더운, 뜨거운 부 뜨겁게
hotel	[houtél]	[호텔]	명 호텔, 여관
hound	[haund]	[하운드]	명 사냥개, 비열한 사내 타 추적하다
hour	[auər]	[아우어]	명 시간, 시각, 때
* by the hour	시간제로		
* the small hours	밤중의 1·2시경		
* hour and hour	매시간		
hourly	[áuərli]	[아우얼리]	형 매 시간의 부 매 시간마다
house	[haus]	[하우스]	명 집, 가옥, 집안
* house rent	집세		
household	[háushòuld]	[하우스호울드]	명 가족, 한 집안 형 가족의
* household appliances	가정 용구		
housekeeper	[háuskì:pər]	[하우스키이퍼]	명 주부, 가정부, 하녀의 장
housekeeping	[háuskì:piŋ]	[하우스키이핑]	명 살림살이, 가정, 가계

H

housemaid	[háusmèid]	[하우스메이드]	圄 하녀
housetop	[háustàp]	[하우스탑]	圄 지붕 꼭대기, 지붕
housewife	[háuswàif]	[하우스와이프]	圄 주부, 반짇고리
housework	[háuswəːrk]	[하우스워어크]	圄 가사, 집안일
hover	[hʌ́vər]	[허버]	困 배회하다 圄 배회, 망설임
how	[hau]	[하우]	튄 어떻게, 어떤 식으로, 얼마나

    * *How about~?*   ~는 어떤가? ~는 어떻게 생각하는가?
    * *How come~?*   어째서 그렇게 되었나?
    * *how to~*   ~하는 방법, ~하는 법

however	[hauévər]	[하우에버]	튄 아무리 ~할지라도 㚘 그렇지만
howl	[haul]	[하울]	困타 (개·늑대 따위가) 짖다, 울부짖다, 바람이 윙윙거리다
huddle	[hʌ́dl]	[허들]	타 뒤죽박죽 주위 모으다 困 붐비다

    * *huddle oneself up*   몸을 움츠리다

hue	[hjuː]	[휴우]	圄 빛깔, 색채
hug	[hʌg]	[허그]	타 꼭 껴안다 圄 꼭 껴안음
huge	[hjuːdʒ]	[휴우지]	圈 거대한, 막대한
hull	[hʌl]	[헐]	圄 껍데기, 깍지 타 덮개를 벗기다
hum	[hʌm]	[험]	困 (벌, 팽이가) 윙윙거리다
human	[hjúːmən]	[휴우먼]	圈 인간의, 인간다운 圄 사람

    * *human being*   인간
    * *human nature*   인간성 (humanity)

* *human race, the*		인류	
humane	[hju:méin]	[휴우메인]	형 인정 있는, 친절한
humanism	[hjú:mənìzm]	[휴우머니즘]	명 인문주의, 인도주의, 인본주의
humanist	[hjú:mənist]	[휴우머니스트]	명 인문주의자, 인문학자
humanity	[hju:mǽnəti]	[휴우매니티]	명 인간성, 인간애
humble	[hʌ́mbl]	[험블]	형 천한, 겸손한 타 천하게 하다
humid	[hjú:mid]	[휴우미드]	형 습기 있는, 눅눅한
humidity	[hju:mídəti]	[휴우미디티]	명 습도, 습기
humiliate	[hju:mílièit]	[휴우밀리에이트]	타 창피를 주다, 모욕을 주다
humo[u]r	[hjú:mər]	[휴우머]	명 유머, 해학 타 비위를 맞추다
hump	[hʌmp]	[험프]	명 (잔등의) 군살, (낙타의) 혹
hundred	[hʌ́ndrəd]	[헌드러드]	명 100 형 100의
* *hundreds of*	수백의, 많은 ~		
* *hundreds of thousands of*		수십만의~, 무수한~	
hunger	[hʌ́ŋgər]	[헝거]	명 배고픔, 굶주림 자타 굶주리다
hungry	[hʌ́ŋgri]	[헝그리]	형 배고픈, 갈망하는
* *go hungry*	굶주리다		
hunt	[hʌnt]	[헌트]	타자 사냥하다, 추적하다 명 사냥
hunter	[hʌ́ntər]	[헌터]	명 사냥꾼, 사냥개
hurdle	[hə́:rdl]	[허어들]	명 바자 울타리, 장애물 ; 《복수》 허어들(경주)
hurl	[hə:rl]	[허얼]	자타 내던지다, (욕을) 퍼붓다

H

hurrah	[hərɑ́ː]	[후라아]	咸 만세! 困 만세를 부르다
hurricane	[hə́ːrəkèin]	[허어리케인]	阁 태풍, 대폭풍우, 허리케인
hurry	[hə́ːri]	[허어리]	困他 서두르다, 재촉하다 阁 매우 급
* *hurry off [away]* 부리나케 가 버리다			└ 함, 허둥지둥 서두름
* *in a hurry* 허둥지둥, 급히, 서둘러			
hurt	[hə́ːrt]	[허어트]	他困 상처를 입히다, 감정을 해치다
husband	[hʌ́zbənd]	[허즈번드]	阁 남편 他 절약하다 └阁 상처, 고통
* *husband your money* 돈을 절약하라			
hush	[hʌʃ]	[허시]	他困 조용하게 하다 咸 쉬!
husk	[hʌsk]	[허스크]	阁 껍질, 꼬투리 他 껍질을 벗기다
husky	[hʌ́ski]	[허스키]	阁 각지의, 쉰 목소리의, 껍질같은
hustle	[hʌ́sl]	[허슬]	困他 난폭하게 밀다 阁 밀치락 달치락
hut	[hʌt]	[헡]	阁 오두막, 오막살이
hutch	[hʌtʃ]	[허치]	阁 (토끼 따위의, 작은 동물을 기르
hyacinth	[háiəsinθ]	[하이어신스]	阁 히아신스(식물) └는)우리
hybrid	[háibrid]	[하이브리드]	阁 잡종, 혼성물 阁 잡종의
hydrogen	[háidrədʒən]	[하이드러전]	阁 수소
* *a hydrogen bomb* 수소 폭탄(《약》 H-bomb)			
hydrometer	[haidrámətər]	[하이드라머터]	阁 액체 비중계
hygiene	[háidʒiːn]	[하이지인]	阁 위생학, 건강법
hygienic	[hàidʒiénik]	[하이지에닉]	阁 위생적인, 위생학의
hymn	[him]	[힘]	阁 찬송가 他 찬송가를 부르다

hymnal	[hímnl]	[힘널]	몡 찬송가집 톙 찬송가의
hyphen	[háifən]	[하이픈]	몡 하이픈 턘 하이픈으로 연결하다
hypocrisy	[hipάkrəsi]	[히파크러시]	몡 위선, 협잡
hypocrite	[hípəkrit]	[히퍼크리트]	몡 위선자, 협잡군
hypocritical	[hìpəkrítikəl]	[히퍼크리티컬]	톙 위선의
hypothesis	[haipάθəsis]	[하이파서시스]	몡 가설(假說), 가정
hypothetical	[hàipəθétikəl]	[하이포우세티클]	톙 가정의, 가설의
hysteria	[histériə]	[히스티어리어]	몡 병적 흥분, 히스테리
hysterical	[histérikəl]	[히스테리컬]	톙 히스테리의, 발작적 흥분의
hysterogenic	[histərədʒénik]	[히스터로우제닉]	톙 히스테리 발생의

H

Ｉｉ   **I i**   𝓘𝓲

I	[ai]	[아이]	때 나, 나는, 내가

    * *I dare say [daresay]*　　아마 ~일 것이다, 그럴 거야

I.C.B.M.　　《약어》 Intercontinental Ballistic Missile(대륙간 탄도탄)

ice	[ais]	[아이스]	명 얼음, 얼음과자 타 얼리다
iceberg	[áisbə:rg]	[아이스버어그]	명 빙산, 유빙(流氷)
icebox	[áisbàks]	[아이스박스]	명 냉장고
Iceland	[áislənd]	[아이슬랜드]	명 아이슬란드
icicle	[áisikl]	[아이시클]	명 고드름
icily	[áisəli]	[아이실리]	부 얼음같이 차게
icy	[áisi]	[아이시]	형 얼음의, 얼음 같은
idea	[aidí:ə]	[아이디어]	명 생각, 이념, 관념, 사상, 의견

    * *have an idea of*　　~을 알고 있다 ; ~의 관념을 갖고 있다

ideal	[aidí:əl]	[아이디이얼]	형 이상적인, 완전한 명 이상
idealism	[aidí:əlizm]	[아이디이얼리즘]	명 이상주의, 관념론
idealist	[aidí:əlist]	[아이디이얼리스트]	명 이상주의자

idealistic	[aidìːəlístik]	[아이디이얼리스틱]	형 이상주의적인, 관념론적인
idealize	[aidíːəlàiz]	[아이디이얼라이즈]	자타 이상화하다
identical	[aidéntikəl]	[아이덴티컬]	형 동일한, 같은
identification	[aidèntifəkéiʃən]	[아이덴티피케이션]	명 동일시, 신분증명서
identify	[aidéntəfài]	[아이덴티파이]	타 동일시하다, (~임을) 증명하다
*identify ~ with…		… 와 ~을 동일시하다	
identity	[aidéntəti]	[아이덴티티]	명 동일함, 정체, 신원 「 형태
ideology	[àidiálədʒi]	[아이디알러지]	명 《철학》관념론, 이데올로기, 관념
idiom	[ídiəm]	[이디엄]	명 관용어, 관용구, 숙어
idiot	[ídiət]	[이디어트]	명 바보, 천치, 백치 「 살다
idle	[áidl]	[아이들]	형 한가한, 게으른 타자 빈둥거리며
*idle away		게으름 피우며(시간을) 헛되이 보내다	
idleness	[áidlnis]	[아이들니스]	명 무위(無爲), 나태, 놀고 지냄
idol	[áidl]	[아이들]	명 우상(偶像) 「 명 조건, 가정
if	[if]	[이프]	접 만일 ~이라면, 비록 ~일지라도
*if any	가령 있다 하더라도		
*if anything	어떠냐 하면, 무슨 차이가 있다고 하면		
*if it were not for	만약 ~이 없다면		
*if not	만약 ~이 아니라면, 비록 ~이 아닐지라도		
*if only	~을 할 수만 있다면(소원)		
ignoble	[ignóubl]	[이그노우블]	형 천한, 성품이 저열한, 비열한
ignominy	[ígnəmini]	[이그너미니]	명 불명예, 치욕

ignorance	[ígnərəns]	[이그너런스]	몡 무지, 무식, 모르고 있음
ignorant	[ígnərənt]	[이그너런트]	혱 무지몽매한, 무식한, 모르는
ignore	[ignɔ́ːr]	[이그노오]	탄 무시하다
ill	[il]	[일]	혱 병든, 나쁜 몡 악 튄 나쁘게

    * *ill at ease*   마음이 편치 않은, 걱정스러운, 불안한
    * *be ill at*   (계산이) 서투르다
    * *be ill off*   살림 형편이 좋지 않다
    * *speak ill of*   (남을) 나쁘게 말하다
    * *take~ill*   ~을 나쁘게 여기다, 성내다

illegal	[ilíːgəl]	[일리이걸]	혱 불법의, 위법의, 비합법적인
illness	[ílnis]	[일니스]	몡 병, 불쾌
illogic	[iládʒik]	[일라직]	몡 모순, 불합리(성)
illuminate	[ilúːmənèit]	[일류우미네이트]	탄 밝게 하다, 계몽하다, 조명하다
illumination	[ilùːmənéiʃən]	[일류우미네이션]	몡 조명, 계몽, 계발
illusion	[ilúːʒən]	[일루우젼]	몡 환영, 환상, 착각
illustrate	[íləstrèit]	[일러스트레이트]	탄 (보기를 들어) 설명하다
illustration	[íləstréiʃən]	[일러스트레이션]	몡 실례, 삽화, 도해, 설명
illustrator	[íləstrèitər]	[일러스트레이터]	몡 삽화가, 설명하는 사람
illustrious	[ilʌ́striəs]	[일러스트리어스]	혱 유명한, 현저한, 찬란한
image	[ímidʒ]	[이미지]	몡 상(像), 꼭 닮은 사람, 상징, 관념
imaginable	[imǽdʒənəbl]	[이매지너블]	혱 상상할 수 있는 ㅣ탄 상상하다
imagination	[imǽdʒənéiʃən]	[이매지네이션]	몡 상상, 상상력

imaginative	[imǽdʒənətiv]	[이매지너티브]	형 상상력이 풍부한
imagine	[imǽdʒin]	[이매진]	타자 상상하다, 짐작하다, 생각하다
IMF	《약어》 International Monetary Fund(국제 통화 기금)		
imitate	[ímətèit]	[이미테이트]	타 흉내내다, 모방하다, 본받다
imitation	[imətéiʃən]	[이미테이션]	명 모방, 흉내, 모조(품)
immature	[iməʃúər]	[이머튜어]	형 미숙한
immediate	[imíːdiət]	[이미이디으트]	형 직접의, 즉시의, 바로 옆의
immediately	[imíːdiətli]	[이미이디으틀리]	부 곧, 즉시, 곧 이어서 접 ~하자마자
immense	[iméns]	[이멘스]	형 무한한, 광대한
immerse	[imə́ːrs]	[이머어스]	타 잠그다, 가라앉히다　　　 「는
immigrant	[ímigrənt]	[이미그런트]	명 이민, 이주자 형 이주의, 이주해 오
immigrate	[íməgrèit]	[이미그레이트]	자타 (외국으로부터) 이주하다
immigration	[iməgréiʃən]	[이미그레이션]	명 (외국으로부터의) 이주, 이민
imminent	[ímənənt]	[이미넌트]	형 (위험 따위가) 임박한, 절박한
immoral	[imɔ́ːrəl]	[이모오럴]	형 부도덕한, 행실 나쁜
immortal	[imɔ́ːrtl]	[이모오틀]	형 불사의, 불멸의 명 불사신
immortality	[imɔːrtǽləti]	[이모오탤리티]	명 불멸, 불사
impact	[ímpækt]	[임팩트]	명 충격, 충돌, 영향
impair	[impɛ́ər]	[임페어]	타자 해치다, 손상하다　　 「하다
impart	[impɑ́ːrt]	[임파아트]	타 나누어 주다, (보도 따위를) 전
impartial	[impɑ́ːrʃəl]	[임파아셜]	형 공평한, 정당한
impatience	[impéiʃəns]	[임페이션스]	명 성급함, 조급, 안달

| impatient | [impéiʃənt] | [임페이션트] | 형 성마른, 참을 수 없는, 성급한 |

    * *be impatient for*   ~을 안타깝게 바라다 (eager for)
    * *be impatient of*   ~을 견딜 수 없다 (unbearable)

impatiently	[impéiʃəntli]	[임페이션틀리]	튄 안절부절하며, 조급하게, 성급하게
impel	[impél]	[임펠]	탄 재촉하다, 추진하다, 억지로 ~ 시키다
impending	[impéndiŋ]	[임펜딩]	형 절박한 (imminent), 박두한
imperative	[impérətiv]	[임페러티브]	형 명령적인, 긴급한
imperceptible	[impərséptəbl]	[임퍼셉터블]	형 감지할 수 없는, 눈에 보이지 않는
imperfect	[impə́:rfikt]	[임퍼어픽트]	형 불완전한, 미완성의
imperial	[impíəriəl]	[임피어리얼]	형 제국의, 황제의 명 황제 수염
imperialism	[impíəriəlizm]	[임피어리얼리즘]	명 제국주의
imperialist	[impíəriəlist]	[임피어리얼리스트]	명 제국주의자 〔danger)
imperil	[impérəl]	[임페릴]	탄 위태롭게 하다 (put or bring in
imperious	[impíəriəs]	[임피이리어스]	형 전제적인, 긴급한, 거만한
imperishable	[impériʃəbl]	[임페리셔블]	형 불멸의, 영원한, 불사의
impermanent	[impə́:rmənənt]	[임퍼어머넌트]	형 영구적이 아닌, 일시적인
impersonal	[impə́:rsənl]	[임퍼어스널]	형 비개인적인, 비인격적인
impertinent	[impə́:rtənənt]	[임퍼어티넌트]	형 적당치 않은, 무례한
impetuous	[impétʃuəs]	[임페츄어스]	형 성급한, 열렬한
implement	[ímpləmənt]	[임플리먼트]	명 기구, 도구
	[ímpləmènt]	[임플리멘트]	탄 도구를 주다, 이행하다

implicit	[implísit]	[임플리싯]	휑 은연중의, 절대적인, 맹목적인
implore	[impló:r]	[임플로오]	타 탄원하다
imply	[implái]	[임플라이]	타 의미하다, 암시하다
impolite	[ìmpəláit]	[임펄라이트]	휑 버릇없는
import	[impó:rt]	[임포오트]	타 수입하다, 의미하다
	[ímpɔ:rt]	[임포오트]	명 수입, 의미, 《복수》 수입품
importance	[impó:rtəns]	[임포오턴스]	명 중요, 중요성, 소중함
*of (no) importance		중요한(하찮은)	
important	[impó:rtənt]	[임포오턴트]	휑 중요한, 탁월한, 젠 체하는
impose	[impóuz]	[임포우즈]	타자 (부담 따위를)과하다, 떠맡기다
impossible	[impásəbl]	[임파서블]	휑 불가능한, 곤란한
impotent	[ímpətənt]	[임퍼턴트]	휑 무기력한, 허약한
impractical	[impræktikəl]	[임프랙티컬]	휑 실제적이 아닌, 실행할 수 없는
impress	[imprés]	[임프레스]	타 인상을 주다, (도장을) 찍다
impression	[impréʃən]	[임프레션]	명 인상, 느낌, 흔적, 날인, 자국
impressive	[imprésiv]	[임프레시브]	휑 인상적인, 깊은 인상을 주는
imprison	[imprízn]	[임프리즌]	타 투옥하다, 교도소에 넣다
imprisonment	[impríznmənt]	[임프리즌먼트]	명 투옥, 감금, 구금
improbable	[imprábəbl]	[임프라버블]	휑 있을 법하지 않은, 참말 같지 않은
improper	[imprápər]	[임프라퍼]	휑 적당치 않은
improve	[imprú:v]	[임프루우브]	타자 개선하다, 향상되다, 이용하다
improvement	[imprú:vmənt]	[임프루우브먼트]	명 개선, 개량, 향상, 진보

impudent	[ímpjudnt]	[임퓨던트]	혱 경솔한, 무분별한, 건방진
impulse	[ímpʌls]	[임펄스]	몡 충동, 장려, 자극
impure	[impjúər]	[임퓨어]	혱 불순한, 불결한
impute	[impjúːt]	[임퓨우트]	탄 ~의 탓으로 돌리다, 씌우다
in	[in]	[인]	젠 ~속에, 안에, 내에, 동안에

    * *in and out*   들락날락, 보였다 말았다
    * *in oneself*   본래, 그 자체로서
    * *be in for*   (불쾌한 일을) 당해야 하다
    * *be in on*   《구어》 한 패가 되다
    * *be in with*   ~와 친하다, (나쁜 친구와) 어울려 있다

inability	[ìnəbíləti]	[이너빌리티]	몡 ~할 수 없음, 무력, 무능
inaccurate	[inǽkjərit]	[이내큐리트]	혱 부정확한, 틀림이 있는
inactive	[inǽktiv]	[인액티브]	혱 활동하지 않는, 게으른
inadequate	[inǽdikwət]	[인애디퀴트]	혱 부적당한, 불충분한
inalienable	[inéiljənəbl]	[인에일려너블]	혱 양도할 수 없는, 빼앗을 수 없는
inasmuch	[ìnəzmʌ́tʃ]	[이너즈머치]	틘 ~이기 때문에, ~이므로
inattention	[ìnəténʃən]	[이너텐션]	몡 부주의 (carelessness), 태만
inaugurate	[inɔ́ːgjurèit]	[이노오규레이트]	탄 취임식을 행하다, 개시하다
in-between	[in-bitwíːn]	[인비트윈]	혱 중간적인 몡 중개자(go-between)
inborn	[ínbɔ́ːrn]	[인보온]	혱 타고난, 선천적인 (natural)
incapable	[inkéipəbl]	[인케이퍼블]	혱 무능한, ~을 할 능력이 없는

    * *be incapable of*   ~ 할 수 없다

incense	[inséns]	[인센스]	명 향(香) 자 향을 피우다
incentive	[inséntiv]	[인센티브]	형 자극적인, 장려하는 명 자극
incessant	[insésnt]	[인세슨트]	형 끊임없는, 연속적인
inch	[intʃ]	[인치]	명 인치(1/12피이트, 2.54cm)
incident	[ínsədənt]	[인시던트]	형 일어나기 쉬운 명 일어난 일
incidental	[insədéntl]	[인시덴틀]	형 부수적으로 일어나는, 우발적인
incidentally	[insədéntəli]	[인시덴털리]	부 부수적으로, 우연히, 그런데 (by
inclination	[inklənéiʃən]	[인클리네이션]	명 경사, 경향, 기울기 the way)
incline	[inkláin]	[인클라인]	타자 기울이다, 기울다, 굽히다
*(be) inclined to (do)		~에 마음이 내키다, ~하는 경향이 있다	
inclose	[inklóuz]	[인클로우즈]	타 울타리를 두르다 (enclose)
include	[inklú:d]	[인클루우드]	타 포함하다 (contain)
income	[ínkʌm]	[인컴]	명 소득, 수입
incomparable	[inkámpərəbl]	[인콤퍼러블]	형 비교할 수 없는, 비길 바 없는
incompatible	[inkəmpǽtəbl]	[인컴패터블]	형 양립할 수 없는, 모순된
incompetent	[inkámpətənt]	[인캄피턴트]	형 무능한, 부적당한
incomplete	[inkəmplí:t]	[인컴플리이트]	형 불완전한, 미완성의
incomprehensible	[inkəmprihénsəbl]	[인캄프리헨서블]	형 이해할 수 없는
inconsistent	[inkənsístənt]	[인컨시스턴트]	형 양립하지 않는, 모순되는
inconvenience	[inkənví:njəns]	[인컨비이니언스]	명 불편, 폐 타 불편을 주다
inconvenient	[inkənví:njənt]	[인컨비이니언트]	형 불편한, 폐가 되는
incorporate	[inkɔ́:rpərèit]	[인코오퍼레이트]	타자 합동시키다, 합동하다

increase	[inkrí:s]	[인크리이스]	명 증가 타자 증가하다, 늘다
increasingly	[inkrí:siŋli]	[인크리이싱리]	甼 점점, 증가하여, 더욱 더
incredible	[inkrédəbl]	[인크레더블]	형 믿기 어려운, 믿을 수 없는
incur	[inkə́:r]	[인커어]	타 ~에 부딪치다, 초래하다
indebted	[indétid]	[인데티드]	형 은혜를 입고 있는, 빚이 있는
indeed	[indí:d]	[인디이드]	甼 참으로, 과연
indefinite	[indéfənit]	[인데피닛]	형 불명확한, 막연한
independence	[ìndipéndəns]	[인디펜던스]	명 독립, 독립심
independent	[ìndipéndənt]	[인디펜던트]	형 독립한 명 무소속 의원
* [be] independent of		~에서 독립하고 있다, ~와 관계 없다	
index	[índeks]	[인덱스]	명 색인, 지표, 《수학》지수 타 색인
India	[índiə]	[인디어]	명 인도 ⌐을 붙이다
Indian	[índiən]	[인디언]	형 인도의, 인도 사람의 명 인도사람
indicate	[índikèit]	[인디케이트]	타 지시하다, 가리키다
indifference	[indífərəns]	[인디퍼런스]	명 냉담, 무관심
indifferent	[indífərənt]	[인디퍼런트]	형 무관심한, 대수롭지 않은
* [be] indifferent to		~에 무관심하다, 냉담하다	
indignant	[indígnənt]	[인디그넌트]	형 (부정 따위에) 분개한, 노한
indignantly	[indígnəntli]	[인디그넌틀리]	甼 분개하여, 분연히
indignation	[indignéiʃən]	[인디그네이션]	명 의분, 분개, 분노
indigo	[índigòu]	[인디고우]	명 쪽빛, 청람, 남빛
indirect	[indərékt]	[인디렉트]	형 간접의, 2차적인, 우회하는

indirectly	[ìndəréktli]	[인디렉틀리]	閉 간접적으로
indiscreet	[ìndiskríːt]	[인디스크리이트]	阌 분별 없는, 무모한
indispensable	[ìndispénsəbl]	[인디스펜서블]	阌 절대 필요한, 피할 수 없는
* *indispensable to*		~에 필요 불가결한, 없어서는 안 될	
individual	[ìndəvídʒuəl]	[인디비쥬얼]	阌 단일한, 개개의 囘 개인
individuality	[ìndəvìdʒuǽləti]	[인디비쥬앨리티]	囘 개성, 개체, 개인
Indoor	[índɔːr]	[인도오]	阌 옥내의, 실내의, 집 안의
indoors	[índɔːrz]	[인도오즈]	閉 옥내에서, 집 안에서
induce	[indjúːs]	[인듀우스]	田 꾀다, 설득하여 ~하게 하다
indulge	[indʌ́ldʒ]	[인덜지]	困田 빠지다, 즐겁게 하다, 만족시키다
* *indulge [oneself] in*		~에 빠지다	
industrial	[indʌ́striəl]	[인더스트리얼]	阌 산업의, 공업의
industry	[índəstri]	[인더스트리]	囘 공업, 산업, 근면
inefficient	[ìnifíʃənt]	[이니피션트]	阌 무능한, 쓸모 없는
inequality	[ìnikwáləti]	[이니콸리티]	囘 불평등
inert	[inə́ːrt]	[이너어트]	阌 생기가 없는, 활발하지 못한
inescapable	[ìneskéipəbl]	[이네스케이퍼블]	阌 달아날 수 없는, 피할 수 없는
inevitable	[inévətəbl]	[인에비터블]	阌 피할 수 없는, 필연의
inevitably	[inévitəbli]	[인에비터블리]	閉 불가피하게
inexhaustible	[ìnigzɔ́ːstəbl]	[이네그조오스터블]	阌 무진장의, 다 써 버릴 수 없는
inexpensive	[ìnikspénsiv]	[인익스펜시브]	阌 비용이 들지 않는, 값싼
inexplicable	[inéksplikəbl]	[인엑스플리커블]	阌 설명할 수 없는, 불가해한

infamous	[ínfəməs]	[인퍼머스]	혱 악명 높은, 수치스러운
infancy	[ínfənsi]	[인펀시]	몡 유년 시대, 초기, 미성년
infant	[ínfənt]	[인펀트]	몡 유아(7세 미만) 혱 유아의
infantry	[ínfəntri]	[인펀트리]	몡 보병
infect	[infékt]	[인펙트]	탸 전염시키다, 감염시키다
infer	[infə́:r]	[인퍼어]	탸재 추론하다, 결론을 끌어내다
inference	[ínfərəns]	[인퍼런스]	몡 추론, 추리, 결론, 함축
inferior	[infíəriər]	[인피어리어]	혱 하위의 몡 하급자
* * be inferior to*		~보다 못하다	
infernal	[infə́:rnl]	[인퍼어널]	혱 지옥의, 지옥 같은, 지독한
infest	[infést]	[인페스트]	탸 (해충 · 해적 따위가) 들끓다
infield	[infi:ld]	[인피일드]	몡 농가 주위의 경지, 《야구》 내야
infinite	[ínfənət]	[인피니트]	혱 무한의, 막대한, 《문법》부정형의
infinitely	[ínfənitli]	[인피니틀리]	閉 무한히, 한없이 ㄴ몡 무한
infinitive	[infínətiv]	[인피니티브]	몡 (문법) 부정사
inflame	[infléim]	[인플레임]	탸재 불을 붙이다, 불붙다
inflation	[infléiʃən]	[인플레이션]	몡 팽창, 통화 팽창
inflict	[inflíkt]	[인플릭트]	탸 (고통, 형벌을) 당하게 하다
influence	[ínfluəns]	[인플루언스]	몡 영향, 감화력
influential	[ìnfluénʃəl]	[인플루엔셜]	혱 영향을 미치는, 유력한
influenza	[ìnfluénzə]	[인플루엔저]	몡 인플루엔자, 유행성 감기
inform	[infɔ́:rm]	[인포옴]	탸재 알리다, 밀고하다

informal	[infɔ́ːrməl]	[인포오멀]	혱 비공식의, 약식의
information	[ìnfərméiʃən]	[인퍼메이션]	몡 통지, 정보, 밀고
ingenious	[indʒíːnjəs]	[인쥐이니어스]	혱 슬기로운, 독창적인
inhabit	[inhǽbit]	[인해빗]	팀 ~에 살다, 차지하다
inhabitant	[inhǽbətənt]	[인해비턴트]	몡 주민(住民)
inhale	[inhéil]	[인헤일]	팀 빨아들이다 팹 exhale (내뿜다)
inherent	[inhíərənt]	[인히런트]	혱 본래의, 고유의, 타고난
inherit	[inhérit]	[인헤리트]	팀쟈 상속하다, 유전에 의해 이어받다
inheritance	[inhérətəns]	[인헤리턴스]	몡 상속, 유산, 유전
initial	[iníʃəl]	[이니셜]	혱 처음의 몡 머릿글자
initiate	[iníʃièit]	[이니시에이트]	팀 시작하다, 창시하다
initiative	[iníʃiətiv]	[이니시어티브]	몡 솔선, 진취의 기상 혱 처음의
inject	[indʒékt]	[인젝트]	팀 주사하다, 주입하다
injure	[índʒər]	[인져]	팀 해치다, 고통을 주다
injurious	[indʒúəriəs]	[인쥬어리어스]	혱 해로운
injury	[índʒəri]	[인져리]	몡 상해, 손해
injustice	[indʒʌ́stis]	[인져스티스]	몡 부정, 불공평, 불법 행위
ink	[iŋk]	[잉크]	몡 잉크 팀 ~을 잉크로 쓰다
inland	{ [ínlənd]	[인런드]	혱 내륙의, 국내의
	[ínlæ̀nd]	[인랜드]	몡 내륙, 국내 閉 내륙으로, 국내에
inn	[in]	[인]	몡 여인숙, 여관
innate	[inéit]	[이네이트]	혱 타고난, 천성의

inner	[ínər]	[이너]	형 안의, 내부의
inning	[íniŋ]	[이닝]	명 ~회, (공을) 칠 차례(야구)
innocence	[ínəsəns]	[이너슨스]	명 무죄, 결백
innocent	[ínəsənt]	[이너슨트]	형 죄 없는, 결백한, 순진한
innocently	[ínəsəntli]	[이너슨틀리]	부 순진하게, 죄 없이
innovate	[ínəvèit]	[이노우베이트]	타 새롭게 하다, 혁신하다
innumerable	[injú:mərəbl]	[이뉴우머러블]	형 무수한, 이루 셀 수 없는
inquire	[inkwáiər]	[인콰이어]	타자 묻다, 문의하다

    * *inquire after*   ~의 안부(건강)를 묻다
    * *inquire for*   (아무에게) 면회를 청하다
    * *inquire into*   ~을 조사하다, 심사하다
    * *inquire out*   (물어서) 알아내다

inquiry	[inkwáiəri]	[인콰이어리]	명 질문, 조회, 조사
inquisitive	[inkwízətiv]	[인퀴지티브]	형 알고 싶어하는 (curious)
insane	[inséin]	[인세인]	형 발광한, 미친
insanity	[insǽnəti]	[인새니티]	명 광기, 정신 이상
inscribe	[inskráib]	[인스크라이브]	타 (종이, 금속 따위에) 적다, 새기다
inscription	[inskrípʃən]	[인스크립션]	명 비문, 제명
insect	[ínsekt]	[인섹트]	명 곤충, 벌레
insecurity	[insikjúərəti]	[인시큐리티]	명 불안정(不安定)
insensible	[insénsəbl]	[인센서블]	형 무감각한, 인사불성의
inseparable	[insépərəbl]	[인세퍼러블]	형 분리할 수 없는, 불가분의

insert	{ [insə́:rt]	[인서어트]	타 삽입하다, 게재하다
	{ [ínsə:rt]	[인서어트]	명 삽입물, 끼워 넣은 광고
inside	[insáid]	[인사이드]	명 내면 부 안쪽으로 형 내면의 전 ㄴ~의 안에
insight	[ínsàit]	[인사이트]	명 통찰력, 식견
insignificant	[ìnsignífikənt]	[인시그니피컨트]	형 무의미한, 하찮은
insist	[insíst]	[인시스트]	타자 주장하다, 우기다
insolence	[ínsələns]	[인슬런스]	명 불손, 오만, 무례, 건방짐
inspect	[inspékt]	[인스펙트]	타 검사하다, 시찰하다
inspector	[inspéktər]	[인스펙터]	명 검사관, 장학관, 감독
inspiration	[inspəréiʃən]	[인스피레이션]	명 숨쉼, 영감, 고취
inspire	[inspáiər]	[인스파이어]	타 고취하다, 영감을 주다
install	[instɔ́:l]	[인스토올]	타 취임시키다, 자리에 앉히다
installation	[instəléiʃən]	[인스틸레이션]	명 취임(식), 설비
instal(l)ment	[instɔ́:lmənt]	[인스토올먼트]	명 분할 불입금, 월부금
instance	[ínstəns]	[인스턴스]	명 보기, 예, 실증 타 예를 들다

   * *at the instance of*   ~의 의뢰로, ~의 발기로
   * *for instance*   예컨대, 이를테면

instant	[ínstənt]	[인스턴트]	형 즉시의, 절박한 명 즉각
instantly	[ínstəntli]	[인스턴틀리]	부 즉시, (접속사 용법으로) ~하자마 ㄴ자
instead	[instéd]	[인스테드]	부 (~의) 대신에

   * *instead of*   ~의 대신에 (in place of)

instinct	[ínstiŋkt]	[인스팅크트]	명 본능, 천성

instinctive	[instíŋktiv]	[인스팅크티브]	휑 본능적인, 천성의
instinctively	[instíŋktivli]	[인스팅크티블리]	뿐 본능적으로, 자연히
institute	[ínstətjùːt]	[인스티튜우트]	태 설립하다 명 협회, 학회
institution	[instətjúːʃən]	[인스티튜우션]	명 설립, 제도, 시설, 관례
instruct	[instrʌ́kt]	[인스트럭트]	태 가르치다, 알리다
instruction	[instrʌ́kʃən]	[인스트럭션]	태 교수, 지시, 교훈
* give instruction in~		~의 교수를 하다	
* give instructions to		~에게 명령하다	
instructive	[instrʌ́ktiv]	[인스트럭티브]	휑 교육적인, 유익한
instructor	[instrʌ́ktər]	[인스트럭터]	명 교사, 지도자, (대학의) 전임강사
instrument	[ínstrəmənt]	[인스트루먼트]	명 기구, 수단
insufficient	[insəfíʃənt]	[인서피션트]	휑 불충분한, 적절하지 못한
insularity	[insəlǽrəti]	[인슐래리티]	명 섬나라 근성, 편협
insult	[insʌ́lt]	[인설트]	태 모욕하다
insurance	[inʃúərəns]	[인슈어런스]	명 보증, 보험, 보험금, 보험 계약
insure	[inʃúər]	[인슈어]	태 보증하다, 보험을 계약하다
insurrection	[insərékʃən]	[인서렉션]	명 폭동, 반란
intact	[intǽkt]	[인택트]	휑 손을 대지 않은, 본래대로의
integrate	[íntəgrèit]	[인티그레이트]	태자 전체로 종합하다, 통합하다
integrity	[intégrəti]	[인테그리티]	명 성실, 고결, 완전
intellect	[íntəlèkt]	[인틸렉트]	명 지력, 이지, 지성, 지식인
intellectual	[intəlékʧuəl]	[인틸렉튜얼]	휑 지력의, 지적인 명 지식인

intelligence	[intélədʒəns]	[인텔리전스]	명 지능, 지혜, 정보, 총명
intelligent	[intélədʒənt]	[인텔리전트]	형 지적인, 영리한, 현명한, 총명한
intend	[inténd]	[인텐드]	타 ~할 작정이다, 꾀하다
intense	[inténs]	[인텐스]	형 강렬한, 열심인, 긴장한
intensely	[inténsli]	[인텐슬리]	부 격렬하게, 열심히
intent	[intént]	[인텐트]	명 의향, 의미 형 열심인

* [be] intent on (upon)   ~에 열심이다, 여념이 없다

intention	[inténʃən]	[인텐션]	명 의지, 의향, 개념
intercept	[intərsépt]	[인터셉트]	타 도중에 빼앗다, 가로채다
interchange	[intərtʃéindʒ]	[인터체인지]	타자 교환하다, 교체시키다
intercourse	[intərkɔ:rs]	[인터코오스]	명 교제, 왕래, 교류
interdependence	[intərdipéndəns]	[인터디펜던스]	명 상호 의존 (相互依存)
interdependent	[intərdipéndənt]	[인터디펜던트]	형 서로 의존하는
interest	[íntərəst]	[인터리스트]	명 흥미 타 흥미를 갖게 하다

* of interest   재미있는 (interesting)
* in the interests of~   ~을 위하여 (in one's interest)
* take an interest in   ~에 흥미를 가지다
* with interest   흥미를 가지고

| **interested** | [íntərəstid] | [인터리스티드] | 형 흥미를 가진, 타산적인 |

* (be) interested in   ~에 흥미가 있다 (feel an interest in~)
* interested parties   이해 관계자

| **interesting** | [íntərəstiŋ] | [인터리스팅] | 형 재미있는, 흥미있는 |

interfere	[ìntərfíər]	[인터피어]	困 간섭하다, 조정하다
interference	[ìntərfíərəns]	[인터피어런스]	명 충돌, 간섭, 방해
interior	[intíəriər]	[인티어리어]	형 내부의, 내륙의 명 내부
interjection	[ìntərdʒékʃən]	[인터 젝션]	명 감탄, 《문법》감탄사
intermediate	[ìntərmíːdiət]	[인터미이디어트]	형 중간의 명 중간물, 중개자
intermission	[ìntərmíʃən]	[인터미션]	명 중절, 휴지, 막간
intern, interne	[íntəːrn]	[인터언]	명 인턴, 수련의
internal	[intə́ːrnl]	[인터어널]	형 내부의, 정신적인, 국내의
international	[ìntərnǽʃənəl]	[인터내셔널]	형 국제간의, 국제적인, 만국의
interpose	[ìntərpóuz]	[인터포우즈]	태자 삽입하다, 중재하다
interpret	[intə́ːrprit]	[인터어프릿]	태자 해석하다, 통역하다, 이해하다
interpreter	[intə́ːrpritər]	[인터어프리터]	명 통역, 통역자, 해석자
interrupt	[ìntərʌ́pt]	[인터럽트]	태 훼방놓다, 가로막다, 방해하다
interval	[íntərvəl]	[인터벌]	명 짬, 간격, (시간적인) 사이, 막간
at intervals	여기저기에, 때때로		
intervene	[ìntərvíːn]	[인터비인]	자 사이에 들다, 개재하다, 조정하다
interview	[íntərvjùː]	[인터뷰우]	명 면접, 회견, 인터뷰 태 면접하다
intimate	[íntəmət]	[인티밋]	형 친밀한, 심오한, 내심의 명 친구
	[íntəmèit]	[인티메이트]	旺 암시하다, 알리다
into	[íntu]	[인투]	전 ~의 속에, ~으로, ~에, ~의 안에
intolerable	[intálərəbl]	[인톨러러블]	형 견딜 수 없는, 참을 수 없는 [조
intonation	[ìntounéiʃən]	[인토우네이션]	명 (찬송가·기도문을)읊음, 억양, 어

intoxicate	[intάksikèit]	[인톡시케이트]	目 취하게 하다, 흥분시키다
intransitive	[intrǽnsitiv]	[인트랜시티브]	刑 (문법) 자동의 图 (문법) 자동사
intricate	[íntrikət]	[인트리키트]	刑 뒤섞인, 복잡한
intrigue	[intríːg]	[인트리이그]	自他 음모를 꾸미다, 밀통하다
introduce	[intrədjúːs]	[인트러듀우스]	目 안내하다, 소개하다, 채용하다
introduction	[intrədΛkʃən]	[인트러덕션]	图 도입, 소개, 머리말, 초보 지도
intrude	[intrúːd]	[인트루우드]	目自 처넣다, 강요하다, 침입하다
intruder	[intrúːdər]	[인트루우더]	图 침입자, 방해자
intrusion	[intrúːʒən]	[인트루우젼]	图 강요, 침입, 난입
intrust	[intrΛst]	[인트러스트]	動 맡기다, 위임하다 (entrust)
invade	[invéid]	[인베이드]	目 침입하다, 침범하다, 엄습하다
invader	[invéidər]	[인베이더]	图 침입자, 침략자
invalid	[ínvəlid]	[인벌리이드]	图 병자 刑 허약한, 망가져 가는
invaluable	[invǽljuəbl]	[인밸류어블]	刑 극히 귀중한
invasion	[invéiʒən]	[인베이젼]	图 침입, 침략, 침해
invent	[invént]	[인벤트]	目 발명하다, 고안하다
inventor	[invéntər]	[인벤터]	图 발명자, 발명가
inventory	[ínvəntɔ̀ːri]	[인번토오리]	图 상품(재산) 목록, 재고품 목록 目 목록을 작성하다, 재고품을 조사하다
inversion	[invə́ːrʒən]	[인버어션]	图 전도. 도치
invert	[invə́ːrt]	[인버어트]	目 거꾸로 하다, 뒤집다
invest	[invést]	[인베스트]	目自 입히다, 포위하다, 투자하다

investigate	[invéstəgèit]	[인베스티게이트]	터자 연구하다, 조사하다
investigation	[invèstəgéiʃən]	[인베스티게이션]	명 연구, 조사
investigator	[invéstəgèitər]	[인베스티게이터]	명 연구자, 조사자
investment	[invéstmənt]	[인베스트먼트]	명 투자, 포위, 서임(敍任)
invincible	[invínsəbl]	[인빈서블]	형 정복할 수 없는, 무적의
invisible	[invízəbl]	[인비저블]	형 눈에 보이지 않는, 숨은
invitation	[invitéiʃən]	[인비테이션]	명 초대, 안내장, 유혹
invite	[inváit]	[인바이트]	터 초대하다, 간청하다, 끌다
involuntary	[inváləntèri]	[인볼런터리]	형 무의식적인, 본의 아닌
involve	[inválv]	[인볼브]	터 감싸다, 수반하다, 말려들다

　　* *be involved in~* 　　~에 휘말리다, ~에 열중하다
　　* *be [get] involved with* 　　~에 휘감기다, ~와 연루되다

involvement	[inválvmənt]	[인볼브먼트]	명 관련, 휩쓸려 듦, 곤란
inward	[ínwərd]	[인워드]	형 내부의 튀 마음 속으로, 내부로
IOC	《약어》 International Olympic Committee(국제 올림픽 위원회)		
IOU, I.O.U	[áiòujú:]	[아이오우유우]	명 차용 증서 (I owe you)
IRC	《약어》 International Red Cross(국제 적십자사)		
Ireland	[áiərlənd]	[아이어런드]	명 아일랜드, 에이레
iris	[áiəris]	[아이어리스]	명 《식》붓꽃, (눈알의) 홍채(虹彩)
Irish	[áiəriʃ]	[아이어리시]	형 아일랜드의 명 아일랜드 사람[말]
iron	[áiərn]	[아이언]	명 다리미, 쇠, 철, 쇠로 만든 기구
irony	[áiərəni]	[아이어러니]	명 반어(反語), 빈정댐, 풍자

영어	발음기호	한글발음	뜻
irregular	[irégjulər]	[이레귤러]	형 불규칙한, 변칙의, 고르지 못한
irrelevant	[iréləvənt]	[이렐리번트]	형 적합하지 않은, 관계가 없는
irresistible	[ìrizístəbl]	[이리지스터블]	형 저항할 수 없는, 억제할 수 없는
irresolute	[irézəlù:t]	[이레절류우트]	형 결단력이 없는, 우유 부단한
irrespective	[irispéktiv]	[이리스펙티브]	형 관계 없는, 고려하지 않는
* *irrespective of*	~을 묻지 않고, ~에 관계없이		
irritate	[írətèit]	[이리테이트]	타 안달나게 하다, 화나게 하다
irritation	[irətéiʃən]	[이리테이션]	명 성냄, 초조, 자극, 노여움
is	[íz, is]	[이즈, 이스]	동 be의 3인칭 단수 현재형
Islamic	[islá:mikiz−]	[이슬라아믹]	형 이슬람교의, 회교도의
island	[áilənd]	[아일런드]	명 섬
isle	[ail]	[아일]	명 섬 (island)
isolate	[áisəlèit]	[아이설레이트]	타 고립시키다, 격리하다
Israel	[ízriəl]	[이즈리얼]	명 이스라엘 사람, 이스라엘 공화국
issue	[íʃu:]	[이슈우]	명 유출, 출구, 문제, 발행 타자 발
			행 하다, 유출하다
* *make an issue of*	~을 문제화하다		
* *take issue with*	~에 이의를 제기하다, ~에 반대하다		
it	[it]	[잇]	대 그것은, 그것이, 그것을
* *it is no use~ing*	~하여도 소용없다		
Italian	[itæljən]	[이탤리언]	형 이탈리아의 명 이탈리아 사람(말)
italic	[itǽlik]	[이탤릭]	형 이탤릭체의
Italy	[ítəli]	[이털리]	명 이탈리아

itch	[iʧ]	[이치]	몡 가려움, 갈망 쟈 가렵다
item	[áitəm]	[아이텀]	몡 조항, 종목, 항목, 조목, 품목
itemize	[aitəmaiz]	[아이테마이즈]	탄 조목별로 쓰다
its	[its]	[이츠]	때 (it의 소유격) 그것의, 저것의
itself	[itsélf]	[잇셀프]	때 그 자신, 그것 자체

    * *by itself*   단독으로, 그것만으로
    * *in itself*   본래, 본질적으로
    * *of itself*   저절로, 자연히

| **ivory** | [áivəri] | [아이버리] | 몡 상아(象牙), 상아 빛깔, 상아로 만 |
| | | | ⌐든 물건 |

    * *an ivory tower*   상아탑
    * *Ivory Coast, the*   상아 해안, 코트디브와르 (Cote d'Ivoire)

| **ivy** | [áivi] | [아이비] | 몡 담쟁이덩굴 탄 담쟁이덩굴로 장식 |
| | | | 하다 [덮다] |

J j   **J j**   *J j*

jab	[dʒæb]	[잽]	몡 쿡 찌르기[때리기], (권투의) 잽 타 쿡 찌르다　　　　　「웜, 수병
jack	[dʒæk]	[잭]	몡 《기》잭, 《때로는 J-》사나이, 선
jacket	[dʒǽkit]	[재킷]	몡 자켓, 짧은 저고리
jade	[dʒeid]	[제이드]	몡 비취, 옥
jail	[dʒeil]	[제일]	몡 감옥, 교도소　　　　　「바르다
jam	[dʒæm]	[잼]	몡 잼, 혼잡 타자 채우다, ~에 잼을
jamboree	[dʒæmbəríː]	[잼버리이]	몡 보이스카우트 대회, 유쾌한 회합
janitor	[dʒǽnitər]	[재니터]	몡 수위, 문지기
January	[dʒǽnjuèri]	[재뉴어리]	몡 1월 (약어 : *Jan.*)
Japan	[dʒəpǽn]	[저팬]	몡 일본
Japanese	[dʒæpəníːz]	[재퍼니이즈]	혱 일본의 몡 일본인, 일본어
jar	[dʒaːr]	[자아]	몡 항아리, 삐걱거리는 소리 자타 삐
jaunty	[dʒɔ́ːnti]	[조온티]	혱 명랑한, 경쾌한　　　　 「걱거리다
javelin		[재블린]	몡 (던지는) 창 타 창으로 찌르다

J

jaw	[dʒɔː]	[조오]	圀 턱, 입부분 타자 군소리하다
jay	[dʒei]	[제이]	圀 어치, 얼간이
jazz	[dʒæz]	[재즈]	圀 재즈 圀 재즈의 자재즈를 연주하다
jealous	[dʒéləs]	[젤러스]	圀 질투심이 많은, 시샘을 내는
jealousy	[dʒéləsi]	[젤러시]	圀 질투, 샘
jean	[dʒiːn]	[지인]	圀 진(무명의 일종), 《복수》 그 천
jeep	[dʒiːp]	[지이프]	圀 지이프 차　　ㄴ으로 만든 의복
jeer	[dʒiər]	[지어]	圀 조소, 비웃음 자 비웃다, 조소하다
jelly	[dʒéli]	[젤리]	圀 젤리, 우무
jeopardy	[dʒépərdi]	[제퍼디]	圀 위험, 위난
jerk	[dʒəːrk]	[저어크]	타자 홱 잡아당기다 圀 홱 잡아당김
jest	[dʒest]	[제스트]	圀 농담 자 농담을 하다
Jesus	[dʒíːzəs]	[지이저스]	圀 예수 그리스도
jet	[dʒet]	[제트]	자타 분출하다 圀 분출, 제트기
Jew	[dʒuː]	[주우]	圀 유태인, 히브리인
jewel	[dʒúːəl]	[주우얼]	圀 보석
jeweler	[dʒúːələr]	[주우얼러]	圀 보석 세공인, 보석상
Jewish	[dʒúːiʃ]	[주우이시]	圀 유태인의, 유태인 같은
jingle	[dʒiŋgl]	[징글]	圀 찌르릉, 짤랑짤랑
job	[dʒab]	[잡]	圀 직업, 일 자타 품팔이 하다

　　　* do a good job　　일을 잘 해내다

| jocund | [dʒákənd] | [조컨드] | 圀 유쾌한, 즐거운 (merry) |

John	[dʒan]	[존]	명 남자 이름, 세례 요한
join	[dʒɔin]	[조인]	타자 합류하다, 결합하다
	* *join in*	~에 가담하다, ~에 가입하다	
	* *join A with B*	A와 B를 연결하다 (connect)	
joint	[dʒɔint]	[조인트]	형 공동의 명 이음새, 접합 타 접합
joke	[dʒouk]	[조우크]	명 농담, 익살 자타 농담하다 ㅣ하다
	* *in joke*	농담으로	
jolly	[dʒáli]	[졸리]	형 명랑한, 유쾌한 부 대단히
jolt	[dʒoult]	[조울트]	자타 덜걱덜걱 흔들다 명 동요, 놀람
jostle	[dʒásl]	[자슬]	타자 (팔꿈치로) 밀다 명 밀치기
journal	[dʒə́ːrnl]	[저어늘]	명 일간 신문, 정기 간행물, 잡지
journalism	[dʒə́ːrnəlìzm]	[저어늘리즘]	명 신문·잡지업, 저어널리즘
journalist	[dʒə́ːrnəlist]	[저어늘리스트]	명 신문·잡지 기자, 신문인
journey	[dʒə́ːrni]	[저어니]	명 여행, 여정 자 여행하다
jovial	[dʒóuviəl]	[조우비얼]	형 유쾌한, 명랑한
joy	[dʒɔi]	[조이]	명 환희, 기쁨
joyful	[dʒɔ́ifəl]	[조이펄]	형 기쁜, 즐거운 ㅣ하다
judge	[dʒʌdʒ]	[저지]	명 재판관, 판사 타자 판결하다, 심판
judg[e]ment	[dʒʌ́dʒmənt]	[저지먼트]	명 판단, 재판, 견해
judicial	[dʒuːdíʃəl]	[주디셜]	형 사법의, 재판의, 법원의
judicious	[dʒuːdíʃəs]	[주디셔스]	형 사려깊은, 분별이 있는, 현명한
jug	[dʒʌg]	[저그]	명 주전자, 큰 맥주잔, 조끼, 물병

juice	[dʒuːs]	[주우스]	몡 (고기·과일 따위의)즙, 주우스, 액
July	[dʒuːlái]	[줄라이]	몡 7월 [약어 : *Jul.*]
jumble	[dʒʌmbl]	[점블]	몡 난잡, 뒤범벅 타자 뒤범벅이 되다
jumbo	[dʒʌmbou]	[점보우]	몡 엄청나게 큰 것 혱 초대형의
jump	[dʒʌmp]	[점프]	자타 뛰다, 뛰어 넘다 몡 도약, 폭등,

* *jump to [at]*   (결론 따위를)서두르다, 비약하다, 덤벼들다   ㄴ 급등
* *jump off*   출발하다, 시작하다, (군) 공격을 개시하다
* *jump on (upon)*   덤벼들다, 비난하다, 호통치다
* *jump with~*   ~와 일치하다

jumpy	[dʒʌmpi]	[점피]	혱 뛰어 오르는, 변동하기 쉬운
junction	[dʒʌ́ŋkʃən]	[정크션]	몡 접합(점), 연합, 접착, 연락역
June	[dʒuːn]	[주운]	몡 6월 (약어 : Jun.)
jungle	[dʒʌ́ŋgl]	[정글]	몡 정글, 밀림(지대)
junior	[dʒúːnjər]	[주우니어]	혱 손 아래의, 후배의 몡 연소자, 후
jurisdiction	[dʒùərisdíkʃən]	[주어리스딕션]	몡 사법권, 지배권, 관할권 ㄴ 배
jury	[dʒúəri]	[주어리]	몡 배심, 배심원(전원)
just	[dʒʌst]	[저스트]	혱 올바른, 정의의, 공평한 囝 꼭, 정

* *just as much(~)as*   … 와 꼭 마찬가지로, 꼭같이   ㄴ 확히
* *just now*   방금, 지금 막, 바로 지금

justice	[dʒʌ́stis]	[저스티스]	몡 정의, 공정, 공평, 타당, 재판(관)

* *do justice to*   ~을 공평하게 다루다
* *do oneself justice*   자기 능력을 충분히 발휘하다

justifiable	[dʒʌstəfàiəbl]	[저스티파이어블]	혱 이치에 닿는, 타당한
justification	[dʒʌstəfikéiʃən]	[저스티피케이션]	몡 정당화, 정당한 변명, 변호
justify	[dʒʌstəfài]	[저스티파이]	탄 정당화하다, 옳다고 주장하다
justly	[dʒʌstli]	[저스틀리]	뮌 바르게, 공평하게, 올바르게
jut	[dʒʌt]	[저트]	몡 돌출부 짜 돌출하다, 튀어나오다
juvenile	[dʒúːvənl]	[주우비나일]	혱 젊은, 연소한, 소년의, 소년 소녀를 위한

    * *juvenile delinquency*   소년 범죄
    * *juvenile literature*   아동 문학

J

kaleidoscope	[kəláidəskòup]	[컬라이더스코우프]	몡 만화경
kangaroo	[kæŋgərúː]	[캥거루우]	몡 캥거루
keen	[kiːn]	[키인]	혱 날카로운, 예리한, 예민한
keenly	[kíːnli]	[키인리]	뮈 예리하게, 격렬하게, 열심히
keep	[kiːp]	[키이프]	태재 지니다, 간직하다, 지키다, 보호
			하다

* *keep a watch on [upon]*   ~을 파수보다, ~을 지키다
* *keep abreast with [of]*   ~와 병행하여 나아가다
* *keep away [from]*   ~을 멀리하다, ~에 가까이하지 않다
* *keep back*   감추어 두다, 억제하다
* *keep down*   억누르다, 진정시키다
* *keep ~ from…*   … 에게 ~을 시키지 않다, … 을 ~에서 보호하다
* *keep in mind*   마음 속에 간직하다, 기억하다
* *keep in touch [contact] with*   ~와 접촉을 유지하다
* *keep on*   계속하다, (몸에) 걸친 채 있다
* *keep to*   ~을 고수하다, ~을 고집하다

* *keep ~ to oneself*   ~을 자기 혼자 간직하다
* *keep up*   지탱하다, 유지하다, 계속하다
* *keep up with*   ~에 따라가다, ~에 낙오되지 않다

keeper	[kíːpər]	[키이퍼]	명 지키는 사람, 관리인, 소유자
keg	[keg]	[케그]	명 작은 나무통
kennel	[kénl]	[케늘]	명 개집
kettle	[kétl]	[케틀]	명 냄비, 주전자, 솥
key	[kiː]	[키이]	명 열쇠, (문제 해결의) 실마리, 비결
kick	[kik]	[킥]	타자 차다, 《구》 반항하다 명 차기, 반발

* *kick off*   걷어차다, (축구에서) 킥오프하다

kid	[kid]	[키드]	명 새끼 염소, 아이 자타 농담하다
kidnap	[kídnæp]	[키드냅]	명 (아이를) 훔치다, 유괴하다
kidney	[kídni]	[키드니]	명 콩팥, 신장, 기질, 성질
kill	[kil]	[킬]	타 죽이다, 말살하다, (시간을)보내다

* *kill by inches*   괴롭히며 (애태우며) 천천히 죽이다
* *kill oneself*   자살하다
* *kill or cure*   운을 하늘에 걸고, 죽기 아니면 살기로
* *kill time*   심심풀이를 하다, 시간을 보내다

kilo	[kíːlou]	[킬로우]	명 킬로(1000의 뜻, 약의 k)
kilogram (me)	[kíːlougræm]	[킬러그램]	명 킬로그램
kilometer	[kilάmətər]	[킬러미이터]	명 킬로미터
kin	[kin]	[킨]	명 친척, 혈족 관계, 가문

K

kind	[kaind]	[카인드]	웹 친절한, 인정 많은, 상냥한 웹 종류
* kind of	약간, 어느 정도		⌐,종족
* a kind of	~일종의, ~같은 종류의		
kindergarten	[kíndərgàːrtn]	[킨더가아튼]	웹 유치원(도이치 말)
kindle	[kíndl]	[킨들]	타재 태우다, 점화하다, 불이 붙다
kindliness	[káindlinis]	[카인들리니스]	웹 친절, 온정 ; 온화함
kindness	[káindnis]	[카인드니스]	웹 친절, 상냥함, 애정
kindred	[kíndrid]	[킨드리드]	웹 혈연, 일가, 친척 웹 혈연의
king	[kiŋ]	[킹]	웹 왕, 국왕
kingdom	[kíŋdəm]	[킹덤]	웹 왕국(王國), 계(界), 영역, 분야
kinsfolk	[kínzfòuk]	[킨즈포우크]	웹 《 복수 》 친척, 일가, 친족
kiss	[kis]	[키스]	웹 입맞춤, 키스 타재 키스하다
kitchen	[kítʃən]	[키친]	웹 부엌, 취사장
kite	[kait]	[카이트]	웹 연, 솔개, 사기꾼
kitten	[kítn]	[키튼]	웹 새끼 고양이, 말괄량이
kitty	[kíti]	[키티]	웹 《 어린이말 》 새끼 고양이
knack	[næk]	[낵]	웹 숙련된 기술, 교묘한 솜씨, 요령
knapsack	[nǽpsæk]	[냅색]	웹 배낭(背囊)
knave	[neiv]	[네이브]	웹 악한, 무뢰한, 불량배, (트럼프의)
knead	[niːd]	[니이드]	타 (가루, 흙 등을) 반죽하다 ⌐잭
knee	[niː]	[니이]	웹 무릎, 무릎 관절 타 무릎으로 스
* on one's [the] knees	무릎을 꿇고		⌐치다

kneel	[ni:l]	[니일]	丞 무릎 꿇다, 굴복하다
knell	[nel]	[넬]	명 장례식의 종소리, 흉조
knife	**[naif]**	**[나이프]**	**명 나이프, 칼 타 칼로 찌르다, 칼로**
knight	[nait]	[나이트]	명 기사, 나이트 작위 └ **베다**
knighthood	[náithùd]	[나이트후드]	명 기사의 신분, 나이트의 작위
knightly	[náitli]	[나이틀리]	형 기사의, 의협적인
knit	[nit]	[니트]	타丞 뜨개질하다, 짜다
knob	[nab]	[놉]	명 혹, 마디, (문 따위의) 손잡이
knock	**[nak]**	**[녹]**	**타丞 두드리다, 치다, 때리다**

     * *knock down*   때려 눕히다, 격락시키다, 분해하다
     * *knock on*   (문 따위를) 두드리다
     * *knock out*   두들겨 내쫓다, 항복시키다
     * *knock over*   (사람을) 쳐서 넘어뜨리다, 뒤집어 엎다

knoll	[noul]	[노울]	명 작은 산, 둥근 언덕, 야산
knot	[nat]	[노트]	명 매듭, 옹이, (항해)노트 타丞 매다
know	**[nou]**	**[노우]**	**타丞 알다, 식별할 수 있다, 정통하다**

     * *be known as~*   ~로 알려져 있다
     be known to~   **~에게 알려져 있다**
     * *know better*   좀 더 분별이 있다, (~할 만큼) 어리석지는 않다
     * *know ~ from*   ~와 …을 분간하다, 구별하다
     * *know of*   ~을 알고 있다, ~의 일을 알고 있다
     * *God knows~*   (신이 알고 계시다 ⇒) 맹세코, 아무도 ~을 모른다

K

knowledge	[nálidʒ]	[날리지]	몡 지식, 이해, 학문, 학식, 숙지, 통달
know-nothing	[nóu-nʌθiŋ]	[노우너싱]	몡 아무것도 모르는 사람 혱 문맹의
knuckle	[nʌkl]	[너클]	몡 손가락 관절[마디] 재타 주먹으로
Korea	[kərí:ə]	[커리어]	몡 한국 ㄴ 치다
Korean	[kərí:ən]	[커리언]	혱 한국의 몡 한국 사람, 한국어

    * *Korean War*   한국 전쟁, 6·25동란

Kremlin	[krémlin]	[크레믈린]	몡 크레믈린 궁전, 소련 정부

L ㅣ   L l   ℒ ℓ

lab	[læb]	[랩]	몡 연구실《 laboratory 》
label	[léibəl]	[레이블]	몡 딱지, 레테르 탣 딱지를 붙이다
laboratory	[lǽbərətɔ̀:ri]	[래버러토오리]	몡 실험실, 연구소
laborious	[ləbɔ́:riəs]	[러보오리어스]	혱 힘드는, 고심한, 일 잘하는, 고된
labo[u]r	[léibər]	[레이버]	몡 노동, 일, 《 집합적 》 노동자 재탣 ㅣ일하다
labo[u]rer	[léibərər]	[레이버러]	몡 노동자
lace	[leis]	[레이스]	몡 레이스, 여러 가닥으로 꼰 끈
lack	[læk]	[랙]	몡 부족, 결핍 탣재 결핍하다

* [be] lacking in   ~이 결핍하다, ~이 부족하다

lacquer	[lǽkər]	[래커]	몡 래커, 옻 탣 ~에 옻을 칠하다
lad	[læd]	[래드]	몡 젊은이, 소년
ladder	[lǽdər]	[래더]	몡 사닥다리, 출세의 길(수단)
lade	[leid]	[레이드]	탣 쌓다, 무거운 짐을 지우다

* be laden with   ~이 실려 있다, ~이 지워져 있다

| lady | [léidi] | [레이디] | 몡 부인, 귀부인, 숙녀 |

L

lag	[læg]	[래그]	짜 꾸물거리다, 늦어지다 명 지연
lake	[leik]	[레이크]	명 호수, (공원 따위의) 연못
lamb	[læm]	[램]	명 새끼 양 태짜 (새끼 양을) 낳다
lame	[leim]	[레임]	형 다리를 저는 태 불구로 만들다
lameness	[léimnis]	[레임니스]	명 절름발이, 불구
lament	[ləmént]	[러멘트]	태짜 슬퍼하다, 애도하다 명 비탄
lamentable	[læməntəbl]	[래먼터블]	형 슬픈, 통탄할
lamentation	[læməntéiʃən]	[래멘테이션]	명 슬픔, 비탄
lamp	[læmp]	[램프]	명 램프, 등불, 남포
lance	[læns]	[라안스]	명 창 태 창으로 찌르다
land	[lænd]	[랜드]	명 육지, 토지, 나라 태짜 상륙시키다 [착륙하다

    * *land turtle*   육지 거북 (tortoise)
    * *go on the land*   농부가 되다, 귀농하다

landed	[lǽndid]	[랜디드]	형 토지를 소유하는
landholder	[lǽndhóuldər]	[랜드호울더]	명 지주(landowner)
landing	[lǽndiŋ]	[랜딩]	명 상륙, 착륙, 하차, 하선
landlady	[lǽndléidi]	[랜들레이디]	명 (여관 따위의) 안주인, 여주인
landlord	[lǽndlɔːrd]	[랜들로오드]	명 지주, 집주인, (여관 따위의) 주인
landmark	[lǽndmaːrk]	[랜드마아크]	명 경계표, 획기적인 사건
landscape	[lǽndskèip]	[랜드스케이프]	명 풍경, 경치, 조망
lane	[lein]	[레인]	명 작은 길, 시골길, 골목길, 차선
language	[lǽŋgwidʒ]	[랭귀지]	명 언어, 국어, 말씨, 어법

languish	[lǽŋgwiʃ]	[랭귀시]	困 약해지다, 시들다, 그리워하다
lantern	[lǽntərn]	[랜턴]	名 초롱불, 각등(角燈), 칸델라
lap	**[læp]**	**[래프]**	名 핥기, 무릎 他 핥다
lapse	[læps]	[랩스]	名 경과, 타락, 착오, 과실 困 타락하다
large	**[lɑːrdʒ]**	**[라아지]**	形 커다란, 넓은, 다수의, 다량의
* *at large*	일반적으로, 상세하게, (범인이) 잡히지 않고, 마음대로
largely	[lɑ́ːrdʒli]	[라아질리]	副 크게, 주로, 풍부하게, 대규모로
lark	[lɑːrk]	[라아크]	名 종달새
larva	[lɑ́ːrvə]	[라아버]	名 유충, 유생(幼生), 애벌레
lash	[læʃ]	[래시]	名 채찍질, 비난 他困 때리다, 빈정대
* *lash out*	(말이) 걷어차다, 폭언을 퍼붓다, 강타하다 [다
lassie	[lǽsi]	[래시]	名 계집애, 소녀, 《애칭》아가씨
last	**[læst]**	**[래스트]**	形 [late의 최상급의 하나] 최후의 副
* *at last*	**드디어, 마침내**	**ㄴ최후로 名 최후 困 계속하다**
* *the last~to do*	가장 … 할 것 같지 않은 ~
lasting	[lǽsting]	[래스팅]	形 오래가는, 영속하는, 영구불변의
lastly	[lǽstli]	[래스틀리]	副 최후로, 마침내
latch	[læʃ]	[래치]	名 걸쇠, 빗장 他困 걸쇠를 걸다
late	**[leit]**	**[레이트]**	形 더딘, 늦은, 고(故) 副 늦게
* *of late*	요사이, 최근에
lately	[léitli]	[레이틀리]	副 요즈음, 최근에
latent	[léitnt]	[레이튼트]	形 숨어 있는

L

later	[léitər]	[레이터]	휑 [late의 비교급의 하나] 더 늦은,
* *later on*	좀 더 나중에, 후에		└ 더 뒤의 튀 뒤에, 나중에
latest	[léitist]	[레이티스트]	휑 [late의 최상급의 하나] 최근의,
			최신의 튀 가장 늦게
Latin	[lǽtən]	[래틴]	휑 라틴의, 라틴 말의 명 라틴사람(말)
latitude	[lǽtətjùːd]	[래티튜우드]	명 위도(緯度), 범위
latter	[lǽtər]	[래터]	휑 [late의 비교급의 하나] 후자(後者)
laugh	[læf]	[래프]	재타 웃다 명 웃음 └ 의
* *laugh at*	~을 (보고, 듣고) 웃다, ~을 비웃다		
* *laugh off*	웃음으로 얼버무리다, 일소하다, 웃어 넘기다		
* *laugh out*	웃음을 터뜨리다, 폭소하다		
laughter	[lǽftər]	[래프터]	명 웃음, 웃음소리
launch	[lɔːntʃ]	[로온치]	타재 진수시키다, 착수하다
laundry	[lɔ́ːndri]	[로온드리]	명 세탁소, 세탁물
laurel	[lɔ́ːrəl]	[로럴]	명 월계수, 영예, 월계관
lava	[láːvə]	[라아버]	명 용암, 화산암층
lavatory	[lǽvətɔ̀ːri]	[래버터리]	명 세면장, 세면대, 변소
lavender	[lǽvəndər]	[래빈더]	명 라벤더 휑 열은 자주색의
lavish	[lǽviʃ]	[래비시]	타 아낌없이 주다 휑 아끼지 않는
lavishly	[lǽviʃli]	[래비실리]	튀 함부로, 아끼지 않고
law	[lɔː]	[로오]	명 법률, 국법, 법규, 법칙
* *go to law with*	~을 기소하다		

* read (go in for) law		법률을 연구하다	
lawful	[lɔ́ːfəl]	[로오펄]	혱 합법의, 법정의, 정당한
lawless	[lɔ́ːlis]	[로오리스]	혱 법률이 없는, 법을 지키지 않는
lawn	[lɔːn]	[로온]	몡 잔디, 잔디밭, 풀밭
lawsuit	[lɔ́ːsuːt]	[로오슈우트]	몡 소송
lawyer	[lɔ́ːjər]	[로오이어]	몡 법률가, 변호사
lax	[læks]	[랙스]	혱 느슨한, 완만한, 엄격하지 못한
lay	[lei]	[레이]	탄잔 눕히다, 놓다 혱 속인(俗人)의

* lay aside   간직해 두다, 저금하다, 버리고 돌보지 않다
* lay by   저축하다, 옆에 두다
* lay down   밑에 놓다, 부설하다
* lay on   ~을 부과하다, 끌어 들이다
* lay out   《구어》 투자하다, 설계하다
* lay up   저축[보존]하다

layer	[léiər]	[레이어]	몡 쌓는 사람, 층, 켜
lazy	[léizi]	[레이지]	몡 게으른, 굼뜬
lead	[liːd]	[리이드]	몡 지휘, 선도 탄잔 인도하다

* lead astray   방황케 하다, 타락시키다
* lead off   솔선하다, 시작하다
* lead on   꾀어 들이다, 꾀다
* lead to   ~에 통하다, ~에 계속하다, ~에 귀착하다
* lead up to   ~으로 이끌다, ~하도록 만들다, ~으로 화제를 돌리다

L

leader	[líːdər]	[리더]	몡 지도자, 솔선자, 주장
leadership	[líːdərʃip]	[리더십]	몡 지도력, 지도자의 임무
leading	[líːdiŋ]	[리딩]	몡 지도, 통솔 혱 지휘하는
leaf	[líːf]	[리프]	몡 잎(사귀), (책의)1장(2페이지)
* turn over a new leaf		마음을 고쳐먹다, 면목을 일신하다, 페이지를 넘기다	
leaflet	[líːflit]	[리이플리트]	몡 어린 잎, 삐라, 광고지
leafy	[líːfi]	[리이피]	혱 잎이 많은, 무성한
league	[líːg]	[리이그]	몡 연맹, 동맹, 리그 탄잔 연합하다
leak	[líːk]	[리이크]	몡 샘, 새는 구멍 잔탄 새다
lean	[líːn]	[리인]	잔탄 기울다, 기대다 몡 경사 혱 야윈
* lean on (upon)	~에 기대다, 의지하다		
leap	[líːp]	[리이프]	잔탄 겅충 뛰다 몡 도약
learn	[ləːrn]	[러언]	탄잔 배우다, 알다, 기억하다
* learn by heart	암기하다		
learned	[lə́ːrnid]	[러어니드]	혱 학식이 있는
learning	[lə́ːrniŋ]	[러어닝]	몡 학문, 배움, 학식
lease	[líːs]	[리이스]	몡 차지(借地)계약, 임대차 계약
least	[líːst]	[리이스트]	혱 [little의 최상급]가장 적은(작은)
* least of all	가장 ~이 아니다, 특히 ~ 않다		ㄴ 뿐 가장 적게(작게) 몡 최소
* at [the] least	적어도		
* not in the least	조금도 ~하지 않은		
leather	[léðər]	[레더]	몡 (무두질한)가죽 탄 가죽을 대다

leave	**[liːv]**	**[리이브]**	**타자** 떠나다, 남기다 **명** 허락

    * *leave behind*   ~을 두고 가다(오다), 놓아둔 채 잊다
    * *leave off*   그만두다, 그치다, 벗다
    * *leave out*   빠뜨리다, 생략하다, 무시하다
    * *leave to oneself*   방임하다, 홀로 버려두다
    * *take one's leave of*   ~에게 작별 인사를 하다, 작별을 고하다

leaven	[lévən]	[레번]	**명** 효모, 누룩 **타** 발효시키다
lecture	**[léktʃər]**	**[렉쳐]**	**명** 강의, 강연 **타자** 강의하다
lecturer	[léktʃərər]	[렉쳐러]	**명** 연사, 강사
lectureship	[léktʃərʃip]	[렉쳐십]	**명** 강사의 직위
ledge	[ledʒ]	[레지]	**명** (벽에서 내민) 선반, 암초
lee	[liː]	[리이]	**명** 바람이 불어가는 방향
leech	[liːtʃ]	[리이치]	**명** 거머리, 흡혈귀
leek	[liːk]	[리이크]	**명** 부추 《식물명》
left	**[left]**	**[레프트]**	**형** 왼쪽의 **부** 왼쪽에 **명** 왼쪽
leg	**[leg]**	**[레그]**	**명** (사람·동물·책상 따위의) 다리
legal	[líːgəl]	[리이걸]	**형** 법률의, 합법의, 정당한
legend	[lédʒənd]	[레젼드]	**명** 전설, 신화
legion	[líːdʒən]	[리이젼]	**명** 군대, 군단
legislation	[lèdʒisléiʃən]	[레지슬레이션]	**명** 입법, 법률, 법제
legitimate	{ [lidʒítəmət]	[리지티밋]	**형** 합법의, 정당한, 정통의
	[lidʒítəmèit]	[리지티메이트]	**타** 합법화하다

L

leisure	[líːʒər]	[레저]	명 틈, 여가 형 한가한
	* *at leisure*	틈이 있어서, 천천히	
lemon	[lémən]	[레먼]	명 레몬, 레몬빛, 담황색
lend	[lend]	[렌드]	타 빌리다, 대부하다
length	[leŋkθ]	[렝스]	명 길이, 기장, 세로, 기간
	* *at length*	드디어, 상세하게, 충분히	
lengthen	[léŋkθən]	[렝슨]	자타 길게 하다, 늘이다, 늘어나다
lens	[lenz]	[렌즈]	명 렌즈, (눈의) 수정체
lent	[lent]	[렌트]	명 lend의 과거(분사)
leopard	[lépərd]	[레퍼드]	명 표범
less	[les]	[레스]	형 (little의 비교급) 보다 적은 명 보「다 적은 양
	* *in less than no time*	곧, 이내	
	* *little less than*	~와 같은 정도, 거의 같은 만큼의	
	* *more or less*	얼마간, 다소	
	* *no less than*	적어도 ~만큼, ~에 못지않게	
	* *no (not the) less*	역시, 그래도 역시	
lessen	[lésn]	[레슨]	타자 적게 하다, 줄이다, 감하다
lesser	[lésər]	[레서]	형 (little의 이중 비교급) 보다 작은
lesson	[lésn]	[레슨]	명 학과, 과업, ~과, 수업
lest	[lest]	[레스트]	접 ~하지 않도록
	* *lest ~ should*	~하면 안 되므로	
let	[let]	[렛]	타 ~시키다, 《주로 영》빌리다

* let alone		~은 말할 것도 없이, ~을 방임하다	
* let be		내버려 두다, 상관 않다	
* let down		늦추다, 내리다, 실망시키다	
* let into		~에 넣다, 들이다, 삽입하다	
* let off		(형벌을) 면제하다, 발사하다, ㄲ다	
* let on		《속어》 고자질하다, 폭로하다	
* let out		입 밖에 내다, 흘러 나가게 하다	
* let pass		눈감아주다, 불문에 부치다	
* let up		《구어》 그치다, ~을 그만두다	
* let us say		예를 들면, 예컨대	
letter	[létər]	[레터]	명 편지, 글자 태 ~에 글자를 찍다
lettuce	[létis]	[레티스]	명 상추, 양상추
level	[lévəl]	[레블]	형 평평한 명 수평, 수준, 레벨
lever	[lévər]	[레버]	명 지레, 레버 자태 지레로 움직이다
liability	[làiəbíləti]	[라이어빌리티]	명 책임이 있음, 책임, 의무
liable	[láiəbl]	[라이어블]	형 ~하기 쉬운, 책임이 있는
* [be] liable to [do]		~하기 쉽다	
liar	[láiər]	[라이어]	명 거짓말쟁이
liberal	[líbərəl]	[리버럴]	형 자유주의의, 대범한, 풍부한
liberalism	[líbərəlizm]	[리버럴리즘]	명 자유주의
liberality	[lìbəræləti]	[리버랠러티]	명 활수, 관대함, 베푸는 것
liberate	[líbərèit]	[리버레이트]	태 자유롭게 하다, 석방하다

L

liberty   [líbərti]   [리버티]   몡 자유, 해방, 방면, 멋대로 함
    * *liberty of the speech (press)* 언론(출판)의 자유
    * *at liberty*   한가해서, 자유로와, 마음대로 ~해도 좋은
librarian   [laibréəriən]   [라이브레어리언]   몡 도서관원, 사서(司書)
library   [láibrèri]   [라이브러리]   몡 도서관, 문고, 서고(書庫)
license   [láisəns]   [라이선스]   몡 면허, 인가, 허가
lichen   [láikən]   [라이컨]   몡 이끼
lick   [lik]   [릭]   턔 핥다, 때리다, 해내다
lid   [lid]   [리드]   몡 뚜껑, 눈꺼풀(eyelid)
lie   [lai]   [라이]   몡 거짓말, 위치 턔쟈 거짓말하다, 눕
    * *lie by*   휴식하다, 쓰여지지 않고 있다, 곁에 있다   ㄴ다
    * *lie in*   ~에 있다 (consist in)
    * *lie on one's back*   반듯이 눕다
    * *lie in one's way*   앞길에 가로놓여 있다
lieutenant   [luːténənt]   [루우테넌트]   몡 육(공)군 중위, 부관, 해군 대위
life   [laif]   [라이프]   몡 목숨, 생명, 생물, 일생
    * *come [back] (bring) to life*   소생하다, 소생시키다
    * *for life*   종신(의), 일생(의)
    * *for one's life*   기를 쓰고, 필사적으로
    * *in one's life*   ~의 생애에
    * *live (lead) a life*   생활을 하다
    * *on (upon) my life*   목숨을 걸고, 맹세코, 이거 놀랐는데!

lifeless	[láiflis]	[라이플리스]	형 생명 없는, 죽은, 김빠진
lifetime	[láiftime]	[라이프타임]	명 평생 형 한 평생의
lift	[lift]	[리프트]	타자 들어올리다 명 오르기, 승강기
light	**[lait]**	**[라이트]**	명 빛 형 밝은, 가벼운 타자 불을 붙
* *bring (come) to light*		폭로하다, 드러내다	이다
* *light up*		밝게 하다, 명랑해지다	
* *light in hand*		다루기 쉬운	
* *make light of*		~을 얕보다	
lighten	[láitn]	[라이튼]	타자 비추다, 빛나다, 가볍게 하다
lighthouse	[láithaus]	[라이트하우스]	명 등대
lightly	[láitli]	[라이틀리]	부 가볍게, 손쉽게
lightning	[láitniŋ]	[라이트닝]	명 번개, 전광 형 급속한
like¹	**[laik]**	**[라이크]**	형 같은, 비슷한 전 ~처럼, ~같이
* *and the like*		그 밖의 같은 종류의 것, ~따위	부 ~듯이 명 비슷한 것
like²	**[laik]**	**[라이크]**	타자 좋아하다, ~하고 싶다
likelihood	[láiklihùd]	[라이클리후드]	명 있음직함, 가능성, 가망
* *in all likelihood*		아마, 십중 팔구	
likely	**[láikli]**	**[라이클리]**	형 있음직한, 정말 같은 부 아마
* *[be] likely to [do]*		~할 것 같다	
likeness	[láiknis]	[라이크니스]	명 비슷함, 근사, 유사, 모습
likewise	[láikwàiz]	[라이크와이즈]	부 마찬가지로, 또한, 게다가 또
liking	[láikiŋ]	[라이킹]	명 좋아함, 기호, 취미

L

　　　* *have a liking for* 　　　~을 좋아하다

lilac [láilək] [라일럭] 명 라일락 형 라일락 빛의

lily [líli] [릴리] 명 백합, 나리꽃 형 순결한, 흰

limb [lim] [림] 명 팔, 다리, 수족, 날개

lime [laim] [라임] 명 석회

limestone [laimstoun] [라임스토운] 명 석회암(石灰岩)

limit [límit] [리밋] 명 제한, 《복수》범위 타 제한하다

　　　* *off limits* 　　　출입 금지 구역

　　　* *to the limit* 　　　《미》극도로, 충분히

limitation [lìmətéiʃən] [리미테이션] 명 제한, 한계 「한

limp [limp] [림프] 자 절뚝거리다 명 발을 절기 형 유연

line [lain] [라인] 명 선, 줄, 노선 자타 늘어서다, 선을 긋다

　　　* *in line with* 　　　~와 일직선으로

lineage [líniidʒ] [리니이지] 명 가계(家系), 혈통

linen [línən] [리넌] 명 린네르, 아마포 형 아마의

linger [língər] [링거] 자타 오래 머무르다, 우물쭈물 보내다

linguist [língwist] [링귀스트] 명 어학자, 언어학자

linguistic [liŋgwístik] [링귀스틱] 형 말의, 언어의, 어학상의

link [liŋk] [링크] 명 고리, 연쇄 자타 연결하다

linoleum [linóuliəm] [리노울렴] 명 (마루바닥에 까는) 리놀륨

lion [láiən] [라이언] 명 사자, 용맹스러운 사람

lip [lip] [립] 명 입술, 입 형 말 뿐인

liquid	[líkwid]	[리퀴드]	명 액체, 유동체 형 액체의
liquor	[líkər]	[리커]	명 알코올 음료, 주류
list	[list]	[리스트]	명 표, 명부 타자 명부에 올리다

    * *a long list of ~*   수 많은 ~

listen	[lísn]	[리슨]	자 경청하다, 듣다, 귀를 기울이다

    * *listen to ~*   ~에 귀를 기울이다

listener	[lísnər]	[리스너]	명 (라디오)청취자, 경청자
liter	[lí : tər]	[리터]	명 리터(약 5홉 5작)
literal	[lítərəl]	[리터럴]	형 문자 그대로의, 정확한
literally	[lítərəli]	[리터럴리]	부 문자 그대로, 정확하게
literary	[lítərèri]	[리터러리]	형 문학의, 문예의, 학문의
literature	[lítərəʃər]	[리터리쳐]	명 문학, 문예, 문헌
litter	[lítər]	[리터]	명 잡동사니, 난잡
little	[lítl]	[리틀]	형 작은 부 조금은 명 조금

    * *little by little*   조금씩, 천천히
    * *little less than*   ~와 거의 같은 정도의
    * *little more than*   ~에 불과할 정도의, ~이나 마찬가지로 적은
    * *a little*   조금, 조금은
    * *a little while*   잠시

live	{ [liv]	[리브]	자타 살다, 생활하다, 거주하다
	[laiv]	[라이브]	형 살아 있는, 활기 있는

    * *live on (upon)*   ~을 주식으로 하다, ~으로 생활하다

L

    * *live through*   ~을 타개하다, 목숨을 부지하다
    * *live up to*   ~에 부끄럽지 않은 생활을 하다

livelihood   [láivlihùd]   [라이블리후드]   명 생계, 살림

lively   [láivli]   [라이블리]   형 활기있는, 활발한 부 활발하게

liver   [lívər]   [리버]   명 거주자, 간장(肝臟), 간

livery   [lívəri]   [리버리]   명 제복, 말(마차)세놓는 업

living   [lívin]   [리빙]   형 살아 있는, 현존한, 활발한 명 생활

    * *make one's living*   생계를 세우다

lizard   [lízərd]   [리저드]   명 도마뱀

load   [loud]   [로우드]   명 부담, 짐 자타 짐을 싣다 「내다

loaf   [louf]   [로우프]   명 (빵의)한 덩이 자타 빈둥거리며 지

loan   [loun]   [로운]   명 대부(금), 공채 타자 《미》빌려주

    * *on loan*   대부하여, 차입하여   「다

loathe   [louð]   [로우드]   타 몹시 싫어하다

lobby   [lábi]   [라비]   명 로비, 휴게실, 복도

local   [lóukəl]   [로우컬]   형 지방의 명 《종종 복수》지방 주민

locate   [lóukeit]   [로우케이트]   자 거주하다, (관청 따위) 설치하다

location   [loukéiʃən]   [로우케이션]   명 위치, 배치, 야외 촬영

lock   [lak]   [록]   명 자물쇠 타자 자물쇠를 채우다

    * *lock out*   내쫓다

locker   [lákər]   [락커]   명 (옷이나 물건을 넣어두고 잠그게

    * *locker room*   탈의실   「되어 있는)장

locket	[lákit]	[라킷]	명 로케트(유물 따위를 넣어 목걸이에 달아맨 금·은으로 만든 작은 곽)
lockout	[lákàut]	[록아웃]	명 공장 폐쇄 타 공장을 폐쇄하다
locomotive	[lòukəmóutiv]	[로우커모우티브]	형 이동하는 명 기관차
locust	[lóukəst]	[로우커스트]	명 메뚜기, 매미, 대식가
lodge	[ladʒ]	[로지]	명 오두막 자타 묵다, 숙박케 하다
lodger	[ládʒər]	[로저]	명 숙박인, 하숙인, 세든 사람
lodging	[ládʒiŋ]	[로징]	명 숙박, 숙소, 하숙
* *lodging house* 하숙집			
loft	[lɔ(ː)ft]	[로프트]	명 다락방, 비둘기장
loftiness	[lɔ(ː)ftinis]	[로프티니스]	명 고상, 거만
lofty	[lɔ́ːfti]	[로프티]	형 몹시 높은, 치솟은
log	[lɔ(ː)g]	[로그]	명 통나무, 항해 일기
logic	[ládʒik]	[로직]	명 논리학, 논리, 설득력
logical	[ládʒikəl]	[로지컬]	형 논리적인, 필연의
loin	[lɔin]	[로인]	명 허리, 허리고기
loiter	[lɔ́itər]	[로이터]	자타 어슬렁어슬렁 걷다
London	[lʌ́ndən]	[런던]	명 런던(영국의 수도)
lone	[loun]	[로운]	형 고독한, 쓸쓸한, 독신의
lonely	[lóunli]	[로운리]	형 고립한, 쓸쓸한, 외로운, 외딴
loneliness	[lóunlinis]	[로운리니스]	명 고독, 고립, 외로움
lonesome	[lóunsəm]	[로운섬]	형 쓸쓸한(lonely)

L

long¹   [lɔːŋ]   [로옹]   혱 긴, 오랜 휑 오랫동안, 오래
* *as long as*   ~하는 한은, ~하는 동안은, 하기만 한다면
* *before long*   얼마 안 있어, 곧
* *in the long run*   결국(마침내는)
* *long ago*   옛날에, 오래 전에
* *long ears*   귀밝음
* *long in the arm*   【영俗】 손버릇이 나쁜
* *not long ago*   요 얼마 전에, 요전에
* *so long!*   안녕! (good-bye)

long²   [lɔːŋ]   [로옹]   잔 동경하다, 간절히 바라다
* *long for*   ~을 간절히 바라다 (=yearn)

longing   [lɔ́ːŋiŋ]   [로옹잉]   몡 열망, 동경 혱 갈망하는
longitude   [lándʒətjùːd]   [론지튜우드]   몡 경도(經度) 휑 latitude(위도)
look   [luk]   [룩]   잔타 보다, ~으로 보이다
* *look about*   둘러보다
* *look after*   ~을 돌보다, 찾다
* *look ahead*   앞을 보다, (앞길을) 조심하다
* *look as if*   마치 ~같이 보이다
* *look down on (upon)*   경멸하다, 낮추어 보다
* *look for*   찾다, 기대하다 (expect)
* *look forward to ~*   ~을 고대하다 (anticipate with pleasure)
* *look in*   잠깐 들여다보다, 들르다

* *look ~ in the face*   정면으로 보다, ~에 직면하다
* *look into*   조사하다
* *look like*   ~처럼 보이다
* *look on (upon)*   ~을 바라보다 (view), ~로 향해 있다, 방관하다
* *look out*   밖을 보다, 주의하다 (be careful)
* *look over*   ~너머로 보다, 대강 훑어보다
* *look round (around)*   둘러보다, 고려하다
* *look through*   ~을 통하여 보다 ; 뚫어지게 보다, ~을 간파하다
* *look to*   ~에 주의하다, 기대하다, ~ 돌보다
* *look up*   조사하다, 올려다 보다
* *look up at*   쳐다보다
* *look up to*   ~을 쳐다보다, ~을 존경하다 (respect)
* *look upon ~ as …*   ~을 … 로 생각하다 (간주하다) (regard~as… ; think of~as
                                                                    …)

lookout	[lukaut]	[룩아우트]	뎽 망, 전망, 감시
loom	[luːm]	[루움]	뎽 베틀, 직기 困 어렴풋이 보이다
loop	[luːp]	[루우프]	뎽 (실·끈 따위의)고리
loose	[luːs]	[루우스]	혱 헐거운, 야무지지 못한 困困 풀다, 놓아 주다
loosen	[lúːsn]	[루우슨]	困困 늦추다, 풀다
lopsided	[lápsáidid]	[랍사이디드]	혱 한쪽으로 기울어진
lord	[lɔːr]	[로오드]	뎽 군주, 주인, 《영》귀족 困 뽐내다
* *lord it over*	~에 군림하다, 뽐내다		
lose	[luːz]	[루우즈]	困困 잃다, 지다, 손해 보다

L

* *lose no time in [~ing]*   때를 놓치지 않고 ~하다
* *lose one's temper*   버럭 화를 내다
* *lose oneself in*   ~에 열중하다, 빠지다
* *lose the day*   싸움에 지다

loss   [lɔːs]   [로오스]   명 손실, 《종종 복수》손해, 사망

* *at a loss*   어쩔 줄 몰라서, 난처하여

lost   [lɔːst]   [로오스트]   형 [lose의 과거분사] 잃어버린

lot   [lat]   [로트]   명 (뽑는) 제비, 운명, 당첨, 많음

* *a lot of*   많은, 잔뜩 (lots of)

loud   [laud]   [라우드]   형 목소리가 큰, 시끄러운

loudly   [láudli]   [라우들리]   부 큰 소리로

loudspeaker   [laudspíːkər]   [라우드스피이커]   명 확성기

lounge   [laundʒ]   [라운지]   명 한가히 걷는 걸음, 휴게실, 오락실

love   [lʌv]   [러브]   명 사랑, 애정 타자 사랑하다

* *fall [be] in love (with)*   (~을) 사랑하다, (~에게) 반하다

loveliness   [lʌ́vlinis]   [러블리니스]   명 귀염성, 아름다움

lovely   [lʌ́vli]   [러블리]   형 아름다운, 사랑스러운, 귀여운

lover   [lʌ́vər]   [러버]   명 애인, 연인, 연인끼리, 애호가

loving   [lʌ́viŋ]   [러빙]   형 사랑하는, 친애하는

low   [lou]   [로우]   형 싼, 낮은 부 낮게, 싸게

lowbrow   [loubrau]   [로우브라우]   명 지성이 낮은 사람

lower   [lóuər]   [로워]   타자 낮추다, 내려가다 형 더 낮은

lowland	[lóulənd]	[로울런드]	몡 낮은 곳 혱 낮은 지방의
lowliness	[lóulinis]	[로울리니스]	몡 겸손, 비천
lowly	[lóuli]	[로울리]	혱 신분이 낮은, 비천한 빙 천하게
loyal	[lɔ́iəl]	[로이얼]	혱 충성스러운, 성실한, 충실한
loyalty	[lɔ́iəlti]	[로이얼티]	몡 충의, 충성, 충실, 애국심, 성실
luck	[lʌk]	[럭]	몡 운, 행운, 운수(chance)
* * in [out of, off] luck*		운이 좋아서[나빠서]	
luckily	[lʌ́kili]	[러킬리]	빙 운수좋게, 천만 다행히도
lucky	[lʌ́ki]	[러키]	혱 운이 좋은, 행운의
ludicrous	[lú:dəkrəs]	[루우디크러스]	혱 익살맞은(comical), 터무니 없는
luggage	[lʌ́gidʒ]	[러기지]	몡 수하물, 여행 가방 ㄴ(absurd)
lull	[lʌl]	[럴]	타자 달래다, 잔잔해지다 몡 잠잠함
lullaby	[lʌ́lləbài]	[럴러바이]	몡 자장가 타 자장가를 불러 재우다
luminous	[lú:mənəs]	[류우미너스]	혱 빛나는, 밝은, 명백한
lump	[lʌmp]	[럼프]	몡 덩어리, 혹 타자 한 묶음으로 하다
lunar	[lú:nər]	[루우너]	혱 달의 빤 solar (해의)
lunatic	[lú:nətik]	[루우너틱]	혱 정신 이상의 몡 정신 병자
lunch	[lʌntʃ]	[런치]	몡 점심, 도시락 자타 점심을 먹다
luncheon	[lʌ́ntʃən]	[런천]	몡 오찬(午餐)
lung	[lʌŋ]	[렁]	몡 폐, 허파
lure	[luər]	[루어]	몡 매력, 미끼, 유혹물 타 유혹하다
lurk	[lə:rk]	[러어크]	자 숨어 있다, 잠복하다

L

luscious	[lʌʃəs]	[러셔스]	형 감미로운, 아주 단, 달콤한
lust	[lʌst]	[러스트]	명 욕망, 번뇌 자 갈망하다
luster, -tre	[lʌstər]	[러스터]	명 광택, 영예 타 광택을 내다
lusty	[lʌsti]	[러스티]	형 튼튼한, 원기 왕성한
lute	[luːt]	[루우트]	명 류트(기타와 비슷한 악기)
luxuriant	[lʌgзúəriənt]	[러그쥬어리언트]	형 무성한, 다산의, 화려한
luxurious	[lʌgзúəriəs]	[러그쥬어리어스]	형 사치스러운, 사치를 좋아하는
luxury	[lʌkʃəri]	[럭셔리]	명 사치, 호화, 사치품, 쾌락
lying	[láiiŋ]	[라이잉]	명 드러눕기, 잠자리
lynx	[liŋks]	[링크스]	명 삵괭이, 스라소니
lyre	[laiər]	[라이어]	명 수금(고대에 쓰인 7현악기)
lyric	[lírik]	[리릭]	명 서정시 형 서정적인 반 epic서사시 (적인)

ma	[maː]	[마아]	명 엄마, 마마(mamma의 줄임말)
machine	[məʃíːn]	[머시인]	명 기계, 기관
machinery	[məʃíːnəri]	[머시이너리]	명 기계류, 기계 장치
mad	[mæd]	[매드]	형 미친, 무모한, 열광적인, 성난
madam	[mǽdəm]	[매덤]	명 여사, 부인, 아씨, 마담, 안주인
madame	[mǽdəm]	[매덤]	명 아씨, 마님, … 부인
madden	[mǽdn]	[매든]	자타 발광하다, 발광시키다
made	[meid]	[메이드]	통 make의 과거분사 형 만든
madly	[mǽdli]	[매들리]	부 미쳐서, 미친 듯이, 몹시
madness	[mǽdnis]	[매드니스]	명 광기(狂氣), 정신 착란
Madonna	[mədánə]	[머다너]	명 성모 마리아
maestro	[máistrou]	[마이스트로우]	명 대음악가, (예술의) 거장(명작곡가)
magazine	[mæɡəzíːn]	[매거지인]	명 잡지(정기 간행물), 화약고, 병기고
Magi	[méidʒai]	[메이자이]	명 동방박사(Magus [méigəs, 메이거스]의 복수형)

M

magic	[mǽdʒik]	[매직]	형 마법의, 기묘한 명 마법, 요술
* like [as if by] magic		당장에, 신비스럽게, 이상하게	
magical	[mǽdʒikəl]	[매지컬]	형 요술 같은, 마법의
magician	[mədʒíʃən]	[머지션]	명 마술사, 마법사, 요술쟁이
magistrate	[mǽdʒəstrèit]	[매지스트레이트]	명 행정 장관, 치안 판사
magnanimity	[mæɡnəníməti]	[매그너니미티]	명 아량, 관대
magnesium	[mæɡníːziəm]	[매그니이점]	명 《화학》 마그네슘
magnet	[mǽɡnit]	[매그넛]	명 자석, 지남철
magnificent	[mæɡnífəsnt]	[매그니피슨트]	형 장려한, 당당한, 《구어》 멋진
magnify	[mǽɡnəfài]	[매그니파이]	타 (렌즈 따위로) 확대하다, 과장하다
magnitude	[mǽɡnətjùːd]	[매그니튜우드]	명 크기, 중요함
maid	[meid]	[메이드]	명 소녀, 아가씨, 하녀, 처녀
maiden	[méidn]	[메이든]	명 소녀, 처녀 형 소녀의, 처녀의
mail	[meil]	[메일]	명 우편물 타 우송하다
maim	[meim]	[메임]	타 (손·발을 잘라) 불구로 만들다
main	[mein]	[메인]	형 주요한, 주된 명 힘
* in the main		대개, 주로, 대체로	
* with might and main		전력을 다하여	
mainland	[méinlænd]	[메인런드]	명 본토, 대륙
mainly	[méinli]	[메인리]	부 오로지, 대부분, 주로, 대개
maintain	[meintéin]	[메인테인]	타 유지하다, 계속하다, 보존하다
maintenance	[méintənəns]	[메인티넌스]	명 유지, 보존, 지속, 부양

maize	[meiz]	[메이즈]	圐 옥수수(의 열매) (Indian corn)
majestic(al)	[mədʒéstik(əl)]	[머제스틱(컬)]	阌 위엄있는, 당당한
majesty	[mædʒəsti]	[매지스티]	圐 위엄, 장엄, 주권, 존엄
major	[méidʒər]	[메이저]	阌 주요한 圐 육군소령 圖 전공하다

    * *major in~*   ~을 전공하다

majority	[mədʒɔ́ːrəti]	[머조리티]	圐 대다수, 과반수, (득표의)차
make	[meik]	[메이크]	国 만들다, 얻다, ~이 되다 圐 제작

    * *make away with*   ~을 없애다, ~을 멸망시키다
    * *make for*   ~의 이익이 되다, ~을 향하여 나아가다
    * *make light (little) of*   ~을 소홀히 하다, 업신여기다
    * *make much of*   ~을 존중하다, ~을 추켜 올리다
    * *make nothing of*   ~을 문제시하지 않다, ~을 전혀 알 수 없다
    * *make one's way*   나아가다, 성공하다
    * *make out*   이해하다, 발견하다, 작성하다, 증명하다
    * *make sure (of)*   (~을)확인하다, 다짐하다
    * *make the best of*   ~을 충분히 이용하다, 될 수 있는 대로 이용하다
    * *make the most of*   가장 잘 이용하다, 가장 좋게 보이게 하다
    * *make up for*   ~의 보상을 하다 (compensate for)
    * *make up one's mind*   결심하다 (decide)
    * *make use of*   ~을 이용하다 (utilize)
    * *make way for*   ~을 위하여 진로를 트다, ~에게 길을 열어주다

malaria	[məléəriə]	[멀레리어]	圐 말라리아

M

Malay	[məléi]	[멀레이]	명 말레이 사람(말) 형 말레이 사람(말)의
male	[meil]	[메일]	명 남자, 수컷 형 남성의, 수컷의
malice	[mǽlis]	[맬리스]	명 악의(惡意), 원한
malignant	[məlígnənt]	[멀리그넌트]	형 악의의, 악성의
malnutrition	[mælnjuːtríʃən]	[맬뉴우트리션]	명 영양 실조
mam[m]a	[mάːmə]	[마아머]	명 엄마 반 papa(아빠)
mammal	[mǽməl]	[매믈]	명 포유 동물
mammoth	[mǽməθ]	[매머스]	명 맘모스 형 거대한
man	[mæn]	[맨]	명 사람, 남자, 어른 타 사람을 배치 하다
manage	[mǽnidʒ]	[매니지]	타재 관리하다, 다루다
	* manage to [do]	어떻게든 해서 ~하다, 애써서 ~하다	
management	[mǽnidʒmənt]	[매니지먼트]	명 취급, 관리, 경영, 조종
manager	[mǽnidʒər]	[매니저]	명 지배인, 경영자, 관리인, 감독
Manchuria	[mænʧúəriə]	[맨츄어리어]	명 만주
mandate	[mǽndeit]	[맨데이트]	명 명령 타 위임 통치령으로 하다
mandolin	[mǽndəlin]	[매덜린]	명 만돌린(현악기)
mane	[mein]	[메인]	명 갈기(말·사자 따위)
maneuver	[mənúːvər]	[머누우버]	명 작전적 행동 재연습하다, 조종하다
manful	[mǽnfəl]	[맨펄]	형 씩씩한, 사내다운, 결단성있는
manger	[méindʒər]	[메인저]	명 여물통, 구유
mangle	[mǽŋgl]	[맹글]	타 토막토막 자르다, 망쳐 놓다

manhood	[mǽnhùd]	[맨후드]	몡 성인, 성년, 사나이다움
manifest	[mǽnəfèst]	[매니페스트]	혱 명백한 탸 명시하다, 나타내다
manifestation	[mæ̀nəfistéiʃən]	[매니페스테이션]	몡 표명, 발표, 명시
manifold	[mǽnəfòuld]	[매니포울드]	혱 (다종)다양한 몡 다양성 쟈탸 (복사기로) 여러 통 복사하다
mankind	[mænkáind]	[맨카인드]	몡 인류, 인간, 사람
manlike	[mǽnlaik]	[맨라이크]	혱 사람다운 ; 사내다운, 남성적인
manly	[mǽnli]	[맨리]	혱 사내다운, 남자 같은, 씩씩한
manner	[mǽnər]	[매너]	몡 방법, 방식, 태도, 예절, 풍습

     * *all manner of*   모든 종류의
     * *have no manners*   예의범절을 모르다
     * *in a manner*   어떤 의미에서는, 얼마간
     * *to the manner born*   나면서부터, 적합한, 타고난

man-of-war	[mæn−əv−wɔːr]	[맨어브워어]	몡 군함
manor	[mǽnər]	[매너]	몡 (봉건시대 귀족들의) 영지(領地)
mansion	[mǽnʃən]	[맨션]	몡 대저택, 큰 집 「 다, 싸다
mantle	[mǽntl]	[맨틀]	몡 망토(여자의 소매없는 외투) 탸 덮
manual	[mǽnjuəl]	[매뉴얼]	혱 손의, 손으로 만든 몡 편람, 소책자
manufactory	[mæ̀njufǽktəri]	[매뉴팩터리]	몡 공장, 제작소
manufacture	[mæ̀njufǽktʃər]	[매뉴팩쳐]	탸 제조하다 몡 제품, 제조
manufacturer	[mæ̀njufǽktʃərər]	[매뉴팩처러]	몡 제조업자, 생산자
manure	[mənjúər]	[머뉴어]	몡 비료 탸 비료를 주다

M

manuscript	[mǽnjuskript]	[매뉴스크립트]	몡 원고, 사본
many	[méni]	[메니]	혱 많은, 다수의 몡다수 맨 few(적은)

     * *a good many*   꽤 많은
     * *a great many*   대단히 많은
     * *like so many*   ~와 같은 수의, 마치 ~처럼의

map	[mæp]	[맵]	몡 지도(地圖) 탄 지도를 그리다
maple	[méipl]	[메이플]	몡 단풍, 단풍나무
mar	[ma:r]	[마아]	탄 손상하다, 망쳐 놓다
Marathon	[mǽrəθàn]	[매러산]	몡 아테네의 동북부에 있는 옛 싸움 터, 장거리 경주, 마라톤 경주
marble	[má:rbl]	[마아블]	몡 대리석
march	[ma:rʧ]	[마아치]	몡 행진, 진전, 행진곡 재탄 행진하다
March	[ma:rʧ]	[마아치]	몡 3월 [약어 : *Mar.*]
mare	[mɛər]	[메어]	몡 암말, 암컷
margarin(e)	[ma:rdʒəri:n]	[마아저리인]	몡 마아가린
margin	[má:rdʒin]	[마아진]	몡 가장자리, 여백 탄 끝동을 달다
marginal	[má:rdʒinl]	[마아지널]	혱 언저리의, 가의, 한계의
marine	[məri:n]	[머리인]	혱 바다의, 해운의 몡 선박, 해군
mariner	[mǽrənər]	[매리너]	몡 수부, 선원(sailor)
maritime	[mǽrətàim]	[매리타임]	혱 바다의, 해변의, 해안에 사는
mark	[ma:rk]	[마아크]	몡 표, 목표, 득점, 자국 탄재 표를 하

     * *mark off*   ~을 구별하다, 구획하다   ┗ 다

* beside the mark		들어맞지 않는, 요령 부득인	
* hit the mark		적중하다, 목적을 달성하다	
* wide of the mark		beside the mark	
marked	[maːrkt]	[마아크트]	형 표적이 있는, 낙인 찍힌, 두드러진
market	[máːrkit]	[마아킷]	명 시장 타자 시장에 내놓다
* be in the market		팔 것으로 나와 있다	
* make a market of		~을 돈벌이의 수단으로 삼다, ~으로 이득을 보다	
marquis	[máːrkwis]	[마아퀴스]	명 후작
marriage	[mǽridʒ]	[매리지]	형 결혼, 결혼식, 밀접한 결합
married	[mǽrid]	[매리드]	형 기혼의, 결혼한, 부부의
marrow	[mǽrou]	[매로우]	명 골수, 정수, 골자
marry	[mǽri]	[매리]	타자 ~와 결혼하다, 결혼시키다
Mars	[maːrz]	[마아즈]	명 화성, 마르스(로마 신화의 군신)
marsh	[maːrʃ]	[마아시]	명 늪, 습지, 소택(沼澤)
marshal	[máːrʃəl]	[마아셜]	명 육군 원수, 의전관, 경찰서장
mart	[maːrt]	[마아트]	명 시장(市場), 상업 중심지
martial	[máːrʃəl]	[마아셜]	형 전쟁의, 군인다운, 호전적인
martyr	[máːrtər]	[마아터]	명 순교자
marvel	[máːrvəl]	[마아블]	명 경탄할 만한 일 자 경탄하다
marvel[l]ous	[máːrvələs]	[마아블러스]	형 놀라운, 기묘한, 이상한
mascot	[mǽskat]	[매스컷]	명 수호신, 마스코트
masculine	[mǽskjulin]	[매스큘린]	형 남자의, 남성적인

M

mask	[mæsk]	[매스크]	명 가면, 복면 타자 가면을 쓰다
mason	[méisn]	[메이슨]	명 석공, 벽돌공
masquerade	[mæskəréid]	[매스커레이드]	명 가장(가면)무도회 자 가장하다
mass	[mæs]	[매스]	명 미사, 덩어리, 대중 타자 집중하다
* mass production		대량 생산	
massacre	[mæsəkər]	[매서커]	명 대학살 타 대량 학살하다
massage	[məsá:ʒ]	[머사아지]	명 마사지, 안마 타 안마하다
massive	[mæsiv]	[매시브]	형 크고 무거운, 육중한, 묵직한
mast	[mæst]	[마아스트]	명 돛대, 마스트 타 돛을 올리다
master	[mæstər]	[마아스터]	명 주인 타 정복하다, 습득하다
* master of ceremonies		주례, 사회자	
masterpiece	[mæstərpi:s]	[마아스터피이스]	명 걸작, 명작
mastery	[mæstəri]	[마아스터리]	명 지배권, 정통, 숙달, 우위
mat	[mæt]	[매트]	명 매트, 멍석 타 멍석을 깔다
match	[mætʃ]	[매치]	명 성냥, 적수, 결혼 타 결혼시키다,
* (be) no match for		~의 상대가 안 되다, ~의 적수가 못되다 └ 짜맞추다	
matchless	[mætʃlis]	[매칠리스]	형 비길 데 없는, 무적의
mate	[meit]	[메이트]	명 동료, 한패 타자 짝지우다
material	[mətíəriəl]	[머티어리얼]	형 물질적인, 실질적인 명 재료
maternal	[mətə́:rnl]	[머터어늘]	형 어머니의, 어머니다운
math	[mæθ]	[매스]	명 수학(mathematics의 준말)
mathematical	[mæθəmǽtikəl]	[매시매티컬]	형 수학의, 수리적인

mathematician [mæθəmətíʃən] [매시머티션] 몡 수학자

mathematics [mæθəmǽtiks] [매시매틱스] 몡 수학(數學)

matter [mǽtər] [매터] 몡 물질, 사건, 문제 쟈 중요하다
* a matter of   ~의 문제, 대략, 대개
* a matter of course   당연한 일
* as a matter of fact   사실은, 실제로는, 사실상
* in the matter of   ~에 관해서는
* no matter how~[may]   … 비록 어떻게 … 한다 하더라도

mattress [mǽtris] [매트리스] 몡 (침대용의) 요, 매트리스

mature [mətjúər] [머튜어] 혱 성숙한, 완성된 탸쟈 성숙하다

maturity [mətjúərəti] [머튜어리티] 몡 성숙, 완성, 만기

maxim [mǽksim] [맥심] 몡 격언, 금언, 좌우명

maximum [mǽksəməm] [맥시멈] 몡 최대 한도, 극대 혱 최대 한도의

may [mei] [메이] 조 ~해도 좋다, ~일지도 모른다
* may as well (as)…   … 할 바에는 ~하는 편이 낫다
* may [might] well   ~하는 것도 당연하다

May [mei] [메이] 몡 5월

maybe [méibiː] [메이비] 甲 아마(perhaps), 어쩌면

mayor [méiər] [메이어] 몡 시장(市長)

maze [meiz] [메이즈] 몡 미로(迷路) 탸 당황케 하다

mead [miːd] [미이드] 몡 초원(meadow)

meadow [médou] [메도우] 몡 목초지, 강변의 낮은 풀밭, 초원

M

meager(gre) [míːgər] [미이거] 혱 야윈, 빈약한, 불충분한
meal [miːl] [미일] 몡 식사, (옥수수 따위의) 거친 가루
mean [miːn] [미인] 혱 천한, 중간의 탄재 의미하다
  * *by all means* 반드시, 꼭, (대답) 좋고말고요, 좋습니다
  * *by any means* 아무리 해도, 도무지
  * *by means of* ~에 의하여, ~을 써서
  * *by no means* 결코 ~이 아니다(하지 않다), (대답) 천만에
meaning [míːniŋ] [미이닝] 몡 뜻, 의미, 의의, 취지
means [miːnz] [미인즈] 몡 방법, 수단, 평균값(mean), 값
meantime [míːntàim] [미인타임] 몡 당분간, 그 동안 틘 그 동안에
  * *in the meantime (meanwhile)* 그 동안, 그럭저럭하는 동안에
meanwhile [míːnhwail] [미인화일] 틘 이럭저럭 하는 동안에, 그 동안에
  * *in the meanwhile* 그러는 동안에(in the meantime)
measles [míːzlz] [미이즐즈] 몡 홍역
measure [méʒər] [메저] 몡 측정, 양, 척도 탄재 측정하다
  * *beyond (above) measure* 엄청나게, 잴 수 없을 정도로
  * *common measure* 공약수
  * *in a large [great] measure* 대단히, 대부분, 꽤 많이
  * *made to measure* 치수에 맞추어 지은 (옷)
  * *take a person's measure* (아무의) 치수를 재다
measureless [méʒərlis] [메저리스] 혱 무한한
measurement [méʒərmənt] [메저먼트] 몡 측량, 측정, 측정법, 치수, 크기

meat	[miːt]	[미이트]	명 (식용 짐승의) 고기, 먹을 것
mechanic	[məkǽnik]	[미캐닉]	명 기계공, 직공, 《복수》 기계학
mechanical	[məkǽnikəl]	[미캐니컬]	형 기계의, 기계적인
mechanism	[mékənìzm]	[메커니즘]	명 기계, 기계 장치, 기구(機構)
mechanization	[mèkəni-zéiʃən]	[메커니제이션]	명 기계화(機械化)
medal	[médl]	[메들]	명 메달, 상패, 훈장, 기장
meddle	[médl]	[메들]	자 간섭하다, 쓸데없는 참견을 하다
medial	[médl]	[미이디얼]	형 중간에 있는, 중앙의, 평균의
mediate	[míːdièit]	[미이디에이트]	자타 중재하다, 조정하다, 매개하다
medical	[médikəl]	[메디컬]	형 의학의, 의료의, 내과적인
medicine	[médəsin]	[메디슨]	명 의술, 의학, 약 타 투약하다
medieval	[mìːdíːvəl]	[미디이이벌]	형 중세의 (5~16세기경까지)
meditate	[médətèit]	[메디테이트]	자타 숙고하다, 묵상하다, 꾀하다
meditation	[mèdətéiʃən]	[메디테이션]	명 숙고, 명상, 묵상
Mediterranean	[mèdətəréiniən]	[메디터레이니언]	명 지중해, 형 지중해의
medium	[míːdiəm]	[미이디엄]	명 매개(물), 중간 형 보통의, 중간의
meek	[miːk]	[미이크]	형 유순한, 온순한, 용기 없는
meekly	[míːkli]	[미이클리]	부 얌전하게, 온순하게
meet	[miːt]	[미이트]	타자 만나다, 마주치다, 마중하다
*meet with		~에 우연히 만나다, ~와 마주치다	
meeting	[míːtiŋ]	[미이팅]	명 회합, 회견, 집회, 회전(會戰)
megaphone	[mégəfoun]	[메거포운]	명 메가폰 타 확성기로 알리다

M

melancholy	[mélənkàli]	[멜런컬리]	명 우울, 우울증 형 우울한
mellow	[mélou]	[멜로우]	형 (과일이) 익어서 달콤한, 원숙한
melody	[mélədi]	[멜러디]	명 아름다운 곡조, 멜로디, 선율
melon	[mélən]	[멜런]	명 멜론(muskmelon), 참외
melt	[melt]	[멜트]	자타 녹다, 용해하다 명 용해물, 용해

     * melt into   녹아서 ~이 되다, 마음이 풀려서 ~하기 시작하다

member	[mémbər]	[멤버]	명 (단체의)일원, 구성원, 수족
membership	[mémbəʃip]	[멤버십]	명 회원(사원), 회원(사원)의 자격
membrane	[mémbrein]	[멤브레인]	명 얇은 막, 양피지
memo	[mémou]	[미이모우]	명 메모
memoir	[mémwaːr]	[멤와아]	명 회상록, 언행록, 실록, 전기
memorandum	[mèmərǽndəm]	[메머랜덤]	명 각서, 비망록, 메모 [약어:memo]
memorial	[məmɔ́ːriəl]	[미모오리얼]	명 기념물, 기념비 형 기념의
memorize	[méməràiz]	[메머라이즈]	타 기억하다, 암기하다
memory	[méməri]	[메머리]	명 기억, 기억력, 추억, 기념

     * in memory of   ~의 기념으로, ~을 잊지 않기 위해
     * to the memory of   ~의 영전에 바치어

menace	[ménis]	[메너스]	명 협박, 위협 타자 협박하다
mend	[mend]	[멘드]	타자 수선하다, 개선하다 명 수선
menial	[míːniəl]	[미이니얼]	형 천한 명 머슴, 하인, 하녀
mental	[méntl]	[멘틀]	형 정신의, 마음의, 지적인
mention	[ménʃən]	[멘션]	타 말하다, 언급하다 명 진술, 언급

* *not to mention~ ; without mentioning*   ~은 말할 것도 없고

mentor	[méntɔːr]	[멘터]	몡 훌륭한 지도자
menu	[ménjuː]	[메뉴우]	몡 식단표, 메뉴
merchandise	[mə́ːrʃəndàiz]	[머어츤다이즈]	몡 《집합적》 상품(goods) 「상인
merchant	[mə́ːrʃənt]	[머어츤트]	몡 상인, 《영》도매 상인, 《미》소매
mercury	[mə́ːrkjuri]	[머어큐리]	몡 수은, 온도계, (로마 신화의)머큐리
mercy	[mə́ːrsi]	[머어시]	몡 자비, 연민, 행운, 자유 「신

* *at the mercy of*   ~의 처분대로

mere	[miər]	[미어]	혱 단순한, 단지 ~에 불과한
merely	[míərli]	[미얼리]	문 단지, 전혀, 오직, 아주

* *merely (simply) because*   단지 ~라는 이유로
* *not merely ~ but…*   ~뿐만 아니라 … 도 또한

merge	[məːrdʒ]	[머어지]	타재 합병하다, 몰입하다
meridian	[mərídiən]	[머리디언]	몡 자오선, 정오 혱 정오의
merit	[mérit]	[메리트]	몡 장점, 공적, 공로
merrily	[mérəli]	[메릴리]	문 흥겹게, 명랑하게, 즐겁게
merriment	[mérimənt]	[메리먼트]	몡 흥겹게 떠들기, 법석, 환락
merry	[méri]	[메리]	혱 명랑한, 흥겨운, 쾌활한
mesh	[meʃ]	[메시]	몡 그물코, 올가미, 그물
mess	[mes]	[메스]	몡 혼란, 잡탕 타재 망치다, 더럽히다
message	[mésidʒ]	[메시지]	몡 전갈, 통신, 사명
messenger	[mésəndʒər]	[메신저]	몡 사자(使者), 배달인

M

metal	[métl]	[메틀]	똉 금속(金屬)
metaphor	[métəfɔ̀ːr]	[메터퍼]	똉 은유(隱喩), 비유
meteor	[míːtiər]	[미이티어]	똉 유성, 운성(隕星), 별똥별
meteorite	[míːtiəràit]	[미이티어라이트]	똉 운석(隕石)
meter, metre	[míːtər]	[미이터]	똉 미터, 계량기
method	[méθəd]	[메서드]	똉 **방법, 순서**
metropolis	[mitrápəlis]	[미트라폴리스]	똉 수도(首都), 주요 도시, 중심지
metropolitan	[mètrəpálitən]	[메트러팔러튼]	휑 수도의 똉 대도시에 사는 사람
mettlesome	[métlsəm]	[메틀섬]	휑 기운찬, 원기 왕성한(mettled)
mew	[mjuː]	[뮤우]	똉 야옹 잒 (고양이가) 야옹하고 울다
Mexican	[méksikən]	[멕시컨]	똉 멕시코 사람 휑 멕시코의
Mexico	[méksikòu]	[멕시코우]	똉 멕시코
mice	[mais]	[마이스]	똉 mouse의 복수, 생쥐들
microbe	[máikroub]	[마이크로우브]	똉 미생물, 세균(germ)
microbus	[máikroubʌs]	[마이크로우버스]	똉 마이크로 버스
microfilm	[máikroufilm]	[마이크로우필름]	똉 축소 복사용 필름
microphone	[máikrəfòun]	[마이크러포운]	똉 확성기, 마이크로폰
microscope	[máikrəskòup]	[마이크러스코우프]	똉 **현미경**
mid	[mid]	[미드]	휑 중앙의, 중간의, 중부의
mid-afternoon	[mid-æftərnúːn]	[미드애프터누운]	똉 한낮, 오후의 중간
midday	[mídei]	[미데이]	똉 정오(noon) 휑 정오의, 한낮의
middle	[mídl]	[미들]	똉 **중앙, 중간** 휑 **한가운데의**

* *in the middle of*   ~의 중앙에, ~하는 도중에, ~의 한가운데에
* *the Middle East*   중동

middleaged [mídléidʒid] [미들에이지드] 혱 중년의

midget [mídʒit] [미짓] 몡 난쟁이, 꼬마, 소형의 물건

midnight [mídnait] [미드나이트] 몡 한밤중 혱 한밤중의

midst [midst] [미드스트] 몡 한가운데 젠 ~의 한복판에

* *in the midst of*   한창 ~ 중에, ~의 한가운데에

midway [midwei] [미드웨이] 믄 중도에 혱 중도의 몡 중도

might [mait] [마이트] 몡 힘, 능력 조 may의 과거형

* *might as well ~ as…*   … 할 바에야 ~하는 편이 낫다

mighty [máiti] [마이티] 혱 강대한, 위대한

migrate [máigreit] [마이그레이트] 짜 이주하다, (새 따위가) 옮겨 살다

migration [maigréiʃən] [마이그레이션] 몡 이주, 이동

mild [maild] [마일드] 혱 유순한, 온화한, 순한

mildly [máildli] [마일들리] 믄 온화하게, 부드럽게   [미터)

mile [mail] [마일] 몡 마일(1760 야아드, 약 1,609킬로

military [mílitèri] [밀리터리] 혱 군인다운, 군용의, 육군의

militia [milíʃə] [밀리셔] 몡 의용군, 민병, 국민군

milk [milk] [밀크] 몡 젖, 우유 타 젖을 짜다, 젖이 나다

milky [mílki] [밀키] 혱 젖의, 젖 같은, 젖 빛깔의

mill [mil] [밀] 몡 물방앗간, 제분소, 공장

miller [mílər] [밀러] 몡 물방앗간 주인, 제분업자

M

milli	[míli]	[밀리]	몡 1/1000의 뜻의 결합사
million	[míljən]	[밀리언]	몡 100만, 무수 혱 100만의, 수없는
* *millions of*	몇 백만의, 수 백만에 이르는		
millionaire	[miljənéər]	[밀려네어]	몡 백만 장자, 대부호
mimic	[mímik]	[미믹]	탄 흉내내다 혱 모방의, 모의의
mince	[mins]	[민스]	탄 잘게 썰다 몡 잘게 다진 고기
mind	[maind]	[마인드]	몡 마음, 생각 탄자 걱정하다, 돌보다
* *come into one's mind*	생각이 떠오르다, 마음에 떠오르다		
* *give one's mind to*	~에 전념하다		
* *have a great mind to*	몹시 ~하고 싶어하다		
* *with ~ in mind*	~을 염두에 두고		[하다
mine	[main]	[마인]	때 나의 것 몡 광산, 지뢰 탄자 채굴
mineral	[mínərəl]	[미너럴]	몡 광물, 광석 혱 광물의
mingle	[míŋgl]	[밍글]	탄자 혼합하다, 섞이다, 사귀다
miniature	[míniəʃər]	[미니어쳐]	몡 축도, 세밀화법 혱 축도의, 소형의
minimize	[mínəmàiz]	[미니마이즈]	탄 가장 작게 하다, 과소 평가하다
minimum	[mínəməm]	[미니멈]	몡 최소량, 최소 한도 혱 최저의
* *a minimum of*	~최소한의		
* *at the minimum of cost*	최저 비용으로		
mining	[máiniŋ]	[마이닝]	몡 채광, 광업
minister	[mínəstər]	[미니스터]	몡 장관, 대신, 목사 자탄 봉사하다
* *minister to*	~의 도움이 되다, ~에 기여하다		

ministerial	[mìnəstíəriəl]	[미니스티어리얼]	톙 장관의, 목사의
ministry	[mínəstri]	[미니스트리]	뗑 부(部), 성(省), 장관직, 대신
mink	[miŋk]	[밍크]	뗑 밍크, 담비의 무리
Minnesota	[mìnisóutə]	[미니소우터]	뗑 미국 중북부의 주
minor	[máinər]	[마이너]	톙 보다 작은, 미성년의 뗑 미성년자
minority	[minɔ́:rəti]	[미노오리티]	뗑 소수, 소수파, 열세, 미성년
mint	[mint]	[민트]	뗑 조폐 공사, 《식물》박하
minus	[máinəs]	[마이너스]	톙 마이너스의, 빼기의 젠 ~을 빼어
minute	{ [mínit]	[미닛]	뗑 분(分), 순간 ⎰뗑 뺄셈표
	[mainjú:t]	[마이뉴우트]	톙 미소한, 상세한, 자디잔
	* *in a minute* 곧, 즉시, 하자마자		
	* *to the minute* 정각 그 시간에, 일분도 틀리지 않고		
miracle	[mírəkl]	[미러클]	뗑 기적(奇蹟)
miraculous	[mirǽkjuləs]	[미래큘러스]	톙 기적적인, 초자연적인
mirage	[mirɑ́:ʒ]	[미라아즈]	뗑 신기루, 아지랑이, 망상
mire	[maiər]	[마이어]	뗑 진흙, 진창
mirror	[mírər]	[미러]	뗑 거울, 모범 탄 (거울에) 비추다
mirth	[məːr]	[머어스]	뗑 환락, 유쾌, 명랑
miscellaneous	[mìsəléiniəs]	[미설레이니어스]	톙 잡다한, 여러 가지의, 잡종의
mischief	[místʃif]	[미스취프]	뗑 화, 손해, 해, 장난, 위해
mischievous	[místʃəvəs]	[미스취버스]	톙 유해한, 해로운, 장난치는
miser	[máizər]	[마이저]	뗑 구두쇠, 수전노

M

miserable	[mízərəbl]	[미저러블]	휑 비참한, 불쌍한, 초라한
miserably	[mízərəbli]	[미저러블리]	튄 불쌍하게, 비참하게
misery	[mízəri]	[미저리]	똉 불행, 비참, 빈곤, 곤궁
misfortune	[misfɔ́ːrʃən]	[미스포오천]	똉 불운, 불행, 재난
misgiving	[mísgíviŋ]	[미스기빙]	똉 불안, 의심, 염려
mishap	[míshæp]	[미스햅]	똉 재난, 불행한 사고, 불운
mislead	[mísliːd]	[미슬리이드]	탄 그릇 인도하다, 그르치다
Miss	[mis]	[미스]	똉 ~양(미혼 여자에 대한 경칭)
miss	[mis]	[미스]	탄재 놓치다, 잃다 똉 실책, 실패
missile	[mísəl]	[미사일]	똉 미사일, 비행 무기, 유도탄
mission	[míʃən]	[미션]	똉 사절단, 사명, 천직, 전도
misspell	[mísspel]	[미스스펠]	탄 ~의 철자를 잘못 쓰다
mist	[mist]	[미스트]	똉 안개, 연무 탄재 안개가 끼다
mistake	[mistéik]	[미스테이크]	탄재 틀리다 똉 잘못, 과실

  * *mistake ~ for…* ~을 … 으로 잘못 알다
  * *make a mistake* 실수하다, 잘못 생각하다, 잘못을 저지르다

mister	[místər]	[미스터]	똉 씨, 귀하 [보통 Mr.로 씀], 《호칭》
mistreat	[místriːr]	[미스트리이트]	탄 학대하다, 혹사하다
mistress	[místris]	[미스트리스]	똉 주부, 여교사
mistrust	[místrʌst]	[미스트러스트]	똉 불신 탄 의심하다
misty	[místi]	[미스티]	휑 어렴풋한, 안개 긴
misunderstand	[mísʌdərstǽnd]	[미스언더스탠드]	탄 오해하다 똉 오해, 불화

misuse	[mìsjúːs]	[미슈우즈]	🈺 오용하다, 학대하다
mitigate	[mítəgèit]	[미티게이트]	🈺 완화하다(make less serious) 누그러지게 하다, 덜다, 경감하다
mitt	[mit]	[미트]	🈩 벙어리 장갑, (야구용)미트
mix	[miks]	[믹스]	🈺🈔 섞다, 섞이다 🈩 혼합(물)
get mixed up 혼란되어 있다, 뒤섞여 있다
mixture	[míksʧər]	[믹스쳐]	🈩 혼합, 결합, 혼합물
moan	[moun]	[모운]	🈺🈔 신음하다 🈩 신음 소리 「다
moat	[mout]	[모우트]	🈩 호, 해자(垓字) 🈺 호를 파서 두르
mob	[mab]	[마브]	🈩 폭도 🈺🈔 떼지어 습격하다
mock	[mak]	[마크]	🈺🈔 조소하다 🈩 조소 🈔 모조의
mockery	[mákəri]	[모커리]	🈩 조롱, 흉내, 우롱
mode	[moud]	[모우드]	🈩 양식, 방법, 유행
model	[mádl]	[마들]	🈩 모형 🈔 모범적인 🈺 본받다
moderate	[mádərət]	[마더리트]	🈔 알맞은 🈩 온건한 사람
moderately	[mádərətli]	[마더리틀리]	🈟 적당하게, 알맞게
moderation	[màdəréiʃən]	[마더레이션]	🈩 적당, 알맞음, 절제
modern	[mádərn]	[마던]	🈔 현대의, 근대적인
modest	[mádist]	[마디스트]	🈔 조심하는, 겸손한, 수줍은
modesty	[mádəsti]	[마디스티]	🈩 조심스러움, 겸손, 정숙
modification	[màdəfikéiʃən]	[마디피케이션]	🈩 가감, 수정, 수식
modify	[mádəfài]	[마디파이]	🈺 가감하다, 수정하다, 수식하다

M

modulate	[mádʒulèit]	[마쥴레이트]	태 조절하다
moist	[mɔist]	[모이스트]	형 습기 있는 축축한 판 dry(마른)
moisture	[mɔistʃər]	[모이스쳐]	명 습기, 물기
mo[u]ld	[mould]	[모울드]	명 형(型), 성질, 토양, 곰팡이
molest	[məlést]	[모울레스트]	태 방해하다, 괴롭히다
moment	[móumənt]	[모우먼트]	명 순간, 중요, 때, 경우, 요소

    * *at the moment*   바로 지금, 바로 그때, 지금 막, 방금
    * *for a moment*   잠간 동안, 잠시 동안, 잠깐
    * *for the moment*   우선, 당장은
    * *in a moment*   순식간에, 곧
    * *of moment*   중요한

momentary	[móuməntèri]	[모우먼터리]	형 순간의, 찰나의
momentous	[mouméntəs]	[모우멘터스]	형 중대한
monarch	[mánərk]	[모너]	명 군주
monarchical	[məná:rkikəl]	[모나아키컬]	형 군주의, 군주다운
monarchism	[mánərkìzm]	[모너키즘]	명 군주정치, 군주주의
monarchist	[mánərkist]	[모너키스트]	명 군주주의자
monarchy	[mánərki]	[모너키]	명 군주정치, 군주국
monastery	[mánəstèri]	[모너스터리]	명 (주로 남자의) 수도원
Monday	[mʌ́ndei]	[먼디]	명 월요일(약어 ; Mon.)
monetary	[mánətèri]	[머니터리]	형 화폐의, 금전의, 금융의
money	[mʌ́ni]	[머니]	명 돈, 금전, 재산, 부(wealth)

* *raise money on* ~을 저당하여 돈을 마련하다

monitor	[mánətər]	[모니터]	몡 (학급의) 반장, 충고자, 모니터
monk	[mʌŋk]	[멍크]	몡 승려, 수도승
monkey	[mʌ́ŋki]	[멍키]	몡 원숭이
monopoly	[mənápəli]	[머나펄리]	몡 전매(專賣), 전매권, 독점, 전매품
monotone	[mánətòun]	[마너토운]	몡 단조(單調) 혱 단조의
monotonous	[mənátənəs]	[머나터너스]	혱 단조로운, 지루한
monotony	[mənátəni]	[머나터니]	몡 단음, 단조, 천편일률
monsoon	[mansúːn]	[만수운]	몡 계절풍, 몬수운
monster	[mánstər]	[만스터]	몡 괴물, 거인 혱 거대한
montage	[mantáːʒ]	[만타아즈]	몡 합성 사진, 몽타아즈
month	[mʌnθ]	[먼스]	몡 월(月), 한 달 「잡지
monthly	[mʌ́nθli]	[먼슬리]	혱 매월의 倶 한 달에 한 번 몡 월간
monument	[mánjumənt]	[모뉴먼트]	몡 기념비, 묘비, 기록
monumental	[mànjuméntl]	[모뉴멘틀]	혱 기념되는, 불멸의, 거대한
mood	[muːd]	[무우드]	몡 마음의 상태, 기분, 감정
moon	[muːn]	[무운]	몡 (하늘의) 달, 위성
moonlight	[muːnlait]	[무운라이트]	몡 달빛 혱 달빛의, 달밤의
moor	[muər]	[무어]	몡 황무지, 황야 他 정박시키다
moose	[muːs]	[무우스]	몡 큰 사슴
mop	[map]	[몹]	몡 (긴 자루가 달린) 걸레
moral	[mɔ́ːrəl]	[모럴]	혱 도덕의, 윤리적인 몡 교훈

M

morality	[mərǽləti]	[머랠리티]	몡 도덕, 도의, 덕행 「전한
morbid	[mɔ́ːrbid]	[모오비드]	혱 (정신·사상 따위의) 병적인, 불건
more	[mɔːr]	[모오]	혱 [many . much의 비교급] 더 많은
			ㄴ튄 더욱 몡 더 많은 수
* all the more	그만큼 더, 더욱 더		
* more and more	더욱 더, 점점 (the more~the more)		
* more or less	다소, 어느 정도, ~가량		
* more than	~이상으로, 더할 나위없이		
* more ~ than…	… 이라기보다 오히려 ~이다		
* no more	그 이상 ~ 않다, 죽어서, 사망하여		
* no more than	겨우 ~뿐, 다만 ~에 불과한, ~이 아닌 것과 같이 ~아니다		
* what is more	그 위에 또, 더군다나		
moreover	[mɔːróuvər]	[모오로우버]	튄 그 위에, 게다가, 또한
morn	[mɔːrn]	[모온]	몡 아침, 새벽
morning	[mɔ́ːrniŋ]	[모오닝]	몡 아침, 오전, 초기, 주간
* in the morning	오전 중		
* morning papers	조간 신문		
* of a morning	언제나 아침 나절에		
morrow	[mɔ́ːrou]	[모로우]	몡 아침, 이튿날, (사건의) 직후
morsel	[mɔ́ːrsəl]	[모오설]	몡 한 입, 한 조각, 소량
mortal	[mɔ́ːrtl]	[모오틀]	혱 죽어야 할, 치명적인, 인간의
mortality	[mɔːrtǽləti]	[모오탤리티]	몡 죽어야 할 운명, 사망률
mortar	[mɔ́ːrtər]	[모오터]	몡 모르타르, 회반죽, 절구

mortgage	[mɔ́ːrgidʒ]	[모오기지]	명 저당, 담보 타 저당 잡히다
mortify	[mɔ́ːrtəfài]	[모오티파이]	타 굴욕을 느끼게 하다, 억제하다
mosaic	[mouzéiik]	[모우제이익]	명 모자이크 형 모자이크의
mosquito	[məskíːtou]	[머스키이토우]	명 모기
moss	[mɔːs]	[모스]	명 이끼 타 이끼로 덮다
mossy	[mɔ́ːsi]	[모시]	형 이끼 긴, 이끼 같은
most	[moust]	[모우스트]	형 (many, much의 최상급) 가장 많은

     * *most of*   ~의 대부분, 대개의
     * *most of all*   그 중에서도, 특히(above all)
     * *at (the) most*   많아야, 기껏해야, 고작해야
     * *make the most of*   ~을 충분히 이용하다, ~을 가장 좋게 보이게 하다

mostly	[móustli]	[모우스틀리]	부 대개, 보통, 주로
moth	[mɔːθ]	[모스]	명 나방, 좀벌레
mother	[mʌ́ðər]	[머더]	명 어머니
motion	[móuʃən]	[모우션]	명 몸짓, 운동 자타 몸짓으로 알리다
motive	[móutiv]	[모우티브]	형 동기가 되는 명 동기, 목적
motor	[móutər]	[모우터]	명 발동기, 모우터 형 움직이게 하는
motorcar	[móutərkɑːr]	[모우터카아]	명 자동차
motto	[mátou]	[마토우]	명 표어, 처세훈, 격언
mount	[maunt]	[마운트]	명 ~산, [약어 : Mt.] 타자 오르다
mountain	[máuntən]	[마운틴]	명 산, 《복수》산맥 ㄴ (말에)타다
mountainous	[máuntənəs]	[마운티너스]	형 산지의, 산더미 같은

M

mourn	[mɔːrn]	[모온]	타자 슬퍼하다, 한탄하다
mournful	[mɔ́ːrnfəl]	[모온펄]	형 슬퍼 보이는, 슬픔에 잠긴
mourning	[mɔ́ːrniŋ]	[모오닝]	명 비탄, 애도, 상중(喪中), 상복
mouse	{ [maus]	[마우스]	명 새앙쥐
	[mauz]	[마우즈]	자 (고양이가) 쥐를 잡다
mouth	{ [mauθ]	[마우스]	명 (인간 · 동물의) 입
	[mauð]	[마우드]	타자 큰 소리로 말하다, 입에 넣다

     * *from mouth to mouth* 　　입에서 입으로, 구전으로
     * *with one mouth* 　　이구동성으로

| **move** | [muːv] | [무우브] | 타자 움직이다, 감동시키다 명 움직임 |

     * *move about* 　　돌아다니다, 여기저기로 주소를 옮기다
     * *move away* 　　물러가다
     * *move in* 　　(새 집으로) 이사하다
     * *move off* 　　떠나다, 《속어》죽다
     * *move on* 　　앞으로 계속 나아가다

| **movement** | [múːvmənt] | [무우브먼트] | 명 (정치적 · 사회적) 운동, 동작, 이 |
| **movie** | [múːvi] | [무우비] | 명 영화(관)　　　ㅣ동, 운전, 행동 |

     * *go to the movies* 　　영화 구경가다

mow	[mou]	[모우]	타 (풀 따위를) 베다 명 건초더미
MP, M.P	[èmpíː]	[엠피]	명 헌병(Military Police의 약어)
Mr., Mr	[místər]	[미스터]	명 ~씨, 군, 님 [남자에 대한 존칭]
Mrs., Mrs	[mísiz]	[미시즈]	명 ~부인 [기혼 부인에 대한 존칭]

Mt., mt.	[maunt]	[마운트]	《약어》 Mount. Mountain.
much	[mʌʧ]	[머치]	혱 많은, 다량의 몡 다량 뷔 매우, 대단히

* *as much* 그 만큼[정도]
* *as much … as* ~와 같은 정도[만큼]의…
* *be too much for* ~에게 힘겹다, ~을 감당할 수 없다
* *how much* 얼마만큼(의), (값이) 얼마
* *make much of* ~을 중요시하다, ~에게 친절히 대하다
* *much less* 더군다나 [하물며] ~은 아니다 (부정적 어구 뒤에서)
* *much more* 하물며, 더욱더, 말할 것 없이 (긍정적 어구 뒤에서)
* *much the same* 거의 같은
* *not so much as* ~조차 않다
* *not so much … as~* … 이라기보다는 오히려 ~
* *not up to much* 뒤떨어지는, 평범한
* *without so much as doing* ~조차 아니하고

muck	[mʌk]	[먹]	몡 퇴비, 오물, 쓰레기 탸 더럽히다
mud	[mʌd]	[머드]	몡 진흙, 진창, 보잘 것 없는 것
muddle	[mʌ́dl]	[머들]	탸 뒤범벅으로 만들다 몡 혼란, 당황
muddy	[mʌ́di]	[머디]	혱 진흙투성이의, 흐린, 탁한
muffle	[mʌ́fl]	[머플]	탸 덮어 싸다
muffler	[mʌ́flər]	[머플러]	몡 목도리, 머플러, 소음장치
multiply	[mʌ́ltəplài]	[멀티플라이]	탸잰 늘다, 늘리다 《수학》 곱하다
multitude	[mʌ́ltətjùːd]	[멀티튜우드]	몡 다수, 군중

M

* *a multitude of*		많은, 수많은	「거리다 몡 입속말
mumble	[mʌ́mbl]	[멈블]	태재 (입 속에서) 우물거리다, 중얼
mummy	[mʌ́mi]	[머미]	몡 미이라, (어린이말) 엄마
munch	[mʌntʃ]	[먼치]	재태 와작와작 씹다[먹다]
municipal	[mjuːnísəpəl]	[뮤우니시펄]	혱 시영의, 내정의, 시(市)의
munition	[mjuːníʃən]	[뮤우니션]	몡 탄약, 군수품 ; 자금 태 군수품을
mural	[mjúərəl]	[뮤(우)럴]	혱 벽[면]의 몡 벽화 ⌊ 공급하다
murder	[mə́ːrdər]	[머어더]	몡 살인, 모살, 살해 태 죽이다
murderer	[mə́ːrdərər]	[머어더러]	몡 살인자, 살인범
murderous	[mə́ːrdərəs]	[머더러스]	혱 살인의, 잔인한, 살인적인
murmur	[mə́ːrmər]	[머어머]	태재 투덜대다 몡 중얼거림
muscle	[mʌ́sl]	[머슬]	몡 근육, 완력 재 완력을 휘두르다
muscular	[mʌ́skjulur]	[머스큘러]	혱 근육의, 늠름한, 힘센
Muse	[mjuːz]	[뮤우즈]	몡 (그리이스 신화의)뮤우즈 신(시,
			음악, 학예를 주관하는 9여신 중
muse	[mjuːz]	[뮤우즈]	재 묵상에 잠기다 ⌊ 하나)
museum	[mjuːzíːəm]	[뮤우지엄]	몡 박물관, 미술관 ⌈ 하다
mushroom	[mʌ́ʃruːm]	[머시룸]	몡 버섯 혱 버섯 꼴의 재 갑자기 성장
music	[mjúːzik]	[뮤우직]	몡 음악, 악곡, 악보, 아름다운 소리
musical	[mjúːzikəl]	[뮤우지컬]	혱 음악의, 음악적인, 음악을 좋아하는
musician	[mjuːzíʃən]	[뮤우지션]	몡 음악가, 작곡가, 악사
musket	[mʌ́skit]	[머스키트]	몡 (구식) 보병총

must	[məst]	[머스트]	조 ~하지 않으면 안 되다, ~임에 틀림 없다
mustache	[mʌ́stæʃ]	[머스태시]	명 콧수염
mustard	[mʌ́stərd]	[머스터드]	명 겨자, 갓
muster	[mʌ́stər]	[머스터]	명 소집, 점호, 집합 타 소집하다
mute	[mjuːt]	[뮤우트]	형 벙어리의, 무언의, 말 없는 명 벙어
mutiny	[mjúːtəni]	[뮤우티니]	명 폭동, 반란, 반항 타 폭동을 일으키다
mutter	[mʌ́tər]	[머터]	자타 속삭이다, 중얼거리다 명 속삭임
mutton	[mʌ́tn]	[머튼]	명 양고기
mutual	[mjúːʧuəl]	[뮤우츄얼]	형 서로의, 상호간의, 공통의
muzzle	[mʌ́zl]	[머즐]	명 (동물의) 주둥이, 코, 재갈, 총구
my	[mai]	[마이]	대 나의 감 아이고!, 저런!

    * *My goodness!*   《경악의 감탄사》 아이고!, 저런!, 이것 참!

myriad	[míriəd]	[미리어드]	명 만(萬), 무수 형 무수한

    * *a myriad of* ~   무수한~

myrtle	[mə́ːrtl]	[머어틀]	명 도금양, 덩굴일일초
myself	[maisélf]	[마이셀프]	대 나 자신

    * *by myself*   혼자서, 단독으로
    * *for myself*   나 자신을 위해서, 남의 부림을 받지 않고, 자력으로

mysterious	[mistíəriəs]	[미스티리어스]	형 신비한, 불가사의한
mystery	[místəri]	[미스터리]	명 신비, 비밀, 불가사의, 비전(秘傳)
mystic	[místik]	[미스틱]	형 신비로운, 비결의 명 신비주의자
mystical	[místikəl]	[미스티클]	형 신비의, 신비주의의

M

myth	[miθ]	[미스]	몡 신화(神話), 꾸민 이야기
mythological	[mìθəládʒikəl]	[미설라지컬]	혱 신화의, 신화적인, 신화 같은
mythology	[miθálədʒi]	[미살러지]	몡 신화(집), 신화학

N n   **N n**   *N n*

nag	[næg]	[내그]	태자 잔소리하다 명 잔소리
nail	[neil]	[네일]	명 손톱, 발톱, 못 타 못을 박다
naked	[néikid]	[네이키드]	형 나체의, 벌거벗은, 드러난, 있는 그 대로의
name	[neim]	[네임]	명 이름, 명성 타 이름짓다, 부르다, 지명하다

* *name after [for]*   ~의 이름을 따서 명명하다
* *by name*   이름은, 이름으로, 이름만으로
* *by [under] the name of*   ~이라는 이름으로, ~의 권위로
* *in the name of*   ~의 이름으로, ~의 권위를 걸고

namely	[néimli]	[네임리]	부 즉, 말하자면
namesake	[néimseik]	[네임세이크]	명 동명인, 이름이 같은 사람
nap	[næp]	[냅]	명 선잠, 낮잠 자 졸다, 낮잠 자다

* *take a nap*   낮잠 자다

napkin	[nǽpkin]	[내프킨]	명 냅킨 「 환자
narcotic	[naːrkátik]	[나아카틱]	형 마취성의 명 마취제, 마취약, 중독

N

narration	[næréiʃən]	[내레이션]	명 이야기, 서술, 《문법》화법
narrator	[næreitər]	[내레이터]	명 해설자, 이야기하는 사람
narrow	[nǽrou]	[내로우]	형 좁은, 정밀한 명 해협 타자 좁게
narrowly	[nǽrouli]	[내로울리]	부 좁게, 정밀하게, 가까스로 ㄴ하다
nasal	[néizəl]	[네이절]	형 코의, 콧소리의, 비음의
nasty	[nǽsti]	[나아스티]	형 더러운, 불쾌한, 불결한, 보기 싫은
nation	[néiʃən]	[네이션]	명 국민, 국가, 민족
national	[nǽʃnl]	[내셔널]	형 국민의, 국가의 명 동포, 교포
nationalism	[nǽʃənəlizm]	[내셔널리즘]	명 애국심, 민족주의
nationalist	[nǽʃənəlist]	[내셔널리스트]	명 민족주의자
nationality	[næʃənǽləti]	[내셔낼리티]	명 국민성, 국적, 국민, 국가
nation-wide	[næʃən-waid]	[네이션와이드]	형 전국적인
native	[néitiv]	[네이티브]	형 타고난, 출생지의 명 토착민
* native speaker		모국어를 말하는 사람	
NATO	[néitou]	[네이토우]	《약어》 North Atlantic Treaty Organization(북대서양 조약 기구)
natural	[nǽtʃərəl]	[내츠럴]	형 자연의, 천연의, 타고난
naturally	[nǽtʃərəli]	[내츠럴리]	부 자연히, 천성적으로
nature	[néitʃər]	[네이처]	명 자연, 성질, 종류
* by nature		나면서부터, 본래	
* in nature		정말이지, 사실상, 도대체, 전혀	
naught	[nɔːt]	[노오트]	명 제로, 영(零), 무(無)

naughty	[nɔ́:ti]	[노오티]	휑 행실이 나쁜, 막된, 버릇없는
nausea	[nɔ́:ziə]	[노오시어]	몡 메스꺼움, 멀미, 욕지기
nautical	[nɔ́:tikəl]	[노오티컬]	휑 해상의, 항해의, 선박의
naval	[néivəl]	[네이블]	휑 해군의, 군함의, 배의
navigate	[nǽvəgèit]	[내비게이트]	짜탸 항해하다, 조종하다
navigation	[nævəgéiʃən]	[내비게이션]	몡 항행, 항해, 항공술
navy	[néivi]	[네이비]	몡 《종종 N-》해군, 《총칭적》해군 [군인
nay	[nei]	[네이]	튀 《고어》아니, 글쎄 몡 부정, 거부
near	[niər]	[니어]	튀 가까이 젼 가까이에 휑 가까운, 친밀한 탸 접근하다
* near at hand	바로 가까이에, 손이 닿는 곳에		
* near by	가까이에 (있는)		
nearby	[nìərbái]	[니어바이]	휑 가까운 튀 가까이에서
nearly	[níərli]	[니얼리]	튀 거의, 겨우, 밀접하게, 친하게
neat	[ni:t]	[니이트]	휑 산뜻한, 단정한, 솜씨 좋은
neatly	[ní:tli]	[니이틀리]	튀 산뜻하게, 조촐하게
nebula	[nébjələ]	[네뷸러]	몡 성운(星雲)
necessarily	[nèsəsérəli]	[네시세릴리]	튀 필연적으로, 부득이, 반드시
necessary	[nésəsèri]	[네시세리]	휑 필요한, 필연적인 몡 필수품
necessitate	[nəsésətèit]	[니세시테이트]	탸 필요로 하다, 부득이 ~ 하게 하다
necessity	[nəsésəti]	[니세시티]	몡 필요, 필연, 필요물
neck	[nek]	[넥]	몡 목, 목덜미 탸짜 목을 껴안다
necklace	[néklis]	[네클리스]	몡 목걸이

N

necktie	[nektai]	[넥타이]	몡 넥타이
need	[niːd]	[니이드]	몡 소용, 필요 탄 필요로 하다
needle	[níːdl]	[니이들]	몡 바늘, 침엽(針葉) 탄잔 바늘로 꿰
needless	[níːdlis]	[니이들리스]	혱 불필요한　　　　　ㄴ 매다

　　* needless to say　　말할 필요도 없이

needs	[niːdz]	[니이드즈]	閉 꼭, 반드시
negative	[négətiv]	[네거티브]	혱 부정적인, 음(陰)의 몡 부정
neglect	[niglékt]	[니글렉트]	탄 게을리하다, 무시하다 몡 태만, 무
neglectful	[nigléktfəl]	[니글렉트펄]	혱 태만한, 소홀한　　　　ㄴ 시
negligence	[néglidʒəns]	[네글리젼스]	몡 태만, 소홀
negotiate	[nigóuʃièit]	[니고우시에이트]	탄잔 교섭하다, 협상하다
negotiation	[nigòuʃiéiʃən]	[니고우시에이션]	몡 교섭, 절충, 협상
negro	[níːgrou]	[니이그로우]	몡 흑인 혱 흑인의, 검은
neigh	[nei]	[네이]	몡 (말의) 울음소리 잔 (말이) 울다
neighbor	[néibər]	[네이버]	몡 이웃사람 혱 이웃의
neighborhood	[néibərhùd]	[네이버후드]	몡 근처, 지역, 이웃, 부근
neighborly	[néibərli]	[네이벌리]	혱 친하기 쉬운
neither	[níːðər, náiðər]	[니이더, 나이더]	閉 ~도 아니고, ~도 아니다

　　* neither ~ nor　　~도 아니고 또 ~도 아니다
　　* neither here nor there　　아무데도 없는, 시시한, 요점에서 벗어난

neon	[níːan]	[니(이)온]	몡 네온(기체 원소)
nephew	[néfjuː]	[네퓨우]	몡 조카, 생질

Neptune	[néptjuːn]	[네프튜운]	명 해왕성, (로마 신화의) 바다의 신
nerve	[nəːrv]	[너어브]	명 신경, 기력, 용기, 침착
nerveless	[nə́ːrvlis]	[너어블리스]	형 무기력한
nervous	[nə́ːrvəs]	[너어버스]	형 신경의, 신경질적인, 소심한
nest	[nest]	[네스트]	명 보금자리, 둥우리 자타 보금자리에
nestle	[nésl]	[네슬]	자타 편안하게 쉬다 ㄴ깃들게 하다
net	[net]	[네트]	명 그물, 네트 형 정량의, 정미(正味)
network	[nétwə̀ːrk]	[네트워어크]	명 그물 세공, 방송망 ㄴ의
neutral	[njúːtrəl]	[뉴우트릴]	형 중립의, 중성의 명 중립자, 중립국
never	[névər]	[네버]	부 결코 ~ 아니다
* *never ~ but [that]*		~하면 반드시 … 하다	
nevertheless	[nèvərðəlés]	[네버들레스]	접부 그럼에도 불구하고
new	[njuː]	[뉴우]	형 새로운, 처음 보는 부 새로이
* *the New Community Movement concept*		새마을 운동 정신	
newcomer	[njuːkʌ́mər]	[뉴우커머]	명 신참자, 새로운 사람
new-fashioned	[njuː-fǽʃənd]	[뉴우패션드]	형 새 유행의, 신식의, 신형의
newly	[njúːli]	[뉴울리]	부 최근, 새로이, 다시
new-mown	[njúː-moun]	[뉴우모운]	형 갓 베어낸
news	[njuːz]	[뉴우즈]	명 뉴스, 보도, 기사
newscast	[njúːzkæst]	[뉴우즈캐스트]	명 뉴스 방송 자 뉴스를 방송하다
newspaper	[njúːspéipər]	[뉴우스페이퍼]	명 신문(지)
newsy	[njúːzi]	[뉴우지]	형 화제가 되는, 뉴스가 많은

N

Newton	[njúːtn]	[뉴우튼]	똉 영국의 과학자, 수학자
New York	[njúːjɔːrk]	[뉴우요오크]	똉 뉴욕(주)
next	[nekst]	[넥스트]	휑 다음의 뭔 다음에 젠 ~의 다음에

 * *next door to*   ~의 이웃에, 거의
 * *next to*   ~의 다음에, 거의 ~와 같다
 * *next to nothing*   거의 ~아니다

nibble	[níbl]	[니블]	탄잰 조금씩 갉아 먹다, 흠을 찾다
nice	[nais]	[나이스]	휑 좋은, 깨끗한, 훌륭한, 멋진
nicely	[náisli]	[나이슬리]	뭔 깨끗하게, 잘, 세심하게
nick	[nik]	[니크]	똉 새김눈 탄 새김눈을 내다
nickel	[níkəl]	[니클]	똉 니켈 탄 니켈도금하다
nickname	[níknèim]	[닉네임]	똉 별명, 애칭 탄 별명을 붙이다
niece	[niːs]	[니이스]	똉 조카딸, 질녀
nigh	[nai]	[나이]	뭔 가까이 휑 가까운
night	[nait]	[나이트]	똉 밤, 저녁, 야음

 * *at night*   밤중에
 * *by night*   밤에는
 * *night after night*   매일 밤, 밤마다

             「 가수

nightingale	[náitngèil]	[나이팅게일]	똉 《새》 나이팅게일, 목소리가 고운
nightmare	[náitmɛər]	[나이트메어]	똉 악몽, 가위 눌림, 공포감
nihilism	[náihəlìzm]	[나이얼리즘]	똉 니힐리즘, 허무주의
nimble	[nímbl]	[님블]	휑 민첩한, 눈치가 빠른

nine	[nain]	[나인]	형 9의 명 9
nineteen	[nàintí:n]	[나인티인]	형 19의 명 19
ninetieth	[náintiəθ]	[나인티이스]	명 제 90 형 제 90의
ninety	[náinti]	[나인티]	형 90 형 90의
ninth	[nainθ]	[나인스]	명 제 9 형 제 9의
nip	[nip]	[닙]	타자 집다, 물다, 꼬집다, 깨물다
nitrogen	[náitrədʒən]	[나이트러즌]	명 질소
no	[nou]	[노우]	형 ~이 없는, ~이 아니다 명 부정, 거
			ㄴ절

* *no better than*   ~이나 마찬가지로 (as bad as)
* *no ~ but (that)*   ~하면 반드시 ~하다, 하지 않는 것은 없다
* *no less than*   ~나 다름없는, 꼭 ~만큼이나
* *no less ~than*   ~에 못지않게
* *no longer*   이미 ~아니다(않다) (no more)
* *no matter how*   아무리 ~하더라도 (however)
* *no more than*   겨우 ~뿐, 다만 ~에 불과하다
* *no more ~ than*   ~이 아님은 마치 ~이 아님과 같다
* *no sooner ~ than*   ~하자마자 (as soon as)   ㄴ제 ~번

No., no.	[nou]	[넘버]	《라틴어 *numero*(number)의 약어》
noble	[nóubl]	[노우블]	형 고귀한, 귀족의, 고상한
nobleman	[nóublmən]	[노우블먼]	명 귀족
nobody	[nóubàdi]	[노우바디]	대 아무도 ~않다 명 하찮은 사람
nod	[nad]	[나드]	자타 끄덕이다, 끄덕여 승낙하다

N

noise	[nɔiz]	[노이즈]	몡 소음, 소란
* *make a noise*		떠들다, 소란 피우다	
noisy	[nɔ́izi]	[노이지]	혱 떠들썩한, 시끄러운
nominal	[námənl]	[나미늘]	혱 명의상의, 명목상의,《문법》명사의
nominate	[námənèit]	[나미네이트]	됭 지명하다, 추천하다
none	[nʌn]	[넌]	뎀 아무도 ~아니다 틧 조금도 ~않다
* *none the less*		그런데도 불구하고, 역시	
nonfiction	[nanfíkʃən]	[난픽션]	몡 논픽션(소설 이외의 산문 문학)
nonsense	[nánsens]	[난센스]	몡 넌센스, 어리석은 말, 무의미
nonsensical	[nansénsikəl]	[난센시컬]	혱 어리석은, 터무니 없는
nonstop	[nánstap]	[난스탑]	혱 도중에서 정차하지 않는, 무착륙의
nook	[nuk]	[눅]	몡 구석, 모퉁이, 아늑한 피난처
noon	[nuːn]	[누운]	몡 정오, 한낮 혱 정오의
noonday	[nuːndei]	[누운데이]	몡 정오, 한낮
noontime	[nuːntaim]	[누운타임]	몡 한낮, 정오(noonday)
nor	[nɔ́ːr]	[노오]	졥 ~도 또한 ~않다(아니다)
normal	[nɔ́ːrməl]	[노오멀]	혱 보통의, 정상의, 평준의
north	[nɔːrθ]	[노오스]	몡 북, 북방 혱 북쪽의 틧 북쪽에
northeast	[nɔ̀ːrθíːst]	[노오시이스트]	몡 북동(지방)
northeastern	[nɔ̀ːrθíːstərn]	[노오시이스턴]	혱 북동의, 북동으로의
northerly	[nɔ́ːrðərli]	[노오덜리]	혱 북쪽의 틧 북쪽으로부터
northern	[nɔ́ːrðərn]	[노오던]	혱 북쪽의, 북에 있는

northerner	[nɔ́ːrðərnər]	[노오더너]	몡 북부 사람
northward	[nɔ́ːrθwərd]	[노오스워드]	혱 북쪽을 향한 튀 북방으로
northwest	[nɔ̀ːrθwést]	[노오스웨스트]	몡 북서(지방) 혱 북서쪽의
northwestern	[nɔ̀ːrθwéstərn]	[노오스웨스턴]	혱 북서의, 북서로의
Norway	[nɔ́ːrwei]	[노오웨이]	몡 노르웨이
Norwegian	[nɔːrwíːdʒən]	[노오위이젼]	혱 노르웨이의 몡 노르웨이 사람
nose	[nouz]	[노우즈]	몡 코, 후각 탄자 냄새를 맡다
nostalgia	[nastǽldʒə]	[나스텔져]	몡 향수(鄕愁), 회향병
nostril	[nástrəl]	[나스트릴]	몡 콧구멍
not	[nát]	[낫]	튀 ~ 아니다, ~않다

* *not a bit* 조금도 ~ 아니다
* *not a little* 적지 않게
* *not all* 《부분 부정》모두가 다 ~인 것은 아니다
* *not always (necessarily)* 《부분부정》반드시 ~인 것은 아니다
* *not ~ any more than…* … 이 아닌 것처럼 ~이 아니다
* *not because ~ but because…* ~ 때문이 아니라 … 때문에
* *not ~ but…* ~이 아니고 … 이다
* *not less ~ than…* … 보다 나을망정 못하지는 않다
* *not more ~ than…* … 만큼 ~은 아니다
* *not only ~ but [also]…* ~뿐만 아니라 … 도 또한
* *not so much as* ~조차도 아니다, ~조차 없다
* *not so much ~ as…* ~이기보다는 오히려…

N

* *not to mention*		~은 말할 것도 없이	
* *not yet*	아직 ~아니다		
notable	[nóutəbl]	[노우터블]	혱 주목할 만한, 현저한 몡명사(名士)
notch	[natʃ]	[노치]	몡 벤 자리, 새김눈 탄 금을 새기다
note	[nout]	[노우트]	몡 《보통 복수》각서, 필기, 지폐, 주
notebook	[noutbuk]	[노우트북]	몡 노우트, 공책 ㄴ의
nothing	[nʌ́θiŋ]	[너싱]	덴 아무 것도 ~않다 몡 무(無), 영
* *do nothing but*	~하기만 하다		
* *for nothing*	헛되이, 공짜로, 까닭 없이		
* *nothing but*	~이외에는 아무것도 ~아니다, 단지 ~뿐(only)		
* *nothing more ~ than*	~만큼 ~한 것은 없다		ㄴ다
notice	[nóutis]	[노우티스]	몡 주의, 주목, 인지, 통지 탄 알게되
* *at [on] short notice*	갑자기, 급히		
* *come in to [under] notice*	~주의를 끌다, 눈에 띄다		
* *without notice*	예고 없이		
noticeable	[nóutisəbl]	[노우티서블]	혱 눈에 띄는, 주목할 만한, 현저한
notify	[nóutəfài]	[노우티파이]	탄 통지[통고]하다, 공고하다, 발표 하
notion	[nóuʃən]	[노우션]	몡 개념, 의향, 견해 ㄴ다
notorious	[noutɔ́:riəs]	[노우토오리어스]	혱 소문난, 악명이 자자한
nought	[nɔːt]	[노오트]	몡 영(零), 제로, 파멸
noun	[naun]	[나운]	몡 《문법》 명사(名詞)
nourish	[nə́:riʃ]	[너어리시]	통 기르다, 자양분을 주다

nourishment	[nə́ːriʃmənt]	[너어리시먼트]	몡 자양물, 영양 상태
novel	[návəl]	[나아블]	몡 소설 혱 색다른, 신기한, 진기한
novelist	[návəlist]	[나벌리스트]	몡 소설가
novelty	[návəlti]	[나블티]	몡 진기함, 신기함, 진기한 사물
November	[nouvémbər]	[노벰버]	몡 11월 [약어 : *Nov.*]
novice	[návis]	[나비스]	몡 무경험자, 풋내기, 초심자
now	[nau]	[나우]	閈 벌써, 지금, 이젠, 그런데 몡 지금,
			현재 젭 ~이니까

    * *but [even] now*   지금 막(just now)
    * *by now*   지금쯤은 이미
    * *for now*   당장은, 우선은, 지금 곧
    * *from now on*   지금부터는, 금후는
    * *just now*   방금, 지금 막
    * *[every] now and then*   때때로, 가끔
    * *now that*   ~이므로, ~인 이상은
    * *right now*   《미》《속어》 바로 지금, 방금

nowadays	[náuədèiz]	[나워데이즈]	몡 지금 閈 요즈음은, 지금은
nowhere	[nóuhwɛər]	[노우훼어]	閈 아무 데에도 ~없다(않다)
nuclear	[njúːkliər]	[뉴우클리어]	몡 핵의, (세포의) 핵을 이루는
nucleus	[njúːkliəs]	[뉴우클리어스]	몡 핵, 핵심, 중심, (원자) 핵
nuisance	[njúːsns]	[뉴우슨스]	몡 방해물, 귀찮은 일
numb	[nʌm]	[넘]	혱 마비된, 감각이 없는 톔 마비시키
number	[nʌ́mbər]	[넘버]	몡 수, 숫자, 번호 톔 세다 ᄂ다

N

    * *a number of*   다수의, 얼마간의(some)
    * *a large [great] number of~*   수많은
    * *a small number of~*   적은 수의 ~
    * *in great [small] numbers*   다수 [소수]로
    * *in number*   수로, 수효는
    * *numbers off*   ~(군사 훈련에서) 번호를 부르다

numeral	[njúːmərəl]	[뉴우머럴]	몡 숫자, 수사 《문법》 혱 수의
numerous	[njúːmərəs]	[뉴우머러스]	혱 많은 수의, 다수의
nun	[nʌn]	[넌]	몡 수녀, 여승 〔례
nuptial	[nʌ́pʃəl]	[넙셜]	혱 결혼(식)의 몡 (복수로)결혼식, 혼
nurse	[nəːrs]	[너어스]	몡 유모, 간호원 탸자 기르다, 간호하
nursery	[nə́ːrsəri]	[너어스리]	탸 어린이 방, 육아실, 양성소 〔다
nurture	[nə́ːrʧər]	[너어쳐]	탸 양육하다, 양성하다 몡 양육
nut	[nʌt]	[너트]	몡 견과(堅果), (호두·밤나무 따위

    * *a hard nut to crack*   어려운 문제, 만만찮은 것, 골칫덩어리 〔의) 열매

nutrition	[njuːtríʃən]	[뉴우트리션]	몡 영향, 음식물
nutritious	[njuːtríʃəs]	[뉴우트리셔스]	혱 영양의, 자양분 있는
nylon	[náilan]	[나일란]	몡 나일론, 《복수》나일론 양말
nymph	[nimf]	[님프]	몡 요정(妖精), 님프, 미소녀, 처녀
nymphean	[nimfíːən]	[님피이언]	혱 님프의, 님프 같이 아름다운
nymphlike	[nimflaik]	[님플라이크]	혱 님프 같은
nympholepsy	[nímfəlèpsi]	[님펄렙시]	몡 《시(詩)》황홀, 광희(狂喜), 환희

o	[ou]	[오우]	값 오오!, 아아, 아이구!, 어머나!
oak	[ouk]	[오우크]	명 참나무, 떡갈나무
oar	[ɔːr]	[오오]	명 노 타자 노를 젓다
oarsman	[ɔ́ːrzmən]	[오오즈먼]	명 《 복수 -men 》 노 젓는 사람
oasis	[ouéisis]	[오오에이시스]	명 (사막에 있는) 오아시스, 휴식처
oat	[out]	[오우트]	명 귀리
oatmeal	[outmíːl]	[오우트미일]	명 빻은 귀리, 오트밀
oath	[ouθ]	[오우스]	명 맹세, 서약, 저주, 험담

    * *on [upon, under] oath*   맹세코
    * *take the oath*   맹세[선서]하다

| **obedience** | [oubíːdiəns] | [오비이디언스] | 명 복종, 순종 |

    * *in obedience to*   ~에 순종하여, ~에 따라서

obedient	[oubíːdiənt]	[오비이던트]	형 순종하는, 유순한
obey	[oubéi]	[오베이]	타자 복종하다, 순종하다, 따르다
objection	[əbdʒékʃən]	[어브젝션]	명 반대, 이의, 혐오, 난점

object	{	[ábdʒikt]	[아브직트]	阅 물체, 사물, 《문법》 목적어
		[əbdʒékt]	[어브젝트]	동 반대하다
objectionable		[əbdʒékʃənəbl]	[어브젝셔너블]	형 반대해야 할, 이의 있는, 불만인
objective		[əbdʒéktiv]	[어브젝티브]	형 물질적인, 목적의 阅 목표
obligation		[àbləgéiʃən]	[아블리게이션]	阅 계약, 의무, 책임, 채무

    * *under obligation to (do)*   ~할 의무가 있다

| oblige | | [əbláidʒ] | [어블라이지] | 타 ~할 의무를 지우다, 은혜를 베풀다 |

    * *(be) obliged to*   ~하지 않을 수 없다, 고맙게 여기다

oblivion		[əblíviən]	[어블리비언]	阅 망각, 잊기 쉬움
obscure		[əbskjúər]	[어브스큐어]	형 애매한, 희미한, 어슴프레한
obscurity		[əbskjúərəti]	[어브스큐어리티]	阅 애매, 불명료, 무명
observance		[əbzɔ́ːrvəns]	[업저어번스]	阅 준수, 의식, 습관, 규율, 관례
observation		[àbzərvéiʃən]	[압저베이션]	阅 관찰, 주목, 감시, 관측, 소견
observatory		[əbzɔ́ːrvətɔ̀ːri]	[업저어버터리]	阅 관측소, 천문대, 전망대, 기상대
observe		[əbzɔ́ːrv]	[업저어브]	타자 주시하다, 관찰하다, 준수하다
observer		[əbzɔ́ːrvər]	[업저어버]	阅 관찰자, 입회인, 준수자, 업저버
obstacle		[ábstəkl]	[압스터클]	阅 장애(물), 고장
obstinate		[ábstənət]	[압스티니트]	형 완고한, 고집센, 끈질긴
obstruct		[əbstrʌ́kt]	[업스트럭트]	타자 방해하다, 가로막다
obstruction		[əbstrʌ́kʃən]	[업스트럭션]	阅 방해(물), 장애(물)
obtain		[əbtéin]	[어브테인]	타자 얻다, (습관 따위가) 행하여지다
obvious		[ábviəs]	[아브비어스]	형 명백한, 빤한

obviously	[ábviəsli]	[아브비어슬리]	閉 명백하게, 분명하게
occasion	[əkéiʒən]	[어케이젼]	명 경우, 기회, 이유 타 발생시키다
* *on occasion*		가끔, 이따금, 때때로	
occasional	[əkéiʒənəl]	[어케이져늘]	형 때때로의
occasionally	[əkéiʒənəli]	[어케이져널리]	閉 이따금, 가끔
occidental	[àksədéntl]	[악서덴틀]	형 [보통 O-]서양의 명 서양 사람
occupation	[àkjupéiʃən]	[아큐페이션]	명 일, 직업, 점유, 점령
occupy	[ákjupài]	[아큐파이]	타 차지하다, 점령하다, 종사시키다
occur	[əkə́ːr]	[어커어]	자 일어나다, 생각이 나다
occurrence	[əkə́ːrəns]	[어커어런스]	명 발생, 사건
ocean	[óuʃən]	[오우션]	명 [the~]대양, 《종종 복수》많음
o'clock	[əklák]	[어클락]	명 ~시(時)
octagon	[áktəgàn]	[악터간]	명 8각형, 8변형
October	[aktóubər]	[악토우버]	명 10월(약어 Oct.)
odd	[ad]	[아드]	형 나머지의, 여분의, 기묘한
* *odd jobs*		뜨내기 일, 부업	
oddly	[ádli]	[아들리]	閉 괴상하게, 짝이 맞지 않게
odds	[adz]	[오드즈]	명 불평등, 우열의 차, 차이
* *make no odds*		균형을 이루다, 대차가 없다	
* *odds and ends*		남은 것, 잡동사니, 허접 쓰레기	
ode	[oud]	[오우드]	명 (고아하고 장중한) 송시(頌詩)
odious	[óudiəs]	[오우더스]	형 밉살스런, 싫은, 가증한

o

odorous	[óudərəs]	[오우더러스]	형 향기로운
odour	[óudər]	[오우더]	명 냄새, 향기, 기색
o'er	[ɔːr]	[오오]	부전 위에, 넘어서(over)
of	[əv]	[어브]	전 ~의, ~에 속하는, ~부터

     * *of all*   많이 있는 중에서 (among all)
     * *of course*   물론, 당연히 (naturally)
     * *of no use*   쓸모없는, 소용 없는, 헛된
     * *of oneself*   저절로, 자연히
     * *of use*   쓸모있는, 유용한 (useful)

off	[ɔːf]	[오오프]	부 떨어져서 전 ~에서 떨어져

     * *off and on*   단속적으로, 때때로
     * *Off Limits*   출입 금지(구역)
     * *off hand*   준비 없이, 당장에, 즉석에서

offence	[əféns]	[어펜스]	명 죄, 위반, 범죄, 반칙
offend	[əfénd]	[어펜드]	타자 성나게 하다, (죄를) 짓다
offense, -fence	[əféns]	[어펜스]	명 죄, 범죄, 무례, 모욕, 공격
offensive	[əfénsiv]	[어펜시브]	형 불쾌한, 공격적인 명 공격
offer	[ɔ́ːfər]	[오오퍼]	타자 제공하다, 제의하다 명 제공
office	[ɔ́ːfis]	[오오피스]	명 사무소, 회사, 관청
officer	[ɔ́ːfisər]	[오오피서]	명 공무원, 장교
officious	[əfíʃəs]	[오피셔스]	형 간섭하기 좋아하는, 참견 잘하는
offset	[ɔ́ːfsèt]	[오오프셋]	명 계정, 차감, 오프셋 판

offshore	[ɔ(:)ffɔ́:r]	[오(오)프쇼오]	휑 앞바다로 향하는, 앞 바다의
* *offshore islands*		연안 도서	
offspring	[ɔ́:spriŋ]	[오오프스프링]	몡 자식, 자손, 결과, 소산(所産)
offstage	[ɔ(:)fstéidʒ]	[오오프스테이지]	휑 무대 뒤의 閉 무대 뒤에서
oft	[ɔ́:ft]	[오오프트]	閉 종종, 자주(often)
often	[ɔ́:fən]	[오오픈]	閉 종종, 여러 번, 자주
oh	[ou]	[오우]	캄 오오!, 아!, 앗!
oil	[ɔil]	[오일]	몡 기름, 석유 뢰 기름을 바르다
oily	[ɔ́ili]	[오일리]	휑 기름의, 기름투성이의
old	[ould]	[오올드]	휑 나이먹은, ~살의, 옛날의 몡 옛날
old-fashioned	[ould-fǽʃənd]	[오올드패션드]	휑 구식의, 고풍의
olive	[ɑ́liv]	[알리브]	몡 올리브, 올리브 색
Olympiad	[əlímpiæd]	[오울림피애드]	몡 올림픽 대회(the Olympic Games)
Olympic	[əlímpik]	[오울림픽]	휑 올림픽의 몡 국제 올림픽 대회
omen	[óumən]	[오우멘]	몡 전조, 예언 타재 전조가 되다
ominous	[ɑ́mənəs]	[오미너스]	휑 불길한, 험악한, 전조의
omission	[oumíʃən]	[오미션]	몡 생략, 탈락, 태만, 누락
omit	[oumít]	[오미트]	뢰 생략하다, 게을리하다
omnibus	[ɑ́mnibʌ̀s]	[옴니버스]	몡 승합 마차, 버스
omnipotence	[ɑmnípətəns]	[옴니퍼턴스]	몡 전능, 무한한 힘
omnipotent	[ɑmnípətənt]	[옴니퍼턴트]	휑 만능의, 전능한(almighty)
on	[ɑ́n, ən]	[안, 오온]	젠 ~의 위에 閉 위에, 위로

o

* *on all sides*	주위에, 사면 팔방으로, 여기저기	
* *on a sudden*	갑자기 (all of a sudden)	
* *on and on*	계속해서, 쉬지 않고	
* *turn on*	(전등·가스·수도·라디오를)켜다, 틀다	

once [wʌns] [원스] 튄 한 번, 한 때, 일찍이, 일단, 이 전
└ 에
* *all at once* 갑자기, 동시에
* *once and again* 여러 번 (repeatedly)
* *once (and) for all* 단 한 번만, 이번만, 결정적으로, 단연
* *once more (again)* 한 번 더(다시)
* *once upon a time* 옛날에 (long ago)
* *at once* 곧, 즉시, 동시에
* *for once* 한 번만은

one [wʌn] [원] 멩 하나 휑 하나의 땐《일반적으로》
└ 사람
* *one after another* 연달아, 줄이어, 속속
* *one another* 서로
* *one by one* 하나씩, 한 사람씩, 차례로
* *one ~ the other…* (둘 중) 하나는 ~ 또 하나는…
* *~ one thing… another* ~와 … 와는 다르다
* *the one ~ the other* … 전자는 ~후자는…

oneself [wʌnsélf] [원셀프] 땐 몸소, 자기만, (자기)자신이
onion [ʌ́njən] [어년] 멩 양파 [이기는 하나
only [óunli] [오운리] 휑 유일한, ~만의 튄 겨우, 오직 쩹 ~

* only not		마치, 거의 다름없이	
* only to [do]		다만 ~하기 위하여	
* only too		매우, 유감스럽지만	
onto	[ántə]	[(강)안투우,(약)안투]	전 ~의 위에
onward	[ánwərd]	[온워드]	형 전진으로, 전방으로의 부 전방에
onwards	[ánwərdz]	[온워즈]	부 앞으로, 나아가, 전방으로
ooze	[u:z]	[우우즈]	자타 스며나오다, (비밀이) 새다
opal	[óupəl]	[오우펄]	명 단백석(蛋白石), 오팔
open	[óupən]	[오우펀]	형 열린 타자 열다 명 빈 터
* be open to		~을 쾌히 받아들이다, ~을 받기 쉽다	
* open to		~에게 열려 있는, ~의 여지가 있는	
opener	[óupənər]	[오우프너]	명 여는 사람(물건), 개시자, 깡통따개
open-handed	[óupən-hǽndid]	[오우픈핸디드]	명 후한, 관대한(generous)
open-hearted	[óupən-háːrtid]	[오우픈하아티드]	형 솔직한, 너그러운
opening	[óupəniŋ]	[오우프닝]	명 열기, 개시, 구멍 형 개시의
openly	[óupənli]	[오우픈리]	부 솔직히, 공공연히
open-minded	[óupən-máindid]	[오우픈마인디드]	형 허심탄회한
opera	[ápərə]	[아프러]	명 가극, 오페라, 가극장
operate	[ápərèit]	[아퍼레이트]	자타 일하다, 작용하다, 수술하다
operation	[àpəréiʃən]	[아퍼레이션]	명 일, 작용, 운전, 수술
operator	[ápərèitər]	[아퍼레이터]	명 (기계의)조작자, 교환수, 수술자
opinion	[əpínjən]	[어피년]	명 의견, 견해, 《복수》소신, 신념

O

opium	[óupiəm]	[오우피엄]	몡 아편
opponent	[əpóunənt]	[어포우넌트]	몡 적(敵), 상대 혱 적대하는
opportunity	[àpərtjú:nəti]	[아퍼튜우니티]	몡 기회, 호기(好機)
oppose	[əpóuz]	[어포우즈]	탄 반대하다, 방해를 하다
be opposed to		~에 반대되다, ~에 대립하다	
opposite	[ápəzit]	[아퍼지트]	혱 마주보는 몡 반대자
opposition	[àpəzíʃən]	[아퍼지션]	몡 반대, 저항, 방해, 야당
oppress	[əprés]	[어프레스]	탄 압제하다, 압박하다
oppression	[əpréʃən]	[어프레션]	몡 압박, 압제, 우울, 무기력
optimism	[áptəmìzm]	[압티미즘]	몡 낙천주의, 낙관
or	[ɔ:r]	[오오]	젭 또는, 즉, 그렇지 않으면
oracle	[ɔ́:rəkl]	[오러클]	몡 신탁, 성언, 현인
oral	[ɔ́:rəl]	[오오럴]	혱 구두의, 구술의, 입의
orange	[ɔ́:rindʒ]	[오오린지]	몡 오렌지, 귤 혱 오렌지색의
oration	[ɔ:réiʃən]	[오오레이션]	몡 (형식을 갖춘) 연설
orator	[ɔ́:rətər]	[오오러터]	몡 연설자, 웅변가
orb	[ɔ:rb]	[오오브]	몡 구(球), 원형, 천체, 안구
orbit	[ɔ́:rbit]	[오오비트]	몡 궤도, 안와(眼窩), 생활의 궤도
orchard	[ɔ́:rtʃərd]	[오오처드]	몡 과수원
orchestra	[ɔ́:rkəstrə]	[오오키스트러]	몡 오케스트라, 관현악단
orchid	[ɔ́:rkid]	[오오키드]	몡 (식물)난초
ordain	[ɔ:rdéin]	[오오데인]	탄 정하다, 임명하다, 운명지우다

ordeal	[ɔːrdíːəl]	[오오디이일]	몡 모진 시련, 시죄법(試罪法)
order	[ɔ́ːrdər]	[오오더]	몡 정돈, 명령 팀 정돈하다

   * *call to order*   개회하다
   * *in [good] order*   순조롭게, 정연하게
   * *in order that*   ~하기 위하여 ~할 목적으로
   * *in order to [do]*   **~하기 위하여**
   * *out of order*   문란하여, 고장이 나서
   * *put~ in order*   ~을 정리하다, 정돈하다

ordinal	[ɔ́ːrdənl]	[오오디늘]	혱 차례를 표시하는 몡 서수(序數)
ordinary	[ɔ́ːrdənèri]	[오오드네리]	혱 보통의, 평범한 몡 보통, 보통의 일
ore	[ɔːr]	[오오]	몡 원광(原鑛), 광석
organ	[ɔ́ːrgən]	[오오건]	몡 기관(器官), 기관지, 오르간
organic	[ɔːrgǽnik]	[오오개닉]	혱 기관의, 유기체의, 조직적인
organism	[ɔ́ːrgənìzm]	[오오거니즘]	몡 유기체, 생물, 유기적 조직체
organization	[ɔ̀ːrgən-izéiʃən]	[오오거니제이션]	몡 조직, 단체, 기구
organize	[ɔ́ːrgənàiz]	[오오거나이즈]	팀재 조직하다
orient	{ [ɔ́ːriənt]	[오오리언트]	몡 [the O-] 동양 혱 동양의
	[ɔ́ːriènt]	[오오리엔트]	재팀 동쪽으로 향하다
Oriental	[ɔ̀ːriéntl]	[오오리엔틀]	혱 동양의 몡 동양 사람
orientation	[ɔ̀ːriəntéiʃən]	[오오리엔테이션]	몡 방위, 측정, 지도, 적응
origin	[ɔ́ːrədʒin]	[오오리진]	몡 기원, 발단, 태생
original	[ərídʒənl]	[어리지널]	혱 처음의, 독창적인 몡 원문(原文)

o

originally	[ərídʒənəli]	[어리져널리]	문 본래, 최초부터, 원래는
originality	[ərìdʒənǽləti]	[어리지낼리티]	명 독창력, 신기(新奇), 창의
originate	[ərídʒənèit]	[어리지네이트]	타자 시작하다, 일으키다, 생기다
ornament	[ɔ́:rnəmənt]	[오오너먼트]	명 장식(품) 타 장식하다
orphan	[ɔ́:rfən]	[오오펀]	명 고아 형 고아의
orphanage	[ɔ́:rfənidʒ]	[오오퍼니지]	명 고아원, 고아
orthodox	[ɔ́:rθədàks]	[오오서독스]	형 정교(正敎)의, 정통파의
ostrich	[ɔ́:striʃ]	[오스트리치]	명 타조
other	**[ʌ́ðər]**	**[어더]**	형 다른 대 다른 것 문 그렇지 않고

　　　* other than　　　　~와 다른
　　　* among others　　　　특히
　　　* every other　　　　하나 걸러 ; 다른 모든
　　　* in other words　　　바꾸어 말하면, 환언하면
　　　* none other than　　　다름 아닌 ~이다
　　　* the other day　　　전날에, 일전에, 요전날

otherwise	**[ʌ́ðərwàiz]**	**[어더와이즈]**	문 딴 방법으로, 그렇지 않으면
otter	[átər]	[오터]	명 수달(피)
ought	**[ɔ:t]**	**[오오트]**	조 ~해야만 한다, ~함이 당연하다
ounce	[auns]	[아운스]	명 《중량의 단위》 온스
our	[auər]	[아우어]	대 [we의 소유격] 우리들의
ours	[auərz]	[아우어즈]	대 [we의 소유 대명사] 우리의 것
out	**[aut]**	**[아우트]**	문 밖으로, 밖에 전 ~에서 명 외부

* *out of~*		~에서, ~으로부터	
* *out of question*		의심할 나위 없이, 물론	
* *out of the question*		문제가 되지 않는, 어림도 없이	
outbreak	[autbreik]	[아우트브레이크]	몡 발발, 돌발, 폭동
outburst	[autbə:rst]	[아우트버어스트]	몡 (화산·격정 따위의) 폭발, 분출
outcome	[autkʌm]	[아우트컴]	몡 결과, 성과
outdo	[autdu]	[아우트두우]	탠 보다 낫다, 능가하다
outdoor	[autdɔ:r]	[아우트도오]	혱 집 밖의, 옥외의 만 indoor(옥내의)
outer	[áutər]	[아우터]	혱 바깥의, 외면의, 바깥 쪽의
outfit	[autfit]	[아우트피트]	몡 준비 탠 (필수품을) 공급하다
outgo	{ [áutgou]	[아우트고우]	몡 지출
	[autgóu]	[아우트고우]	탠 능가하다
outgrow	[áutgrou]	[아우트그로우]	탠 ~보다 커지다
outlaw	[áutlɔː]	[아우트로오]	몡 무법자 탠 법률의 보호를 빼앗다
outlet	[áutlet]	[아우트레트]	몡 출구, 배출구, 판로
outline	[áutlain]	[아우트라인]	몡 윤곽, 초안 탠 윤곽을 그리다
outlook	[áutluk]	[아우트룩]	몡 전망, 예측, 견해, 감시
out-of-date	[áut-əv-deit]	[아우터브데이트]	혱 시대에 뒤진, 구식의
out-of-doors	[áut-deit-dɔ:rs]	[아우터브도오즈]	몡튀 옥외(에서), 야외에서
output	[áutput]	[아우트푸트]	몡 생산고, 생산, 출력
outrage	[áutreidʒ]	[아우트레이지]	몡 폭행, 모욕 탠 폭행하다
outrageous	[autréidʒəs]	[아우트레이저스]	혱 난폭한, 포악한, 터무니 없는

o

outright	{ [autráit]	[아우트라이트]	閉 완전히, 충분히, 당장
	[áutrait]	[아우트라이트]	혱 솔직한
outshine	[autʃain]	[아우트샤인]	됭 ~보다 더욱 빛나다, ~보다 낫다
outside	[áutsaid]	[아우트사이드]	閉 외부 젠 밖에 閉 집 밖으로
outstanding	[àutstǽndiŋ]	[아우트스탠딩]	혱 걸출한, 현저한, 미해결의
outstretched	[autstrétʃt]	[아우트스트레치트]	혱 펼친, 뻗은
outward	[àutwɔːrd]	[아웃워드]	혱 밖으로 가는, 표면의, 외면의
oval	[óuvəl]	[오우벌]	혱 달걀 모양의 閉 계란형, 타원형
ovary	[óuvəri]	[오우버리]	閉 난소, 씨방
oven	[ʌ́vən]	[어븐]	閉 솥, 가마
over	[óuvər]	[오우버]	閉 ~의 위로, 도처에 젠 ~의 위에

    * *over again*   되풀이하여, 다시 한 번
    * *over and over [again]*   몇 번이고 되풀이하여, 여러 번
    * *over there*   저편에, 저쪽에, 맞은편에

overcoat	[óuvərkout]	[오우버코우트]	閉 외투 [우다
overcome	[óuvərkʌm]	[오우버컴]	타 이겨내다, 극복하다, 압도하다, 지
overcrowd	[óuvərkraud]	[오우버크라우드]	閉 혼잡하게 하다
overeat	[óuvəriːt]	[오우버이이트]	타재 과식하다 [홍수
overflow	[óuvərflou]	[오우버플로우]	타재 넘쳐 흐르다, 충만하다 閉 범람,
overhang	[óuvərhæŋ]	[오우버행]	타 ~의 위에 드리우다, 돌출하다
overhead	[óuvərhed]	[오우버헤드]	閉 머리 위에, 높은 곳에 혱 머리 위
overland	[óuvərlænd]	[오우버랜드]	閉 육로로, 육상으로 [의

overnight	{ [óuvərnàit]	[오우버나이트]	혱 밤새껏의, 하룻밤 사이의
	[òuvərnáit]	[오우버나이트]	튄 밤새도록
overreach	[òuvərriːtʃ]	[오우버리이치]	태재 ~이상으로 퍼지다[미치다]
oversea[s]	[òuvərsiː[z]]	[오우버시이[즈]]	튄 해외로 혱 해외의
overtake	[òuvərteik]	[오우버테이크]	태재 뒤따라 잡다, 만회하다
overthrow	[òuvərθrou]	[오우버스로우]	태 뒤집어 엎다, 타도하다
overwhelm	[òuvərhwelm]	[오우버웰름]	태 압도하다, 입이 딱 벌어지게 하다
overwork	[òuvərwəːrk]	[오우버워어크]	태재 지나치게 일하다 몡 과로
owe	[ou]	[오우]	태재 은혜를 입고 있다, 빚이 있다
* owe to	은 … 의 덕택이다, … 에게 힘입고 있다		
owing	[óuiŋ]	[오우잉]	혱 빚지고 있는, ~에 돌려야 할
* owing to	~ 때문에, ~로 인하여(because of), ~으로 말미암아		
owl	[aul]	[아울]	몡 올빼미, 부엉이, 밤샘하는 사람
own	[oun]	[오운]	혱 자기(자신)의, 독자적인 태재 소유 l 하다
* of one's own	자기 소유의, 자기 자신의		
owner	[óunər]	[오우너]	몡 임자, 소유자
ownership	[óunərʃip]	[오우너십]	몡 소유권
ox	[aks]	[옥스]	몡 황소
Oxford	[aksfɔːrd]	[옥스퍼드]	몡 영국 남부 도시, 옥스퍼드 대학
oxide	[áksaid]	[악사이드]	몡 《 화 》산화물
oxygen	[áksidʒen]	[옥시즌]	몡 산소
oyster	[ɔ́istər]	[오이스터]	몡 굴(조개류)

O

   **P p**   

Pa	[pa:]	[파아]	몡 (어린이의 말) 아빠(papa) 凹 ma (엄마)
pace	[peis]	[페이스]	몡 걸음, 한 발짝, 보조, 걷는 속도
*　　* keep [hold] pace with		~와 보조를 맞추다, ~에 뒤지지 않도록 하다	
*　　* set (make) the pace		보조를 정하다, 정조하다, 모범을 보이다 「 태평양	
pacific	[pəsífik]	[퍼시픽]	혱 평화의, [P-]태평양의 몡 [the P-]
pacify	[pǽsəfài]	[패시파이]	탸 가라 앉히다, 달래다 「 리다
pack	[pæk]	[팩]	몡 보따리, 짐짝 탸짜 싸다, 짐을 꾸
package	[pǽkidʒ]	[패키지]	몡 짐, 꾸러미
packet	[pǽkit]	[패키트]	몡 소포, 꾸러미, 우편선, 다발
pad	[pæd]	[패드]	몡 덧대는 물건 탸 속을 넣다
paddle	[pǽdl]	[패들]	몡 노 탸짜 노를 젓다, 물장난하다
pagan	[péigən]	[패이건]	몡 이교도, 불신자 혱 이교도의
page	[peidʒ]	[페이지]	몡 쪽, 페이지, 면, 기록
pageant	[pǽdʒənt]	[패젼트]	몡 야외극, 행렬, 미관(美觀), 허식

pail	[peil]	[페일]	명 물통, 양동이, 한 통(의 양)
pain	[pein]	[페인]	명 아픔, 걱정, 고통 타자 고통을 주다
* *take pains*	고심하다, 애쓰다		
painful	[péinfəl]	[페인펄]	형 아픈, 괴로운, 쓰라린, 힘드는
painfully	[péinfəli]	[페인펄리]	부 애써서, 아프게, 애처롭게
paint	[peint]	[페인트]	명 페인트, 도료, 그림물감 타 그리다, 채색하다
painter	[péintər]	[페인터]	명 화가
painting	[péintiŋ]	[페인팅]	명 그림, 유화, 페인트 칠
* *mural paintings*	벽화		
pair	[pɛər]	[페어]	명 한 쌍, 한 켤레, 부부, 한 벌
* *a pair of*	한 쌍의, 한 벌의		
palace	[pǽlis]	[팰리스]	명 궁전, 대저택, 대궐
pale	[peil]	[페일]	형 창백한 자타 창백해지다
* *turn pale*	새파랗게 질리다, 창백해지다		
palm	[pɑːm]	[파암]	명 손바닥 타 손바닥으로 쓰다듬다
palsy	[pɔ́ːlzi]	[포올지]	명 (수족의)마비, 중풍 타 마비시키다
pamphlet	[pǽmflət]	[팸플릿]	명 소책자, 팜플렛
pan	[pæn]	[팬]	명 납작한 냄비, 접시
pancake	[pǽnkèik]	[팬케익]	명 팬케이크, 수평 낙하
pane	[pein]	[페인]	명 (한 장의) 창유리
panel	[pǽnl]	[패늘]	명 판벽널, 화판, 패널화
pang	[pæŋ]	[팽]	명 심한 고통, 번민

panic	[pǽnik]	[패닉]	명 공황 형 공황의, 당황한
panorama	[pæ̀nərǽmə]	[패너래머]	명 파노라마, 전경(全景)
pansy	[pǽnzi]	[팬지]	명 《식물》 팬지
pant	[pænt]	[팬트]	자타 헐떡거리다 명 헐떡거림
panther	[pǽnθər]	[팬서]	명 《동물》 표범, 퓨마
pantomime	[pǽntəmàim]	[팬터마임]	명 무언극 자타 무언극을 하다
pantry	[pǽntri]	[팬트리]	명 식료품 저장실, 식기실
pants	[pænts]	[팬츠]	명 《미·구어》 바지, 팬츠
papa	[pάːpə]	[파아퍼]	명 아빠(daddy)
paper	[péipər]	[페이퍼]	명 종이, 신문 형 종이의 타자 종이로 싸다
parachute	[pǽrəʃùːt]	[패러슈우트]	명 낙하산
parade	[pəréid]	[퍼레이드]	명 행렬 타자 열병(閱兵)하다
* on parade	총출연하여, 과시하여		
paradise	[pǽrədàis]	[패러다이스]	명 천국, 극락, 안락
paradox	[pǽrədàks]	[패러독스]	명 역설, 모순되는 논설
paradoxical	[pæ̀rədάksikəl]	[패러독시컬]	명 역설의
paraffin(e)	[pǽrəfin]	[패러핀]	명 파라핀 타 파라핀을 바르다
paragraph	[pǽrəgræf]	[패러그라아프]	명 (문장의) 마디, 절(節), 문단
parallel	[pǽrəlèl]	[패럴렐]	형 평행의 명 평행선 타 평행하다
paralysis	[pərǽləsis]	[퍼랠리시스]	명 중풍, 마비
paralytic	[pæ̀rəlítik]	[패럴리틱]	형 무능력한, 마비성의 명 중풍환자
paralyz(s)e	[pǽrəlàiz]	[패럴라이즈]	타 마비시키다, 무능력하게 하다

paramount	[pǽrəmàunt]	[패러마운트]	형 최고의, 보다 우수한, 탁월한
paraphrase	[pǽrəfrèiz]	[패러프레이즈]	타자 알기 쉽게 바꾸어 말하다
parasite	[pǽrəsàit]	[패러사이트]	명 기생충, 기식자, 식객, 어릿광대
parasol	[pǽrəsɔ̀ːl]	[패러솔]	명 양산, 파라솔 「다
parcel	[páːrsəl]	[파아슬]	명 소포, (토지의)한 구획 타 분배하
parch	[paːrtʃ]	[파아치]	타 볶다, 굽다, 바싹 말리다
parchment	[páːrtʃmənt]	[파아치먼트]	명 양피지
pardon	[páːrdn]	[파아든]	명 용서, 면죄 타 용서하다
pare	[pɛər]	[페어]	타 껍질을 벗기다, 잘라 내다
parent	[pέərənt]	[페어런트]	명 어버이, 조상, 양친
parenthesis	[pərénθisis]	[퍼렌시시스]	명 삽입구, 둥근 괄호
Paris	[pǽris]	[패리스]	명 파리(프랑스의 수도)
parish	[pǽriʃ]	[패리시]	명 (교회의) 교구, 교구의 주민
Parisian	[pəríʒən]	[퍼리지언]	형 파리의, 파리식의 명 파리 사람
park	[paːrk]	[파아크]	명 공원, 큰 정원, 주차장
* No parking 주차 금지			
parliament	[páːrləmənt]	[파알러먼트]	명 의회, 국회, 영국 의회
parliamentary	[pàːrləméntəri]	[파알러멘터리]	형 의회의, 의회가 있는
parlo(u)r	[páːrlər]	[파알러]	명 객실, 거실, 응접실
parrot	[pǽrət]	[패럿]	명 앵무새 타 입내내다
parry	[pǽri]	[패리]	타 받아넘기다, 슬쩍 피하다
parson	[páːrsn]	[파아슨]	명 교구의 목사

part [pɑːrt] [파아트] 명 부분, 역할 분 얼마간 타자 나누다
* *part with* ~을 버리다, ~에서 손을 떼다
* *do one's part* 본분을 다하다
* *for my part* 나로서는
* *for the most part* 대개, 대부분은
* *in part* 어느 정도, 일부분은
* *on the part of* ~의 편에서는, ~의 쪽에서는
* *take part in* ~에 참가하다

partake [pɑːrtéik] [파아테이크] 자타 ~에 관여하다, 한몫 끼다
partial [pɑːrʃəl] [파아셜] 형 부분적인, 불공평한
partially [pɑːrʃəli] [파아셜리] 분 불완전하게, 일부분은
participate [pɑːrtísəpèit] [파아티시페이트] 자타 관여하다, 참가하다
* *participate in (with)* ~에 참가하다, ~에 관계하다
participation [pɑːrtìsəpéiʃən] [파아티시페이션] 명 관계, 참가, 협동
participle [pɑːrtisipl] [파아티시플] 명 (문법) 분사
particle [pɑːrtikl] [파아티클] 명 미분자, 입자(粒子), 미량(微量)
particular [pərtíkjulər] [퍼티큘러] 형 특수한, 고유의 명 사항
* *in particular* 특히
particularly [pərtíkjulərli] [퍼티큘럴리] 분 특히, 상세히
parting [pɑːrtiŋ] [파아팅] 명 이별, 고별, 별세 형 고별의
partisan [pɑːrtizən] [파아티잰] 명 도당, 유격병, 당원 형 도당의
partition [pɑːrtíʃən] [파아티션] 명 분할, 구획 타 분할하다

partly	[pάːrtli]	[파틀리]	부 부분적으로, 어느 정도는
partner	[pάːrtnər]	[파아트너]	명 짝패, 조합원, 사원, 동무
partnership	[pάːrtnərʃip]	[파아트너십]	명 공동, 협력, 조합, 상사
party	[pάːrti]	[파아티]	명 당(파), 정당, 회, 모임, 파티
pass	[pæs]	[패스]	자타 지나가다, 급제하다 명 통행,
			└ 산길, 합격

    * *pass away*   떠나가다, 죽다
    * *pass by*   지나치다, 경과하다
    * *pass down*   전하다
    * *pass for*   ~으로 통하다, ~의 시험에 합격하다
    * *pass on*   지나가다, 나아가다, (시간이) 경과하다
    * *pass out*   나가다, (시간을)보내다
    * *pass over*   ~을 넘다, ~을 못 보고 빠뜨리다
    * *pass through*   ~을 통과하다, 횡단하다, 경험하다
    * *come to pass*   (사건이) 일어나다

| **passage** | [pǽsidʒ] | [패시지] | 명 통행, 통과, 통로, 항해 |
| **passenger** | [pǽsəndʒər] | [패신저] | 명 여객, 승객, 《특허》선객 |

    * *passenger train*   여객 열차

passion	[pǽʃən]	[패션]	명 정열, 격노, 열정, 정욕, 열심
passionate	[pǽʃənət]	[패셔니트]	형 열렬한, 성급한, 감정적인
passive	[pǽsiv]	[패시브]	형 수동의 명 《문법》 수동태
passport	[pǽspɔːrt]	[패스포오트]	명 여권(旅券), 패스포트
past	[pæst]	[패에스트]	형 과거의 명 과거 부 지나쳐서

     * *past all belief*   믿을 수 없는, 의심스러운

단어	발음	한글	뜻
paste	[peist]	[페이스트]	명 풀, 반죽 타 풀로 붙이다
pastime	[pǽstàim]	[파스타임]	명 오락, 위안, 기분 전환
pastor	[pǽstər]	[파스터]	명 목사, 승려, 정신적 지도자
pastoral	[pǽstərəl]	[파스터럴]	형 목양자의, 전원의 명 목가, 전원시
pastry	[péistri]	[페이스트리]	명 반죽으로 만든 과자
pasture	[pǽsʃər]	[파스쳐]	명 목장, 목초 타자 방목하다
pat¹	[pæt]	[패트]	타자 가볍게 치다 명 가볍게 치기
pat²	[pæt]	[패트]	형 꼭 맞는, 들어맞는 뭐 꼭 맞게
patch	[pæʧ]	[패치]	명 깁는 헝겊 타 헝겊을 대고 깁다
patent	[pǽtnt]	[패튼트]	명 전매 특허권 형 전매 특허의, 명백
paternal	[pətə́ːrnl]	[퍼터어늘]	형 아버지의, 부계의 ㄴ한
path	[pæθ]	[패스]	명 작은 길, 보도, (인생의)행로
pathetic	[pəθétik]	[퍼세틱]	형 애처로운, 슬픈
pathos	[péiθas]	[페이사스]	명 연민의 정을 자아내는 힘, 비애
patience	[péiʃəns]	[페이션스]	명 인내, 참음 뭐 impatience(성급함)
patient	[péiʃənt]	[페이션트]	형 인내심이 강한 명 환자

     * *be patient of*   ~에 견딜 수 있다, ~의 여지가 있다

단어	발음	한글	뜻
patriot	[péitriət]	[페이트리어트]	명 애국자, 지사
patriotic	[pèitriátic]	[페이트리아틱]	형 애국의, 애국심 있는
patriotism	[péitriətizm]	[페이트리어티즘]	명 애국심
patrol	[pətróul]	[퍼트로울]	명 순회, 패트롤 자타 순찰하다

patron	[péitrən]	[페이트런]	명 후원자, 고객, 수호신, 보호자
patronage	[péitrənidʒ]	[패트러니지]	명 후원, 장려
patter	[pǽtər]	[패터]	타자 또닥또닥 소리를 내다
pattern	[pǽtərn]	[패턴]	명 모범, 본보기 타자 모방하다
pause	[pɔːz]	[포오즈]	명 중지, 중단, 멈춤 자 멈추다
pave	[peiv]	[페이브]	타 (길을) 포장하다, ~(을) 덮다
pavement	[péivmənt]	[페이브먼트]	명 인도, 포장 도로, 포도
pavilion	[pəvíljən]	[퍼빌리언]	명 큰 천막 타 큰 천막을 치다
paw	[pɔː]	[포오]	명 (개·고양이 따위의) 발
pawn	[pɔːn]	[포온]	명 저당물, 전당 타 전당잡히다
pay	[pei]	[페이]	타자 치르다, 지불하다 명 지불

    * *pay (make) a visit to*   방문하다(visit)
    * *pay dear (ly) for*   ~에 대단한 희생을 치르다, 혼나다
    * *pay for*   ~의 댓가를 치르다, ~을 보상하다
    * *pay off*   (빚을) 전부 갚다, 봉급을 주고 해고하다
    * *pay out*   지불하다, 보복하다, 벌주다(punish)

payment	[péimənt]	[페이먼트]	명 지불, 납부, 불입, 보상
pea	[piː]	[피이]	명 완두 형 완두콩만한
peace	[piːs]	[피이스]	명 평화, 치안, 공안, 정직, 침묵

    * *be at peace with~*   ~와 사이좋게 지내다
    * *in peace*   평화롭게, 안심하여, 평안하게
    * *make one's peace with*   ~와 화해하다, 강화하다

peaceable	[píːsəbl]	[피이서블]	혱 평화로운, 온화한
peaceful	[píːsfəl]	[피이스펄]	혱 평화적인, 평온한
peacefully	[píːsfəli]	[피이스펄리]	튀 평화롭게, 평안히
peach	[piːʧ]	[피이치]	몡 복숭아 혱 복숭아빛의
peacock	[píːkàk]	[피이콕]	몡 (수컷의) 공작
peak	[piːk]	[피이크]	몡 봉우리, 산꼭대기, 첨단
peal	[piːl]	[피일]	몡 (포성, 천둥, 종 따위의)울림
peanut	[píːnʌ̀t]	[피이넛]	몡 땅콩
pear	[pɛər]	[페어]	몡 배, 배나무
pearl	[pəːrl]	[퍼얼]	몡 진주 재타 진주로 장식하다
peasant	[péznt]	[페즌트]	몡 농부, 소작농 혱 농민의
pebble	[pébl]	[페블]	몡 자갈, 둥근 자갈, 조약돌
peck	[pek]	[펙]	타재 부리로 쪼다 몡 부리로 쪼기
peculiar	[pikjúːljər]	[피큐울려]	혱 독특한, 특유한
peculiarity	[pikjùːliǽrəti]	[피큐울리애리티]	몡 특색, 버릇
pedal	[pédl]	[페들]	몡 페달 재타 페달을 밟다
peddle	[pédl]	[페들]	재타 행상을 하다
pedestal	[pédəstl]	[페디스틀]	몡 (흉상 따위의)주춧대, 기초, 받침
pedestrian	[pədéstriən]	[피데스트리언]	몡 보행자 혱 도보의
peel	[piːl]	[피일]	몡 (과실의) 껍질 타재 껍질을 벗기다
peep	[piːp]	[피이프]	몡 엿봄 재 엿보다, 들여다보다
peer	[piər]	[피어]	재 응시하다 몡 귀족, 동료

peg	[peg]	[페그]	몡 나무못, 말뚝 囲 나무못을 박다
pelt	[pelt]	[펠트]	囲자 던지다, 퍼붓다 몡 내던짐
pen	**[pen]**	**[펜]**	**몡 펜, 필적, (가축의)우리, 축사**
penalty	[pénəlti]	[페널티]	몡 형벌, 벌금
penance	[pénəns]	[페넌스]	몡 참회, 고행, 회개
pence	[pens]	[펜스]	몡 penny의 복수
pencil	**[pénsəl]**	**[펜슬]**	**몡 연필 囲 연필로 쓰다**
pending	[péndiŋ]	[펜딩]	혱 미결의 젠 ~동안, ~까지, ~중
pendulum	[péndʒuləm]	[펜뮬럼]	몡 (시계 따위의) 추, 흔들이
penetrate	[pénətrèit]	[페니트레이트]	囲자 뚫고 들어가다, 관통하다
penguin	[péŋgwin]	[펭귄]	몡 펭귄
penholder	[penhóuldər]	[펜호울더]	몡 펜대
penicillin	[pènisílin]	[페니실린]	몡 페니실린
peninsula	[pənínsjulə]	[피닌슐러]	몡 반도(半島)
penmanship	[penmənʃip]	[펜먼십]	몡 서법(書法), 서도(書道)
pennant	[pénənt]	[페넌트]	몡 페넌트, 우승기
penny	[péni]	[페니]	몡 1페니 [영국의 화폐 단위]
pension	[pénʃən]	[펜션]	몡 연금, 은급 囲 연금을 주다
pensive	[pénsiv]	[펜시브]	혱 생각에 잠긴, 구슬픈
people	**[píːpl]**	**[피이플]**	**몡 사람들, [the~] 국민, 인민**
pepper	[pépər]	[페퍼]	몡 고추, 후추 囲 (후추를) 뿌리다
per	[pə́ːr, (dir)pər]	[퍼어, (약)퍼]	젠 ~마다, ~에 대해, ~으로

P

perceive	[pərsíːv]	[퍼시이브]	団 지각하다, 이해하다
per cent, percent	[pərsént]	[퍼센트]	명 퍼센트 [기호 : %]
percentage	[pərséntidʒ]	[퍼센티지]	명 백분율, 비율, 이율
perception	[pərsépʃən]	[퍼셉션]	명 지각, 지각력
perch	[pəːrtʃ]	[퍼어치]	명 횃대, 높은 지위 자団 횃대에 앉다
perchance	[pərtʃǽns]	[퍼차안스]	閉 아마, 우연히
perfect	{ [pə́ːrfikt]	[퍼어픽트]	형 완전한, 결점없는
	[pərfékt]	[퍼어펙트]	団 완성하다
perfection	[pərfékʃən]	[퍼펙션]	명 완전, 완성, 극치
perfectly	[pə́ːrfiktli]	[퍼어픽틀리]	閉 완전히, 전혀
perform	[pərfɔ́ːrm]	[퍼포옴]	団자 하다, 성취하다, 실행하다
performance	[pərfɔ́ːrməns]	[퍼포오먼스]	명 수행, 실행, 작업, 공적, 연기
perfume	[pə́ːrfjuːm]	[퍼어퓨움]	명 방향, 향수 団 향수를 뿌리다
perhaps	[pərhǽps]	[퍼햅스]	閉 아마, 혹시, 어쩌면
peril	[pérəl]	[페릴]	명 위험, 모험 団 위태롭게 하다

    * *at one's peril*   감히, 위험을 무릅쓰고
    * *at the peril of*   ~을 (내) 걸고
    * *in peril of*   ~의 위험에 부딪혀

| perilous | [pérələs] | [페릴러스] | 형 위험한, 위태한, 모험적인 |
| period | [píːəriəd] | [피어리어드] | 명 기간, 시대, 완결, (문법)마침표 |

    * *come to a period*   끝나다

| periodical | [piəriádikəl] | [피어리오디컬] | 형 정기 간행의 명 정기 간행물 |

perish	[périʃ]	[페리시]	困困 죽다, 멸망하다, 괴롭히다
permanent	[pə́ːrmənənt]	[퍼어머넌트]	형 영구한, 불면의, 영속하는
permission	[pərmíʃən]	[퍼미션]	명 허가, 면허, 허용
permit {	[pərmít]	[퍼밋]	困困 허가하다, 허락하다
	[pə́ːrmit]	[퍼어밋]	명 허가, 면허
perpendicular	[pə̀ːrpəndíkjulər]	[퍼픈디큘러]	형 수직의, 직립의 명 수직선
perpetual	[pərpétʃuəl]	[퍼페츄얼]	형 영구한, 끊임없는
perplex	[pərpléks]	[퍼플렉스]	困 난처하게 하다, 당황케 하다
* be perplexed about	~에 고민하다, ~에 당황하다		
persecute	[pə́ːrsikjùːt]	[퍼어시큐우트]	困 박해하다, 괴롭히다
persecution	[pə̀ːrsikjúːʃən]	[퍼어시큐우션]	명 종교적 박해, 괴롭힘
persevere	[pə̀ːrsəvíər]	[퍼어시비어]	困 참다, 견디다
Persia	[pə́ːrʒə]	[퍼어셔]	명 페르시아 「명 페르시아 사람(말)
Persian	[pə́ːrʒən]	[퍼어션]	형 페르시아의, 페르시아 사람(말)의
persimmon	[pəːrsímən]	[퍼어시먼]	명 감, 감나무
persist	[pərsíst]	[퍼시스트]	困 고집하다, 주장하다, 지속하다
* persist in	~을 주장하다(insist on), 고집하다		
persistent	[pərsístənt]	[퍼시스턴트]	형 고집하는, 불굴의, 지속하는
person	[pə́ːrsn]	[퍼어슨]	명 사람, 신체, 풍채, 인품
* in person	스스로, 몸소, 친히		
personage	[pə́ːrsənidʒ]	[퍼어스니지]	명 명사, 귀인, 사람, 인물
personal	[pə́ːrsənl]	[퍼어스늘]	형 개인의, 일신상의, 본인의

personality	[pə̀ːrsənǽləti]	[퍼어스낼리티]	몡 개성, 인격
perspective	[pərspéktiv]	[퍼스펙티브]	톙 원근화법의 몡 원근화법, 원경
* in perspective		원근화법에 의하여 ; 진상을 바르게	
perspiration	[pə̀ːrspəréiʃən]	[퍼어스퍼레이션]	몡 발한(發汗), 땀
persuade	[pərswéid]	[퍼쉐이드]	퇌 설득하다, 믿게 하다
* persuade oneself of (that)		~을 믿다, ~을 확신하다	
persuasion	[pərswéiʒən]	[퍼쉐이젼]	몡 설득, 확신
pertain	[pərtéin]	[퍼어테인]	퇌 속하다, 적합하다, 관계하다
perusal	[pərúːzəl]	[퍼루우절]	몡 탐독, 정독, 정사
peruse	[pərúːz]	[퍼루우즈]	퇌 정독하다, 자세히 살피다
pervade	[pərvéid]	[퍼어베이드]	퇌 전면에 퍼지다, 침투하다
perverse	[pərvə́ːrs]	[퍼어버어스]	톙 괴팍한, 완고한
pessimism	[pésəmìzm]	[페시미즘]	몡 비관주의, 비관
pessimistic	[pèsəmístik]	[페시미스틱]	톙 비관적인
pest	[pest]	[페스트]	몡 유해물, 《드물게》 흑사병, 페스트
pestilence	[péstələns]	[페스틸런스]	몡 페스트, 해독
pet	[pet]	[페트]	몡 애완 동물, 귀염둥이 톙 사랑하는
petal	[pətl]	[페틀]	몡 꽃잎 ㄴ퇌 귀여워하다
petition	[pətíʃən]	[피티션]	몡 청원, 청원서 퇌재 청원하다
petrol	[pétrəl]	[페트럴]	몡 《영》 가솔린
petroleum	[pətróuliəm]	[피트로울리엄]	몡 석유(石油)
petticoat	[pétikòut]	[페티코우트]	몡 (여성의) 속치마

petty	[péti]	[페티]	형 사소한, 대단찮은, 시시한
pew	[pju:]	[퓨우]	명 교회의 좌석, 교회의 가족석
phantom	[fǽntəm]	[팬텀]	명 환영, 유령, 착각 형 유령의
phase	[feiz]	[페이즈]	명 단계, 형세, 국면, 양상
pheasant	[féznt]	[페즌트]	명 꿩
phenomenon	[finámənàn]	[피노미넌]	명 현상, 진기한 사물, 사건
Philippine	[fíləpi:n]	[필리피인]	형 필리핀(사람)의
philosopher	[filásəfər]	[필로서퍼]	명 철학자, 철인
philosophic(al)	[filəsáfik]	[필러소픽(컬)]	형 철학의, 철학에 통달한
philosophy	[filásəfi]	[필로서피]	명 철학, 철리, 철학적 정신
phone	[foun]	[포운]	명 전화(기) 자타 전화를 걸다
phonograph	[fóunəgræf]	[포우너그래프]	명 축음기
phosphoric	[fasfɔ́:rik]	[포스포릭]	형 인(燐)의, 인을 함유하는
photo	[fóutou]	[포우토우]	명 사진 타자 사진을 찍다
photograph	[fóutəgræf]	[포우터그래프]	명 사진 타자 촬영하다
photographer	[fətágrəfər]	[퍼타그러퍼]	명 사진사, 사진기사
photographic	[fòutəgrǽfik]	[포우터그래픽]	형 사진의, 사진 같은
photography	[fətágrəfi]	[퍼타그러피]	명 사진술, 사진 찍기
phrase	[freiz]	[프레이즈]	명 《문법》 구, 관용구 타 말로 표현
phraseology	[frèiziálədʒi]	[프레이지알러지]	명 말씨, 어법, 문체 ㄴ하다
physic	[fízik]	[피직]	명 약, 하제, 의술
physical	[fízikəl]	[피지컬]	형 물질의, 물질적인, 자연의

physically	[fízikəli]	[피지컬리]	男 물질적으로, 자연적으로
physician	[fizíʃən]	[피지션]	名 내과 의사
physicist	[fízisist]	[피지시스트]	名 물리학자
physics	[fíziks]	[피직스]	名《단수 취급》물리학
physiological	[fìziəládʒikəl]	[피지얼라지클]	形 생리학의, 생리적
pianist	[piǽnist]	[피애니스트]	名 피아니스트
piano	[piǽnou]	[피애노우]	名 피아노
pick	[pik]	[픽]	他自 쑤시다, 골라 내다, 뜯다
* pick off	한 사람씩 겨누어 쏘다, 잡아 뜯다		
* pick out	골라 내다, 분간하다		
* pick up	줍다, 집다, (사람을)찾아내다, (차로) 마중 나가다		
picket	[píkit]	[피킷]	名 끝이 뾰족한 말뚝, 피켓
pickpocket	[pikpákit]	[픽포킷]	名 소매치기
picnic	[píknik]	[피크닉]	名 피크닉, 소풍 自 소풍가다
pictorial	[piktɔ́:riəl]	[픽토오리얼]	形 그림이 든 名 그림 잡지
picture	[píktʃər]	[픽쳐]	名 그림, 사진 他 그리다, 묘사하다
picturesque	[pìktʃərésk]	[픽쳐레스크]	形 그림 같은, 아름다운
pie	[pai]	[파이]	名 파이(고기·과일 따위를 가루 반죽에 넣어 구운 것)
piece	[pi:s]	[피이스]	名 한 조각, 한 개 他 잇다
* a piece of	한 개의, 한 조각의		
pier	[piər]	[피어]	名 부두, 잔교(棧橋), 방파제

pierce	[piərs]	[피어스]	囲困 꿰뚫다, 간파하다
pig	[pig]	[피그]	圄 돼지, 새끼돼지, 돼지고기
pigeon	[pídʒən]	[피전]	圄 비둘기
pike	[paik]	[파이크]	圄 창(槍), 가시, 바늘
pile	[pail]	[파일]	圄 퇴적 囲困 쌓아올리다, 쌓이다

    * pile up   쌓아올리다

| pilgrim | [pílgrim] | [필그림] | 圄 순례자, 길손 「영국 청교도단 |

    * Pilgrim Fathers, the   1620년 the Mayflower를 타고 도미하여 Plymouth에 정주한

pilgrimage	[pílgrəmidʒ]	[필그리미지]	圄 순례 여행 困 순례하다
pill	[pil]	[필]	圄 알약, 환약
pillage	[pílidʒ]	[필리지]	圄 약탈(품) 囲 약탈하다
pillar	[pílər]	[필러]	圄 기둥, 주석(柱石)
pillow	[pílou]	[필로우]	圄 베개, 방석 囲 베개로 하다
pilot	[páilət]	[파일럿]	圄 수로 안내인, 조종사 囲 안내하다
pin	[pin]	[핀]	圄 핀, 못바늘 囲 핀을 꽂다
pincers	[pínsərz]	[핀서즈]	圄 못뽑이, 족집게
pinch	[pintʃ]	[핀치]	囲困 꼬집다, 죄어들다 圄 꼬집음
pine	[pain]	[파인]	圄 소나무 困 사모하다, 갈망하다
pineapple	[painǽpl]	[파인애플]	圄 파인애플(과일 이름)
pingpong	[píŋpàŋ]	[핑퐁]	圄 탁구, 핑퐁
pinion	[pínjən]	[피니언]	圄 새의 날개 끝 부분 囲 묶다
pink	[piŋk]	[핑크]	圄 패랭이 꽃, 분홍빛 囹 분홍색의

pint	[paint]	[파인트]	명 파인트 (액체량의 단위)
pioneer	[pàiəníər]	[파이어니어]	명 선구자, 개척자 타자 개척하다
pious	[páiəs]	[파이어스]	형 경건한, 신앙심이 깊은
pipe	[paip]	[파이프]	명 관(管), 도관 타자 피리를 불다
piper	[páipər]	[파이퍼]	명 피리 부는 사람
pique	[piːk]	[피이크]	명 성남, 화, 불평 타 성나게 하다
pirate	[páiərət]	[파이어리트]	명 해적, 저작권, 침해자 타자 약탈하
pistil	[pístil]	[피스틸]	명 암술 └ 다
pistol	[pístəl]	[피스틀]	명 권총, 피스톨 자 권총으로 쏘다
piston	[pístən]	[피스턴]	명 피스톤
pit	**[pit]**	**[피트]**	**명 구덩이, 구멍, 탄갱 타 푹 패이다**
pitch	[pitʃ]	[피치]	타자 던지다 명 《야구》투구
pitcher	[pítʃər]	[피쳐]	명 던지는 사람, 《야구》투수, 피처
pitiless	[pítilis]	[피틸리스]	형 무자비한
pity	**[píti]**	**[피티]**	**명 불쌍히 여김, 동정, 연민 타자 불쌍**
* have pity on		~을 불쌍히 여기다	└ 히 여기다
placard	[plǽkɑːrd]	[플래카아드]	명 플래카드, 포스터
place	**[pleis]**	**[플레이스]**	**명 장소, 지위 타 두다, 놓다**
* from place to place		이 곳 저 곳으로	
* give place to		~에게 자리를 내주다, ~에게 양보하다	
* in place of		~의 대신에	
* in the first (second) place		첫째(둘째)로	

* *in place*   제자리에, 적합한 자리에
* *know one's place*   자기 분수를 알다
* *out of place*   부적당한
* *take one's place*   착석하다
* *take place*   (사건이) 일어나다, 개최되다
* *take the place of*   ~을 대신하다

placid [plǽsid] [플래시드] 형 평온한, 침착한, 고요한
plague [pleig] [플레이그] 명 무서운 돌림병, 페스트, 재해
plaid [plæd] [플래드] 명 격자, 무늬 형 격자 무늬의
plain [plein] [플레인] 형 평탄한, 쉬운, 명백한, 소박한
plainly [pléinli] [플레인리] 부 명백하게, 솔직히
plaintive [pléintiv] [플레인티브] 형 애처로운, 슬픈
plait [pleit] [플레잇] 명 주름, 엮은 끈 타 주름잡다, 엮다
plan [plæn] [플랜] 명 계획, 설계 타자 계획하다

    * *make a plan*   계획을 세우다 (lay a plan)

plane [plein] [플레인] 명 평면, 대패, 비행기 형 평평한
planet [plǽnit] [플래니트] 명 유성, 혹성, 운성
planetary [plǽnətèri] [플래니터리] 형 유성의, 혹성의
plank [plæŋk] [플랭크] 명 두꺼운 판자 타 판자를 깔다
planner [plǽnər] [플래너] 명 계획하는 사람, 기안자
plant [plænt] [플랜트] 명 식물, 풀, 공장 타 (초목을)심다
plantation [plæntéiʃən] [플랜테이션] 명 대농원, 재배장, 식림지

planter	[plǽntər]	[플랜터]	뗑 재배자, 농장 주인
plaster	[plǽstər]	[플라아스터]	뗑 석회반죽, 석고, 고약
plastic	[plǽstik]	[플래스틱]	혱 유연한, 조형의 뗑 플라스틱
plate	[pleit]	[플레이트]	뗑 판금, 판유리 탄 도금하다
plateau	[plætóu]	[플래토우]	뗑 고원, 대지
platform	[plǽtfɔːrm]	[플랫포옴]	뗑 단(壇), (역의) 플랫폼, (정당의)정
platinum	[plǽtənəm]	[플래티넘]	뗑 백금 ㄴ강
plausible	[plɔ́ːzəbl]	[플로오지블]	혱 그럴듯한, 정말 같은
play	[plei]	[플레이]	탄재 놀다, 경기하다, 연주하다 뗑 놀

    * *play a part [the part of]*   ~의 역할을 맡아 하다   ㄴ이, 경기
    * *play at*   ~을 하고 놀다, 놀이를 하다
    * *play down*   정도를 낮추다, 경시하다
    * *play on*   악기를 타다, 이용하다
    * *play with*   ~을 가지고 놀다, ~와 함께 놀다

player	[pléiər]	[플레어]	뗑 노는 사람, 선수, 연주자
playful	[pléifl]	[플레이펄]	혱 놀기 좋아하는, 명랑한, 농담의
playground	[pléigràund]	[플레이그라운드]	뗑 운동장, 놀이터
plea	[pliː]	[플리이]	뗑 구실, 변명, 탄원
plead	[pliːd]	[플리이드]	재탄 탄원하다, 변호하다
pleasant	[plézənt]	[플레즌트]	혱 기분 좋은, 쾌활한
please	[pliːz]	[플리이즈]	탄재 기쁘게 하다, 마음에 들다

    * *be pleased with [at]*   ~이 마음에 들다, ~에 만족하다

pleased	[pli:zd]	[플리이즈드]	형 만족한, 기뻐하는
pleasing	[plí:ziŋ]	[플리이징]	형 유쾌한, 만족한, 상냥한
pleasure	[pléʒər]	[플레저]	명 즐거움, 쾌락, 유쾌, 오락

* *pleasure ground*   유원지
* *at one's pleasure*   마음대로, 멋대로
* *take a pleasure in*   ~을 즐기다, 좋아하다
* *with pleasure*   기꺼이, 쾌히(pleasantly)

pledge	[pledʒ]	[플레지]	명 전당, 저당, 서약, 맹세 타 저당잡
plenteous	[pléntiəs]	[플렌티어스]	형 많은, 풍부한 ㄴ히다
plentiful	[pléntifəl]	[플렌티펄]	형 많은, 풍부한
plenty	[plénti]	[플렌티]	명 풍부, 많음 형 충분한 부 충분히

* *in plenty*   많이, 충분히
* *plenty of*   많은, 풍부한(a lot of, lots of)

plight	[plait]	[플라이트]	명 (나쁜)상태, 곤경 타 약혼하다
plod	[plad]	[플로드]	자타 터벅터벅 걷다, 꾸준히 일하다
plot	[plat]	[플로트]	명 음모 타자 음모를 꾸미다
plough, plow	[plau]	[플라우]	명 쟁기, 경작 타 쟁기질하다
plowman	[pláumən]	[플라우먼]	명 농부, 쟁기질하는 사람
pluck	[plʌk]	[플럭]	타자 (꽃, 과실, 깃털 등)따다, 뽑다
plug	[plʌg]	[플러그]	명 마개, 소화전 타 마개를 하다
plum	[plʌm]	[플럼]	명 서양오얏, 건포도
plume	[plu:m]	[플루움]	명 깃털, 모자의 깃털 장식

plump	[plʌmp]	[플럼프]	卧자 살찌게 하다, 털썩 주저앉다
			형 살이 잘 찐 閉 털썩
plunder	[plʌ́ndər]	[플런더]	卧자 약탈하다 명 약탈품
plunge	[plʌndʒ]	[플런지]	卧자 뛰어들다, 돌입하다 명 뛰어듦
plural	[plúərəl]	[플루럴]	형 복수의 명 《문법》복수
plus	[plʌs]	[플러스]	형 더하기의 전 ~을 더하여 명 양수
p.m., P.M.	[píːém]	[피이엠]	[《라》 post meridiem의 약어] 오후
pneumatic	[njumǽtik]	[뉴매틱]	형 공기가 든, 압축 공기를 넣은
pneumonia	[njumóunjə]	[뉴모우니어]	명 폐렴 [주머니용의
pocket	[pákit]	[파킷]	명 포켓, 용돈 卧 포켓에 넣다 형 호
poem	[póuəm]	[포우임]	명 시(詩), 운문
poet	[póuit]	[포우잇]	명 시인(詩人)
poetic(al)	[pouétik]	[포우에틱(컬)]	형 시인의, 시인 같은
poetry	[póuitri]	[포우이트리]	명 작시법, 시가, 시정, 운문
point	[pɔint]	[포인트]	명 (작은)점, 첨단 卧자 지시하다

    * *at the point of*   ~의 순간에, ~할 무렵에
    * *come to the point*   요점에 이르다
    * *from ~ point of view*   ~이라는 견지[관점]에서 (보면)
    * *make a point of~ing*   ~을 강조하다, 반드시 ~하다
    * *on the point of ~ing*   바야흐로 ~하려는 순간에 (on the verge of)
    * *point out*   ~을 지시하다 ; ~에 눈[주의]을 돌리다
    * *to the point [purpose]*   적절한, 핵심을 찌르는

pointed	[pɔ́intid]	[포인티드]	형 뾰족한, 날카로운, 노골적인
poise	**[pɔiz]**	**[포이즈]**	**타자 균형이 잡히다 명 균형**
poison	[pɔ́izn]	[포이즌]	명 독(약), 해독 타 독살하다
poisonous	**[pɔ́izənəs]**	**[포이즈너스]**	**형 유해한, 독 있는, 해로운**
poke	[pouk]	[포우크]	타자 찌르다, 어정거리다 명 찌름
poker	[póukər]	[포우커]	명 부지깽이, 포커(트럼프놀이)
Poland	[póulənd]	[포울런드]	명 폴란드(공화국)
polar	[póulər]	[포울러]	형 정반대의, 극지의, 자극의
pole	[poul]	[포울]	명 막대기, 기둥, 극(極), 자극

　　* a pole and line　　낚싯줄 달린 낚싯대
　　* the North Pole　　북극
　　* the South Pole　　남극
　　* the positive pole　　양극
　　* the negative pole　　음극

polestar	[poulsta:r]	[포울스타아]	명 북극성(polar star)
police	**[pəlí:s]**	**[펄리이스]**	**명 경찰, 경찰관 타 단속하다**
policeman	**[pəlí:smən]**	**[펄리이스먼]**	**명 경관, 순경**
policy	[páləsi]	[팔러시]	명 정책, 방침
polish	[páliʃ]	[팔리시]	타자 닦다, 윤을 내다 명 닦기, 광택

　　* polish up　　끝손질하다, 마무리하다 ; 장식하다

| **polite** | **[pəláit]** | **[펄라이트]** | **형 공손한, 품위 있는** |
| politic | [pálətik] | [팔러틱] | 형 (구어)정치의, 사려 깊은 |

political	[pəlítikəl]	[펄리티클]	휑 정치상의, 정치적인
politician	[pàlitíʃən]	[팔러티션]	똉 정치가, 정상배
politics	[pálətiks]	[폴리틱스]	똉 《단수 취급》정치, 정치학, 정책
pollen	[pálən]	[팔린]	똉 꽃가루
pollute	[pəlúːt]	[펄루우트]	틷 ~을 더럽히다, 불결하게 하다
pollution	[pəlúːʃən]	[펄루우션]	똉 오염, 공해, 불결
pomp	[pamp]	[팜프]	똉 화려, 장관(壯觀)
pond	[pand]	[판드]	똉 못, 연못
ponder	[pándər]	[폰더]	틷진 숙고하다, 곰곰이 생각하다
ponderous	[pándərəs]	[폰더러스]	휑 대단히 무거운, 묵직한, 육중한
pony	[póuni]	[포우니]	똉 조랑말
pool	[puːl]	[푸울]	똉 푸울, 웅덩이, 작은 못, 합동 자금
poor	[puər]	[푸어]	휑 가난한, 부족한, 빈약한
* be poor at [in]		~이 서투르다	
poorly	[púərli]	[푸얼리]	휑 건강이 좋지 못한 틪 빈약하게
pop	[pap]	[폽]	진 뻥 울리다, 탕 쏘다
Pope	[poup]	[포우프]	똉 로마 교황
poplar	[páplər]	[포플러]	똉 포플라, 백양
poppy	[pápi]	[포피]	똉 양귀비
popular	[pápjulər]	[파퓰러]	휑 인기 있는, 유행의, 대중적인
popularity	[pàpjulǽrəti]	[파퓰래리티]	똉 인기, 평판, 통속성, 유행
population	[pàpjuléiʃən]	[파퓰레이션]	똉 인구(人口)

populous	[pápjuləs]	[파퓰러스]	혱 인구가 조밀한
porcelain	[pɔ́ːrsəlin]	[포오슬린]	몡 자기(磁器) 혱 자기 그릇의
porch	[pɔːrtʃ]	[포오치]	몡 현관, 《미》베란다
pork	[pɔːrk]	[포오크]	몡 돼지고기
porous	[pɔ́ːrəs]	[포오러스]	혱 구멍이 많은, 다공성의
porridge	[pɔ́ːridʒ]	[포오리지]	몡 죽
port	[pɔːrt]	[포오트]	몡 항구, 좌현(左舷), 포오트 와인
portable	[pɔ́ːrtəbl]	[포오터블]	혱 들어 옮길 수 있는 몡 휴대형
portal	[pɔ́ːrtl]	[포오틀]	몡 문, 입구, 현관
porter	[pɔ́ːrtər]	[포오터]	몡 현관 수위, 문지기, 짐꾼, 관리인
portion	[pɔ́ːrʃən]	[포오션]	몡 부분, 몫, 한 사람분 탄 분배하다
portrait	[pɔ́ːrtrit]	[포오트리트]	몡 초상화, 사진, 흡사한 것
Portugal	[pɔ́ːrtʃugəl]	[포오튜걸]	몡 포르투갈
Portuguese	[pɔ̀ːrtʃugíːz]	[포오튜기이즈]	몡 포르투갈 사람 혱 포르투갈의
pose	[pouz]	[포우즈]	몡 자세 탄ᄌ 자세를 취하다
position	[pəzíʃən]	[퍼지션]	몡 위치, 장소, 신분, 태도, 견해

    * *be in a position to (do)*   ~할 수 있는 처지에 있다
    * *out of position*   제 위치에서 벗어나

positive	[pázətiv]	[파시티브]	혱 확실한, 명확한, 적극적인
possess	[pəzés]	[퍼제스]	탄 소유하다, 지배하다, 가지다

    * *be possessed by(with)*   ~에 홀리어 있다, ~에 사로잡혀 있다
    * *be possessed of*   ~을 가지고 있다

* *possess oneself of*		~을 자기 것으로 하다	
possession	[pəzéʃən]	[퍼제션]	명 소유, 소유물, 점령, 《복수》재산
* *in possession of*		~을 소유하고, ~을 점유하고	
* *take possession of*		~을 점유하다, ~을 입수하다	
possibility	[pàsəbíləti]	[파시빌리티]	명 가능성, 《복수》 (장래의) 가망
possible	[pásəbl]	[파서블]	형 가능한, 있음직한
* *as far [much] as possible*		가능한 한, 되도록	
possibly	[pásəbli]	[파서블리]	부 어쩌면, 어떻게든지 해서
post	[poust]	[포우스트]	명 우편(물), 기둥, 지위 타 우송하다
postage	[póustidʒ]	[포우스티지]	명 우편요금
postal	[póustl]	[포우스틀]	형 우편의
postcard	[poustka:rd]	[포우스(트)카아드]	명 우편엽서
poster	[póustər]	[포우스터]	명 포스터, 벽보
posterior	[pastíəriər]	[포스티어리어]	형 뒤의, 후의, 후천적인 명 후부
posterity	[pastérəti]	[포스테리티]	명 자손, 후세
postman	[poustmən]	[포우스(트)먼]	명 우체부, 우편물 집배인
postmark	[poustma:rk]	[포우스(트)마아크]	명 (우편의) 소인
postmaster	[poustmæstər]	[포우스(트)매스터]	명 우체국장
postoffice	[poustɔ́:fis]	[포우스(트)오오피스]	명 우체국
postpone	[poustpoun]	[포우스(트)포운]	타 연기하다(put off)
postponement	[poustpóunmənt]	[포우스(트)포운먼트]	명 연기
postscript	[póustskript]	[포우스(트)스크립트]	명 (편지의) 추신(追伸), 추백

posture	[pástʃər]	[포스처]	몡 자세, 상태 재태 자세를 취하다
pot	[pat]	[팟]	몡 단지, 항아리, (깊은) 냄비
potato	[pətéitou]	[퍼테이토우]	몡 감자, 고구마
potent	[póutnt]	[포우턴트]	혱 힘센, 강력한, 세력 있는
potential	[pəténʃəl]	[퍼텐셜]	혱 가능한, 잠재적인 몡 가능성
potentiality	[pətènʃiǽləti]	[퍼텐시앨리티]	몡 가능성, 잠재력
potter	[pátər]	[포터]	몡 도공, 도예가, 옹기장이
pouch	[pautʃ]	[파우치]	몡 작은 주머니, 《미》우편 행낭
poultry	[póultri]	[포울트리]	몡 《집합적》 가금(家禽)
pound	[paund]	[파운드]	몡 파운드 [무게 및 영국의 화폐단위]
pour	[pɔːr]	[포오]	태재 따르다, 붓다 몡 유출, 억수
poverty	[pávərti]	[파버티]	몡 빈곤, 결핍
powder	[páudər]	[파우더]	몡 가루, 분, 화약 태재 가루로 하다
power	[páuər]	[파우어]	몡 힘, 능력, 권력, 강대국
* in one's power		힘이 미치는 범위 내에, 지배하에	
powerful	[páuərfəl]	[파우어펄]	혱 강력한, 세력이 있는
practical	[prǽktikəl]	[프랙티컬]	혱 실제의, 실용적인, 유용한
practically	[prǽktikəliː]	[프랙티컬리]	틧 실제로, 사실상, 거의
practice	[prǽktis]	[프랙티스]	몡 실시, 실행 태재 연습하다
practise	[prǽktis]	[프랙티스]	태재 연습하다, 실행하다
prairie	[préəri]	[프레어리]	몡 (북아메리카의) 대초원
praise	[preiz]	[프레이즈]	몡 칭찬, 찬미 태 칭찬하다

prank	[præŋk]	[프랭크]	몝 농담, 못된 장난 탄째 장식하다
pray	[prei]	[프레이]	째탄 빌다, 기원하다, 간청하다
prayer	{ [prɛər]	[프레어]	몝 기원, 간원, 기도문
	[préiər]	[프레이어]	몝 기도하는 사람
preach	[priːʃ]	[프리이치]	째탄 설교하다, 전도하다
preacher	[príːʃər]	[프리이쳐]	몝 설교자, 주창자, 전도사
precarious	[prikéəriəs]	[프리케어리어스]	혱 불안정한, 위험한, 불안한
precaution	[prikɔ́ːʃən]	[프리코오션]	몝 조심, 경계, 예방책
precautionary	[prikɔ́ːʃənèri]	[프리코오셔너리]	혱 미리 경계하는, 예방의
precede	[prisíːd]	[프리이시이드]	탄째 앞서다, 선행하다
precedence, -cy	[présədəns, -si]	[프레시던스, -시]	몝 선행, 우선권
precedent	[présədənt]	[프레시던트]	몝 선례, 판례, 전례
preceding	[prisíːdiŋ]	[프리(이)시이딩]	혱 선행하는, 바로 앞의
precept	[príːsept]	[프리이셉트]	몝 교훈, 격언, 명령서
precinct	[príːsiŋkt]	[프리이싱크트]	몝 경내(境內), 구내, (경찰)관할구
precipice	[présəpis]	[프레시피스]	몝 낭떠러지, 벼랑, 위기
precise	[prisáis]	[프리사이스]	혱 정확한, 명확한, 정밀한
precisely	[prisáisli]	[프리사이슬리]	뷘 정확하게, 정밀하게
predecessor	[prédəsèsər]	[프레디세서]	몝 전임자, 선배
predestine	[pridéstin]	[프리데스틴]	탄 예정하다, 운명지우다
predetermine	[priːditáːrmin]	[프리이디터어민]	탄 ~을 선결하다, 예정하다
predict	[pridíkt]	[프리딕트]	탄째 예언하다

predominant	[pridámənənt]	[프리도미넌트]	혱 우세한, 유력한, 탁월한
predominate	[pridámənèit]	[프리도미네이트]	퍄 우위를 차지하다, 우세하다
preface	[préfis]	[프레피스]	몡 서문 팀 ~에 서문을 쓰다
prefecture	[príːfektʃər]	[프리이펙쳐]	몡 현(縣)
prefer	[prifəːr]	[프리퍼어]	팀 차라리 ~을 좋아하다
* *prefer~ to…*	… 보다 ~을 더욱 좋아하다		
preference	[préfərəns]	[프레퍼런스]	몡 더 좋아함, 편애, 우선권, 특혜
pregnant	[prégnənt]	[프레그넌트]	혱 임신한
prejudice	[prédʒudis]	[프레쥬디스]	몡 편견 팀 편견을 갖게 하다
preliminary	[prilímənèri]	[프릴리미너리]	혱 예비적인, 준비의 몡 예비
premature	[prìːmətʃúər]	[프레머튜어]	혱 때 아닌, 조숙한
premier	[primjíərpríːmiər]	[프레미어]	몡 수상 혱 제일 위의, 첫째의
premise	[prémis]	[프레미스]	몡 전제, (대지가 딸린) 집, 구내
premium	[príːmiəm]	[프리이미엄]	몡 할증금, 상금, 사례, 보험료
preparation	[prèpəréiʃən]	[프레퍼레이션]	몡 준비, 예습, 조제, 각오
preparatory	[pripǽrətɔ̀ːri]	[프리패러터리]	혱 준비의, 예비의
prepare	[pripéər]	[프리페어]	팀퍄 준비하다, 각오하다
preposition	[prèpəzíʃən]	[프레퍼지션]	몡 (문법)전치사
prerogative	[prirágətiv]	[프리로거티브]	몡 특권, 대권(大權)
prescribe	[priskráib]	[프리스크라이브]	팀퍄 명하다, 처방하다, 명령하다
presence	[prézns]	[프레즌스]	몡 있음, 존재, 출석, 면전, 풍채
* *in the presence of*	~의 면전에서, ~에 직면하여		

* *presence of mind*   평정, 침착(calmness ; composure)

present   { [prézənt]   [프레즌트]   혱 있는, 출석한 몡 현재, 선물
             { [prizént]   [프리젠트]   타 주다, 증정하다, 내놓다

* *at the present time [day]*   요즈음에는
* *present oneself*   출두하다, 나타나다
* *at present*   목하, 현재
* *for the present*   당분간, 현재로서는

presentation   [prèzəntéiʃən]   [프레젠테이션]   몡 증정, 선물, 소개, 제출, 표현
presently   [prézntli]   [프레즌틀리]   몡 곧(soon), 이내, 목하, 현재
preservation   [prèzərvéiʃən]   [프레저베이션]   몡 보존, 저장, 보호
preserve   [prizə́:rv]   [프리저어브]   타 보존하다 몡 설탕 조림, 잼

* *preserve ~ from*   ~을 ~에서 보호하다, ~하지 않게 하다

preside   [prizáid]   [프리자이드]   재 사회하다, 관장하다
president   [prézədənt]   [프레지든트]   몡 [종종 P-] 대통령, 사장, 학장
press   [pres]   [프레스]   타재 누르다, 압박하다 몡 압박, 신문,
pressure   [préʃər]   [프레셔]   몡 압력, 압박   ㄴ인쇄기, 압착기

* *under the pressure of*   ~에 몰려서, ~의 압력을 받고

prestige   [prestíːʒ]   [프레스티이즈]   몡 위력, 위신, 신망
presumably   [prizúːməbli]   [프리주우머블리] 혬 추측컨대, 아마
presume   [prizúːm]   [프리주움]   타재 상상하다, 추정하다
pretend   [priténd]   [프리텐드]   타재 ~인 체하다, 가장하다

* *pretend to [do]*   ~인 체하다, 꾀하다, 요구하다

pretense, ~ce [priténs|prí:tens]   [프리텐스]   명 구실, 가장, 허위
    * *under the pretense of*   ~을 빙자하여, ~을 구실삼아

pretty [príti]   [프리티]   형 예쁜, 귀여운 명 이쁜이 부 상당히

prevail [privéil]   [프리베일]   자 유행하다, 설득하다, 이기다
    * *prevail against*   ~을 이겨 내다, ~보다 우세하다

prevent [privént]   [프리벤트]   타 방해하다, ~못하게 하다, 예방하다
    * *prevent ~ from···*   ~을 방해하여 ··· 못하게 하다

preview [prí:vjù:]   [프리이뷰우]   명 예비 검사, 시사(試寫)

previous [prí:viəs]   [프리이비어스]   형 앞서의, 이전의, 조급한

previously [prí:viəsli]   [프리이비어슬리]   부 이전에, 미리, 조급하게

prey [prei]   [프레이]   명 먹이, 희생 자 잡아 먹다

price [prais]   [프라이스]   명 값, 가격 타 값을 매기다
    * *at any price*   아무리 비싸더라도, 어떤 희생을 치르더라도
    * *at the price of*   ~을 걸고서, ~을 희생하여

priceless [práislis]   [프라이슬리스]   형 돈으로 살 수 없는, 아주 귀중한

prick [prik]   [프릭]   명 찌름 타자 콕콕 찌르다

pride [praid]   [프라이드]   명 자만심, 자랑, 자부 타 자랑하다
    * *take (a) pride in*   ~을 자랑하다[뽐내다]

priest [pri:st]   [프리이스트]   명 승려, 성직자, 목사

primary [práimeri]   [프라이머리]   형 최초의, 본래의, 초보의

prime [praim]   [프라임]   형 제1의, 주요한 명 초기, 청춘

primitive [prímətiv]   [프리미티브]   형 원시의, 야만의 명 원시인

prince	[prins]	[프린스]	명 왕자, 공작, 제후
princess	[prínsis]	[프린세스]	명 왕녀, 공주, 공작 부인 「장
principal	[prínsəpəl]	[프린시플]	형 주요한, 제1의 명 장(長), 장관, 교
principle	[prínsəpl]	[프린시플]	명 원리, 주의
* * in principle*		원칙적으로	
			「자국
print	[print]	[프린트]	타자 인쇄하다, 인화하다 명 인쇄(물),
prior	[práiər]	[프라이어]	형 앞의, 보다 중요한 부 앞서
* * prior to*	~앞의, ~앞에		
priority	[praióːrəti]	[프라이아리티]	명 우선, 우선권, 상석
prism	[prizm]	[프리즘]	명 프리즘, 분광기
prison	[prízn]	[프리즌]	명 형무소, 감옥, 감금소
prisoner	[prízənər]	[프리즈너]	명 죄수, 형사 피고인, 포로
privacy	[práivəsi]	[프라이버시]	명 은둔, 사생활, 비밀, 사적 자유
private	[práivət]	[프라이비트]	형 사사로운, 개인의, 사영(私營)의
* * a private car*		자가용차	
privilege	[prívəlidʒ]	[프리빌리지]	명 특권 타 특권을 주다
privileged	[prívəlidʒd]	[프리빌리지드]	형 특권이 있는, 특권이 부여된
privy	[prívi]	[프리비]	형 비밀의, 사유(私有)의 명 변소
prize	[praiz]	[프라이즈]	명 상품, 현상금 형 상품으로 받은
* * prize winner*		수상자, 수상작	
prizewinning	[praizwíniŋ]	[프라이즈위닝]	형 상을 타는, 수상한, 입상의
pro	[prou]	[프로우]	명 (구어)프로, 전문가, 직업 선수

∟ (professional의 준말) ; 찬성

probability [pràbəbíləti] [프라버빌리티] 몡 가망, 있음직함, 확률
    * *in all probability*   아마, 십중팔구는
probable [prábəbl] [프라버블] 혱 있음직한, 사실 같은
probably [prábəbli] [프라버블리] 閉 아마, 십중팔구는, 필시
problem [prábləm] [프라블럼] 몡 문제, 난문, 의문
procedure [prəsíːdʒər] [프러시이저] 몡 절차, 수속, (행동)의 진행
proceed [prəsíːd] [프로우시이드] 쟈 나아가다, 계속하다
proceeding [prəsíːdiŋ] [프로우시이딩] 몡 조처, 소송 절차, 의사록, 회보
process [práses] [프라세스] 몡 진행, 경과 탸 처리하다
    * *in process of*   ~의 진행 중, (~하는) 중
procession [prəséʃən] [프러세션] 몡 행렬, 행진
proclaim [proukléim] [프로우클레임] 탸 선언하다, 공포하다, 나타내다
proclamation [pràkləméiʃən] [프라클러메이션] 몡 선언, 공포
procure [proukjúər] [프로우큐어] 탸 마련하다, 가져오다, 획득하다
prodigal [prádigəl] [프라디걸] 혱 낭비하는, 방탕한 몡 낭비자
    * *be prodigal of*   ~을 아낌없이 주다, 낭비하다
produce [prədjúːs] [프러듀우스] 탸쟈 생기게 하다, 생산하다
product [prádʌkt] [프라덕트] 몡 생산물, 성과
production [prədʌ́kʃən] [프러덕션] 몡 생산, 제작, 연출, 제공
productive [prədʌ́ktiv] [프러덕티브] 혱 생산적인, 다산의, 풍부한
profane [prəféin] [프러페인] 혱 모독적인 탸 모독하다

profess	[prəfés]	[프러페스]	태자 공언하다, 고백하다
profession	[prəféʃən]	[프러페션]	명 (지적인) 직업, 전문
by profession	직업은		
professional	[prəféʃənl]	[프러페셔늘]	형 전문의, 직업의 명 지적 전문가, ⌐직업 선수
professor	[prəfésər]	[프러페서]	명 교수(敎授)
proffer	[práfər]	[프라퍼]	타 제언하다, 제공하다 명 제언, 제공
proficient	[prəfíʃənt]	[프러피션트]	형 숙달된 명 달인, 명인
profile	[próufail]	[프로우파일]	명 옆모습, 프로필
profit	[práfit]	[프라피트]	명 (금전상의) 이윤 타자 이익을 얻다
make a profit on~	~으로 벌다		
profitable	[práfitəbl]	[프라피터블]	형 유익한, 이익이 있는
profiteer	[prὰfitíər]	[프로피티어]	자 폭리를 취하다 명 폭리 상인
profound	[prəfáund]	[프러파운드]	형 깊은(deep), 심원한, 정중한
profoundly	[prəfáundli]	[프러파운들리]	부 깊이, 정중하게
profundity	[prəfʌ́ndəti]	[프러펀디티]	명 심오 ; 깊음, 깊이
profuse	[prəfjúːs]	[프러퓨우스]	형 통이 큰, 아낌없는 ; 마음이 풍부한
profusion	[prəfjúːʒən]	[프러퓨우전]	명 풍부 ; 대범, 낭비
program(me)	[próugræm]	[프로우그램]	명 프로그램, 예정, 계획(표)
progress	[prágres]	[프라그레스]	명 전진, 진행, 발달
in progress	진행 중		
make progress	진행하다, 진보하다, 전진하다		
progressive	[prəgrésiv]	[프러그레시브]	형 전진하는, 진보적인

prohibit	[prouhíbit]	[프러히비트]	囲 금지하다, 방해하다
prohibition	[pròuibíʃən]	[프로우히비션]	명 금지, 금지령
project	[prádʒekt]	[프러젝트]	재타 계획하다, 영사하다 명 계획
projection	[prədʒékʃən]	[프러젝션]	명 돌출(부), 사출, 발사, 계획
prolog(ue)	[próulag]	[프로울로그]	명 개막사, 서막, 머리말, 서언
prolong	[prəlɔ́ːŋ]	[프럴롱]	囲 늘이다, 연장하다
promenade	[pràmənéid]	[프로미나아드]	명 산책, 산보 재타 산책하다
prominent	[prámənənt]	[프로미넌트]	형 돌출한, 현저한, 눈에 띄는
promise	[prámis]	[프로미스]	명 약속, 가망 타재 약속하다
promising	[prámisiŋ]	[프라미싱]	형 유망한, 장래가 촉망되는
promote	[prəmóut]	[프러모우트]	囲 진급시키다, 촉진시키다
promotion	[prəmóuʃən]	[프러모우션]	명 승진, 진급, 촉진, 발기, 주창
prompt	[prampt]	[프람프트]	형 신속한, 즉시의 囲 자극하다
promptly	[prámptli]	[프람프틀리]	円 즉시에, 신속하게
prone	[proun]	[프로운]	형 수그린, ~하기 쉬운, ~의 경향이
pronoun	[próunàun]	[프로우나운]	명 《문법》 대명사 ⌞ 있는
pronounce	[prənáuns]	[프러나운스]	재타 발음하다, 선언하다
pronunciation	[prənʌnsiéiʃən]	[프러넌시에이션]	명 발음 ⌜ 수 있게 하다
proof	[pruːf]	[프루우프]	명 증거, 증명 형 ~에 견디는 囲 견딜
propaganda	[pràpəgǽndə]	[프라퍼갠더]	명 선전, 프로퍼갠더, 선전 단체
propagate	[prápəgèit]	[프라퍼게이트]	재타 선전하다, 보급시키다
propel	[prəpél]	[프러펠]	囲 추진하다, 몰아대다

propeller	[prəpélər]	[프로펠러]	몡 프로펠러
proper	[prápər]	[프라퍼]	혱 적당한, 고유의, 올바른
properly	[prápərli]	[프라펄리]	뿐 적당히, 올바르게
property	[prápərti]	[프라퍼티]	몡 재산, 소유물, 소유권, 특성
prophecy	[práfəsi]	[프라피시]	몡 예언, 예언서
prophesy	[práfəsài]	[프라피사이]	탸쟈 예언하다, 예측하다
prophet	[práfit]	[프라피트]	몡 예언자, 대변자, 예보자
prophetic(al)	[prəfétik(əl)]	[프러페틱(컬)]	혱 예언의, 예언적인, 경고의
proportion	[prəpɔ́:rʃən]	[프러포오션]	몡 비(比), 비율, 부분 탸 배당하다
*in proportion as		~에 비례하여, ~에 따라서	
*in proportion to		~에 비례하여, ~에 응하여	
proposal	[prəpóuzəl]	[프러포우즐]	몡 신청, 제안, 결혼신청
propose	[prəpóuz]	[프러포우즈]	탸쟈 신청하다, 청혼하다
proprietor	[prəpráiətər]	[프러프라이어터]	몡 소유주, 경영주 「로 쓰다
prose	[prouz]	[프로우즈]	몡 산문, 평범 혱 산문의 쟈탸 산문으
prosecute	[prásikjù:t]	[프라시큐우트]	탸 수행하다 쟈 기소하다
prosecution	[pràsikjú:ʃən]	[프라시큐우션]	몡 수행, 종사, 기소, 원고측
prosecutor	[prásikjù:tər]	[프라시큐우터]	몡 검사, 수행자, 고발자
prospect	[práspekt]	[프라스펙트]	몡 조망, 경치, 전망, 기대, 예상
prospective	[prəspéktiv]	[프라스펙티브]	혱 예기되는, 가망 있는, 장래의
prospector	[práspektər]	[프라스펙터]	몡 탐광자, 시굴자
prosper	[práspər]	[프라스퍼]	쟈탸 번영하다, 성공시키다

prosperity	[praspérəti]	[프라스페러티]	명 번영, 성공, 행운
prosperous	[práspərəs]	[프라스퍼러스]	형 번영하는, 순조로운, 행운의
prostrate	[prástreit]	[프라스트레이트]	형 엎드린 타 엎드리게 하다
protect	[prətékt]	[프러텍트]	타 지키다, 막다, 보호하다
* protect ~ against [from]		막다, ~하지 않도록 ~을 보호하다	
protection	[prətékʃən]	[프러텍션]	명 보호, 방어
protective	[prətéktiv]	[프러텍티브]	형 보호하는, 방어하는
protector	[prətéktər]	[프러텍터]	명 보호자, 방어자, 보호물
protein	[próuti:n]	[프로우티이인]	명 단백질 형 단백질의
protest	[próutest]	[프러테스트]	타자 단언하다, 항의하다
Protestant	[prátəstənt]	[프로티스턴트]	명 신교도 형 신교도의
protoplasm	[próutəplæzm]	[프로우터플래즘]	명 원형질
proud	[praud]	[프라우드]	형 자랑스러운, 거만한, 교만한
* be proud of		~을 자랑하다, ~을 영광으로 생각하다	
proudly	[práudli]	[프라우들리]	부 거만하게, 자랑스럽게
prove	[pru:v]	[프루우브]	타자 증명하다
proverb	[právə:rb]	[프라버브]	명 속담
provide	[prəváid]	[프러바이드]	타자 공급하다, 준비하다, 대비하다
* provide for		~에 대하여 준비하다, 부양하다	
* provide ~ with…		~에 … 을 공급(설비)하다, 지급하다	
provided	[prəváidid]	[프러바이디드]	접 ~을 조건으로, 만약 ~이면
providence	[právədəns]	[프로비던스]	명 섭리, 신의 뜻, 선견

providing	[prəváidiŋ]	[프러바이딩]	접 provided
province	[právins]	[프로빈스]	명 주(州), 성(省), 범위, 지방, 시골
provincial	[prəvínʃəl]	[프러빈셜]	형 주의, 지방의 명 지방민
provision	[prəvíʒən]	[프러비전]	명 준비, 설비 타 식량을 공급하다
provisional	[prəvíʒənl]	[프러비저널]	형 잠시의, 잠정적인, 임시의
provocation	[pràvəkéiʃən]	[프로버케이션]	명 성나게 함, 자극, 성남, 도발
provocative	[prəvákətiv]	[프러바커티브]	형 성나게 하는, 도발적인 명 화나게
provoke	[prəvóuk]	[프러보우크]	타 성나게 하다, 자극하다 ㄴ하는 것
prowess	[práuis]	[프라우이스]	명 용기, 용감한 행동, 무용(武勇)
prowl	[praul]	[프라울]	타자 (먹이를) 찾아 헤매다
prudence	[prúːdns]	[프루우던스]	명 사려, 분별, 신중, 검약
prudent	[prúːdnt]	[프루우던트]	형 조심성 있는, 신중한, 분별 있는
prune	[pruːn]	[프루운]	명 말린 자두 타 (나무를) 잘라내다
Prussia	[prʌ́ʃə]	[프러셔]	명 프러시아
pry	[prai]	[프라이]	자타 들여다보다, 들추어 내다
psalm	[saːm]	[사암]	명 찬송가, 성가
psychic	[sáikik]	[사이킥]	형 영혼의, 정신의 명 영매(靈媒)
psychology	[saikálədʒi]	[사이칼러지]	명 심리학(心理學)
public	[pʌ́blik]	[퍼블릭]	형 공공의, 공중의 명 [the~] 공중
* *in public*	공공연히,	여러 사람 앞에서	ㄴ사회
publication	[pʌ́bləkéiʃən]	[퍼블리케이션]	명 발표, 공표, 출판, 출판물
publish	[pʌ́bliʃ]	[퍼블리시]	타자 발표하다, 공표하다

puddle [pʌdl] [퍼들] 몡 웅덩이, 진흙 탄자 흙을 개다

puff [pʌf] [퍼프] 몡 훅 불기 자타 훅 불다

pull [pul] [풀] 탄자 잡아당기다, 끌다 몡 잡아당김

    * *pull back*   물러가다, 후퇴하다
    * *pull down*   (가치를) 떨어뜨리다, (건축물을) 헐다
    * *pull in*   (목 따위를)움츠리다, 절약하다
    * *pull off*   벗다, 이기다, 상을 타다, 잘 해내다
    * *pull on*   입다, 신다
    * *pull out*   잡아빼다, 배를 저어 나가다, 떠나다
    * *pull through*   (곤란을) 뚫고 나가다, 병이 다 낫다
    * *pull together*   힘을 합하여 일하다
    * *pull up*   근절하다, 정지시키다, 잡아빼다, 비난하다

pulp [pʌlp] [펄프] 몡 과육(과실의 살), 펄프(제지 원료)

pulpit [púlpit] [풀피트] 몡 설교단, 설교, 설교자들

pulse [púlpit] [펄스] 몡 맥박, 고동 자 맥이 뛰다

pump [pʌmp] [펌프] 몡 펌프 탄자 펌프로 푸다

pumpkin [pʌ́mpkin] [펌프킨] 몡 호박

punch [pʌntʃ] [펀치] 탄 주먹으로 때리다, 구멍을 뚫다

punctual [pʌ́ŋktʃuəl] [펑츄얼] 혱 시간을 엄수하는, 착실한

punctuality [pʌ́ŋktʃúæləti] [펑츄앨리티] 몡 시간 엄수

punctuate [pʌ́ŋktʃuèit] [펑츄에이트] 자타 구둣점을 찍다

punctuation [pʌ́ŋktʃuéiʃən] [펑츄에이션] 몡 구둣법, 구둣점

puncture	[pʌ́ŋkʧər]	[펑처]	명 뚫린 구멍, 빵꾸 자타 찌르다
punish	[pʌ́niʃ]	[퍼니시]	타 벌하다, 응징하다, 골탕 먹이다
punishment	[pʌ́niʃmənt]	[퍼니시먼트]	명 처벌, 징계, 학대, 형벌
punitive	[pjú:nətiv]	[퓨우니티브]	형 형벌의
pupil	[pjú:pl]	[퓨우필]	명 학생, 제자
puppet	[pʌ́pit]	[퍼피트]	명 작은 인형, 꼭두각시, 앞잡이
puppy	[pʌ́pi]	[퍼피]	명 강아지, 건방진 풋내기
purchase	[pə́:rʧəs]	[퍼어처스]	타 사다, 노력하여 얻다 명 구입
purchaser	[pə́:rʧəsər]	[퍼어처서]	명 사는 사람, 구매자
pure	[pjuər]	[퓨어]	형 순수한, 순결한, 결백한
purely	[pjúərli]	[퓨얼리]	부 순수하게 　　　　　[명 정화
purge	[pə:rdʒ]	[퍼어지]	타 (심신을) 깨끗이 하다, 정화하다,
purify	[pjúərəfài]	[퓨러파이]	타 깨끗하게 하다, 정화하다
Puritan	[pjúərətn]	[퓨리튼]	명 청교도, [p-]엄격한 사람 형 청
purple	[pə́:rpl]	[퍼어플]	형 자주빛의 명 자주빛　　　 └교도의
purport	[pərpɔ́:rt]	[퍼어포오트]	명 의미, 취지, 목적, 효과
purpose	[pə́:rpəs]	[퍼어퍼스]	명 목적, 의지 타 ~하려고 생각하다
* *for the purpose of*	~의 목적으로, ~을 위해		
* *on purpose*	고의로, 일부러		
* *to no purpose*	전연 효과 없이, 헛되이		
purposely	[pə́:rpəsli]	[퍼어퍼슬리]	부 고의로, 일부러　　　　[오므리다
purse	[pə:rs]	[퍼어스]	명 돈지갑, 기부금 타자 (입 따위를)

pursue   [pərsúː]   [퍼수우]   타자 추적하다, 추구하다
pursuit   [pərsúːt]   [퍼수우트]   명 추적, 수행, 연구
    * *in pursuit of*   ~을 찾아서, ~을 추구하여
push   [puʃ]   [푸시]   타자 밀다 명 밀기
    * *push ahead with*   《미·구어》밀고 나가다, 추진하다
    * *push away*   밀어제치다
    * *push one's fortunes*   부지런히 돈을 모으다
    * *push on*   힘차게 나아가다
    * *push one's way*   밀어제치고 나아가다
    * *push out*   밀어 내다
put   [put]   [풋]   타자 놓다, 두다, ~시키다
    * *put aside [away]*   제쳐놓다, 간직하다
    * *put back*   제자리에 되돌려 놓다, 되돌아오다
    * *put by*   따로 간수하다, 저축해 두다, 따로 남겨 두다
    * *put down*   내려놓다 ; 가라앉히다, (값 따위를) 내리다
    * *put forth*   제의하다, 싹트다
    * *put forward*   ~을 두드러지게 하다, (사상 따위를) 제창하다, 말하다
    * *put off*   연기하다, 출발하다, 벗다, 떼어 버리다, 방해하다
    * *put on*   입다, 붙이다, ~인 체하다
    * *put out*   내놓다, 발표하다, (불을)끄다, 출항하다
    * *put to use*   사용하다, 이용하다 (make use of)
    * *put together*   ~을 조립하다, 편찬하다, 합계하다

P

    * *put up*   ~을 내걸다, (천막을) 치다, (집을) 짓다
    * *put up at*   ~에서 숙박하다, ~에서 묵다
    * *put up with*   ~을 참다, 견디다(endure)

puzzle   [pʌ́zl]   [퍼즐]   명 난문제, 수수께끼, 당황 타자 당황
    * *puzzle out*   생각해 내다, 알아내다, 풀다   ㄴ하게 하다
pygmy   [pígmi]   [피그미]   명 소인, 난쟁이 형 난쟁이의, 아주 작
pyramid   [pírəmid]   [피러미드]   명 피라밋, 금자탑   ㄴ은

quack	[kwæk]	[꽥]	困 꽥꽥 울다, 엉터리 치료를 하다 몡 꽥꽥, 돌팔이 의사
quadrangle	[kwɑ́dræŋgl]	[쿼드랭글]	몡 4각형, 4변형
quadruped	[kwɑ́drupèd]	[귀드루페드]	몡 네발짐승 (포유류 동물)
quadruple	[kwɑdrúːpl]	[콰드러플]	邰困 4배로 하다(되다)
quail	[kweil]	[퀘일]	몡 메추라기
quaint	[kweint]	[퀘인트]	휑 기묘한, 이상하고 재미있는
quake	[kweik]	[퀘이크]	困 흔들리다, 진동하다 몡 진동, 떨림, 지진
Quaker	[kwéikər]	[퀘이커]	몡 퀘이커 교도, 프렌드 회원의 별칭
qualification	[kwɑ̀ləfikéiʃən]	[퀄리피케이션]	몡 자격, 수정, 제한, 면허(장)
qualify	[kwɑ́ləfài]	[퀄리파이]	邰困 자격을 주다, ~로 간주하다, 제한하다
quality	[kwɑ́ləti]	[퀄리티]	몡 질, 성질, 특성, 품질, 양질
qualified	[kwɑ́ləfàid]	[퀄리파이드]	휑 자격이 있는, 조건부의

quantity	[kwántəti]	[퀀티티]	몡 양, 수량, 분량, 다량, 다수
* *quantities of ~*	다량[다수]의~		
quarrel	[kwɔ́ːrəl]	[쿼럴]	몡 싸움, 말다툼 재 말다툼하다
* *quarrel with*	~와 다투다, ~와 말다툼하다		
quarrelsome	[kwɔ́ːrəlsəm]	[쿼럴섬]	혱 말다툼을 잘 하는, 시빗조의
quarry	[kwɔ́ːri]	[쿼리]	몡 채석장 재 돌을 떠내다
quart	[kwɔːrt]	[쿼어트]	몡 쿼트(액체량의 단위, 1/4갈론)
quarter	[kwɔ́ːrtər]	[쿼어터]	몡 4분의 1, 15분 타 4(등)분하다
quartet	[kwɔːrtét]	[쿼어테트]	몡 4중주
quaver	[kwéivər]	[퀘이버]	재타 진동하다 몡 떨리는 소리
quay	[kiː]	[키이]	몡 선창, 부두, 방파제
queen	[kwiːn]	[퀴인]	몡 여왕, 왕비 재타 여왕으로 군림하
queenlike	[kwíːnlàik]	[퀴인라이크]	혱 여왕의, 여왕 같은 　　　　ㄴ다
queenly	[kwíːnli]	[퀴인리]	혱 여왕 같은 쀼 여왕답게
queer	[kwiər]	[퀴어]	혱 묘한, 의심스러운
quench	[kwentʃ]	[퀜치]	타 (갈증을) 풀다, (불을) 끄다
querulous	[kwérjuləs]	[퀘륱러스]	혱 투덜거리는, 성마른
query	[kwíəri]	[퀴어리]	몡 질문 타 질문하다
quest	[kwest]	[퀘스트]	몡 탐구 재타 탐구하다
* *in quest of*	~을 찾아		
question	[kwésʧən]	[퀘스천]	몡 질문, 문제 타재 묻다
* *beyond (all) question [without question]*	의심할 여지없이		

* question mark		물음표 (?)	
* out of question		분명한, 틀림없는, 의심할 바 없는, 확실한	
* out of the question		문제삼을 수 없는, 문제가 안 되는, 전혀 불가능한	
queue	[kjuː]	[큐우]	몡 땋은 머리, 행렬, 변발
quick	[kwik]	[퀵]	혱 민첩한, 빠른, 영리한, 성급한 튀
* be quick to		~이 빠르다, ~을 잘하다, ~하는 것이 잽싸다	ㄴ빨리
* to the quick		골수에 사무치게, 뼈저리게, 철저한	
quickly	[kwíkli]	[퀴클리]	튀 빨리, 속히, 급히
quiet	[kwáiət]	[콰이어트]	혱 조용한, 평온한 몡 평온, 정숙
quietly	[kwáiətli]	[콰이어틀리]	튀 조용히, 고요히
quill	[kwil]	[퀼]	몡 큰 깃, 깃촉, 이쑤시개
quilt	[kwilt]	[퀼트]	몡 겹이불, 누비이불 탄 (속을 넣어) 누비다
quit	[kwit]	[퀴트]	탄 떠나다, 그만두다 혱 용서받아
quite	[kwait]	[콰이트]	튀 아주, 전연, 완전히, 거의
* quite a few		꽤 많은 수의, 상당수의	
* quite a little		꽤 많은 양의, 꽤 많이	
* quite so !		과연 그렇다, 그렇고 말고	
quiver	[kwívər]	[퀴버]	재탄 떨다, 떨게 하다 몡 진동, 전율
quiz	[kwiz]	[퀴즈]	몡 간단한 시험(question), 질문;퀴즈
quotation	[kwoutéiʃən]	[쿼우테이션]	몡 인용어 (문, 구), 시세, 시가, 견적서

Q

* *quotation marks*   인용부호 《" "; ' '》

quote   [kwout]   [쿼우트]   타자 인용하다, 견적하다, 예시하다

quotient   [kwóuʃənt]   [쿼우션트]   명 몫, 지수

R r   **R r**   *R r*

rabbit	[rǽbit]	[래비트]	몡 집토끼, 겁쟁이
race	[reis]	[레이스]	몡 경주, 경마, 경쟁 짜탸 경주하다
rack	[ræk]	[랙]	몡 그물 시렁, 선반 탸 선반에 얹다
racket	[rǽkit]	[래킷]	몡 라켓, 큰 소동 탸 야단법석을 떨다
radar	[réidɑːr]	[레이다아]	몡 레이다, 전파 탐지기
radiant	[réidiənt]	[레이디언트]	혱 빛나는, 방사되는
radiate	[réidièit]	[레이디에이트]	탸짜 (빛 따위를)방사하다, 발산하다
radiator	[réidièitər]	[레이디에이터]	몡 복사체, 발광체, 라디에이터
radical	[rǽdikəl]	[래디클]	혱 근본적인, 급진적인 몡 [R-]급진
radio	[réidiòu]	[레이디오우]	몡 라디오, 무선 전화[전신] ┖당원
radium	[réidiəm]	[레이디엄]	몡 라듐
radius	[réidiəs]	[레이디어스]	몡 반지름, 반경, 범위, 복사선
raft	[ræft]	[라아프트]	몡 뗏목, 다량 탸짜 뗏목을 사용하다
rafter	[rǽftər]	[라아프터]	몡 서까래 탸 서까래를 대다
rag	[ræg]	[래그]	몡 넝마, 걸레, 누더기 혱 누더기의

rage	[reidʒ]	[레이지]	명 격노, 분노 자 격노하다
ragged	[rǽgid]	[래기드]	형 남루한, 초라한, 찢어진
raid	[reid]	[레이드]	명 습격, 급습 타자 습격하다
rail	[reil]	[레일]	명 가로장(대), 난간, 레일, 철도
railroad	[reilroud]	[레일로우드]	명 《미》철도 타자 철도를 놓다
railway	[reilwei]	[레일웨이]	명 《영》철도, 《미》시가 궤도
rain	[rein]	[레인]	명 비, [the ~s]우기 자타 비가 오다
rainbow	[réinbòu]	[레인보우]	명 무지개
raincoat	[réinkòut]	[레인코우트]	명 비옷, 레인코우트
rainfall	[reinfɔːl]	[레인포올]	명 강우, 강우량
rainy	[réini]	[레이니]	형 비가 오는, 비가 올 듯한
raise	[reiz]	[레이즈]	타 일으키다, 올리다, 승진시키다,
raisin	[réizn]	[레이즌]	명 건포도(dried grape) ∟세우다
rake	[reik]	[레이크]	명 갈퀴, 쇠스랑, 써레, 고무래
rally	[rǽli]	[랠리]	타자 다시 모으다 명 재집합
ram	[ræm]	[램]	명 수양 (male sheep) (cf. ewe암양)
ramble	[rǽmbl]	[램블]	명 산책, 소요 자 산책하다, 거닐다
ranch	[rænʧ]	[라안치]	명 농장, 목장 자 농장을 경영하다
random	[rǽndəm]	[랜덤]	형 닥치는 대로의, 되는 대로의
* at random		되는 대로, 닥치는 대로, 엉터리로, 무작위로	
range	[reindʒ]	[레인지]	명 줄 타자 배열하다, 배치하다
rank	[ræŋk]	[랭크]	명 열(row), 횡렬, 계급

* the rank and file		하사관과 병졸, 보통 사람	
ransom	[rǽnsəm]	[랜섬]	명 속전(贖錢), 배상금 타 배상하다
rapid	[rǽpid]	[래피드]	형 빠른 명 《보통 복수》 급류
rapidly	[rǽpidli]	[래피들리]	부 신속하게
rapt	[rǽpt]	[랩트]	형 넋을 잃은, 황홀한
rapture	[rǽpʧər]	[랩쳐]	명 《종종 복수》 광희(狂喜), 환희
rare	[rɛər]	[레어]	형 드문, 진기한, 희박한
rarely	[rɛ́ərli]	[레얼리]	부 드물게, 좀처럼 ~안 하는
rascal	[rǽskl]	[래스클]	명 무뢰한, 악한, 장난꾸러기
rash	[rǽʃ]	[래시]	형 성급한, 경솔한 명 발진(發疹)
rat	[rǽt]	[래트]	명 쥐, 변심자
rate	[reit]	[레이트]	명 비율, 율, 등급 타자 어림잡다
* at any rate		하여튼, 적어도 (at least)	
* at the rate of		~의 비율로	
rather	[rǽðər]	[래더]	부 오히려, 얼마간
* would rather ~ than …		… 보다는 차라리 ~하는 편이 낫다	
ratify	[rǽtəfài]	[래티파이]	타 비준하다, 확증하다
ratio	[réiʃou]	[레이쇼우]	명 비(比), 비율(rate)
ration	[rǽʃən]	[레이션]	명 배급, 《복수》양식 타 배급하다
rational	[rǽʃənl]	[래셔널]	형 이성적인, 합리적인
rattle	[rǽtl]	[래틀]	자타 덜컥덜컥 소리나다 명 재잘거림
ravage	[rǽvidʒ]	[래비지]	명 파괴, 황폐 타자 파괴하다

rave	[reiv]	[레이브]	자타 정신없이 지껄이다
raven	[rǽvən]	[레이븐]	명 갈가마귀 형 새까만, 검고 윤나는
ravish	[rǽviʃ]	[래비시]	타 빼앗아가다, 황홀케 하다
raw	[rɔː]	[로오]	형 생[날]것의, 설익은 명 생[날]것
ray	[rei]	[레이]	명 광선, 방사선 타자 방사하다
razor	[réizər]	[레이저]	명 면도칼
reach	[riːʃ]	[리이치]	타자 (손을)뻗치다, 닿다 명 뻗침
react	[riǽkt]	[리액트]	자 반작용하다, 반동하다
reaction	[riǽkʃən]	[리액션]	명 반응, 반동, 반작용
reactionary	[riǽkʃənèri]	[리액셔너리]	형 반동의, 반응의 명 반동주의자
read	[riːd]	[리이드]	타자 읽다, 독서하다, 낭독하다

     * *read between the lines*   글 속에 숨은 뜻을 알아내다
     * *read into*   ~의 뜻으로 해석(곡해)하다
     * *read out of*   ~에서 제명하다
     * *read up*   복습하다, 전공하다

reader	[ríːdər]	[리이더]	명 독본, 리더, 독자, 독서가
readily	[rédəli]	[레딜리]	부 쾌히, 곧, 즉시, 쉽사리(easily)
readiness	[rédinis]	[레디니스]	명 준비, 채비, 신속, 용이, 자진해서 함
reading	[ríːdiŋ]	[리이딩]	명 읽기, 낭독, 독서

     * *reading matter*   읽을거리, 기사

ready	[rédi]	[레디]	형 준비된, 기꺼이 ~하려는 타 준비하다

     * *[be] ready for*   ~의 각오가 되어 있다

* [be] ready to		~할 준비가 되어 있다, 기꺼이 ~하다	
* give a ready consent		즉시 승낙하다	
real	[ríːəl]	[리이얼]	혱 실제의, 현실의, 부동산의
realistic	[rìːəlístik]	[리얼리스틱]	혱 현실주의의, 사실주의의
reality	[riǽləti]	[리앨리티]	몡 현실, 실재, 진실
* in reality	실제는, 실은		
realize -ise	[ríːəlàiz]	[리이얼라이즈]	탄 실현하다, 깨닫다, 실감하다
really	[ríːəli]	[리이얼리]	팀 실제로, 정말, 실로
realm	[relm]	[렐름]	몡 영역, 왕국, 계(界)
reap	[riːp]	[리이프]	자탄 (농작물을)베어들이다, 수확하다
reappear	[rìːəpíər]	[리이어피어]	자 다시 나타나다
rear	[riər]	[리어]	탄 기르다, 사육하다 자 (말 따위가) 뒷다리로 서다 혱 배후의 몡 후방
rearrange	[rìːəréindʒ]	[리이어레인지]	탄 재정리하다, 재배열하다
reason	[ríːzn]	[리이즌]	몡 이유, 추리력 탄 추론하다
* bring to reason	사리를 깨닫게 하다		
* by reason of	~ 때문에, ~의 이유로		
reasonable	[ríːzənəbl]	[리이즈너블]	혱 합리적인, 분별 있는
reasonably	[ríːzənəbli]	[리이즈너블리]	팀 알맞게, 정당하게, 꽤
reasoning	[ríːzniŋ]	[리이즈닝]	몡 추론, 추리, 논증
reassure	[rìːəʃúər]	[리이어슈어]	탄 안심시키다, 다시 보증하다
rebel	[rébəl]	[레블]	몡 반역자, 모반자

rebellion	[ribéljən]	[리벨리언]	명 모반, 반란
rebellious	[ribéljəs]	[리벨리어스]	형 모반의, 반항적인, 완고한
rebuff	[ribʌ́f]	[리버프]	명 거절, 좌절 타 거절하다
rebuild	[ribild]	[리이빌드]	타 재건하다, 다시 세우다
rebuke	[ribjúːk]	[리뷰우크]	명 비난, 힐책 타 힐책하다
recall	[rikɔ́ːl]	[리코올]	타 다시 불러들이다, 소환하다
recede	[risíːd]	[리시이드]	자 물러나다, 손을 떼다
receipt	[risíːt]	[리시이트]	명 수령, 영수증 타 영수증을 떼다
receive	[risíːv]	[리시이브]	타 받다, 수령하다, 수취하다
receiver	[risíːvər]	[리시이버]	명 수취인, 수화기
recent	[ríːsnt]	[리이슨트]	형 최근의, 새로운, 근래의
recently	[ríːsntli]	[리이슨틀리]	부 요사이, 최근에, 근래
receptacle	[riséptəkl]	[리셉터클]	명 용기(容器), 저장소
reception	[risépʃən]	[리셉션]	명 접대, 환영, 응접, 수령
recess	[risés]	[리세스]	명 쉬는 시간, 휴게 시간, 휴회
recession	[riséʃən]	[리세션]	명 퇴거, 후퇴, (일시적인) 불황
recipe	[résəpi]	[레시피]	명 (의약의) 처방 ; 비결
reciprocal	[risíprəkəl]	[리시프러클]	형 상호간의, 호혜적인, 답례의
recital	[risáitl]	[리사이틀]	명 암송, 서술 ; 독창회, 독주회
recitation	[rèsətéiʃən]	[레시테이션]	형 자세한 이야기, 음송, 낭송
recite	[risáit]	[리사이트]	타자 외다, 말하다, 낭송하다
reckless	[réklis]	[레클리스]	형 무모한, 무작정한, 무분별한

R

reckon	[rékən]	[레큰]	태자 세다, 계산하다, 생각하다
reclaim	[rikléim]	[리클레임]	태 개간하다, 교정하다
recline	[rikláin]	[리클라인]	자태 기대다, 의지하다
recognition	[rèkəgníʃən]	[레커그니션]	명 인식, 승인, 알아봄

  * *in recognition of*   ~을 인정하여, ~의 보답으로

recognize	[rékəgnàiz]	[레커그나이즈]	태 인정하다, 인식하다
recoil	[rikɔ́il]	[리코일]	자 되튀다, 뒤로 물러가다 명 되튀기
recollect	[rèkəlékt]	[레컬렉트]	태자 생각해 내다, 회상하다
recommend	[rèkəménd]	[레커멘드]	태 추천하다, 권고하다
recommendation	[rèkəməndéiʃən]	[레커멘데이션]	명 추천, 천거, 권고
recompense	[rékəmpèns]	[레컴펜스]	명 보수, 보답 태 보답하다
reconcile	[rékənsàil]	[레컨사일]	태 화해시키다, 조정하다
reconstruct	[rékənstrʌ́kt]	[리이컨스트럭트]	태 재건하다, 개조하다, 부흥하다
record	{ [rékɔːrd]	[레커드]	명 기록, (축음기의) 레코오드 형 기
	[rikɔ́ːrd]	[리코오드]	태 기록하다, 녹음하다 ㅣ록적인
recount	[rikáunt]	[리카운트]	태 자세히 말하다
recover	[rikʌ́vər]	[리커버]	태자 되찾다, 회복하다, 보상하다

  * *recover from (of)*   ~에서 회복하다

recreate	[rikriéit]	[레크리에이트]	태자 휴양시키다, 보양(保養)하다
recreation	[rìkriéiʃən]	[레크리에이션]	명 오락, 휴양, 레크리에이션
recruit	[rikrúːt]	[리크루우트]	태 신병을 모집하다, 보충하다
rectangle	[réktæŋgl]	[렉탱글]	명 직사각형, 장방형

rectangular	[rektǽŋgjulər]	[렉탱귤러]	혱 구형(矩形)의, 장방형의, 직사각형
recur	[rikə́:r]	[리커어]	자 회상하다, 되돌아가다　　　　ㄴ의
red	[red]	[레드]	혱 붉은, 피에 물든 몡 빨강
redbreast	[rédbrèst]	[레드브레스트]	몡 방울새 (미국의 도요새의 일종)
redden	[rédn]	[레든]	타자 붉게 하다, 붉어지다
reddish	[rédiʃ]	[레디시]	혱 불그스름한, 불그레한
redeem	[ridí:m]	[리디임]	타 되사다, 회복하다, 속죄하다
redemption	[ridémpʃən]	[리뎀프션]	몡 도로 사들임 ; 속죄, (속전을 주고)
redemptive	[ridémptiv]	[리뎀프티브]	혱 되사는, 속죄의　　　　ㄴ석방시킴
redress	[ri:drés]	[리드레스]	타 보상하다, 시정하다
reduce	[ridjú:s]	[리듀우스]	타 요약하다, 감하다
* be reduced to ashes		잿더미로 화하다	
reduction	[ridʌ́kʃən]	[리덕션]	몡 변형, 감소, 축소, 저하
redundant	[ridʌ́ndənt]	[리던던트]	혱 여분의, 과다한(superfluous);많은,
reed	[ri:d]	[리이드]	몡 갈대, 갈대밭　　　　ㄴ풍부한
reef	[ri:f]	[리이프]	몡 암초, 광맥, 모래톱
reel	[ri:l]	[리일]	몡 실감개, 얼레 타 얼레에 감다
reestablish	[rì:istǽbliʃ]	[리이이스태블리시]	타 복직(복위)하다, 부흥하다
refer	[rifə́:r]	[리퍼어]	타자 조회하다, 언급하다
* refer to		~에 언급하다 ; ~을 참고로 하다. ; ~에 돌리다	
referee	[rèfərí:]	[레퍼리이]	몡 중재인, (권투·축구 따위의) 심판
			원 타 중재하다, 심판하다

reference	[réfərəns]	[레퍼런스]	몡 참조, 참고, 문의, 언급
	* with (without) reference to	~에 관하여 (~에 관계없이)	
referendum	[rèfəréndəm]	[레퍼렌덤]	몡 국민 투표
refine	[rifáin]	[리파인]	타자 세련되게 하다, 순화하다
refinement	[rifáinmənt]	[리파인먼트]	몡 고상, 우아, 세련
reflect	[riflékt]	[리플렉트]	타자 반사하다, 반영하다, 숙고하다
	* reflect on	~을 숙고하다	
reflection	[riflékʃən]	[리플렉션]	몡 반사, 반사광, 반성, 숙고
reform	[rifɔ́ːrm]	[리포옴]	타자 개량하다 몡 개량, 감화
reformation	[rèfərméiʃən]	[레퍼메이션]	몡 개혁, 개심
refrain	[rifréin]	[리프레인]	자 ~을 참다, 삼가다 몡 《노래의》후
	* refrain from	~을 그만두다, ~을 삼가다	렴
refresh	[rifréʃ]	[리프레시]	타 기운나게 하다, 새롭게 하다
	* refresh oneself	(휴식·음식 따위를 취하여) 기운을 돋구다, 원기를 되찾다	
refrigerator	[rifrídʒərèitər]	[리프리저레이터]	몡 냉장고
refuge	[réfjuːdʒ]	[레퓨우지]	몡 피난, 피난처, 대피소
refusal	[rifjúːzəl]	[리퓨우즐]	몡 거절
refuse {	[rifjúːz]	[리퓨우즈]	자타 거절하다, 사절하다
	[réfjuːs]	[레퓨우스]	몡 쓰레기, 폐물 혱 쓸모 없는
refute	[rifjúːt]	[리퓨우트]	타 논박하다, 반박하다
regain	[rigéin]	[리게인]	타 되찾다, 회복하다, 복귀하다
regal	[ríːgəl]	[리이걸]	혱 국왕의, 국왕다운, 당당한

regard	[rigá:rd]	[리가아드]	타자 주시하다, 응시하다 명 주의
	* regard ~ as	~을 ~로 간주하다 (look upon as), ~라고 생각하다	
	* in (with) regard to	~에 관하여, ~에 대하여	
regarding	[rigá:rdiŋ]	[리가아딩]	전 ~에 관하여는
regardless	[rigá:rdlis]	[리가들리스]	형 무관심한 부 ~에 관계없이
regenerate	[ridʒénərèit]	[리제너레이트]	타 재생시키다, 재건하다
regent	[rí:dʒənt]	[리이전트]	명 섭정(攝政) 형 섭정의
regime	[rəʒí:m]	[리지임]	명 제도, 정체, 정부, 섭생
regiment	[rédʒəmənt]	[레지먼트]	명 (군의)연대, 다수, 큰 떼
region	[rí:dʒən]	[리이전]	명 지방, 지구, 범위, 영역
	* in the region of	~의 부근에, ~의 근처에	
register	[rédʒistər]	[레지스터]	명 기록, 등록기 자타 등록하다
registration	[rèdʒistréiʃən]	[레지스트레이션]	명 등기, 등록, 표시
regret	[rigrét]	[리그레트]	명 유감, 후회 타 후회하다
regular	[régjulər]	[레귤러]	형 규칙적인, 일정한 명 정규병
regularity	[règjulǽrəti]	[레귤래리티]	명 규칙적임, 질서, 균형
regularly	[régjulərli]	[레귤럴리]	부 규칙 바르게, 정식으로
regulate	[régjulèit]	[레귤레이트]	타 규칙바르게 하다, 규정하다
regulation	[règjuléiʃən]	[레귤레이션]	명 규칙, 규정 형 규칙의, 표준의
rehearsal	[rihá:rsəl]	[리허어슬]	명 (극·음악의) 예행 연습, 리허설
rehearse	[rihá:rs]	[리허어스]	타자 예행 연습을 하다
reign	[rein]	[레인]	명 통치 자 통치하다

rein	[rein]	[레인]	圏 고삐, 통제 수단
reindeer	[réindiər]	[레인디어]	圏 《단수·복수 동형》(동물) 뿔사슴
reinforce	[ri:infɔ́:rs]	[리이인포오스]	囤 보강하다, 강화하다
reiterate	[ri:ítəreit]	[리(이)이터레이트]	囤 되풀이하다, 반복하다
reject	[ridʒékt]	[리젝트]	囤 물리치다, 거절하다
rejoice	[ridʒɔ́is]	[리조이스]	邳囤 기뻐하다, 기쁘게 하다

rejoice in ~을 즐기다, ~을 향유하다

			「圏 타락 ; 재발
relapse	[riléps]	[릴랩스]	邳 되돌아가다, 타락하다 ; 재발하다
relate	[riléit]	[릴레이트]	囤邳 이야기 하다, 관계가 있다

relate A to B A를 B에 관계시키다

| related | [riléitid] | [릴레이티드] | 圏 관련된 |
| relation | [riléiʃən] | [릴레이션] | 圏 관계, 관련, 친척 |

in relation to ~에 관련하여, ~에 대하여

relationship	[riléiʃənʃip]	[릴레이션십]	圏 관계, 친척 관계
relative	[rélətiv]	[렐러티브]	圏 친척, 《문법》관계사 圏 상대적인
relatively	[rélətivli]	[렐러티블리]	囲 상대적으로 Ｌ관계가 있는
relax	[riléks]	[릴랙스]	囤邳 늦추다, 느슨해지다
relay	[ríːlei]	[릴레이]	圏 교대자, 릴레이 邳囤 교대하다, 《통신》중계하다
release	[rilíːs]	[릴리이스]	囤 해방하다, 면제하다圏 방면, 해방
relent	[rilént]	[릴렌트]	邳 (마음이) 누그러지다
reliable	[riláiəbl]	[릴라이어블]	圏 믿을 수 있는, 확실한

reliance	[riláiəns]	[릴라이언스]	명 신뢰, 신용, 의지
relic	[rélik]	[렐릭]	명 《보통 복수》유품, 기념품
relief	[rilíːf]	[릴리이프]	명 구제, 돋을새김(세공)
relieve	[rilíːv]	[릴리이브]	타 경감하다, 제거하다, 구제하다
religion	[rilídʒən]	[릴리전]	명 종교, 신앙, 종파
religious	[rilídʒəs]	[릴리저스]	형 종교적인, 종교상의
relinquish	[rilíŋkwiʃ]	[릴링퀴시]	타 포기하다, 양도하다
relish	[réliʃ]	[렐리시]	명 풍미, 향기 타자 맛보다
reluctance	[rilʌ́ktəns]	[릴럭턴스]	명 본의 아님, 꺼림, 싫음
reluctant	[rilʌ́ktənt]	[릴럭턴트]	형 마지못해 하는, 싫은
rely	[riláí]	[릴라이]	자 의지하다, 신뢰하다, 믿다
remain	[riméin]	[리메인]	자 남다, ~한 채로이다, 머무르다 명 (보통복수) 나머지, 잔고, 유골, 유
remainder	[riméindər]	[리메인더]	명 나머지, 잉여, 잔류자 ㄴ적
remark	[rimáːrk]	[리마아크]	명 주의, 관찰 타자 주의하다
remarkable	[rimáːrkəbl]	[리마아커블]	형 현저한, 주의할 만한, 비범한
remarkably	[rimáːrkəbli]	[리마아커블리]	부 현저하게, 눈에 띄게
remedy	[rémədi]	[레미디]	명 의약, 의료법 타 치료하다
remember	[rimémbər]	[리멤버]	타자 생각해내다, 기억하다
remembrance	[rimémbrəns]	[리멤브런스]	명 기억, 회상, 기념품, 전언
remind	[rimáind]	[리마인드]	타 생각나게 하다, 깨닫게 하다

     * remind (one) of   ~을 생각나게 하다, 연상시키다

reminiscence	[rèmənísns]	[레미니슨스]	명회상(remembrance),추억(memory)
remit	[rimít]	[리미트]	태자 경감하다, 송금하다, 용서하다
remnant	[rémnənt]	[렘넌트]	명 나머지, 찌꺼기, 유물
remonstrance	[rimánstrəns]	[리만스트런스]	명 충고, 간언, 항의
remonstrate	[rimánstreit]	[리만스트레이트]	자태 충고하다, 간언하다 ; 항의하다
remorse	[rimɔ́ːrs]	[리모오스]	명 후회, 뉘우침, 자책
remote	[rimóut]	[리모우트]	형 먼, 아득한, 멀리 떨어진
removal	[rimúːvəl]	[리무우벌]	명 이동, 제거, 살해, 해임
remove	[rimúːv]	[리무우브]	태자 옮기다, 치우다, 이사하다
removed	[rimúːvd]	[리무우브드]	형 떨어진, 먼, 관계가 먼
renaissance	[rènəsáːns]	[레네사안스]	명 재생, 부흥, (R-) 문예 부흥
rend	[rend]	[렌드]	태자 찢다, 쪼개다, 째다
render	[réndər]	[렌더]	태 ~로 하다, 돌려주다, 제출하다
rendezvous	[ráːndəvùː]	[라안(론)디부우]	명 회합, 집결 자태 집합하다, 집합 시
renew	[rinjúː]	[리뉴우]	태 갱신하다, 새롭게 하다 ㄴ키다
renounce	[rináuns]	[리나운스]	태자 버리다, 부인하다
renown	[rináun]	[리나운]	명 명성, 유명 ㄱ다
rent	[rent]	[렌트]	명 집세, 지대 태자 임대하다, 임차하
repair	[ripέər]	[리페어]	태자 수선하다, 회복하다 명 수선
repay	[ripéi]	[리페이]	태자 돈을 갚다, 보답하다
repeat	[ripíːt]	[리피이트]	태자 되풀이하다, 암송하다 명 되풀이
repel	[ripél]	[리펠]	태자 격퇴하다, 저항하다

repent	[ripént]	[리펜트]	国困 후회하다, 뉘우치다
repertory	[répərtò:ri]	[레퍼토오리]	圀 연주 종목, 창고
repetition	[rèpətíʃən]	[레피티션]	圀 되풀이, 반복, 복창, 복사
replace	[ripléis]	[리플레이스]	国 ~에 대신하다, 제자리에 놓다
replenish	[ripléniʃ]	[리플레니시]	国 다시 채우다, 연료를 보급하다
reply	[riplái]	[리플라이]	困国 대꾸하다, 대답하다 圀 대답
report	[ripɔ́:rt]	[리포오트]	圀 보고, 상신 困国 보고하다
reporter	[ripɔ́:rtər]	[리포오터]	圀 통신원, 보고자, 기록원
repose	[ri:póuz]	[리포우즈]	国困 휴식하다 圀 휴식, 안면
represent	[rèprizént]	[레프리젠트]	国 나타내다, 표현하다, 설명하다
representation	[rèprizentéiʃən]	[레프리젠테이션]	圀 표현, 묘사, 대표, 연출
reproach	[ripróuʧ]	[리프로우치]	圀 비난, 불명예 国 비난하다
reproduce	[ri:prədjú:s]	[리이프러듀우스]	国 재생하다, 복사하다, 번식하다
reproduction	[ri:prədʌ́kʃən]	[리이프러덕션]	圀 재생, 재현, 모조, 복사, 번식
reproof	[riprú:f]	[리프루우프]	圀 비난, 책망, 질책
reprove	[riprú:v]	[리프루우브]	国 비난하다(blame), 꾸짖다
reptile	[réptil]	[레프타일]	圀 파충류 圀 파충류의
republic	[ripʌ́blik]	[리퍼블릭]	圀 공화국, 공화 정체
republican	[ripʌ́blikən]	[리퍼블리컨]	圀 공화국의, 공화주의의
repulse	[ripʌ́ls]	[리펄스]	圀 격퇴, 거절 困 격퇴하다
repulsion	[ripʌ́lʃən]	[리펄션]	圀 혐오, 거절
reputable	[répjutəbl]	[레퓨터블]	圀 평판이 좋은

reputation	[rèpjutéiʃən]	[레퓨테이션]	명 평판, 명성
repute	[ripjúːt]	[리퓨우트]	명 평판, 명성 타 ~라고 생각하다
request	[rikwést]	[리퀘스트]	타 바라다, 신청하다 명 소원
require	[rikwáiər]	[리콰이어]	타자 필요로 하다, 요구하다
requisite	[rékwəzit]	[레퀴짓]	형 필요한 명 필수품, 요소
rescue	[réskjuː]	[레스큐우]	타 구출하다, 구조하다 명 구조
research	[risə́ːrʧ]	[리서어치]	명 연구, 조사 자 연구하다, 조사하다
resemble	[rizémbl]	[리젬블]	타 ~와 닮았다, 유사하다
resent	[rizént]	[리젠트]	타 분개하다, 원망하다
reservation	[rèzərvéiʃən]	[레저베이션]	명 보류, 예약
reserve	[rizə́ːrv]	[리저어브]	타 보존하다, 예약하다 명 보존, 예비
* *without reserve*	거리낌없이		형 예비의
reserved	[rizə́ːrvd]	[리저어브드]	형 보류된, 예약한, 예비의
reside	[rizáid]	[리자이드]	자 살다, 존재하다
residence	[rézədəns]	[레지던스]	명 거주, 주재, 주택
resident	[rézədnt]	[레지던트]	형 거주하는, 고유의 명 거주자
resign	[rizáin]	[리자인]	타자 단념하다, 사직하다
* *resign oneself to*	단념하고 ~하기로 하다, 따르다		
resignation	[rèzignéiʃən]	[레지그네이션]	명 사직, 체념, 포기, 사표
resist	[rizíst]	[리지스트]	타 저항하다, 방해하다, 참다
resistance	[rizístəns]	[리지스턴스]	명 저항, 반항, 방해
resolute	[rézəlùːt]	[레절루우트]	형 결심이 굳은, 단호한

resolutely	[rézəlùːtli]	[레절루우틀리]	閉 굳은 결심으로, 단호하게
resolution	[rèzəlúːʃən]	[레절루우션]	몡 결심, 과단, 결의, 분해
resolve	[rizálv]	[리잘브]	태재 결심하다, 분해하다 몡 결심
resolved	[rizálvd]	[리잘브드]	혱 결의한, 단호한, 굳은
resort	[rizɔ́ːrt]	[리조오트]	재 (자주)가다 몡 놀이터, 유흥지

    * *a summer resort*   피서지
    * *in the last resort*   최후의 수단으로서, 마침내
    * *resort to*   (수단에) 호소하다, 다니다, 가다

resound	[rizáund]	[리자운드]	재태 울리다, 반향하다
resource	[ríːsɔːrs]	[리이소오스]	몡 《복수》자원, 물자, 수단, 오락
respect	[rispékt]	[리스펙트]	태 존경하다 몡 존경, 점, 세목, 관계

    * *have respect for*   ~을 존경하다
    * *have respect to*   ~와 관계가 있다
    * *in all (many) respects*   모든 (많은) 점에서
    * *in no respect*   어느 점에서도 ~않다, 결코 ~않다
    * *in respect to*   ~에 관하여
    * *in this respect*   이 점에서
    * *with respect to*   ~에 관하여, ~에 대하여

respectable	[rispéktəbl]	[리스펙터블]	혱 존경할 만한, 훌륭한
respectful	[rispéktfəl]	[리스펙트펄]	혱 정중한, 공손한, 존경하는
respectfully	[rispéktfəli]	[리스펙트펄리]	閉 정중하게, 공손히
respecting	[rispéktiŋ]	[리스펙팅]	전 ~에 관하여(about)

R

respective	[rispéktiv]	[리스펙티브]	혱 각자의, 각각의, 각기의
respectively	[rispéktivli]	[리스펙티블리]	튄 각각, 각자, 제각기
respiration	[rèspəréiʃən]	[레스퍼레이션]	몡 호흡(breathing)
respiratory	[réspərətɔ̀ːri]	[리스파이어어러터리]	혱 호흡(작용)의
respire	[rispáiər]	[리스파이어]	타자 호흡하다
respite	[réspit]	[레스핏]	몡 휴식, 일시적 중단, 연기
respond	[rispánd]	[리스판드]	자 응답하다, 응하다
* *respond to*	~에 반응하다, ~에 답하다		
response	[rispáns]	[리스판스]	몡 응답, 반응, 반향
* *in response to*	~에 응하여, ~에 답하여		
responsibility	[rispànsəbíləti]	[리스판서빌리티]	몡 책임, 의무
responsible	[rispánsəbl]	[리스판서블]	혱 책임 있는, 책임을 져야 할
* *[be] responsible for*	~에 대하여 책임이 있다		
rest	[rest]	[레스트]	몡 휴식, 나머지 자타 쉬다, 정지하다,
* *rest on (upon)*	~에 의하다, ~나름이다		ㄴ기대다
* *at rest*	휴식하여, 안심하여, 정지하여		
restaurant	[réstərənt]	[레스트런트]	몡 요리점, 식당, 레스토랑
restless	[réstlis]	[레스틀리스]	혱 침착하지 못한, 불안한
restoration	[rèstəréiʃən]	[레스터레이션]	몡 회복, 복구, 복고, 복위
restore	[ristɔ́ːr]	[리스토오]	타 본래대로 하다, 회복하다
restrain	[ristréin]	[리스트레인]	타 억제하다, 구속하다, 금지하다
restraint	[ristréint]	[리스트레인트]	몡 억제, 구속, 속박, 감금, 제한

restrict	[ristríkt]	[리스트릭트]	囲 제한하다, 한정하다
restriction	[ristríkʃən]	[리스트릭션]	圄 제한, 한정, 속박, 구속
result	[rizʌ́lt]	[리절트]	圄 결과, 성과 困 (결과로서) 생기다

    * as a result of   ~의 결과로서
    * result from   ~에서 생기다, ~에서 일어나다
    * result in   ~으로 끝나다, ~으로 귀착하다, ~의 결과를 가져오다

resultant	[rizʌ́ltənt]	[리절턴트]	휑 결과로서 생기는 圄 결과
resume	[rizú:m]	[리주움]	囲 다시 잡다, 되찾다
resumption	[rizʌ́mpʃən]	[리점프션]	圄 재개시 ; 되찾기, 회수, 회복
resurrection	[rèzərékʃən]	[레저렉션]	圄 재생, 부흥;(the-R)그리스도의 부
retail	[rí:teil]	[리이테일]	圄 소매 휑 소매의 閅 소매로 ㅣ활
retain	[ritéin]	[리테인]	囲 유지하다, 보류하다
retake	[rì:téik]	[리이테이크]	囲 탈환하다, 다시 잡다, 되찾다
retard	[ritáːrd]	[리타아드]	囲困 늦게 하다, 늦추다 圄 지연
retire	[ritáiər]	[리타이어]	困囲 물러나다, 퇴직하다
retirement	[ritáiərmənt]	[리타이어먼트]	圄 퇴직, 은퇴, 은둔
retort	[ritɔ́:rt]	[리토오트]	圄 말대꾸 囲困 말대꾸하다
retreat	[ritrí:t]	[리트리이트]	圄 퇴각, 은신처 困 물러가다, 은신하
retrieve	[ritrí:v]	[리트리이브]	囲 되찾다, 회복하다 ㅣ다
return	[ritə́:rn]	[리터언]	困囲 돌아가(오)다, 돌려주다 圄 복귀

    * in return [for]   ~의 보답으로, 답례로, 그 대신에

reveal	[rivíːl]	[리비일]	囲 나타내다, 보이다, 알리다

revel	[révəl]	[레블]	짜 주연을 베풀다 명 술잔치
revenge	[rivéndʒ]	[리벤지]	타 복수하다 명 복수
* take one's revenge on		~에게 복수하다, ~에게 원한을 풀다	
revenue	[révənjùː]	[레비뉴우]	명 (국가의), 세입, 수입
revere	[rivíər]	[리비어]	타 존경하다
reverence	[révərəns]	[레브런스]	명 존경 타 존경하다
reverend	[révərənd]	[레브런드]	형 존경할 만한, 거룩한
reverent	[révərənt]	[레브런트]	형 숭상하는, 경건한
reverie	[révəri]	[레버리]	명 환상, 공상
reverse	[rivə́ːrs]	[리버어스]	타짜 거꾸로 하다 명 반대, 역
revert	[rivə́ːrt]	[리버어트]	짜 본래 상태로 돌아가다
review	[rivjúː]	[리뷰우]	명 재검토, 복습 타짜 복습하다, 재 검
* court of review	재심 법원		└ 토 하다
revile	[riváil]	[리바일]	짜타 욕하다, 욕설하다(abuse)
revise	[riváiz]	[리바이즈]	타 교정하다, 개정하다 명 개정
revision	[rivíʒən]	[리비전]	명 개정, 교정, 교열
revival	[riváivəl]	[리바이블]	명 부활, 부흥, 신앙 부흥
revive	[riváiv]	[리바이브]	짜타 부활하다, 되살아나다
revocable	[révəkəbl]	[레버커블]	형 취소할 수 있는
revoke	[rivóuk]	[리보우크]	짜타 취소하다, 해체하다
revolt	[rivóult]	[리보울트]	명 반란 짜타 반란을 일으키다
revolution	[rèvəlúːʃən]	[레벌류우션]	명 혁명, 변혁, 회전, 주기

revolutionary	[rèvəlúːʃənèri]	[레벌류우서너리]	혱 혁명적인, 회전의
revolve	[riválv]	[리볼브]	재타 회전하다, 숙고하다
revolver	[riválvər]	[리볼버]	몡 연발 권총
reward	[riwɔ́ːrd]	[리워어드]	몡 보수, 사례금 타 보답하다
rhetoric	[rétərik]	[레터릭]	몡 수사학, 웅변술, 미사여구
rheumatism	[rúːmətizm]	[루우머티즘]	몡 류머티즘
rhyme	[raim]	[라임]	몡 (시의)운 재타 시를 짓다
rhythm	[ríðm]	[리듬]	몡 율동, 리듬, 운율
rib	[rib]	[리브]	몡 갈빗대, 갈비, 늑골
ribbon	[ríbən]	[리번]	몡 리본, 띠 타재 리본을 달다
rice	[rais]	[라이스]	몡 쌀, 밥, 벼
rich	[riʃ]	[리치]	혱 부자의, 풍부한, (빛깔이) 짙은
* [be] rich in		~이 풍부하다	
riches	[ríʃiz]	[리치즈]	몡 《보통 복수 취급》부, 재산, 풍부
richly	[ríʃli]	[리칠리]	뷔 부유하게, 풍요하게 〔함
rid	[rid]	[리드]	타 제거하다, 퇴치하다, 쫓아 버리다
			〔다)
* get [be] rid of		~을 제거하다	
riddle	[rídl]	[리들]	몡 수수께끼 타재 수수께끼를 내다(풀
ride	[raid]	[라이드]	재타 타다, 타고 가다 몡 승마, 승차
ridge	[ridʒ]	[리지]	몡 산마루, 산등성이
ridicule	[rídikjùːl]	[리디큐울]	몡 비웃음, 조소 타 비웃다, 놀리다
ridiculous	[ridíkjuləs]	[리디큘러스]	혱 어리석은, 우스운

rifle	[ráifl]	[라이플]	몡 소총, 라이플 총 탄 약탈하다
rig	[rig]	[리그]	탄 준비하다, 차비를 하다
right	[rait]	[라이트]	혱 올바른, 오른쪽의 뮈 바르게, 꼭 몡 올바름, 권리, 오른쪽 탄 바로잡다

    * *right against*   ~의 바로 맞은편에
    * *right away*   《미·구어》 즉시, 당장에
    * *be in the right*   올바르다, 도리에 맞다

righteous	[ráiʃəs]	[라이쳐스]	혱 바른, 공정한, 정직한, 고결한
righteousness	[ráiʃəsnis]	[라이쳐스니스]	몡 정의, 공정, 정당
rightful	[ráitfəl]	[라이트펄]	혱 올바른, 합법의, 정당한
righthand	[raithænd]	[라이트핸드]	혱 오른손의, 우측의
rightly	[ráitli]	[라이틀리]	뮈 바르게, 공정하게, 틀림없이
rigid	[rídʒid]	[리지드]	혱 단단한(stiff), 엄중한, 엄격한,
rigidity	[ridʒídəti]	[리지디티]	몡 강직, 엄격　　　　　ㅣ강직한
rigo(u)r	[rígər]	[리거]	몡 엄함, 가혹함, 엄격(strictness)
rigorous	[rígərəs]	[리거러스]	혱 엄격한, 가혹한
rill	[ril]	[릴]	몡 시내(small brook)
rim	[rim]	[림]	몡 가장자리 탄 테두리를 붙이다
rind	[raind]	[라인드]	몡 (과일의) 껍질, 외관
ring	[riŋ]	[링]	자탄 울리다 몡 바퀴, 고리, 반지

    * *ring up*   전화를 걸다, 금전 등록기에 (금액을) 넣다

rink	[riŋk]	[링크]	몡 스케이트장

rinse	[rins]	[린스]	태 물에 헹구다 명 헹굼, 가심
riot	[ráiət]	[라이어트]	명 폭동 자태 폭동을 일으키다
rip	[rip]	[립]	태자 찢다, 터지다 명 터짐
ripe	[raip]	[라이프]	형 익은, 원숙한, 노련한
ripen	[ráipən]	[라이펀]	자태 익다, 익히다, 원숙하다
ripple	[rípl]	[리플]	명 잔물결 자태 잔물결이 일다
rise	[raiz]	[라이즈]	자 일어서다, 오르다 명 상승

    * *on the rise*   증가하여, 등귀하는 경향으로
    * *give rise to*   ~을 일으키다
    * *rise in the world*   출세하다, 승진하다

rising	[ráiziŋ]	[라이징]	형 떠오르는, 오르는, 증대하는
risk	[risk]	[리스크]	명 위험 태 (목숨 따위를)걸다, 감

                                       └ 행 하다
    * *at all risks*   어떤 위험을 무릅쓰고라도
    * *at the risk of*   ~을 걸고, ~의 위험을 무릅쓰고
    * *run the risk of*   ~의 위험을 무릅쓰다

rite	[rait]	[라이트]	명 의식, 관습
ritual	[rítʃuəl]	[리츄얼]	형 (종교적)의식의, 관습의 명 의식
rival	[ráivəl]	[라이벌]	명 경쟁자 형 경쟁하는 태 경쟁하다
river	[rívər]	[리버]	명 강(江), 하천, 다량의 흐름
road	[roud]	[로우드]	명 길, 수단, 방법
roam	[roum]	[로움]	자태 거닐다, 방랑하다 「 소리
roar	[rɔːr]	[로오]	자태 으르렁거리다 명 으르렁 거리는

| roast | [roust] | [로우스트] | 田 불에 쬐어 굽다 명 불고기 형 구운 |
| rob | [rab] | [라브] | 田짜 빼앗다, 강도질하다 |

     * rob ~ of…   ~에게서 … 을 빼앗다

robber	[rábər]	[라버]	명 도둑, 강도
robbery	[rábəri]	[라버리]	명 강탈, 약탈
robe	[roub]	[로우브]	명 길고 품이 큰 겉옷 田짜 입히다
robin	[rábin]	[라빈]	명 울새
robot	[róubət, rɔ́bət]	[로우벗, 로벗]	명 인조 인간, 로보트
rock	[rak, rɔk]	[락, 록]	명 바위, 암석, 돌 田짜 흔들다

     * a rocking chair   흔들의자

rocket	[rákit]	[라키트]	명 로케트, 봉화
rocky	[ráki]	[라키]	형 바위 같은, 완고한, 암석질의
rod	[rad]	[라드]	명 긴 막대, 장대, 회초리
rogue	[roug]	[로우그]	명 악한, 악당, 개구쟁이, 장난꾼
role	[roul]	[로울]	명 배역, 역할, 임무

     * play a vital role   매우 중요한 역할을 하다

| roll | [roul] | [로울] | 田짜 굴리다, 구르다 명 회전 |

     * call the roll   출석 부르다, 점호하다
     * roll off   굴러서 떨어지다

| Roman | [róumən] | [로우먼] | 형 로마의 명 로마 사람 |
| romance | [rouméns] | [로맨스] | 명 로맨스, 가공적인 이야기, [R-] 로만스 말 형 [R-]로만스 말의 |

romantic	[roumǽntik]	[로맨틱]	형 로맨틱한, 낭만주의의 명 [R-] 낭만
Rome	[roum]	[로움]	명 로마, 로마 제국 ∟주의자
roof	[ru:f]	[루우프]	명 지붕 타 지붕을 이다
room	[ru:m]	[룸]	명 방, 여지 자타 방을 차지하다
* *make room for*		~을 위하여 장소를 비우다	
rooster	[rú:stər]	[루우스터]	명 《미》수탉
root	[ru:t]	[루우트]	명 뿌리, 근원 자타 뿌리박다
rope	[roup]	[로우프]	명 밧줄, 새끼 타자 줄로 묶다
rose	[rouz]	[로우즈]	명 장미(영국의 국화) 형 장미빛의
rosebud	[rouzbʌd]	[로우즈버드]	명 장미 봉오리, 아름다운 소녀
rosy	[róuzi]	[로우지]	형 장밋빛의, 불그스름한, 유망한
rot	[rat]	[라트]	자타 썩다, 썩이다 명 부패
rotary	[róutəri]	[로우터리]	형 회전하는(turning round) 명 윤전기, 로터리
rotate	[róuteit]	[로우테이트]	자타 회전하다, 교대시키다
rotation	[routéiʃən]	[로우테이션]	명 회전, 교대, 자전
rotten	[rátn]	[로튼]	형 부패한, 약한, 더러운, 썩은
rouble, ruble	[rú:bl]	[루우블]	명 루우블 《소련의 화폐 단위》
rouge	[ru:ʒ]	[루우즈]	명 연지 타자 연지를 바르다
rough	[rʌf]	[러프]	형 거친 부 거칠게 명 학대
roughly	[rʌ́fli]	[러플리]	부 거칠게, 대충
round	[raund]	[라운드]	형 둥근, 일주하는 명 원 부 돌아서,

			사방에 쩐 ~의 둘레에 탁자 둥글게
rouse	[rauz]	[라우즈]	탁자 깨우다, 깨다 [하다
rout	[raut]	[라우트]	명 패주 타 패주시키다
route	[raut]	[루우트]	명 통로, 수단, 항로 타 발송하다
routine	[ruːtíːn]	[루우티인]	명 일과(日課) 형 판에 박힌, 일상의
rove	[rouv]	[로우브]	자타 배회하다 명 방황
row	{ [rou]	[로우]	명 줄, 열 탁자 배를 젓다
	{ [rau]	[라우]	명 소동, 싸움 타자 소동을 일으키다
royal	[rɔ́iəl]	[로이얼]	형 왕의, 당당한, 왕립의
a royal road to		~에의 왕도, ~에의 지름길	
rub	[rʌb]	[러브]	타자 마찰하다, 문지르다 명 마찰
rubber	[rʌ́bər]	[러버]	명 고무, 지우개 형 고무 제품의
rubbish	[rʌ́biʃ]	[러비시]	명 쓰레기, 잡동사니
ruby	[rúːbi]	[루우비]	명 루비, 홍옥 형 루비빛의, 진홍색의
rudder	[rʌ́dər]	[러더]	명 (배·비행기의) 키, 방향타
ruddy	[rʌ́di]	[러디]	형 붉은, 혈색이 좋은, 건장한
rude	[ruːd]	[루우드]	형 무례한, 교양이 없는, 야만적인
rudely	[rúːdli]	[루우들리]	부 거칠게, 버릇 없이
rue	[ruː]	[루우]	타자 뉘우치다, 슬퍼하다, 한탄하다
ruffian	[rʌ́fiən]	[러피언]	명 깡패, 악한 형 악당의, 흉악한
ruffle	[rʌ́fl]	[러플]	타자 물결을 일으키다, 흐트러뜨리다

R

rug	[rʌg]	[러그]	명 무릎 덮개, 융단, 양탄자
Rugby	[rʌ́gbi]	[럭비]	명 럭비
rugged	[rʌ́gid]	[러기드]	형 울퉁불퉁한, 험한, 거칠거칠한
ruin	[rúːin]	[루인]	명 파멸, 폐허, 영락 타자 파멸시키다

    * *be the ruin of*   ~의 파멸의 원인이 되다
    * *go to ruin*   망하다, 전멸하다

| **rule** | [ruːl] | [루울] | 명 지배, 규칙, 습관 타자 규정(지배) |
| | | | ┕ 하다 |

    * *as a rule*   대개, 통례로, 일반적으로
    * *rule out*   (규정에 의하여) 제외하다

ruler	[rúːlər]	[루울러]	명 지배자, 통치자
rumble	[rʌ́mbl]	[럼블]	자타 우르르 울리다 명 우르렁 소리
rumo[u]r	[rúːmər]	[루우머]	명 소문, 풍문 타 소문을 내다
run	[rʌn]	[런]	자타 달리다, 달아나다 명 달림, 계속,
			┕ 《야구》 득점

    * *run after*   ~의 뒤를 쫓다, ~에 열중하다
    * *run against*   ~와 충돌하다, ~와 우연히 만나다
    * *run away*   도망치다, 달아나다
    * *run down*   달려 내려가다, (기계가) 멎다
    * *run into*   ~에 뛰어들다, (강이) ~에 흘러들다, ~에 달하다
    * *run on*   계속 달리다, 계속하다
    * *run out*   달려 나가다, 흘러나오다, 떨어지다
    * *run out of*   ~을 다 써 버리다, 바닥이 나다
    * *run over*   ~을 치이다, 넘치다, 대충 훑어보다

runaway	[rʌnəwéi]	[런어웨이]	명 도망(자) 형 도망한
run-down	[rʌn-daun]	[런다운]	형 지친, 피곤한(tired, worn out)
runner	[rʌ́nər]	[러너]	명 달리는 사람, 경주자
running	[rʌ́niŋ]	[러닝]	명 달리기, 경주 형 달리는
rural	[rúərəl]	[루어럴]	형 시골의, 전원의, 시골풍의
rush	[rʌʃ]	[러시]	자타 돌진하다, 몰아대다 명 돌진

     * *in a rush*   갑자기, 와아 하고
     * *rush hour*   러시 아워, 한창 붐비는 시간

Russia	[rʌ́ʃə]	[러셔]	명 러시아
Russian	[rʌ́ʃən]	[러션]	형 러시아의 명 러시아 사람(말)
rust	[rʌst]	[러스트]	명 녹(슨 빛), 녹병 자타 녹슬다
rustic	[rʌ́stik]	[러스틱]	형 시골풍의, 조야한 명 시골사람
rustle	[rʌ́sl]	[러슬]	형 바삭바삭[살랑살랑]하는 소리
rustless	[rʌ́stlis]	[러스틀리스]	형 녹이 없는, 녹슬지 않은
rustling	[rʌ́sliŋ]	[러슬링]	형 살랑살랑 소리나는
rustproof	[rʌstpruːf]	[러스트프루우프]	형 녹슬지 않는
rusty	[rʌ́sti]	[러스티]	형 녹슨, 녹에서 생긴, 낡은
rut	[rʌt]	[러트]	명 바퀴자국, 판에 박힌듯한 방법 타
ruthless	[rúːθlis]	[루우슬리스]	형 무자비한 └바퀴자국을 내다
rutilant	[rúːtələnt]	[루우틀런트]	형 빨갛게 빛나는, 번쩍번쩍 빛나는
rutty	[rʌ́ti]	[러티]	형 바퀴 자국이 많은
rye	[rai]	[라이]	명 호밀

R

S s   **S s**   S s

Sabbath	[sǽbəθ]	[새버스]	몡 《보통 the~》 안식일, 주일
saber, sabre	[séibər]	[세이버]	몡 《펜싱》 사브르, (기병의) 군도 ;
sable	[séibl]	[세이블]	몡 검은담비, 흑색, 상복 └기병대
sabotage	[sǽbətàːʒ, tidʒ]	[새버타아지, −티지]	몡 태업(怠業), 사보타지
sack	[sæk]	[색]	몡 큰 자루, 한 가마, 한 자루, 약탈
			타 약탈하다
sacrament	[sǽkrəmənt]	[새크러먼트]	몡 (종교)성례, 성찬 ; 신비한 사물
sacred	[séikrid]	[세이크리드]	혱 신성한, (신에게)바친, 종교적인
sacredness	[séikridnis]	[세이크리드니스]	몡 신성함, 신성 불가침 ┌다
sacrifice	[sǽkrəfàis]	[새크리파이스]	몡 산 제물, 희생 타재 희생하다, 바치
* * at [by] the sacrifice of*		~을 희생하여	
* * make the sacrifice of*		~을 희생하다	
sacrificial	[sæ̀krəfíʃəl]	[새크리피셜]	혱 희생의, 희생적인
sad	[sæd]	[새드]	혱 슬픈, 슬퍼하는, 비참한
saddle	[sǽdl]	[새들]	몡 안장 타재 안장을 얹다

sadly [sǽdli] [새들리] 🔠 슬프게, 애처롭게

sadness [sǽdnis] [새드니스] 몡 슬픔, 비애

safe [seif] [세이프] 혱 안전한, 조심성 있는 몡 《복수》 금고
　　* *safe and sound* 　　무사히

safety [séifti] [세이프티] 몡 안전, 무사, 《야구》 안타

sage [seidʒ] [세이지] 몡 현인, 철인 혱 현명한

sail [seil] [세일] 몡 돛, 돛단배 困困 항해하다

sailor [séilər] [세일러] 몡 선원, 수병, 해군 군인

saint [seint] [세인트] 몡 성자(聖者), 성(聖)~(holy)

sake [seik] [세이크] 몡 (~을) 위함, 목적, 이유, 이익
　　* *for God's sake* 　　제발, 아무쪼록, 부디
　　* *for the sake of* 　　~을 위하여, ~을 보아서

salad [sǽləd] [샐러드] 몡 샐러드, 생채 요리

salary [sǽləri] [샐러리] 몡 급료, 봉급 困 급료를 주다

sale [seil] [세일] 몡 판매, 《종종 복수》 매상고
　　* *for sale* 　　팔려고 내놓은
　　* *on sale* 　　판매되고 있는 (for sale)

salesman [seilzmen] [세일즈먼] 몡 판매원, 점원, 《미》외판원, 세일즈맨

sally [sǽli] [샐리] 몡 출격, 외출 困 출격하다, 외출하다

salmon [sǽmən] [새먼] 몡 《단·복수 동형》연어

saloon [səlúːn] [설루운] 몡 (호텔 따위의) 홀, 《미》주점

salt [sɔːlt] [소올트] 몡 소금, 식염 혱 소금기가 있는, 짠

salutation	[sæljutéiʃən]	[샐류테이션]	명 인사(말) 「다
salute	[səlúːt]	[설루우트]	명 인사, 경례 자타 인사하다, 경례하
salvation	[sælvéiʃən]	[샐베이션]	명 구조, 구제, 구제자(법)
same	[seim]	[세임]	형 같은, 동일한, 예의 부 마찬가지로

    * *at the same time*   동시에, 그러나
    * *much the same*   거의 같은
    * *just [all] the same*   꼭같은, 아무래도 좋은, 여전히
    * *the same (~) as …*   … 와 같은 (~), … 와 같은 종류의(~)
    * *the same ~ that*   … 와 동일한 ~, … 와 똑같은 ~

sample	[sæmpl]	[샘플]	명 견본, 표본 타 견본을 뽑다
sanctify	[sǽŋktəfài]	[생(크)티파이]	타 신성하게 하다(make holy, consec rate), 신에게 바치다 ; 시인하다 (justify)
sanction	[sǽŋkʃən]	[생(크)션]	명 인가, 재가 타 재가하다, 시인하다
sanctuary	[sǽŋktʃuèri]	[생(크)츄에리]	명 신전, 성당, 신성한 곳
sand	[sænd]	[샌드]	명 모래, 모래밭, 사막 타 모래를 뿌리
sandal	[sændl]	[샌들]	명 샌들, 짚신, 미투리 「다
sandstone	[sændtoun]	[샌드스토운]	명 사암(砂岩), 모랫돌
sandwich	[sændwiʧ]	[샌(드)위치]	명 샌드위치 타 사이에 끼우다
sandy	[sændi]	[샌디]	형 모래빛의, 모래의
sane	[sein]	[세인]	형 제정신의, 분별 있는
San Francisco	[sæn frænsískou]	[샌프런시스코우]	명 샌프란시스코《미국의 항구 도시》

S

sanguine	[sǽŋgwin]	[생귄]	혱 다혈질의 ; 낙천적인 ; 혈색좋은
sanitarian	[sæ̀nitéəriən]	[새니테어리언]	혱 위생의 몡 위생학자
sanitary	[sǽnətèri]	[새니테리]	혱 위생상의, 위생적인
Santa Claus	[sǽntə klɔ̀ːz]	[샌터클로오즈]	몡 산타클로오스
sapphire	[sǽfaiər]	[새파이어]	몡 사파이어, 청옥 「 닫는)창틀
sash	[sǽʃ]	[새시]	몡 (여성·소아용)허리띠, (상하로 여
Satan	[séitən]	[세이튼]	몡 사탄, 악마
satellite	[sǽtəlàit]	[새털라이트]	몡 위성, 위성국 혱 위성 같은
satiate	[séiʃièit]	[세이시에이트]	턔 만족시키다, 싫증나게 하다
satire	[sǽtaiər]	[새타이어]	몡 풍자, 풍자 문학, 비꼼
satisfaction	[sæ̀tisfǽkʃən]	[새티스팩션]	몡 만족
satisfactory	[sæ̀tisfǽktəri]	[새티스팩트리]	혱 만족한, 더할 나위 없는
satisfy	[sǽtisfài]	[새티스파이]	턔잠 만족시키다, 납득시키다
* [be] satisfied with		~에 만족하다	
Saturday	[sǽtərdi]	[새터디]	몡 토요일(약어 : Sat.)
Saturn	[sǽtərn]	[새터언]	몡 (로마 신화의) 농업의 신, 토성
satyr	[séitər]	[새터]	몡 사티로스(반인반수의 숲의 신)
sauce	[sɔ́ːs]	[소오스]	몡 소오스 턔 소오스를 치다
saucepan	[sɔ́ːspæ̀n]	[소오스펀]	몡 (손잡이 달린 속 깊은) 냄비
saucer	[sɔ́ːsər]	[소오서]	몡 받침 접시
saucy	[sɔ́ːsi]	[소오시]	혱 건방진, 멋진, 맵시있는
Saudi Arabia	[sáudiəréibiə]	[사우디어레이비어]	몡 중앙 아라비아의 왕국

sausage	[sɔ́:sidʒ]	[소시지]	명 소시지, 순대
savage	[sǽvidʒ]	[새비지]	형 야만적인, 잔인한 명 야만인
savagely	[sǽvidʒli]	[새비질리]	부 야만적으로, 잔인하게
save	[seiv]	[세이브]	타재 구해 내다, 저축하다 전 ~을 제
			ㄴ 외하고는

     * *save for*   ~을 제외하고
     * *save from*   ~에서 구해 내다, ~에서 벗어나게 하다

saving	[séiviŋ]	[세이빙]	형 구조하는, 절약하는 명 구조
savior	[séivjər]	[세이비어]	명 구조자, (the S-)구세주
saw	[sɔ:]	[소오]	명 톱, 격언 타재 톱으로 켜다
Saxon	[sǽksn]	[색슨]	명 색슨 사람(말) 형 색슨 말(사람)의
say	[sei]	[세이]	타재 말하다, 외다 명 할 말, 의견

     * *not to say*   ~라고는 말할 수 없을지라도
     * *say to oneself*   마음 속으로 생각하다, 혼잣말을 하다
     * *say over*   되풀이 말하다
     * *that is to say*   즉, 다시 말하면
     * *to say nothing of*   ~은 말할 것도 없고, ~은 물론
     * *You said it*   과연 네 말이 맞다

saying	[séiiŋ]	[세이잉]	명 격언, 속담, 말 ㄱ상
scald	[skɔ:ld]	[스코오올드]	타 (끓는 물 따위에) 데게 하다 명 화
scale	[skeil]	[스케일]	명 천칭, 자, 저울, 저울의 눈금 타재
			ㄴ 저울로 달다

     * *on a large (small) scale*   대(소) 규모로

scamper	[skǽmpər]	[스캠퍼]	재 뛰어 돌아다니다 명 질주(疾走)

scandal	[skǽndl]	[스캔들]	명 추문, 부정 사건, 중상
scanty	[skǽnti]	[스캔티]	형 부족한, 얼마 안 되는
scar	[ska:r]	[스카아]	명 흉터 타자 상처를 남기다
scarce	[skɛərs]	[스케어스]	형 부족한, 드문, 모자라는
scarcely	[skɛ́ərsli]	[스케어슬리]	부 간신히, 거의 ~아니다
scare	[skɛər]	[스케어]	타 위협하다 명 겁, 공포
scarf	[ska:rf]	[스카아프]	명 스카프, 목도리
scarlet	[ská:rlit]	[스카알릿]	명 주홍, 진홍색 형 진홍색의
scatter	[skǽtər]	[스캐터]	타자 뿔뿔이 흩어 버리다, 분산하다
scene	[si:n]	[시인]	명 장면, 현장, 광경
scenery	[sí:nəri]	[시이너리]	명 《집합적으로》 풍경
scent	[sent]	[센트]	명 향기, 후각 타 냄새맡다
scepter, -tre	[séptər]	[셉터]	명 왕홀(王笏), 왕권 타 왕권을 주다
sceptical, skep-	[sképtikəl]	[스켑티클]	형 의심 많은 (doubtful), 회의적인
schedule	[skédʒu:l]	[스케쥴]	명 예정표 타 일람표를 만들다
* on schedule	예정대로, 시간대로(according to schedule)		
scheme	[ski:m]	[스키임]	명 안, 계획 타자 계획하다
scholar	[skálər]	[스칼러]	명 학자, 장학생, 문하생
scholarship	[skálərʃip]	[스칼러쉽]	명 학식, 박학 ; 장학금
scholastic	[skəlǽstik]	[스컬래스틱]	형 학교의 ; 학자의 ; 학자인 체하는
school	[sku:l]	[스쿠울]	명 학교, 수업, 학파, 유파 타 교육하
* after school	방과 후에		다

S

* *school days*		학생 시절	
* *school hour*		수업 시간	
schoolboy	[skuːlbɔi]	[스쿠울보이]	몡 남학생
schoolgirl	[skuːlgəːrl]	[스쿠울거얼]	몡 여학생
schoolhouse	[skuːlhaus]	[서쿠울하우스]	몡 교사(校舍), 학교 건물
schoolmaster	[skuːlmæstər]	[스쿠울마아스터]	몡 교장, (남자)교사
schoolroom	[skuːlruːm]	[스쿠울룸]	몡 교실
schooner	[skúːnər]	[스쿠우너]	몡 스쿠우너(쌍돛의 종범식 돛배)
science	[sáiəns]	[사이언스]	몡 학문, 지식, 과학, 기술, 학술
scientific	[sàiəntífik]	[사이언티픽]	혱 과학의, 과학적인, 학술상의, 계통
scientist	[sáiəntist]	[사이언티스트]	몡 과학자 └적인
scissors	[sízərz]	[시저즈]	몡 가위
scoff	[skɔːf]	[스코프]	쟈타 비웃다, 조롱하다 몡 비웃음
scold	[skould]	[스코울드]	타쟈 꾸짖다 몡 잔소리 심한 사람
scoop	[skuːp]	[스쿠우프]	몡 국자, 퍼내기 타 푸다
scope	[skoup]	[스코우프]	몡 범위, 구역, 한계
scorch	[skɔːrtʃ]	[스코오치]	쟈타 그슬리다, 타다 몡 그슬림
score	[skɔːr]	[스코오]	몡 득점, 셈, 《음악》악보, 20 타
* *scores of times*		종종, 가끔	└ 기록하다, 득점하다
scorn	[skɔːrn]	[스코온]	몡 경멸, 웃음거리 타쟈 경멸하다
Scot	[skat]	[스캇]	몡 스코틀랜드 사람 [(말)의
Scotch	[skatʃ]	[스카치]	혱 스코틀랜드의, 스코틀랜드 사람

Scotland	[skátlənd]	[스코틀런드]	명 스코틀랜드
scoundrel	[skáundrəl]	[스카운드럴]	명 악당, 무뢰한
scour	[skauər]	[수카우어]	타자 문질러 닦다, 윤내다, 질주하다
scourge	[skəːrdʒ]	[스커어지]	명 매, 채찍, 천벌 타 매질하다
scout	[skaut]	[스카우트]	명 정찰기[병] 자타 정찰하다
scowl	[skaul]	[스카울]	명 찌푸린 얼굴 자 오만상을 하다
scramble	[skrǽmbl]	[스크램블]	자타 기다, 기어오르다, 뒤섞다
scrap	[skræp]	[스크랩]	명 조각, 부스러기 타 폐기하다
scrapbook	[skrǽpbuk]	[스크랩북]	명 스크랩북(신문에서 기사를 오려 붙인 책)
scrape	[skreip]	[스크레이프]	타자 문지르다, 긁다 명 할큄
scratch	[skrætʃ]	[스크래치]	타자 할퀴다, 긁다 명 문지름
scrawl	[skrɔːl]	[스크로올]	명자타 갈겨 쓰기(쓰다)
scream	[skriːm]	[스크리임]	자타 소리치다 명 외침(소리)
screech	[skriːtʃ]	[스크리이치]	명 날카로운 소리 타자 비명을 지르다
screen	[skriːn]	[스크리인]	명 병풍, 간막이 타 가로막다
screw	[skruː]	[스크루우]	명 나사, 추진기 타 나사로 죄다
scribble	[skríbl]	[스크리블]	명 갈겨 쓰기, 난필 자타 갈겨 쓰다
script	[skript]	[스크립트]	명 손으로 쓴 글, 각본 타 대본을 쓰다
scripture	[skríptʃər]	[스크립쳐]	명 [the S-]성서, 경전
scroll	[skroul]	[스크로울]	명 두루마리, 목록
scrub	[skrʌb]	[스크럽]	타자 북북 문지르다 명 북북 문지르기
scruple	[skrúːpl]	[스크루우플]	명 의혹, 망설임 자타 마음에 거리끼다

S

sculpture	[skʌ́lpʃər]	[스컬프쳐]	몡 조각 타자 조각하다
scuttle	[skʌ́tl]	[스커틀]	몡 바쁜 걸음 자 바삐 가다
scythe	[saið]	[사이드]	몡 (자루가 긴)큰 낫 타 낫으로 베다
sea	[siː]	[시이]	몡 바다, 큰 물결, 큰 호수, 다량

    * *at sea*   항해 중, 해상에서
    * *by sea*   배로, 해로로
    * *go to sea*   선원이 되다, (배가) 출항하다

seacoast	[siːkoust]	[시이코우스트]	몡 해안, 연안
seal	[siːl]	[시일]	몡 바다표범, 봉인 타 날인하다
seam	[siːm]	[시임]	몡 솔기, 이음매 타 꿰매어 잇다
seaman	[síːmən]	[시이먼]	몡 뱃사람, 선원, 수병
seaport	[síːpɔ̀ːrt]	[시이포오트]	몡 항구
search	[səːrʃ]	[서어치]	타자 찾다, 뒤지다 몡 수색, 탐색

    * *search for (after)*   ~을 찾다, ~을 찾아 구하다
    * *in search of*   ~을 찾아

seashore	[síːʃɔ̀ːr]	[시이쇼오]	몡 해변, 해안
seaside	[síːsaid]	[시이사이드]	몡 해변 혱 해안의 「을 내다
season	[síːzn]	[시이즌]	몡 계절, 한창 때 타자 익숙해지다, 맛
seat	[siːt]	[시이트]	몡 좌석, 소재지 타 앉히다

    * *take a [one's] seat*   착석하다, 자리에 앉다

seclude	[siklúːd]	[시클루우드]	타 격리하다, 은퇴시키다
second	[sékənd]	[세컨드]	혱 제2의 몡 두 번째, 초, 순간

* second only to (A)		A 다음으로 첫째	
* [be] second to none		무엇에도 뒤지지 않는, 첫째 가는	
secondary	[sékəndèri]	[세컨데리]	형 제 2위의, 둘째 가는 명 보좌, 대리
secondhand	[sékəndhænd]	[세컨드핸드]	형 중고의, 간접적인 부 고물로
secrecy	[síːkrisi]	[시이크리시]	명 은밀, 비밀, 비밀주의
secret	**[síːkrit]**	**[시이크리트]**	**형 비밀의, 숨은, 외딴 명 비밀**
* in secret		비밀히(secretly), 남몰래	
secretary	**[sékrətèri]**	**[세크러트리]**	**명 비서(관), 서기(관), 장관**
secrete	[sikríːt]	[시크리이트]	타 비밀로 하다 ; 숨기다 ; 분비하다
secretion	[sikríːʃən]	[시크리션]	명 분비(작용), 분비물 ; 은닉
secretive	[síːkritiv]	[시크리이티브]	형 비밀주의의, 분비성의
secretory	[sikríːtəri]	[시크리이터리]	형 분비성의 명 분비선, 분비 기관
secretly	[síːkrətli]	[시이크리틀리]	부 비밀로, 은밀히, 몰래
sect	[sekt]	[섹트]	명 종파, 교파, 당파
sectarian	[sektéəriən]	[섹테어리언]	형 종파의, 당파심이 강한
section	[sékʃən]	[섹션]	명 절개, 절단 타 해체하다
secular	[sékjulər]	[세큘러]	형 세속의, 현세의, 백년마다의 ﹁ 다
secure	[sikjúər]	[시큐어]	형 안전한, 확실한 타자 안전하게 하
securely	[sikjúərli]	[시큐얼리]	부 안전하게, 확실히
security	[sikjúərəti]	[시큐어리티]	명 안전, 안심, 보안
see	**[síː]**	**[시이]**	**타자 보다, 만나다, 알다**
* see about		~을 생각하다, ~에 유의하다	

* *see (one) off* (~을) 전송하다
* *see to* ~에 주의하다, 준비하다
* *see (to it) that* ~하도록 조처하다, ~하도록 주선하다

seed	[siːd]	[시이드]	명 씨, 종자 자타 씨를 뿌리다
seedling	[síːdliŋ]	[시이들링]	명 묘목, 모나무, 묘종
seeing	[síːiŋ]	[시이잉]	전접 ~이므로, ~인 사실을 생각하면
seek	[siːk]	[시이크]	타자 찾다, 구하다, 탐구하다

* *seek for (after)* ~을 구하다, 찾다(look for)

seem	[siːm]	[시임]	자 ~으로 보이다, 생각되다, ~(인것)
seethe	[siːð]	[시이드]	자 끓어오르다, 들끓다 　ㄴ같다
segment	[ségmənt]	[세그먼트]	명 단편, 부분, (원의) 호
	[ségment]	[세그멘트]	타자 분열시키다, 분열하다
seize	[siːz]	[시이즈]	타자 붙잡다, 잡다, 빼앗다

* *seize on (upon)* ~이 엄습하다, ~을 붙잡다

seizure	[síːʒər]	[시이저]	명 붙잡음, 움켜 쥠, 압수, 몰수
seldom	[séldəm]	[셀덤]	부 좀처럼 ~않는, 드물게
select	[silékt]	[실렉트]	타 선발하다 형 선발된, 가려낸
selection	[silékʃən]	[실렉션]	명 선발, 선택, 발췌
self	[self]	[셀프]	명 자기, 자아
selfish	[sélfiʃ]	[셀피시]	형 이기적인, 자기 본위의
self-support	[self-səpɔ́ːrt]	[세프서포오트]	명 자활, 자영, 자급
sell	[sel]	[셀]	타자 팔다, 팔리다 명 판매, 실망

seller	[sélər]	[셀러]	몡 파는 사람, 팔리는 물건
semblance	[sémbləns]	[셈블런스]	몡 유사(類似), 외관, 모양
semester	[siméstər]	[시메스터]	몡 (1년 2학기제 대학의) 학기
semicolon	[sémikòulən]	[세미코울런]	몡 세미콜론(;)
seminar	[sémənàːr]	[세머나아]	몡 (대학의) 연구실, 세미나
senate	[sénət]	[세니트]	몡 (고대 로마의) 원로원, 의회
senator	[sénətər]	[세너터]	몡 원로원 의원, 상원 의원
send	[send]	[센드]	탄재 보내다, (사람을) 파견하다

    * *send for*   ~을 가지러 보내다, 부르러 보내다
    * *send forth*   내다(give out), 보내다(send out), 발하다(emit)

senior	[síːnjər]	[시이녀]	혱 나이 많은, 상급의 몡 선배

    * *senior high school*   고등학교

seniority	[siːnjɔ́ːrəti]	[시이뇨오리티]	몡 손위, 고참, 상급, 선임
sensation	[senséiʃən]	[센세이션]	몡 감각, 물의, 감동
sensational	[senséiʃənl]	[센세이셔널]	혱 감각의, 선풍적 인기의
sense	[sens]	[센스]	몡 감각, 분별, 느낌 탄 느끼다

    * *in a sense*   어떤 의미에서는, 어떤 뜻으로는
    * *in all senses*   모든 의미에서, 모든 점에서

sensible	[sénsəbl]	[센서블]	혱 분별 있는, 현명한, 느낄 수 있는
sensitive	[sénsətiv]	[센시티브]	혱 느끼기 쉬운, 민감한
sensual	[sénʃuəl]	[센슈얼]	혱 관능적인, 세속적인, 육욕의
sentence	[séntəns]	[센턴스]	몡 문장, 판결 탄 판결[선고]하다

sentiment	[séntəmənt]	[센티먼트]	몡 정서, 감정, 《 종종 복수 》 의견
sentimental	[sèntəméntl]	[센티멘틀]	혱 감상적인, 정에 약한
sentinel	[séntənəl]	[센티늘]	몡 보초, 파수
separate	{ [sépərit]	[세프릿]	혱 분리된, 개개의
	[sépərèit]	[세퍼레이트]	탄짜 가르다, 분리하다
* separate ~ from …		~와 … 을 떼어 놓다	
separately	[sépərətli]	[세프리틀리]	뿐 따로따로, 하나하나
separation	[sépəréiʃən]	[세퍼레이션]	몡 분리, 이탈, 별거, 이별
September	[septémbər]	[셉템버]	몡 9월(약어 : Sept.)
sequence	[síːkwəns]	[시이퀀스]	몡 연속, 연쇄, 차례, 순서
serenade	[sèrənéid]	[세리네이드]	몡 소야곡, 세레나드
serene	[səríːn]	[시리인]	혱 맑게 갠, 고요한, 화창한
serge	[səːrdʒ]	[서어지]	몡 사아지(옷감의 일종), 능라사
sergeant	[sáːrdʒənt]	[사아전트]	몡 하사관, 중사, 상사, 경사(警査)
series	[síəriːz]	[시어리이즈]	몡 연속, 계열, 총서, 시리즈
* a series of	일련의		
serious	[síəriəs]	[시리어스]	혱 엄숙한, 진지한, 중대한
sermon	[sáːrmən]	[서어먼]	몡 설교, 훈계, 잔소리, 설법
serpent	[sáːrpənt]	[서어펀트]	몡 뱀, 음흉한 사람
servant	[sáːrvənt]	[서어번트]	몡 하인, 머슴, 고용인, 공무원
serve	[səːrv]	[서어브]	탄짜 (~을) 섬기다 몡 서어브
service	[sáːrvis]	[서어비스]	몡 봉사, 근무, 종교 의식, 서비스

servitude	[sə́ːrvətjùːd]	[서어비튜우드]	몡 노예 상태, 예속
session	[séʃən]	[세션]	몡 개회중, 회기, 《미》 학기
set	[set]	[세트]	태재 두다, 놓다, 설치하다 휑 고정된, 정해진 몡 한 벌, 한 세트, 한 게 ㅣ 임, 일몰

    * set about   ~을 하기 시작하다
    * set aside   곁에 제쳐 두다, 버리다, 챙겨 두다
    * set down   ~을 … 로 보다, 착륙하다, 내리다
    * set free   석방하다, 해방하다
    * set in   시작되다, 밀물이 들어오다
    * set off   출발하다, 돋보이게 하다
    * set out   출발하다, 착수하다
    * set up   설립하다, 세우다, 시작하다

| settle | [sétl] | [세틀] | 태재 진정시키다, 결정하다, 정주하다 |

    * settle down   안정하다, 정주하다
    * settle in   거처를 정하다, ~에 거류하다
    * settle with   ~와 화해하다, 결말짓다, 지불하다

settlement	[sétlmənt]	[세틀먼트]	몡 정착, 거주, 식민, 이민, 해결
settler	[sétlər]	[세틀러]	몡 이주민, 정착민, 개척자
seven	[sévən]	[세븐]	몡 7, 일곱 휑 7의, 일곱의
seventeen	[sèvəntíːn]	[세븐티인]	몡 17 휑 17의
seventeenth	[sèvəntíːnθ]	[세븐티인스]	몡 제 17, 17분의 1 휑 제 17의
seventh	[sévənθ]	[세븐스]	몡 제 7, 일곱째 휑 제 7의

seventieth	[sévəntiəθ]	[세븐티이스]	명 제 70, 70분의 1 형 제 70의
seventy	[sévənti]	[세븐티]	명 70 형 70의
sever	[sévər]	[세버]	타 분리(절단)하다 자 끊어지다
several	[sévərəl]	[세브럴]	형 몇몇의, 여러 가지의, 각각의
severally	[sévərəli]	[세브럴리]	부 따로따로
severe	[sivíər]	[시비어]	형 호된, 모진, 가혹한, 엄한
severely	[sivíərli]	[시비얼리]	부 격심하게, 엄격히, 모질게
severity	[səvérəti]	[시베리티]	명 격렬, 엄격, 엄중, 가혹
sew	[sou]	[소우]	타자 꿰매다, 깁다, 바느질하다
sewage	[sú:idʒ]	[슈우이지]	명 하수[오물]
sewer	[sú:ər]	[소우어]	명 꿰매는 사람, 재봉사
sewing	[sóuiŋ]	[소우잉]	명 재봉
* *sewing machine*	재봉틀		
sex	[seks]	[섹스]	명 성(性), 성별, 성욕
shabby	[ʃǽbi]	[새비]	형 초라한, 입어서 낡은, 째째한
shade	[ʃeid]	[셰이드]	명 그늘, 응달 자타 빛(별)을 가리다
shadow	[ʃǽdou]	[새도우]	명 그림자, 영상(映像) 타 가리다
shadowy	[ʃǽdoui]	[새도우이]	형 그림자가 있는, 아련한, 어두운
shady	[ʃéidi]	[셰이디]	형 그늘이 있는, 응달의, 수상한
shaft	[ʃæft]	[샤아프트]	명 화살대, 창자루, 깃대, 축(軸)
shaggy	[ʃǽgi]	[새기]	형 털 많은, 털이 더부룩한
shake	[ʃeik]	[셰이크]	타자 떨다, 흔들다 명 진동, 동요

shale	[ʃeil]	[셰일]	똉 혈암(頁岩), 이판암
shall	[ʃæl, ʃəl]	[섈, 셜]	조 ~시키다, ~일 것이다
shallow	[ʃælou]	[섈로우]	휑 얕은, 천박한 탄잔 얕게 하다
sham	[ʃæm]	[섐]	똉 가짜, 속임 휑 가짜의, 속임의
shame	[ʃeim]	[셰임]	똉 부끄럼 탄 부끄럽게 하다
shameful	[ʃéimfəl]	[셰임펄]	휑 부끄러운, 창피한, 수치스러운
shameless	[ʃéimlis]	[셰임리스]	휑 부끄럼을 모르는
shampoo	[ʃæmpúː]	[섐푸우]	탄 머리를 감다 똉 세발, 샴푸
shape	[ʃeip]	[셰이프]	똉 모양, 외관 탄잔 모양짓다, 형성하ㅣ다
* in good shape	몸의 상태가 좋은		
* in the shape of	~의 모습을 한, ~형태로		
share	[ʃɛər]	[셰어]	똉 몫, 주(株) 탄잔 분배하다, 부담하다
* have a share in	~에 한몫 끼다, ~을 분담하다		
* share ~ with	~을 함께 나누다, ~을 공동 부담하다		
shark	[ʃɑːrk]	[샤아크]	똉 《물고기》 상어, 고리 대금업자
sharp	[ʃɑːrp]	[샤아프]	휑 날카로운, 뾰족한 뮏 날카롭게
sharpen	[ʃɑ́ːrpən]	[샤아픈]	탄잔 예리하게 하다
shatter	[ʃǽtər]	[섀터]	탄잔 산산이 부수다 똉 《복수》 파편
shave	[ʃeiv]	[셰이브]	탄잔 면도하다 똉 면도하기
shawl	[ʃɔːl]	[쇼올]	똉 쇼올(부인용 목도리의 일종)
she	[ʃiː, (약) ʃiː]	[시이, (약) 시]	뎨 그녀는, 그녀가
sheaf	[ʃiːf]	[시이프]	똉 (벼, 화살따위)묶음, 다발

shear	[ʃiər]	[시어]	団困 (가위로)잘라내다, 베다
sheath	[ʃiːθ]	[시이스]	뗑 칼집, 씌우개
shed	[ʃed]	[셰드]	뗑 헛간, 창고 団 발산하다, 흘리다
sheep	[ʃiːp]	[시이프]	뗑 양, 양피, 온순한 사람
sheer	[ʃiər]	[시어]	톙 순전한, 순수한 円 전혀, 아주
sheet	[ʃiːt]	[시이트]	뗑 시이트, 홑이불, 얇은 판
shelf	[ʃelf]	[셸프]	뗑 선반, 시렁, 모래톱, 암초
shell	[ʃel]	[셸]	뗑 조가비 団困 껍질을 벗기다
shellfish	[ʃelfiʃ]	[셸피시]	뗑 조개, 갑각류(새우, 게)
shelter	[ʃéltər]	[셸터]	뗑 은신처, 피난처 団困 보호하다
shelve	[ʃelv]	[셸브]	団 선반에 얹다 ; 보류하다, 묵살하다
shepherd	[ʃépərd]	[셰퍼드]	뗑 양치는 사람 団 (양을) 지키다
sheriff	[ʃérif]	[셰리프]	뗑 (영국)주(州) 장관, 보안관
shield	[ʃiːld]	[시일드]	뗑 방패, 보호물 団 수호하다
shift	[ʃift]	[시프트]	団困 바꾸다, 제거하다 뗑 변경
shilling	[ʃíliŋ]	[실링]	뗑 실링(영국의 화폐)
shimmer	[ʃímər]	[시머]	困 가물가물 비치다 뗑 희미한 빛
shin	[ʃin]	[신]	뗑 정강이 団困 기어오르다
shine	[ʃain]	[샤인]	困団 빛나다, 비추다, 반짝이다
shingle	[ʃíŋgl]	[싱글]	뗑 지붕널 団 지붕널로 이다
shiny	[ʃáini]	[샤이니]	톙 빛나는, 번쩍이는, 윤이 나는
ship	[ʃip]	[십]	뗑 배, 함(艦) 団困 배에 싣다(타다)

shorthand	[ʃɔ́ːrthænd]	[쇼오트핸드]	명 속기(법) 형 속기(법)의
shorts	[ʃɔːrts]	[쇼오츠]	명 반바지
shortly	[ʃɔ́ːrtli]	[쇼오틀리]	부 얼마 안 있어, 이윽고, 곧

    * *shortly afterwards*   얼마 뒤
    * *shortly before*   직전에

shortsighted	[ʃɔ́ːrtssáitid]	[쇼오트사이티드]	형 근시의, 소견이 좁은
shot	[ʃat]	[쇼트]	명 포탄, 탄환 타 장탄하다
shot-putting	[ʃat-pʌ́tiŋ]	[숏푸팅]	명 투포환(경기)
should	[ʃud]	[슈드]	조 shall의 과거
shoulder	[ʃóuldər]	[쇼울더]	명 어깨 타자 어깨에 짊어지다

    * *shoulder to shoulder*   어깨와 어깨를 맞대고, 밀집하여, 협력하여

shout	[ʃaut]	[샤우트]	자타 외치다, 큰소리로 말하다
shove	[ʃʌv]	[셔브]	자타 밀다, 떠밀다 명 떠밀기
shovel	[ʃʌ́vəl]	[셔블]	명 삽, 부삽 타 삽으로 푸다
show	[ʃou]	[쇼우]	타자 가리키다, 보이다 명 구경거리, 전람회

    * *show (a person) around*   (누구를) 안내하고 다니다
    * *show (a person) the way*   (누구에게) 길을 알려주다, 방법을 가르치다
    * *show in*   (손님을 안으로) 안내하다
    * *show off*   ~을 자랑해 보이다, ~을 드러내다
    * *show up*   ~을 폭로하다, 눈에 띄다
    * *make a show of*   ~을 자랑삼아 보이다

| **showcase** | [ʃoukeis] | [쇼우케이스] | 명 진열용 유리 상자 |

shipment	[ʃípmənt]	[십먼트]	몡 선적, 배에 실음
shipping	[ʃípiŋ]	[시핑]	몡 배에 싣기, 해운, 선적
shipwreck	[ʃíprek]	[십렉]	몡 난선, 난파 재타 난선하다
shirt	[ʃəːrt]	[셔어트]	몡 와이셔츠, 셔츠
shiver	[ʃívər]	[시버]	몡 떨림, 전율 자타 후들후들 떨다
shoal	[ʃoul]	[쇼울]	몡 얕은 곳, 모래톱, 어군(魚群)
shock	[ʃak, ʃɔk]	[샥/ 쑉]	몡 충격, 쇼크 타 충격을 주다
shocking	[ʃákiŋ]	[샤킹]	혱 소름끼치는
shoe	[ʃuː]	[슈우]	몡 신, 구두 타 신을 신기다
shoemaker	[ʃúːmèikər]	[슈우메이커]	몡 구두 만드는 사람
shoot	[ʃuːt]	[슈우트]	타자 사격하다, 싹트다 몡 사격, 새싹
shop	[ʃap, ʃɔp]	[샵/ 숍]	몡 가게, 작업장 자 물건을 사다
shopkeeper	[ʃápkìːpər]	[샵키이퍼]	몡 《영》 가게주인, 소매상인
shore	[ʃɔːr]	[쇼오]	몡 바닷가, 기슭, 지주(支柱)
short	[ʃɔːrt]	[쇼오트]	혱 짧은, (키가) 작은 몡 단편 영화, 《야구》유격수, └《복수》 짧은 바지

     * *[be] short of*   ~이 부족하다, ~이 모자라다
     * *for short*   생략하여, 줄여서
     * *in short*   요컨대, 한 마디로 말하면
     * *run short (of)*   (~이) 부족하다, 떨어지다

shortage	[ʃɔ́ːrtidʒ]	[쇼오티지]	몡 결핍, 부족
shorten	[ʃɔ́ːrtn]	[쇼오튼]	타자 짧게 하다, 짧아지다

shower	[ʃáuər]	[샤우어]	명 소나기 타자 소나기로 적시다
shred	[ʃred]	[시레드]	명 조각 타자 조각조각으로 하다
shrewd	[ʃruːd]	[시루우드]	형 기민한, 빈틈 없는, 영리한
shriek	[ʃriːk]	[시리이크]	명 비명 자 비명을 지르다
shrill	[ʃril]	[시릴]	형 날카로운 명 날카로운 소리
shrine	[ʃrain]	[시라인]	명 사당, 성당 타 사당에 모시다
shrink	[ʃriŋk]	[시링크]	자타 오그라들다, 오그라들게 하다

    * *shrink from*   ~을 주저하다, 꺼려서 ~하지 않다

shrivel	[ʃrívəl]	[시리블]	자타 주름(살)지다, 줄어들게 하다
shroud	[ʃraud]	[시라우드]	명 수의(壽衣), 덮는 것 타 가리다
shrub	[ʃrʌb]	[시러브]	명 관목(灌木)
shrug	[ʃrʌg]	[시러그]	자타 (어깨를) 으쓱하다 명 어깨를 으쓱하기
shudder	[ʃʌdər]	[셔더]	자 몸서리치다 명 몸서리, 전율
shuffle	[ʃʌfl]	[셔플]	타자 트럼프를 뒤섞다, 얼버무리다
shun	[ʃʌn]	[션]	타 (사람 따위를) 피하다
shut	[ʃʌt]	[셧]	타자 닫다, 가두다 형 닫은

    * *shut off*   (가스·수도·라디오 따위를) 잠그다, 끄다
    * *shut out*   내쫓다, 들이지 않다, (상대방을) 영패시키다
    * *shut up*   감금하다, 입을 다물다

shuttle	[ʃʌtl]	[셔틀]	명 (직조기의) 북, 연속 왕복기
shy	[ʃai]	[샤이]	형 수줍어하는, 소심한
sick	[sik]	[식]	형 병의, 메스꺼운

sicken	[síkən]	[시큰]	困 몸이 편찮다, 메스꺼워지다
sickle	[síkl]	[시클]	圐 (작은) 낫
sickly	[síkli]	[시클리]	혱 병약한, 창백한 튀 병적으로
sickness	[síknis]	[식니스]	圐 병, 역겨움, 구역질
side	[said]	[사이드]	圐 곁, 측 혱 측면의 困 편들다

  * *on all sides*   사면 팔방에, 도처에
  * *side by side*   나란히, 병행하여

sidewalk	[saidwɔ:k]	[사이드워어크]	圐 보도, 인도
siege	[si:dʒ]	[시이지]	圐 포위 공격, 공성(攻城)
sieve	[siv]	[시브]	圐 체 困 체질하다, 거르다
sift	[sift]	[시프트]	困困 체질하다, 체를 빠져 내리다
sigh	[sai]	[사이]	圐 탄식, 한숨 困 탄식하다
sight	[sait]	[사이트]	圐 광경, 시력, 바라봄 困 보다

  * *at sight*   보자마자, 본 즉시
  * *at the sight of*   ~을 보고, ~을 보자
  * *catch (get) sight of*   ~을 발견하다, ~을 찾아내다
  * *in sight of*   ~이 보이는 곳에
  * *know (a person) by sight*   (~와) 안면이 있다, 얼굴을 알다
  * *out of sight*   보이지 않는 곳에, 시야의 밖에

sightseeing	[sáitsi:iŋ]	[사이트시이잉]	圐 구경, 관광 혱 관광의
sign	[sain]	[사인]	圐 부호, 신호 困 서명하다, 신호하다
signal	[sígnəl]	[시그널]	圐 신호(기) 혱 신호의, 현저한

signature	[sígnətʃər]	[시그너쳐]	몡 서명(하기)
significance	[signífikəns]	[시그니피컨스]	몡 의미, 중대성
signify	[sígnəfài]	[시그니파이]	탄짜 나타내다, 의미하다, 뜻하다
silence	[sáiləns]	[사일런스]	몡 침묵 탄 침묵시키다 캅 쉬!
silent	[sáilənt]	[사일런트]	혱 조용한, 말없는, 침묵의
silently	[sáiləntli]	[사일런틀리]	믬 무언으로, 잠자코, 조용히
silk	[silk]	[실크]	몡 비단, 견사, 명주, 견직물, 명주실
silken	[sílkən]	[실컨]	혱 명주의, 명주로 만든
silkworm	[silkwəːrm]	[실크워엄]	몡 누에
sill	[sil]	[실]	몡 문지방, 문턱, 창턱
silly	[síli]	[실리]	혱 어리석은 몡 《구어》 바보
silver	[sílvər]	[실버]	몡 은(銀), 은화 혱 은의, 은빛의
silverware	[sílvərwɛ̀ər]	[실버웨어]	몡 《집합적》 식탁용 은그릇
similar	[símələr]	[시밀러]	혱 유사한, 같은 종류의
similarly	[símələrli]	[시밀럴리]	믬 마찬가지로, 유사하게
simile	[síməli]	[시밀리]	몡 직유(直喩)
simple	[símpl]	[심플]	혱 간단한, 단순한, 수수한
simplicity	[simplísəti]	[심플리시티]	몡 간단, 평이, 순진
simply	[símpli]	[심플리]	믬 간단하게, 수수하게, 단지, 그저
simultaneous	[sàiməltéiniəs]	[시멀테이니어스]	혱 동시의, ~와 동시에 일어나는
sin	[sin]	[신]	몡 (도덕상의) 죄 탄짜 죄를 짓다
since	[sins]	[신스]	믬 그 후 젠 ~이래 쩝 ~이므로

sincere	[sinsíər]	[신시어]	혱 성실한, 진실한, 정직한
sincerely	[sinsíərli]	[신시얼리]	튀 성실한, 충심으로
sincerity	[sinsérəti]	[신세리티]	몡 성실, 성의, 정직
sinew	[sínjuː]	[시뉴우]	몡 건(腱), 근육, 힘, 원기
sinewy	[sínjui]	[시뉴(우)이]	혱 근육이 불거진, 건장한
sing	[siŋ]	[싱]	타재 노래하다, (새가)울다, 지저귀다
singe	[sindʒ]	[신지]	재타 그을다, 그을리다
singer	[síŋər]	[싱어]	몡 가수, 성악가
single	[síŋgl]	[싱글]	혱 단 하나의, 혼자의 몡 단일
singular	[síŋgjulər]	[싱귤러]	혱 단수의, 야릇한 몡 《문법》 단수
singularity	[siŋgjulǽrəti]	[싱귤래리티]	몡 기묘, 특이, 단일 ㄴ(형)
sinister	[sínəstər]	[시니스터]	혱 악의 있는, 불길한
sink	[siŋk]	[싱크]	재타 가라앉다 몡 수채, 하수
sip	[sip]	[십]	타재 홀짝이다, 마시다 몡 한 모금
sir	[(강)sáːr, (약)sər]	[(강)서어, (약)서]	몡 선생, 님, 《영》 (S-) 경(卿)
siren	[sáiərən]	[사이런]	몡 사이렌, 호적(號笛)
sister	[sístər]	[시스터]	몡 자매, 언니, 누이동생, 수녀

    * *sister school*   자매 학교

sit	[sit]	[싯]	재타 앉다, 앉히다

    * *sit down*   앉다, 자리잡다
    * *sit up*   일어나다, 단정히 앉다
    * *sit up late (all night)*   밤늦도록 안 자다, 밤샘하다

site	[sait]	[사이트]	몡 부지, 위치, 장소
situate	[sítʃuèit]	[시츄에이트]	탄 ~의 위치를 정하다, 놓다
situated	[sítʃuèitid]	[시츄에이티드]	혱 위치해 있는, ~한 처지에 있는
situation	[sìtʃuéiʃən]	[시츄에이션]	몡 지위, 위치, 입장, 경우
six	[siks]	[식스]	몡 6 혱 6의
sixteen	[sìkstíːn]	[식스티인]	몡 16 혱 16의
sixty	[síksti]	[식스티]	몡 60 혱 60의
size	[saiz]	[사이즈]	몡 크기, 치수 탄 재다
skate	[skeit]	[스케이트]	몡 스케이트 잔 스케이트를 지치다
skeleton	[skélətn]	[스켈리튼]	몡 해골, 골격, 뼈대 혱 해골의
skeptic	[sképtik]	[스켑틱]	몡 회의가, 회의론자, 무신론자
sketch	[sketʃ]	[스케치]	몡 초안, 스케치 탄잔 사생하다
ski	[skiː]	[스키이]	몡 스키이 잔 스키이를 타다
skill	[skil]	[스킬]	몡 숙련, 교묘, 솜씨
skilled	[skild]	[스킬드]	혱 숙련된
skim	[skim]	[스킴]	탄 (찌끼 따위를) 떠(걷어)내다
skin	[skin]	[스킨]	몡 가죽, 피부 탄 가죽을 벗기다
skip	[skip]	[스킵]	잔탄 뛰다, 줄넘기하다 몡 도약
skirmish	[skə́ːrmiʃ]	[스커어미시]	몡 작은 충돌 잔 작은 충돌을 하다
skirt	[skəːrt]	[스커어트]	몡 스커트, 자락 탄잔 둘러싸다
skull	[skʌl]	[스컬]	몡 두개골
skunk	[skʌŋk]	[스컹크]	몡 《동물》 스컹크, 《미》싫은 놈

sky	[skai]	[스카이]	명《종종 복수》하늘, 천국, 하늘빛
skylark	[skáilàːrk]	[스카일라아크]	명 종달새
skyline	[skáilàin]	[스카일라인]	명 지평선, 하늘에 그어진 윤곽
skyway	[skáiwèi]	[스카이웨이]	명《미》항공로, 고가식 고속도로
slack	[slæk]	[슬랙]	형 늘어진, 느슨한 분 느슨하게
slam	[slæm]	[슬램]	타자 (문 따위를) 쾅 닫다 명 쾅 하는
slander	[slǽndər]	[슬랜더]	명 중상, 욕 타 중상하다 ㄴ는 소리
slang	[slæŋ]	[슬랭]	명 속어, 상말, 은어(隱語)
slant	[slænt]	[슬랜트]	형 경사진 명 경사, 비탈 타자 기울다
* on the slant		기울어, 경사져서	
slap	[slæp]	[슬랩]	명 손바닥으로 때림 타 찰싹 때리다
slash	[slæʃ]	[슬래시]	타자 마구 베다, 깊숙이 베다 명 깊이
			벤 상처, 일격
slate	[sleit]	[슬레이트]	명 슬레이트 타 슬레이트로 이다
slaughter	[slɔ́ːtər]	[슬로오터]	명 도살, 학살 타 학살하다
Slav	[slaːv]	[슬라아브]	명 슬라브 민족 형 슬라브 족의
slave	[sleiv]	[슬레이브]	명 노예 자타 노예처럼 일하다
slavery	[sléivəri]	[슬레이버리]	명 노예 제도, 노예의 신분
slay	[slei]	[슬레이]	타 끔찍하게 죽이다, 학살하다
sled	[sled]	[슬레드]	명 썰매 자타 썰매로 가다
sledge	[sledʒ]	[슬레지]	명 대형 썰매 자타 썰매로 나르다
sleek	[sliːk]	[슬리익]	형 (털이)보드랍고 매끈한

sleep	[sliːp]	[슬리입]	자타 자다, 묵다 명 수면, 영면

* *sleep off (one's headache)*   (두통 따위를) 잠을 자서 고치다
* *sleep on (upon, over)*   ~을 하룻밤 자며 생각하다

sleeping   [slíːpiŋ]   [슬리이핑]   명 수면 형 자는, 수면용의
* *sleeping car*   침대차
* *sleeping pill*   수면제
* *sleeping room*   침실(bedroom)

sleepy   [slíːpi]   [슬리이피]   형 졸린, 졸음이 오는 듯한
sleet   [sliːt]   [슬리이트]   명 진눈깨비 자 진눈깨비가 내리다
sleeve   [sliːv]   [슬리이브]   명 소매 타 소매를 달다
* *in one's sleeve*   살짝, 몰래

sleigh   [slei]   [슬레이]   명 (대형)썰매 자타 썰매로 가다
slender   [sléndər]   [슬렌더]   형 홀쭉한, 빈약한
slice   [slais]   [슬라이스]   명 얇은 조각 자타 얇게 썰다
slide   [slaid]   [슬라이드]   자타 미끄러지다 명 활주, 미끄럼틀
slight   [slait]   [슬라이트]   형 약간의, 사소한 명 경멸 타 경멸하
* *make slight of*   ~을 업신여기다   다

slightly   [sláitli]   [슬라이틀리]   부 약간, 조금
slim   [slim]   [슬림]   형 호리호리한, 가냘픈, 얼마 안 되는
sling   [sliŋ]   [슬링]   타 던지다, 매달다
* *sling oneself up*   술술 올라가다

slip   [slip]   [슬립]   자타 미끄러지다 명 미끄러짐

slipper	[slípər]	[슬리퍼]	명 실내용의 가벼운 덧신, 슬리퍼
slippery	[slípəri]	[슬리퍼리]	형 미끄러운, 교활한 　　　　「다
slit	[slit]	[슬릿]	명 길게 베어진 상처 재타 (세로로)베
slogan	[slóugən]	[슬로건]	명 함성, 표어, 슬로건
slope	[sloup]	[슬로우프]	명 경사, 비탈 재타 비탈지다
slow	[slou]	[슬로우]	형 더딘 부 느리게 타재 더디게 하다
slowly	[slóuli]	[슬로우리]	부 느리게, 천천히
slug	[slʌg]	[슬러그]	명 행동이 느린 사람, 쇳덩어리
slumber	[slʌ́mbər]	[슬럼버]	명 잠, 침체 재타 잠자다
slump	[slʌmp]	[슬럼프]	명 폭락, 부진 상태 재 폭락하다
sly	[slai]	[슬라이]	형 교활한, 음흉한, 은밀한
*　 * on the sly* 　남몰래, 살짝			
smack	[smæk]	[스맥]	명 맛, 낌새 타재 맛이 있다
small	[smɔːl]	[스모올]	형 작은 부 작게, 잘게 명 작은 것
smallpox	[smɔːlpaks]	[스모올팍스]	명 천연두
smart	[smaːrt]	[스마아트]	형 재치 있는, 멋진 명 호된 아픔
smash	[smæʃ]	[스매시]	타재 박살내다, 분쇄하다, 《정구》강
			하게 내리치다 명 분쇄,《정구》
smear	[smiər]	[스미어]	재타 더럽히다 타 얼룩 　「스매시
smell	[smel]	[스멜]	명 냄새, 후각 타재 냄새를 맡다
smelt	[smelt]	[스멜트]	타 용해하여 제련하다, 용해하다
smile	[smail]	[스마일]	재타 미소짓다 명 미소, 웃는 얼굴

* smile at		~을 보고 미소짓다, 일소에 붙이다	
* with a smile		미소를 머금고, 생긋 웃으며	
smite	[smait]	[스마이트]	타재 때리다, 부딪치다, 강타하다
smith	[smiθ]	[스미스]	명 대장장이, 금속 세공장
smithy	[smíθi]	[스미디]	명 대장간
smock	[smak]	[스모크]	명 작업복, (어린이용의) 덧옷
smog	[smag]	[스마그]	명 연무(smoke+fog)
smoke	[smouk]	[스모우크]	명 연기, 흡연 자타 담배를 피우다
smoking	[smóukiŋ]	[스모우킹]	명 흡연, 그을림 형 연기나는
* No smoking		금연	
* smoking room		끽연실	
smooth	[smuːð]	[스무우드]	형 매끄러운 타재 매끄럽게 하다
smother	[smʌðər]	[스머더]	타 질식시키다 명 자욱한 연기
smuggle	[smʌ́gl]	[스머글]	타재 밀수(입출)하다
snack	[snæk]	[스낵]	명 가벼운 식사
snail	[sneil]	[스네일]	명 《동물》 달팽이
snake	[sneik]	[스네이크]	명 《동물》 뱀, 음흉한 사람
snap	[snæp]	[스냅]	자타 찰칵 소리를 내다, 스냅 사진을 찍다 명 철썩 소리, 스냅사진 부 찰칵
snapshot	[snǽpʃat]	[스냅샷]	명 스냅 사진, 속사
snare	[snɛər]	[스네어]	명 덫, 유혹 타 덫으로 잡다
snarl	[snaːrl]	[스나알]	자타 으르렁거리다 명 으르렁거림

snatch	[snætʃ]	[스내치]	타자 와락 붙잡다 명 잡아챔
sneak	[sniːk]	[스니이크]	자 몰래 움직이다, 몰래 하다 명 몰래
sneer	[sniər]	[스니어]	자타 냉소하다 명 냉소 ㄴ함
sneeze	[sniːz]	[스니이즈]	자 재채기하다 명 재채기

    * *not to be sneezed at*   얕잡아 볼 수 없다

sniff	[snif]	[스니프]	타자 코로 들이쉬다, 킁킁 냄새 맡다
snore	[snɔːr]	[스노오]	명 코곪 자타 코를 골다
snort	[snɔːrt]	[스노오트]	자타 (말이)콧김을 뿜다
snow	[snou]	[스노우]	명 눈, 적설 자타 눈이 내리다
snuff	[snʌf]	[스너프]	타자 냄새맡다 명 냄새
snug	[snʌg]	[스너그]	형 기분 좋은, 깨끗한, 아담한
so	[souː]	[소우]	부 그러하여, 그렇게 접 그러므로 감 ㄴ저런!, 됐어!

    * *so ~ as* …   … 처럼 ~한, … 만큼 ~한
    * *so as to*   ~하기 위해, ~하도록
    * *so ~ as to[do]*   … 할 만큼 ~이다, ~하게도 … 하다
    * *so far*   여기까지, 지금까지는
    * *[in] so far as*   ~하는 한에서는
    * *so (as) far as ~ [be] concerned*   ~에 관한 한, ~만으로는
    * *so long as*   ~하는 한은, ~이기만 한다면, ~하는 동안은
    * *so much as*   ~만큼
    * *so ~ that* …   몹시 ~해서 … 하다
    * *so that ~ (can · may)* …   ~이 … 하도록, ~하기 위해

* so to speak (say)	말하자면		
soak	[souk]	[소옥]	타자 담그다, 적시다, 잠기다
soap	[soup]	[소웁]	명 비누 타자 비누를 칠하다
soar	[sɔ:r]	[소오]	자 높이(두둥실) 날아오르다
sob	[sab]	[사브]	자타 목메어 울다, 흐느껴 울다
sober	[sóubər]	[소우버]	형 취하지 않은 타자 술이 깨다
sobriety	[səbráiəti]	[소우브라이어티]	명 진지함, 술마시지 않음, 절제
socalled	[soukɔ:ld]	[소우코올드]	형 이른바, 소위
soccer	[sákər]	[사커]	명 사커, 아식 축구 「사근한
sociable	[sóuʃəbl]	[소우셔블]	형 교제를 좋아하는, 사교적인, 사근
social	[sóuʃəl]	[소우셜]	형 사회의, 사회적인, 사교계의
socialism	[sóuʃəlìzm]	[소우셜리즘]	명 사회주의
socialist	[sóuʃəlist]	[소우셜리스트]	명 사회주의자
society	[səsáiəti]	[서사이어티]	명 사회, 사교, 사교계, 회, 단체
sociology	[sòusiálədʒi]	[소우시알러지]	명 사회학
sock	[sak]	[삭]	명 《보통 복수》 짧은 양말, 삭스
socket	[sákit]	[사킷]	명 꽂는 구멍, 소켓
soda	[sóudə]	[소우더]	명 소오다, 탄산수(水)
sofa	[sóufə]	[소우퍼]	명 소파, 긴 의자
soft	[sɔ:ft]	[소오프트]	형 부드러운, 온화한 부 부드럽게
soften	[sɔ́:fən]	[소오픈]	타자 부드럽게 하다, 부드러워지다
softly	[sɔ́:ftli]	[소오프틀리]	부 부드럽게, 상냥하게

soil	[sɔil]	[소일]	명 흙, 토양, 오물 타자 더럽히다
sojourn	[sóudʒəːrn]	[소우져언]	자 체재하다, 머무르다 명 체재
solace	[sáləs]	[살러스]	명 위안 타자 위로하다
solar	[sóulər]	[소울러]	형 태양의
soldier	[sóuldʒər]	[소울저]	명 군인, 병사 자 군대에 복무하다
sole	[soul]	[소울]	형 유일한, 독점적인 명 발바닥
solemn	[sáləm]	[살럼]	형 진지한, 엄숙한, 격식차린
solemnity	[səlémnəti]	[설렘니티]	명 엄숙, 장엄, 점잔 뺌
solicit	[səlísit]	[설리시트]	타자 간청하다, 권유하다
solicitation	[səlìsətéiʃən]	[설리시테이션]	명 간청, 권유
solicitous	[səlísətəs]	[설리시터스]	형 염려(걱정)하는, 열망하는
solicitude	[səlísətjùːd]	[설리시튜우드]	명 걱정, 열망
solid	[sálid]	[살리드]	형 고체의, 속이 비지 않은, 견고한
solidarity	[sàlədǽrəti]	[살리대리티]	명 공동 일치, 단결 ; 연대 책임
solitary	[sálətèri]	[살리터리]	형 고독한, 외로운 명 혼자 사는 사람
solitude	[sálətjùːd]	[살리튜우드]	명 고독, 외딴 곳
solo	[sóulou]	[소울로우]	명 독주(곡), 독창(곡), 독무대
soluble	[sáljubl]	[살류블]	형 해결할 수 있는
solution	[səlúːʃən]	[설루우션]	명 해결, 해명, 용해, 분해, 용액
solvable	[sálvəbl]	[살버블]	형 풀 수 있는
solve	[salv]	[살브]	타 해결하다, 설명하다, 풀다 「있는
solvent	[sálvənt]	[살번트]	명 용제 형 지불 능력이 있는, 용해력

somber	[sámbər]	[삼버]	혱 어두컴컴한, 음침한, 우울한
some	[sʌm]	[섬]	혱 약간위, 어느, 어떤 떼 어떤 사람
			└ [것]

* at some time or other   언젠가(는), 멀지 않아
* some day   미래의 어느 날, 언젠가

somebody	[sʌ́mbàdi]	[섬버디]	떼 어떤 사람 몡 상당한 사람
somehow	[sʌ́mhàu]	[섬하우]	뿐 어떻게 해서든지, 어쩐지
someone	[sʌ́mwʌn]	[섬원]	떼 어떤 사람(somebody), 누군가
something	[sʌ́mθiŋ]	[섬싱]	떼몡 어떤 것(일), 무엇인가 뿐얼마쯤

* something like   좀 ~와 비슷한, 대략, 대단한
* something of   얼마간, 약간, 다소
* ~ or something   ~이거나 그런 것

sometime	[sʌ́mtàim]	[섬타임]	뿐 언젠가, 언제고 후일에 혱 이전의
sometimes	[sʌ́mtàimz]	[섬타임즈]	뿐 때때로
somewhat	[sʌ́mhwʌt]	[섬왓]	뿐 얼마간, 다소, 약간
somewhere	[sʌ́mhwɛər]	[섬웨어]	뿐 어딘가에, 어디론가
son	[sʌn]	[선]	몡 아들 뻔 daughter(딸)
sonata	[sənáːtə]	[서나아터]	몡 주명곡(奏鳴曲), 소나타
song	[sɔ́ːŋ]	[송]	몡 노래, (새 등의)지저귐 소리
son-in-law	[sʌn-in-lɔ́ː]	[서닌로오]	몡 사위, 양자
soon	[suːn]	[수운]	뿐 얼마 안 가서, 곧, 이내

* as soon as possible   될 수 있는 한 빨리
* sooner or later   조만간, 멀지 않아

soot	[sut]	[수트]	명 그을음 타 그을음 투성이로 하다
soothe	[suːð]	[수우드]	타 달래다, 위로하다
sophomore	[sáfəmɔ̀ːr]	[사퍼모오]	명 《미》4년제 대학의 2년생
sorcerer	[sɔ́ːrsərər]	[소오스러]	명 마법사
sordid	[sɔ́ːrdid]	[소오디드]	형 더러운, 야비한, 누추한
sore	[sɔːr]	[소오]	형 아픈, 슬픈, 쓰라린 명 상처
sorrow	**[sárou]**	**[소로우]**	**명 슬픔, 비애 자 슬퍼하다**
sorry	**[sári]**	**[소리]**	**형 유감스러운, 슬픈, 가엾은**
sort	**[sɔːrt]**	**[소오트]**	**명 종류, 품질, 성질 타 고르다, 분류 ㄴ하다**

  * *a sort of*   일종의 (a kind of)
  * *be out of sorts*   기분이 언짢다, 몸이 불편하다

SOS	[ésòués]	[에스오우에스]	명 (구조를 청하는 조난선의)조난 신
soul	**[soul]**	**[소울]**	**명 혼, 영혼, 정신 반 body(신체) ㄴ호**
sound¹	**[saund]**	**[사운드]**	**명 소리, 음향 자타 소리가 나다, 울리**
sound²	[saund]	[사운드]	형 건전한 부 깊이, 푹 ㄴ다
soup	[suːp]	[수우프]	명 수우프, 고깃국
sour	[sauər]	[사우어]	형 시큼한 타자 시어지다 명 시큼한 것
source	[sɔːrs]	[소오스]	명 원천, 출처, 근원
south	**[sauθ]**	**[사우스]**	**명 남쪽 형 남쪽의 부 남으로**
southern	[sʌ́ðərn]	[서던]	형 남의, 남쪽의 「명 남부
southward	[sáuθwərd]	[사우스워드]	부 남쪽으로, 남쪽에 형 남쪽으로의
souvenir	[sùːvəníər]	[수우버니어]	명 기념품, 선물

sovereign	[sávərin]	[사브런]	뗑 주권자, 원수
Soviet	[sóuvièt]	[소우비엣]	뗑 소련(the Soviet Union) 휑 소련의
sow	{ [sou]	[소우]	태자 (씨를) 뿌리다
	[sau]	[사우]	뗑 암돼지
soy	[sɔi]	[소이]	뗑 간장 [을 두다
space	[speis]	[스페이스]	뗑 공간, 여백, 우주 태자 일정한 간격
spacious	[spéiʃəs]	[스페이셔스]	휑 넓은, 널찍한
spade	[speid]	[스페이드]	뗑 가래, 삽 태 가래로 파다
Spain	[spein]	[스페인]	뗑 스페인
span	[spæn]	[스팬]	뗑 한 뼘 태 뼘으로 재다
Spaniard	[spǽnjərd]	[스패니어드]	뗑 스페인 사람
Spanish	[spǽniʃ]	[스패니시]	뗑 스페인 말 휑 스페인의
spank	[spæŋk]	[스팽크]	뗑 철썩 때림 태 철썩 때리다
spare	[spɛər]	[스페어]	태자 아끼다 휑 여분의 뗑 예비품
spark	[spɑːrk]	[스파아크]	뗑 불꽃, 불똥 자태 불꽃을 튀기다
sparkle	[spáːrkl]	[스파아클]	뗑 불티, 섬광 태자 불꽃을 내다
sparrow	[spǽrou]	[스패로우]	뗑 참새
speak	[spiːk]	[스피이크]	자태 이야기하다, 말하다, 담화하다

     * *not to speak of*   ~은 말할 것도 없고, ~은 물론
     * *speak for*   ~을 대변하다, 변호하다
     * *speak ill [evil] of*   ~을 나쁘게 말하다, ~을 헐뜯다
     * *speak of*   ~에 관하여 말하다, 남의 이야기를 하다

S

* *speak out*		거리낌없이 이야기하다, 공언하다	
* *speak to*		~에게 이야기를 걸다	
* *speak well of*		~을 좋게 말하다, 칭찬하다	⌈스피커
speaker	[spíːkər]	[스피이커]	명 말하는 사람, [보통 S-] 하원 의장,
spear	[spiər]	[스피어]	명 창, 새싹 태자 창으로 찌르다, 싹
special	[spéʃəl]	[스페셜]	형 특별한 ⌊트다
specialize	[spéʃəlàiz]	[스페셜라이즈]	태자 특수화하다, 전공하다
specially	[spéʃəli]	[스페셜리]	부 특히, 임시로, 특별히
species	[spíːʃiːz]	[스피이시(이)즈]	명 (생물의)종(種), 종류(種類)
specific	[spisífik]	[스피시픽]	형 특수한, 독특한, 명확한
specifically	[spisífikəli]	[스피시픽컬리]	부 특히, 특효적으로
specify	[spésəfài]	[스페시파이]	태 상세하게 적다, 명세서에 적다
specimen	[spésəmən]	[스페시민]	명 견본, 표본, 실례
speck	[spek]	[스펙]	명 (작은)점, 반점 태 반점을 찍다
speckle	[spékl]	[스펙클]	명 작은 반점 태 얼룩지게 하다
spectacle	[spéktəkl]	[스펙터클]	명 광경, 장관(壯觀), 구경거리
spectacular	[spektǽkjulər]	[스펙태큘러]	형 구경거리의, 볼 만한, 장관의
spectator	[spékteitər]	[스펙테이터]	명 관객, 목격자, 구경꾼, 방관자
specter-tre	[spéktər]	[스펙터]	명 환영, 유령, 요괴
speculate	[spékjulèit]	[스페큘레이트]	태 사색하다, 추측하다, 투기하다
speculation	[spèkjuléiʃən]	[스페큘레이션]	명 사색, 숙고, 투기(投機)
speech	[spiːtʃ]	[스피이치]	명 말, 연설, 이야기, 《문법》화법

* *make a speech*		연설하다	
speed	[spiːd]	[스피이드]	뎽 속도, 속력 재태 급히 가다, 서두르 게 하다
* *speed up*		속도를 더 내다, 능력을 올리다	
spell	[spel]	[스펠]	태재 철자하다, 판독하다 뎽 한동안의 계속
spelling	[spéliŋ]	[스펠링]	뎽 철자, 철자법
spend	[spend]	[스펜드]	태재 소비하다, (시간을) 보내다
sphere	[sfiər]	[스피어]	뎽 구(球), 범위, 영역
sphinx	[sfiŋks]	[스핑크스]	뎽 스핑크스, 수수께끼 같은 인물
spice	[spais]	[스파이스]	뎽 양념, 향료 태 향료를 치다
spider	[spáidər]	[스파이더]	뎽 거미, 삼발이
spike	[spaik]	[스파이크]	뎽 큰 못, 스파이크, 이삭
spill	[spil]	[스필]	태재 (액체 따위를) 엎지르다, 흘리다
spin	[spin]	[스핀]	태재 (실을)잣다, 방적(紡績)하다
spinach	[spínitʃ]	[스피니지]	뎽 시금치
spindle	[spíndl]	[스핀들]	뎽 방추(紡錘), 물레가락, 굴대
spine	[spain]	[스파인]	뎽 등뼈, 척추, 가시
spinning	[spíniŋ]	[스피닝]	뎽 방적 혱 방적의
spiral	[spáiərəl]	[스파이어럴]	혱 나선형의 뎽 나선, 나선형의 물건
spire	[spaiər]	[스파이어]	뎽 뾰족탑, 첨탑 재태 쑥 내밀다
spirit	[spírit]	[스피릿]	뎽 정신, 영혼, 《복수》알코올 태 기 운을 돋우다
* *in good spirits*		원기 왕성하게, 기분이 좋아	
spiritual	[spíritʃuəl]	[스피리츄얼]	혱 정신적인, 영적인 뎽 흑인 영가

S

spit	[spit]	[스핏]	재타 침을 뱉다 명 침
spite	[spait]	[스파이트]	명 악의, 원한 타 괴롭히다
* *in spite of*	~에도 불구하고, ~을 무릅쓰고		
spiteful	[spáitfəl]	[스파이트펄]	형 심술궂은, 악의에 찬
splash	[splæʃ]	[스플래시]	타재 (흙탕물을) 튀기다 명 (물을) 튀김
splendid	[spléndid]	[스플렌디드]	형 훌륭한, 장려한, 빛나는
splendo[u]r	[spléndər]	[스플렌더]	명 빛남, 광휘, 호화 「개다
splinter	[splíntər]	[스플린터]	명 (돌·나무의) 쪼개진 조각 재타 쪼
split	[split]	[스플릿]	타재 쪼개다 형 찢어진 명 쪼개짐, 불
* *split rails*	고된 일을 하다		「화
spoil	[spɔil]	[스포일]	타재 약탈하다 명 약탈, 전리품
spokesman	[spóuksmən]	[스포우크스먼]	명 대변인, 스포우크스맨
sponge	[spʌndʒ]	[스펀지]	명 해면, 식객 타재 해면으로 닦다
sponsor	[spánsər]	[스판서]	명 광고주 타 보증하다
spontaneity	[spàntəní:əti]	[스판터니이어티]	명 자연스러움, 자연 발생
spontaneous	[spantéiniəs]	[스판테이녀스]	형 자발적인, 자연적인, 천연의
spool	[spu:l]	[스푸울]	명 실패, 실감개 타 실패에 감다
spoon	[spu:n]	[스푸운]	명 숟가락 타재 숟가락으로 뜨다
sport	[spɔ:rt]	[스포오트]	명 오락, 유희, 스포츠, 운동, 경기
sportsman	[spɔ:rtsmən]	[스포오츠먼]	명 운동가, 스포오츠맨
spot	[spat]	[스파트]	명 장소, 지점, 반점 타재 오점을 찍다
* *on the spot*	그 자리에서, 즉석에서		「형 즉석의

spotless	[spátlis]	[스파틀리스]	형 오점이 없는
spouse	[spaus]	[스파우즈]	명 배우자
spout	[spaut]	[스파우트]	타자 내뿜다 명 (주전자의) 주둥이
spray	[sprei]	[스프레이]	명 물보라, 분무기, 작은 가지
spread	[spred]	[스프레드]	타자 펴다, 퍼지다 명 퍼짐, 유포
spring	[spriŋ]	[스프링]	명 봄, 샘, 도약, 용수철 자타 튀다

     * *spring a surprise on*   갑자기 ~을 놀라게 하다
     * *spring up*   튀어오르다, 일어나다, 생기다

sprinkle	[spríŋkl]	[스프링클]	타자 뿌리다, 흩다 명 가랑비, 소량
sprout	[spraut]	[스프라우트]	명 새싹 자타 싹트다 「무하다
spur	[spəːr]	[스퍼어]	명 박차, 격려 타자 박차를 가하다, 고

     * *on the spur of the moment*   얼떨결에, 앞뒤 생각 없이
     * *win one's spurs*   이름을 떨치다, 공훈을 세우다

spurn	[spəːrn]	[스퍼언]	타자 걷어차다 명 걷어차기, 일축 「주
spurt	[spəːrt]	[스퍼어트]	자타 전력을 다하다 ; 분출하다 명 역
Sputnik	[spútnik]	[스퍼트닉]	명 소련의 세계 최초 인공 위성
spy	[spai]	[스파이]	명 스파이, 간첩 타자 탐정하다
squad	[skwad]	[스쿼드]	명 (군의)반, 분대
squadron	[skwádrən]	[스쿼드런]	명 기병 대대, (소)함대
square	[skwɛər]	[스퀘어]	명 정사각형 형 네모의, 공명 정대한
squash	[skwaʃ]	[스쿼시]	타자 으깨다, 으스러지다
squat	[skwat]	[스쿼트]	자 웅크리다, 쭈그리다

squeak	[skwiːk]	[스퀵]	困困 (쥐 따위가)찍찍 울다
squeal	[skwiːl]	[스퀴일]	困困 비명을 지르다 명 비명
squeeze	[skwiːz]	[스퀴이즈]	困困 군게 쥐다, 압착하다 명 압착
squire	[skwáiər]	[스콰이어]	명 대지주, 시골 신사
squirrel	[skwə́ːrəl]	[스퀴럴]	명 다람쥐
stab	[stæb]	[스태브]	困困 찌르다, 해치다 명 찌름
stability	[stəbíləti]	[스터빌리티]	명 안정, 영구불변, 착실
stack	[stæk]	[스택]	명 낟가리, 쌓은 더미 困 쌓아 올리다
stadium	[stéidiəm]	[스테이디엄]	명 육상 경기장, 스타디움
staff	[stæf]	[스태프]	명 직원, 참모, 막대기, 장대
stag	[stæg]	[스태그]	명 《동물》 수사슴
stage	[steidʒ]	[스테이지]	명 무대, 시기, 단계 困困 상연하다
stagger	[stǽgər]	[스태거]	困困 비틀거리다 명 비틀거림
stagnant	[stǽgnənt]	[스태그넌트]	형 (물이) 괴어 있는, 정체된
staid	[steid]	[스테이드]	형 침착한, 성실한 ┌오점
stain	[stein]	[스테인]	困困 더럽히다, 얼룩이 지다 명 얼룩,
stair	[stɛər]	[스테어]	명 계단의 한 단, 《복수》 계단
stake	[steik]	[스테이크]	명 말뚝, 화형(火刑), 내기 困 말뚝에
			└매다

    * *at stake*   위태로와져서, 문제가 되어
    * *burn at the stake*   화형에 처하다
    * *play for high stakes*   큰 도박을 하다, 모험을 하다
    * *pull up stakes*   이사하다, 전직하다, 떠나다

stale	[steil]	[스테일]	혱 신선하지 않은, 케케묵은
stalk	[stɔːk]	[스토오크]	몡 줄기, 활보 쟈타 성큼성큼 걷다
stall	[stɔːl]	[스토올]	몡 매점, 노점, 마굿간
stammer	[stǽmər]	[스태머]	쟈타 말을 더듬다 몡 말더듬기
stamp	[stæmp]	[스탬프]	몡 도장, 스탬프, 우표
stand	[stænd]	[스탠드]	쟈타 서다 몡 일어서기, 관람석

    * *stand against*   ~에 대항하여 입후보하다, ~에 저항하다
    * *stand back*   뒤로 물러서다, 떨어진 곳에 있다
    * *stand by*   ~의 가까이에 있다, 편들다
    * *stand for*   ~을 나타내다, ~에 대신하다
    * *stand in the way of*   ~의 방해가 되다
    * *stand on (upon)*   ~의 위에 서다, ~에 의거하다
    * *stand out*   두드러지다, 끝까지 버티다
    * *stand to*   ~을 고수하다
    * *stand up*   일어서다 ; 지속하다

standard	[stǽndərd]	[스탠더드]	몡 표준, 모범, 군기 혱 표준의

    * *living standards*   생활 수준

standardize	[stǽndərdàiz]	[스탠더다이즈]	타 표준화하다, 규격화하다
standing	[stǽndiŋ]	[스탠딩]	혱 서 있는, 선채로의, 고정된
standpoint	[stǽndpɔint]	[스탠드포인트]	몡 입장(立場), 견지, 관점
stanza	[stǽnzə]	[스탠저]	몡 (시의)절(節), 연(聯)
staple	[stéipl]	[스테이플]	몡 주요 산물, 주성분 혱 주요한

S

star	[stɑ:r]	[스타아]	몡 별, 항성, 별표(*)
	* the Stars and Stripes, Star-Spangled Banner, the		성조기(미국의 국기)
starch	[stɑ:rʧ]	[스타아치]	몡 전분, 녹말, 풀
stare	[stɛər]	[스테어]	짜태 응시하다 몡 응시
	* stare at~ ~을 응시하다		
stark	[stɑ:rk]	[스타아크]	혱 굳은, 경직한, 순전한 쀠 순전히
starry	[stɑ́:ri]	[스타아리]	혱 별의, 별빛의, 별이 많은
star-sapphire	[stɑ:r-sǽfaiər]	[스타아새파이어]	몡 성채 청옥(星彩靑玉)
start	[stɑ:rt]	[스타아트]	짜태 출발하다, 깜짝 놀라다 몡 출발,
	* start off 출발하다		└ 깜짝 놀람
	* start off with ~로부터 시작하다		
	* start on (여행·계획·사업을) 시작하다		
	* start up 갑자기 나타나다, 놀라 펄쩍 뛰다		
startle	[stɑ́:rtl]	[스타아틀]	태짜 깜짝 놀라게 하다 몡 놀람
starvation	[stɑ:rvéiʃən]	[스타아베이션]	몡 아사(餓死), 기아
starve	[stɑ:rv]	[스타아브]	짜태 굶어 죽다, 굶기다
	* starve to death 굶어 죽다, 굶어 죽게 하다		┌ 진술하다
state	[steit]	[스테이트]	몡 상태, 국가, 주(州) 혱 국가의 태
stately	[stéitli]	[스테이틀리]	혱 위엄 있는, 장엄한
statement	[stéitmənt]	[스테이트먼트]	몡 진술, 성명(서), 계산서
statesman	[stéitsmən]	[스테이츠먼]	몡 정치가
station	[stéiʃən]	[스테이션]	몡 위치, 장소, 정거장, (담당)부서

stationary	[stéiʃənèri]	[스테이셔너리]	휑 정지한, 고정된
stationer	[stéiʃənər]	[스테이셔너]	몡 문방구상
stationery	[stéiʃənèri]	[스테이셔너리]	몡 문방구
statistics	[stətístiks]	[스터티스틱스]	몡 통계학, 통계(표)
statue	[stǽtʃuː]	[스태튜우]	몡 상(像), 조상, 입상(立像)
stature	[stǽtʃər]	[스태쳐]	몡 신장(身長), 성장, 키
status	[stéitəs]	[스테이터스]	몡 상태, 지위, 신분
statute	[stǽtʃuːt]	[스태튜우트]	몡 법령, 규칙
stay	[stei]	[스테이]	재타 머무르다, 버티다 몡 체류
stead	[sted]	[스테드]	몡 대신, 이익

    * *in one's stead*   아무의 대신으로
    * *in stead of*   ~의 대신으로

steadfast	[stedfæst]	[스테드패스트]	휑 확고 부동한, 불변의
steadily	[stédili]	[스테딜리]	閉 꾸준히, 견실하게, 착실하게
steady	[stédi]	[스테디]	휑 확고한, 견실한 타재 견고하게 하다
steak	[steik]	[스테이크]	몡 불고기 [도루(盜壘)
steal	[stiːl]	[스티일]	타재 훔치다 몡《 구어》절도,《 야구》

    * *steal a look at*   ~을 남모르게 살짝 보다
    * *steal away*   훔쳐 가다, 몰래 떠나다

stealth	[stelθ]	[스텔스]	몡 몰래(살금살금)함, 비밀
stealthily	[stélθili]	[스텔실리]	閉 살그머니, 몰래, 은밀히
stealthy	[stélθi]	[스텔시]	휑 몰래 하는, 남의 눈을 꺼리는

S

steam	[stiːm]	[스티임]	명 증기, 김 타자 김을 올리다
steamboat	[stiːmbout]	[스티임보우트]	명 기선, 증기선
steam engine	[stiːméndʒin]	[스티임엔진]	명 증기 기관
steamer	[stíːmər]	[스티이머]	명 기선, 찜 도구, 시루
steam-power	[stiːm-páuər]	[스티임파우어]	명 증기력
steamy	[stíːmi]	[스티이미]	형 증기의, 증기같은, 김이 자욱한
steed	[stiːd]	[스티이드]	명 (승마용)말
steel	[stiːl]	[스티일]	명 강철, 검 형 강철로 만든
steep	[stiːp]	[스티입]	형 가파른 타 담그다 명 담금
steeple	[stíːpl]	[스티이플]	명 (교회의) 뽀족탑
steer	[stiər]	[스티어]	타자 키를 잡다, 조종하다, 향하다
stem	[stem]	[스템]	명 줄기, 뱃머리, 《문법》어간
step	[step]	[스텝]	자타 걷다, 디디다 명 보행, 단(段)

* step aside   비켜 서다
* step by step   한 걸음 한 걸음
* step in   들어서다, 들르다
* step into   (방·찻간 안으로) 걸어 들어가다
* step off   내리다
* step on   ~을 밟다, ~을 누르다
* step up   접근하다

| sterile | [stéril] | [스테럴] | 형 불모(不毛)의, 아이를 못 낳는 |
| stern | [stəːrn] | [스터언] | 형 냉엄한, 엄격한 명 (배의)고물 |

stew	[stjuː]	[스튜우]	몡 스튜우 요리 태재 약한 불로 끓이다
steward	[stjúːərd]	[스튜우어드]	몡 집사(執事), 청지기
stewardess	[stjúːərdis]	[스튜우어디스]	몡 스튜어디스 [다
stick	[stik]	[스틱]	몡 막대기, 스틱 태재 찌르다, 들러붙

    * *stick it out*   끝까지 버티다, 고수하다, 꾹 참다
    * *stick to*   ~에 들러붙다, ~에 집착하다
    * *stick with*   ~에게 끝까지 충실하다

sticky	[stíki]	[스티키]	혱 끈적끈적하는, 귀찮은
stiff	[stif]	[스티프]	혱 뻣뻣한, 굳은, 완강한
stiffen	[stífən]	[스티펀]	태재 뻣뻣하게 하다, 세어지다
stifle	[stáifl]	[스타이플]	태재 질식시키다, 질식하다
stigma	[stígmə]	[스티그머]	몡 오명, 낙인, 치욕
stile	[stail]	[스타일]	몡 (울타리를 넘기 위한) 디딤판
still	[stil]	[스틸]	혱 고요한 태재 고요하게 하다

    * *still less*   하물며 (~이 아니다), 더욱 (~아니다)(much less)
    * *still more*   더욱 더 ~이다(much more)

stimulant	[stímjulənt]	[스티뮬런트]	혱 자극성의, 자극하는 몡 자극물
stimulate	[stímjulèit]	[스티뮬레이트]	태재 자극이 되다, 자극하다
stimulus	[stímjuləs]	[스티뮬러스]	몡 흥분제, 자극(물)
sting	[stiŋ]	[스팅]	태재 쏘다, 찌르다 몡 쏨, 찌름
stingy	[stíndʒi]	[스틴지]	혱 인색한(miserly)
stink	[stiŋk]	[스팅크]	몡 고약한 냄새 재태 고약한 냄새를

S

풍기다, 구린내가 나다

stir	[stəːr]	[스터어]	타자 움직이다, 휘젓다 명 활동, 소동
stitch	[stiʃ]	[스티치]	명 한 바늘(뜸) 타자 꿰매다
stock	[stak]	[스톡]	명 재고품, 저장, 주식 형 재고의
* out of stock		매진되어, 품절되어	
* stock farming		목축업, 축산업(stock raising)	
stockbroker	[stakbróukər]	[스톡브로우커]	명 주식 중개인
stockholder	[stakhóuldər]	[스톡호울더]	명 주주
stocking	[stákiŋ]	[스타킹]	명 《보통 복수》스타킹, 긴 양말
stomach	[stʌ́mək]	[스터먹]	명 위(胃), 배 타 참다, 소화하다
stone	[stoun]	[스토운]	명 돌 형 돌의 타 돌을 던지다, 돌을
stony	[stóuni]	[스토우니]	형 돌의, 돌이 많은 ㄴ깔다
stool	[stuːl]	[스투울]	명 발판, (등 없는)걸상
stoop	[stuːp]	[스투우프]	자타 몸을 구부리다, 굽히다 명새우등
stop	[stap]	[스탑]	타자 멈추다, 그만두다 명 중지, 정류
* stop in	《미》들르다, 《영》집에 있다		ㄴ장
* stop over	《미》도중 하차하다, 잠깐 머무르다		
store	[stɔːr]	[스토오]	명 《미》가게 ; 《영》《복수》백화
* in store	저축하여, 준비하여		ㄴ점, 창고, 저축 타 저축하다
* set store by	~을 존중하다		
* store up	~을 저축하다, 저장하다		
storehouse	[stɔ́ːrhaus]	[스토오하우스]	명 창고, (지식 따위의) 보고(寶庫)

storm	[stɔːrm]	[스토옴]	몡 폭풍(우), 소동, 급습 재태 강습하다
stormy	[stɔ́ːrmi]	[스토오미]	톙 폭풍우의, 격렬한
story	[stɔ́ːri]	[스토오리]	몡 이야기, 줄거리, (건물의) ~층
stout	[staut]	[스타우트]	톙 튼튼한, 용감한 몡 흑맥주
stove	[stouv]	[스토우브]	몡 스토브, 난로, 화덕
straddle	[strǽdl]	[스트래들]	태재 걸터앉다, 양다리를 벌리다
straggle	[strǽgl]	[스트래글]	재 흩어지다, 일행에서 떨어지다
straggler	[strǽglər]	[스트래글러]	몡 낙오자
straight	[streit]	[스트레이트]	톙 똑바른 閉 똑바로 몡 일직선
straighten	[stréitn]	[스트레이튼]	재태 똑바르게 하다, 정돈하다
straightforward	[stréitnfɔ́ːrwərd]	[스트레이트포오워드]	톙 솔직한, 똑바로 나아가는
straightway	[stréitwèi]	[스트레이트웨이]	閉 곧, 즉시(at once)
strain	[strein]	[스트레인]	태재 팽팽하게 하다 몡 긴장, 과로
strait	[streit]	[스트레이트]	톙 좁은, 엄중한 몡 해협, 궁핍
strand	[strænd]	[스트랜드]	몡 (詩)물가 태재 좌초시키다
strange	[streindʒ]	[스트레인지]	톙 묘한, 야릇한, 알지 못하는, 낯선
* strange to say		이상한 이야기이지만, 이상하게도	
strangely	[stréindʒli]	[스트레인질리]	閉 이상하게, 기묘하게
stranger	[stréindʒər]	[스트레인저]	몡 낯선 사람, 외국인, 문외한
* be a stranger to		~에 생소하다, ~을 모르다	
strangle	[strǽŋgl]	[스트랭글]	태 교살하다, 질식시키다, 억누르다
strap	[stræp]	[스트랩]	몡 가죽 끈, 혁대

straw	[strɔː]	[스트로오]	명 짚, 밀짚, 밀짚 모자
strawberry	[strɔ́ːbèri]	[스트로오베리]	명 딸기, 양딸기
stray	[strei]	[스트레이]	자 길을 잃다 형 길 잃은 명 미아
streak	[striːk]	[스트리이크]	명 줄, 줄무늬 타자 줄이 지다
stream	[striːm]	[스트리임]	명 내, 개울, 풍조 자타 흐르다
street	[striːt]	[스트리이트]	명 거리, 차도, ~가(街), ~로(路)
strength	[streŋkθ]	[스트렝(크)스]	명 힘, 세기, 강도, 세력, 농도
strengthen	[stréŋkθən]	[스트렝(크)선]	타자 강하게 하다, 강해지다
strenuous	[strénjuəs]	[스트레뉴어스]	형 분투적인, 열렬한
stress	[stres]	[스트레스]	명 압력, 압박, 강제 타 강조하다
stretch	[stretʃ]	[스트레치]	타자 뻗치다, 퍼지다, 펴다
strew	[struː]	[스트루우]	타 흩뿌리다, 흩뿌려 뒤덮다
strict	[strikt]	[스트릭트]	형 엄한, 정확한, 완전한
stride	[straid]	[스트라이드]	자타 큰 걸음으로 걷다 명 활보
strife	[straif]	[스트라이프]	명 다툼, 싸움, 투쟁
strike	[straik]	[스트라이크]	타자 치다, 때리다 명 타격, 파업

     * *strike a blow for*   ~을 위하여 전력을 다하다
     * *strike a line [path]*   진로를 잡다
     * *strike a note*   독특한 인상을 주다, … 한 투로 말하다
     * *strike at*   ~에게 겨누어 치다, ~을 치고 덤비다
     * *strike at the root of*   ~을 근절시키려고 꾀하다
     * *strike down*   때려 눕히다

* *strike in*		갑자기 뛰어들다, 갑자기 말참견하다	
* *strike off*		삭제하다, 옆으로 빠지다, 인쇄하다	
* *strike out*		삭제하다, 힘차게 앞으로 나아가다, 생각해 내다	
string	[striŋ]	[스트링]	몡 실, 끈, 현(弦) 탸쟈 실을 꿰다
* *pull every string*		전력을 다하다	
* *pull strings*		(뒤에서) 조종하다	
stringent	[stríndʒənt]	[스트린젼트]	혱 엄중한, 절박한
stringy	[stríŋi]	[스트링이]	혱 실의, 끈의, 섬유질의
strip	[strip]	[스트립]	탸쟈 벗기다, 옷을 벗다, 빼앗다 몡 길고 가느다란 조각
stripe	[straip]	[스트라이프]	몡 줄무늬 탸 줄무늬로 꾸미다
strive	[straiv]	[스트라이브]	쟈 애쓰다, 노력하다, 싸우다
stroke	[strouk]	[스트로우크]	몡 침, 타격, 일격 탸 쓰다듬다
* *a stroke of genius*		천재적인 수완	
stroll	[stroul]	[스트로울]	쟈탸 산보하다, 방랑하다 몡 산보
strong	[strɔːŋ]	[스트롱]	혱 힘찬, 튼튼한, 강한, 견고한
stronghold	[strɔːŋhould]	[스트롱호울드]	몡 성채, 요새, 근거지
structural	[strʌ́ktʃərəl]	[스트럭처럴]	혱 구조(상)의, 건축의
structure	[strʌ́ktʃər]	[스트럭쳐]	몡 구조, 조직, 건물
struggle	[strʌ́gl]	[스트러글]	쟈 허우적거리다 몡 노력, 고투
* *struggle for*		~하려고 싸우다, ~을 얻으려고 분투하다	
strut	[strʌt]	[스트러트]	쟈 점잔빼며 걷다, 버팀목을 받치다

S

stub	[stʌb]	[스터브]	몡 그루터기, 꽁초 탭 뽑다, 파내다
stubborn	[stʌ́bərn]	[스터번]	톙 완고한, 말 안 듣는, 완강한
stud	[stʌd]	[스터드]	몡 징 탭 장식용 못(징)을 박다
student	**[stjuːdnt]**	**[스튜우던트]**	**몡 학생, 연구자**
studied	[stʌ́did]	[스터디드]	톙 고의의, 부자연한, 연구를 쌓은
studio	[stjúːdiòu]	[스튜우디오우]	몡 화실, 작업장, 스튜디오
studious	[stjúːdiəs]	[스튜우디어스]	톙 학구적인, 열심인, 고의의
study	**[stʌ́di]**	**[스터디]**	**몡 공부, 연구 자타 배우다, 공부하다**
stuff	[stʌf]	[스터프]	몡 재료, 잡동사니 타자 채워넣다
* stuff with	~을 채워 넣다		「틀거림, 실책
stumble	[stʌ́mbl]	[스텀블]	자타 곱드러지다, 비틀거리다 몡 비
stump	[stʌmp]	[스텀프]	몡 그루터기, 쓰다 남은 토막
stun	[stʌm]	[스턴]	타 기절시키다, 어리벙벙하게 하다
stunt	[stʌnt]	[스턴트]	타 발육을 방해하다 몡 발육의 저지
stupefy	[stjúːpəfài]	[스튜우피파이]	타 마비시키다
stupendous	[stjuːpéndəs]	[스튜우펜더스]	톙 놀랄 만한, 엄청난, 거대한
stupid	[stjúːpid]	[스튜우피드]	톙 어리석은, 바보 같은
sturdy	[stə́ːrdi]	[스터어디]	톙 튼튼한, 건장한 빤 weakly(허약한)
style	[stail]	[스타일]	몡 형(型), 문체, 모양
subdue	[səbdjúː]	[섭듀우]	타 정복하다, 이기다, 억제하다
subject	**[sʌ́bdʒikt]**	**[서브직트]**	**톙 지배를 받는 빤 ~을 조건으로**
* subject to	~을 받아, ~에 따라야 할, ~되기 쉬운, ~을 조건으로		

subjective	[səbdʒéktiv]	[서브젝티브]	형 주관적인, (문법)주격의
sublime	[səbláim]	[서브라임]	형 고상한 타자 고상하게 하다
submarine	[sʌ́bməríːn]	[섭머리인]	명 잠수함
submerge	[səbmə́ːrdʒ]	[섭머어지]	자타 물 속에 가라앉히다, 잠수하다
submission	[səbmíʃən]	[섭미션]	명 복종, 순종, 의뢰
submit	[səbmít]	[서브밋]	타자 복종시키다, 제출하다
* submit to	~에 복종하다, ~을 감수하다, ~에 따르다		
subordinate {	[səbɔ́ːrdənət]	[서보오더닛]	형 종속의, 예하의 명 부하
	[səbɔ́ːrdənèit]	[서보오더네이트]	타 종속시키다
subscribe	[səbskráib]	[서브스크라이브]	타자 서명하다, 기부하다, 구독하다
subscriber	[səbskráibər]	[서브스크라이버]	명 기부자, 구독자
subsequent	[sʌ́bsikwənt]	[서브시퀀트]	형 그 후의, 차후의, 결과로 일어나는
subside	[səbsáid]	[서브사이드]	자 (바람 따위가)자다, 가라앉다
subsidiary	[səbsídièri]	[서브시디에리]	형 보조의, 종속적인
subsist	[səbsíst]	[서브시스트]	자타 생존하다, 음식물을 급여하다
substance	[sʌ́bstəns]	[서브스턴스]	명 물질, 실체, 본질, 요지(要旨)
substantial	[səbstǽnʃəl]	[서브스탠셜]	형 실질의, 참다운, 실재하는
substitute	[sʌ́bstətjùːt]	[서브스티튜우트]	명 대리인, 대용품 타자 대용하다
subterranean	[sʌ́btəréiniən]	[서브터레이니언]	형 지하의(under · the earth)
subtle	[sʌ́tl]	[서틀]	형 포착하기 어려운, 미묘한, 예민한
subtlety	[sʌ́tlti]	[서틀티]	명 미묘, 예민 ; 정묘, 교활
subtly	[sʌ́tli]	[서틀리]	부 미묘하게, 교활하게, 정묘하게

S

subtract	[səbtrǽkt]	[서브트랙트]	탄 덜다, 빼다, 감하다, 공제하다
suburb	[sʌ́bəːrb]	[서버어브]	명 교외, 변두리
suburban	[səbə́ːrbən]	[서버어번]	형 교외의
subway	[sʌ́bwèi]	[서브웨이]	명 지하도, 지하철
succeed	[səksíːd]	[석시이드]	자타 성공하다, 계속되다, 상속하다

    * succeed in   ~에 성공하다, ~을 잘 해내다
    * succeed to   ~의 뒤를 잇다, ~을 상속하다

success	[səksés]	[석세스]	명 성공, 성취, 출세
successful	[səksésfəl]	[석세스펄]	형 성공한, 크게 히트한
successfully	[səksésfəli]	[석세스펄리]	부 성공적으로, 훌륭하게
succession	[səkséʃən]	[석세션]	명 연속, 연속물, 계승, 상속

    * in succession   연달아, 연속하여

successive	[səksésiv]	[석세시브]	형 연속하는, 잇따른
successor	[səksésər]	[석세서]	명 후계자, 상속인
succumb	[səkʌ́m]	[서컴]	자 굴복하다
such	[sʌʧ]	[서치]	형 그와 같은, 그러한 대 그와 같은 물건

    * such and such   여사여사한 일, 이러이러한, 등등
    * such as   ~와 같은, 이를테면
    * such ~ as…   … 와 같은 ~
    * such ~ that   대단히 ~하므로
    * as such   그것만으로, 그 자체로, 그 자격으로

suck	[sʌk]	[석]	타자 빨다, 홀짝이다 명 빨기

sudden	[sʌdn]	[서든]	혱 별안간의, 갑작스러운 몡 불시, 돌
* [all] of a sudden, on a sudden		갑자기, 별안간, 불시에	연
suddenly	[sʌdnli]	[서든리]	믠 갑자기, 별안간
sue	[suː]	[슈우]	탄짜 고소하다, 소송을 제기하다
suffer	[sʌfər]	[서퍼]	탄짜 겪다, 괴로워하다, 당하다
* suffer from	~으로 괴로워하다, ~에 걸리다		
sufferance	[sʌfərəns]	[서퍼런스]	몡 묵인, 인내
sufferer	[sʌfərər]	[서퍼러]	몡 수난자, 피해자
suffering	[sʌfəriŋ]	[서퍼링]	몡 고통, 재해, 수난, 고뇌
suffice	[səfáis]	[서파이스]	짜탄 충분하다, 만족시키다
sufficient	[səfíʃənt]	[서피션트]	혱 충분한, 넉넉한
sufficiently	[səfíʃəntli]	[서피션틀리]	믠 충분히
suffix	[sʌfiks]	[서픽스]	몡 《문법》접미사 탄 첨부하다
suffocate	[sʌfəkèit]	[서퍼케이트]	탄짜 숨을 막다, 질식하다
suffocation	[sʌfəkéiʃən]	[서퍼케이션]	몡 질식
suffrage	[sʌfridʒ]	[서프리지]	몡 투표, 선거권, 투표권
suffragette	[sʌfrədʒét]	[서프러젯]	몡 여성 참정권론자
sugar	[ʃúgər]	[슈거]	몡 설탕 탄짜 설탕으로 달게 하다
* sugar basin	식탁용 설탕 그릇		
* sugar beet	사탕무우		
* sugar cane	사탕수수		
suggest	[səgdʒést]	[서제스트]	탄 암시하다, 제안하다

suggestion	[səgdʒéstʃən]	[서제스천]	명 암시, 제안, 제의
* *make a suggestion*		제안하다	
suicide	[sjúːəsàid]	[수우이사이드]	명 자살 자 자살하다
suit	[suːt]	[수우트]	명 소송, 청원, 한 벌 타자 ~에 형편이 좋다, 적응시키다, 잘 맞다
suitable	[súːtəbl]	[수우터블]	형 적당한, 어울리는
* *be suitable for*		~에 적합하다	
suitcase	[súːtkeis]	[수우트케이스]	명 소형 여행가방, 슈우트케이스
suite	[swiːt]	[스위이트]	명 수행원, 일행, 한 벌
sulfur	[sʌ́lfər]	[설퍼]	명 유황 형 유황색의
sulfuric	[sʌlfjúərik]	[설퓨어릭]	형 유황의, 유황을 함유하는
sullen	[sʌ́ən]	[설런]	형 음침한, 부루퉁한
sultan	[sʌ́ltən]	[설턴]	명 회교국 군주, 터키 황제
sultry	[sʌ́ltri]	[설트리]	형 무더운, 숨막히게 더운
sum	[sʌm]	[섬]	명 합계, 금액 타자 합계하다
* *sum up*		합계하다, 요약하다	
summary	[sʌ́məri]	[서머리]	명 요약, 적요 형 즉결의, 간략한
summer	[sʌ́mər]	[서머]	명 여름 형 여름의 자 여름을 지내다
summit	[sʌ́mit]	[서밋]	명 정상, 절정, 극치
summon	[sʌ́mən]	[서먼]	타 호출하다, 소환하다
sumptuous	[sʌ́mpʧuəs]	[섬츄어스]	형 호화로운, 사치스러운
sun	[sʌn]	[선]	명 태양, 햇빛 자타 햇볕에 쬐다

sunbeam	[sʌnbiːm]	[선비임]	명 햇빛, 태양 광선
Sunday	[sʌ́ndei]	[선디]	명 일요일 [약어 ; Sun.]
sunlight	[sʌnlait]	[선라이트]	명 햇빛, 일광
sunny	[sʌ́ni]	[서니]	형 양지 바른, 햇볕이 잘 드는
sunrise	[sʌnraiz]	[선라이즈]	명 해돋이, 새벽녘
sunset	[sʌnset]	[선셋]	명 일몰(日沒), 해질녘
sunshine	[sʌ́nʃain]	[선샤인]	명 햇빛, 맑은 날씨
sun-up	[sʌn-ʌp]	[서넙]	명 해돋이(sunrise)
sup	[sʌp]	[섭]	자타 홀짝홀짝 마시다(sip), 홀짝거리다;저녁밥을 먹다 명 (음료의) 한모금
superb	[supə́ːrb]	[슈우퍼어브]	형 장려한, 화려한, 멋진
superficial	[sùːpərfíʃəl]	[수우퍼피셜]	형 표면의, 피상적인, 천박한
superfluity	[sùːpərflúəti]	[수우퍼플루우어티]	명 여분
superfluous	[supə́ːrfluəs]	[수우퍼어플루어스]	형 여분의, 불필요한
supergrandpa	[sùːpərgrǽndpàː]	[수우퍼그랜파아]	명 초인 할아버지
superintend	[sùːpərinténd]	[수우퍼린텐드]	자타 감독 (관리) 하다(manage)
superior	[səpíəriər]	[수피이리어]	형 뛰어난, 상급의 명 윗사람, 상관
* [be] superior to		~보다 뛰어나다, ~을 초월해 있다	
superiority	[səpìəriɔ́ːrəti]	[수피어리오오리티]	명 우월(優越)
superlative	[səpə́ːrlətiv]	[수퍼얼러티브]	형 최고의, 최상급의 명 최상급
superman	[sùːpərmæn]	[수우퍼맨]	명 초인(超人)
supermarket	[sùːpərmáːrkit]	[수우퍼마아킷]	명 슈퍼마켓

supernatural	[sùːpərnǽtʃərəl]	[수우퍼내쳐럴]	혱 초자연의, 불가사의한
supersonic	[sùːpərsánik]	[수우퍼사닉]	혱 초음속의
superstition	[sùːpərstíʃən]	[수우퍼스티션]	몡 미신(迷信)
supervise	[súːpərvàiz]	[수우퍼바이즈]	턔 감독하다, 관리하다
supper	[sʌ́pər]	[서퍼]	몡 저녁 식사, 만찬
supplement	[sʌ́pləmənt]	[서플리먼트]	몡 부록, 보충, 추가
supply	[səplái]	[서플라이]	턔 공급하다, 보충하다 몡 공급, 《복수》 양식(糧食)

    * *supply with*   ~을 공급하다

support	[səpɔ́ːrt]	[서포오트]	턔 지탱하다, 원조하다 몡 지지, 부양
suppose	[səpóuz]	[서포우즈]	턔 상상하다, 추측하다

    * *be supposed to*   ~할 것으로 상상되다, ~하기로 되어 있다

suppress	[səprés]	[서프레스]	턔 억누르다, 참다, 진압하다
supremacy	[səpréməsi]	[슈프레머시]	몡 최상, 주권, 대권
supreme	[səpríːm]	[슈프리임]	혱 최고의, 지상의, 최후의
sure	[ʃuər]	[슈어]	혱 확실한, 믿을 수 있는 뿐 《미》《대답》 그렇고 말고요

    * *be [feel] sure of oneself*   자신이 있다
    * *be not too sure about*   의심하다
    * *[be] sure of (that)*   ~을 확신하다
    * *[be] sure to*   반드시 ~하다, 꼭 ~하다
    * *for sure*   확실히, 틀림없이
    * *make sure*   확인하다

* *to be sure*	《양보적으로 써서》그렇군, 과연(~이지만, 그러나)		
surely	[ʃúərli]	[슈얼리]	틧 확실히, 반드시,《부정문에서》설마
surf	[səːrf]	[서어프]	몡 (해안으로) 밀려오는 파도
surfing	[sə́ːrfiŋ]	[서어핑]	몡 파도타기(surfriding)
surface	[sə́ːrfis]	[서어퍼스]	몡 표면, 외관 혱 표면의, 외관의
surfy	[sə́ːrfi]	[서어피]	혱 (밀려드는) 파도가 많은
surge	[səːrdʒ]	[서어지]	짜 큰 파도가 일다 몡 큰 파도, 파동
surgeon	[sə́ːrdʒən]	[서어전]	몡 외과 의사
surgery	[sə́ːrdʒəri]	[서어저리]	몡 외과(外科), 수술실
surmise	[sərmáiz]	[서어마이즈]	몡 추측 탸짜 추측하다, ~라고 생각하
surmount	[sərmáunt]	[서마운트]	탸 극복하다, 넘다 ㅣ다
surname	[sə́ːrnèim]	[서어네임]	몡 성(姓) 탸 성을 붙이다
surpass	[sərpǽs]	[서패스]	탸 (양·정도 따위가)~보다 낫다
surplus	[sə́ːrplʌs]	[서어플러스]	몡 여분, 잉여 혱 여분의
surprise	[sərpráiz]	[서프라이즈]	몡 놀람, 기습 탸 놀라다, 기습하다
* *be surprised at*	~에 깜짝 놀라다		
* *surprise attack*	기습 공격		
* *in surprise*	놀라서		
* *take ~ by surprise*	불시에 ~을 기습하다		
* *to one's surprise*	놀랍게도		
surrender	[səréndər]	[서렌더]	탸짜 인도하다, 항복하다 몡 항복
surround	[səráund]	[서라운드]	탸 둘러싸다, 에워싸다

surrounding	[səráundiŋ]	[서라운딩]	혱 주위의, 근처의, 둘레의
surroundings	[səráundiŋz]	[서라운딩즈]	몡 《복수》 환경
survey	[sərvéi]	[서(어)베이]	탸좌 내려다보다, 측량하다
make a survey 측량하다			
surveyor	[sərvéiər]	[서(어)베이어]	몡 측량기사, 검사관
survival	[sərváivəl]	[서(어)바이벌]	몡 살아 남음, 생존자
survive	[sərváiv]	[서(어)바이브]	탸좌 ~의 후까지 살다, 살아남다
susceptible	[səséptəbl]	[서셉터블]	혱 민감한, 예민하게 느끼는
suspect	[səspékt]	[서스펙트]	탸 알아채다, 수상히 여기다
suspend	[səspénd]	[서스펜드]	탸 매달다, 연기하다, 정지하다
suspense	[səspéns]	[서스펜스]	몡 미결, 불안
keep (a person) in suspense (아무를) 불안하게 하다			
suspicion	[səspíʃən]	[서스피션]	몡 혐의, 의심, 낌새, 기미
suspicious	[səspíʃəs]	[서스피셔스]	혱 의심 많은, 수상쩍은
sustain	[səstéin]	[서스테인]	탸 떠받치다, 부양하다 ⌈금
swallow	[swálou]	[스왈로우]	탸 꿀꺽 삼키다, 마시다 몡 제비, 한모
swamp	[swamp]	[스왐프]	몡 늪, 습지 좌탸 침몰시키다
swan	[swan]	[스완]	몡 백조(白鳥), 시인(詩人)
swarm	[swɔːrm]	[스워엄]	몡 (곤충의)떼, 군중 좌 떼짓다
sway	[swei]	[스웨이]	좌탸 흔들리다 몡 동요, 지배
swear	[swɛər]	[스웨어]	좌탸 선서하다, 욕설하다 몡 선서, 욕
sweat	[swet]	[스웻]	몡 땀 좌탸 땀을 흘리다 ⌊설

sweater	[swétər]	[스웨터]	명 스웨터, 발한제(發汗制)
Swede	[swiːd]	[스위이드]	명 스웨덴 사람
Sweden	[swíːdn]	[스위이든]	명 스웨덴 「 스웨덴 말
Swedish	[swíːdiʃ]	[스위이디시]	형 스웨덴(사람)의, 스웨덴 말의 명
sweep	[swiːp]	[스위입]	타자 청소하다 명 청소, 일소
sweet	**[swiːt]**	**[스위이트]**	**형 달콤한 명 단것 부 달게**

  * *be sweet on (upon)*   ~에 반하다

sweeten	[swíːtn]	[스위이튼]	타자 달게 하다, 유쾌하게 하다
sweetheart	[swíːthàːrt]	[스위이트하아트]	명 애인, 연인
sweetish	[swíːtiʃ]	[스위이티시]	형 조금 단, 예쁜장한
swell	[swel]	[스웰]	자타 부풀다 명 팽창, 중대, 큰 파도
swerve	[swəːrv]	[스워어브]	자타 벗어나다 명 벗어남
swift	**[swift]**	**[스위프트]**	**형 빠른, 신속한 부 신속하게**
swiftly	[swíftli]	[스위프틀리]	부 빠르게
swim	**[swim]**	**[스윔]**	**자타 헤엄치다 명 헤엄** 「 네
swing	[swiŋ]	[스윙]	자타 흔들리다, 그네뛰다 명 진동, 그

  * *go with a swing*   순조롭게 나아가다
  * *in full swing*   한창 진행 중인

swirl	[swəːrl]	[스워얼]	자타 소용돌이치다 명 소용돌이
Swiss	[swis]	[스위스]	명 스위스 사람 형 스위스의
switch	[switʃ]	[스위치]	명 스위치 타자 스위치를 틀다, 바꾸
Switzerland	[switsərlənd]	[스위철런드]	명 스위스 「 다

S

swoon	[swuːn]	[스우운]	困 기절하다 閔 기절
swoop	[swuːp]	[스우우프]	困 (새가 공중에서)덮치다, 급습하다
sword	[sɔːrd]	[소오드]	閔 검(劍) ⌐閔 기습, 급강하
syllable	[síləbl]	[실러블]	閔 음절(音節), 한 마디
symbol	[símbəl]	[심벌]	閔 상징, 부호
sympathetic	[sìmpəθétik]	[심퍼세틱]	閔 동정심 있는, 공감하는
sympathize	[símpəθàiz]	[심퍼사이즈]	困 동정하다, 동의하다
sympathy	[símpəθi]	[심퍼시]	閔 동정, 연민, 동의
in sympathy with		~에 동정하여, ~와 일치하여	
symphony	[símfəni]	[심포니]	閔 심포니, 교향곡, 음색의 조화
symptom	[símptəm]	[심프텀]	閔 징후, 증상, 징조
syndicate	[síndikət]	[신디키트]	閔 기업 연합, 신디케이트
synonym	[sínənim]	[시너님]	閔 동의어, 해당어, 뜻이 같은 말
syntax	[síntæks]	[신택스]	閔 (문법) 문장론, 통어법, 구문론
syrup	[sírəp]	[시럽]	閔 시럽, 당밀
system	[sístəm]	[시스템]	閔 조직, 체계, 계통, 학설, 방식
systematic(al)	[sìstəmǽtik(əl)]	[시스티매틱(컬)]	閔 조직적인, 규칙 바른, 정연한, 계
systematically	[sìstəmǽtikəli]	[시스티매티컬리]	閔 조직적으로, 정연하게 ⌐통적인
systematize	[sìstəmətàiz]	[시스티머타이즈]	閔 조직화하다, 체계를 세우다

T t   **T t**   *T t*

table [téibl] [데이블] 몡 테이블, 탁자, 식탁 ; 표(=list)
* *at table* 식사 중, 식탁에 앉아
* *lay [set, spread] the table* 식탁 준비를 하다, 밥상을 차리다
* *sit (down) at[to] table* 식탁에 앉다
* *table manners* 식탁에서의 예법

tablet [tǽblit] [태블리트] 몡 평판, 패(牌), 정제
taboo [təbúː] [터부우] 몡 금기, 금제(禁制), 터부 혱 금제의 팀 금하다
tacit [tǽsit] [태싯] 혱 말로 나타내지 않는, 무언의
tack [tæk] [택] 몡 (납작한) 못, 압정, 시침질
tackle [tǽkl] [태클] 몡 도구, 기구 탐잠 맞붙다, 붙잡다
tact [tækt] [택트] 몡 요령, 재치, 솜씨, 박자
tactics [tǽktiks] [택틱스] 몡 전술, 병법, 술책, 책략
tactile [tǽktil] [택틀] 혱 촉감의, 촉각의, 감촉할 수 있는
tadpole [tǽdpòul] [태드포울] 몡 《동》올챙이

tag	[tæg]	[태그]	몡 (리본 따위의) 늘어진 끝, 꼬리표, 부전 탄 부전(附箋)을 달다
tail	[teil]	[테일]	몡 꼬리, 끄트머리 밴 head(머리)
tailor	[téilər]	[테일러]	몡 (남자 옷의) 재단사, 양복점
taint	[teint]	[테인트]	몡 오점, 오명 탄자 더럽히다
take	[teik]	[테이크]	자탄 잡다, 갖고 가다, 타다, 먹다, 마시다

    * *be taken ill*   병에 걸리다
    * *take a walk*   산책하다
    * *take after*   ~을 닮다, 모방하다
    * *take away*   가지고[데리고]가다, 줄이다, 식탁을 치우다
    * *take down*   내려놓다, 적어 놓다
    * *take ~for…*   ~을 … 이라고 생각하다, ~을 … 으로 잘못 알다
    * *take in*   받아들이다, 이해하다
    * *take notice (note) of*   ~에 주목하다, ~을 후대하다
    * *take off*   제거하다, 벗다, 《구어》출발하다, 데리고 가다
    * *take on*   ~을 떠맡다, 가장하다, 고용하다
    * *take out*   꺼내다, 데리고 가다, (책 따위를) 대출하다
    * *take over*   ~을 인계받다, 접수하다, 인수받다
    * *take pains*   고심하다, 애쓰다
    * *take part in*   ~에 참가하다
    * *take to*   ~이 좋아지다, ~하기 시작하다
    * *take up*   집어 들다, (시간·장소 따위를) 잡다

* *take up with*		~을 참다, (학설 따위에) 동조하다	
tale	[teil]	[테일]	몝 이야기, 《복수》고자질, 소문
talent	[tǽlənt]	[탤런트]	몝 재능, 《집합적》재능있는 사람들, 인재, 예능인, 탤런트
talk	[tɔːk]	[토오크]	짜 이야기 하다 몝 이야기, 좌담
* *talk about*		~의 이야기를 하다, ~을 논하다	
* *talk down*		말로 꼼짝 못하게 하다, (무전으로) 착륙을 유도하다	
* *talk out*		끝까지 이야기하다	
* *talk over*		~에 관하여 (의논) 설득하다	
* *talk to oneself*		혼잣말을 하다	
* *talking of*		~으로 말하자면	⌈운(chatty)
talkative	[tɔ́ːkətiv]	[토오커티브]	혱 이야기하기를 좋아하는, 수다스러
tall	[tɔːl]	[토올]	혱 (키가) 큰, 높은, 과장한
tallow	[tǽlou]	[탤로우]	몝 수지(樹脂)
tame	[teim]	[테임]	혱 길든, 무기력한 타짜 길들이다
tan	[tæn]	[탠]	타짜 (가죽을) 무두질하다
tangle	[tǽŋgl]	[탱글]	몝 얽힘 통 얽히게 하다
tango	[tǽŋgou]	[탱고우]	몝 탱고 음악[춤] 짜 탱고 춤을 추다
tank	[tæŋk]	[탱크]	몝 (물, 가스 따위의) 탱크, 전차
tanker	[tǽŋkər]	[탱커]	몝 유조선
tap	[tæp]	[탭]	몝 꼭지 타짜 가볍게 두드리다
tape	[teip]	[테이프]	몝 납작한 끈 타 테이프로 묶다

taper	[téipər]	[테이퍼]	뗑 가는 초, 약한 빛 뼹 끝이 가는
tapestry	[tǽpəstri]	[태피스트리]	뗑 무늬 놓은 두꺼운 천
tar	[ta:r]	[타아]	뗑 타르 타 타르를 칠하다
tardy	[tá:rdi]	[타아디]	뼹 느린, 더딘, 늦은 뻰 quick 빠른
target	[tá:rgit]	[타아기트]	뗑 과녁, 표적, 목표
tariff	[tǽrif]	[태리프]	뗑 관세(율), 요금표
tarry	[tǽri]	[태리]	잰 늦어지다, 체재하다
task	[tæsk]	[태스크]	뗑 일, 직무, 과제 타 일을 맡기다
taste	[teist]	[테이스트]	뗑 맛, 취미, 기호 타잰 맛을 보다
have a taste for		~에 취미가 있다	가리 찢다
tatter	[tǽtər]	[태터]	뗑 《보통 복수》 넝마 조각 타잰 갈
taunt	[tɔ:nt]	[토온트]	타 꾸짖다, 조롱하다 뗑 조롱
tavern	[tǽvərn]	[태번]	뗑 술집, 선술집, 여인숙
tax	[tæks]	[택스]	뗑 세금, 무거운 부담 타 과세하다
taxi	[tǽksi]	[택시]	뗑 택시 잰 택시로 가다
tea	[ti:]	[티이]	뗑 차, 차나무
teach	[ti:ʧ]	[티이치]	뗑 가르치다 뻰 learn(배우다)
teacher	[tí:ʧər]	[티이쳐]	뗑 선생, 교사
teaching	[tí:ʧiŋ]	[티이칭]	뗑 가르침, 교육, 교수, 수업
team	[ti:m]	[티임]	뗑 팀, 조(組)
tear	{ [tɛər]	[테어]	타잰 찢다, 찢어지다 뗑 찢어진 틈
	[tiər]	[티어]	뗑 《보통 복수》 눈물

* *tear away*   잡아 떼어 놓다, 질주하다
* *tear off*   ~에서 잡아 떼다, ~에서 잡아 떼어 가지다
* *tear to [in] pieces*   갈기갈기 찢다
* *tear up*   뿌리채 뽑다, 갈기갈기 찢다(tear in pieces)
* *in tears*   눈물을 글썽이며 [흘리며]

tease	[tiːz]	[티이즈]	印 성가시게 굴다, 놀려대다
technical	[téknikəl]	[테크니컬]	혱 기술적인, 공업의, 전문의
technique	[tekníːk]	[테크니이크]	몡 기법, 기교, 기술
tedious	[tíːdiəs]	[티이디어스]	혱 지루한, 장황한, 지겨운
teem	[tiːm]	[티임]	邓 충만하다, 많이 있다, 풍부하다
teen	[tiːn]	[티인]	혱 (연령의) 10대의
teen-ager	[tíːn-éidʒər]	[티인에이저]	몡 10대의 소년[소녀]
telegram	[téligræm]	[텔리그램]	몡 전보
telegraph	[téligræf]	[텔리그라아프]	몡 전신(기) 印邓 전보를 치다
telephone	[téləfòun]	[텔리포운]	몡 전화, 전화기 邓印 전화를 걸다
telescope	[téləskòup]	[텔리스코우프]	몡 망원경
television	[téləvìʒən]	[텔리비젼]	몡 텔레비전, [약어 : TV]
tell	[tel]	[텔]	邓印 말하다, 고하다, 분간하다

* *tell ~ from*   ~와 … 를 식별하다
* *tell of*   ~의 이야기를 하다   [다, 완화하다

temper	[témpər]	[템퍼]	몡 기질, 짜증 邓印 (쇠 따위를)불리
temperament	[témpərəmənt]	[템프러먼트]	몡 기질, 체질, 격한 기질

T

temperate	[témpərət]	[템프릿]	형 삼가는, (기후 따위의) 온화한
temperature	[témpərəʧər]	[템프리처]	명 온도, 기온, 체온, 《구어》고열
tempest	[témpist]	[템피스트]	명 폭풍우, 대소동
temple	[témpl]	[템플]	명 사원, 신전, 관자놀이
tempo	[témpou]	[템포우]	명 템포, 박자
temporal	[témpərəl]	[템프럴]	형 일시적인, 현세의, 관자놀이의
temporary	[témpərèri]	[템프러리]	형 일시적인, 덧없는, 임시의
tempt	[tempt]	[템프트]	타 유혹하다, 부추기다
ten	[ten]	[텐]	명 10 형 10의
* ten to one	십중 팔구, 거의 틀림없이		[소작인
tenant	[ténənt]	[테넌트]	명 차지인(借地人), 세들어 사는 사람,
tend	[tend]	[텐드]	자타 ~의 경향이 있다, 돌보다
* tend to	~의 경향이 있다, ~의 도움이 되다		
tendency	[téndənsi]	[텐던시]	명 경향, 풍조, 버릇, 성향
tender	[téndər]	[텐더]	형 상냥한, 부드러운 자타 제공하다
			명 돌보는 사람, 제공
tenement	[ténəmənt]	[테니먼트]	명 차지(借地), 셋집, 아파트
tennis	[ténis]	[테니스]	명 정구, 테니스
tenor	[ténər]	[테너]	명 취지, 대의, 테너(가수)
tense	[tens]	[텐스]	형 팽팽한, 긴장한, 《문법》시제
tension	[ténʃən]	[텐션]	명 팽팽함, 긴장, 긴장 상태
tent	[tent]	[텐트]	명 텐트 자타 천막으로 덮다

tenth	[tenθ]	[텐스]	뗑 제 10 뗑 제 10의
term	[tə:rm]	[터엄]	뗑 기한, 기간, 학기, (학술) 용어

    * *in terms of~*   ~의 말로, ~의 견지 (관계)에서

    * *on good(bad) terms with*   ~와 사이가 좋게(나쁘게)

terminal	[tə́:rmənl]	[터어미널]	뗑 끝의, 마지막의, 종점의 뗑 종점
terminate	[tə́:rmənèit]	[터어미네이트]	자타 끝나다, 끝내다, 다하다
terrace	[térəs]	[테러스]	뗑 대지, 높은 지대, 테라스
terrestrial	[təréstriəl]	[터레스트리얼]	뗑 지구(상)의 (earthly) ; 육지의
terrible	[térəbl]	[테러블]	뗑 무서운, 무시무시한, 호된
terribly	[térəbli]	[테러블리]	뗑 무섭게, 지독하게
terrify	[térəfài]	[테러파이]	타 겁나게 하다, 놀라게 하다
territory	[térətɔ̀:ri]	[테리터리]	뗑 영토, 판도, 지방, 영역
terror	[térər]	[테러]	뗑 공포, 무서움

    * *in terror*   겁이 나서

test	[test]	[테스트]	뗑 시험, 검사, 시련

    * *take a test*   시험을 치다

testament	[téstəmənt]	[테스터먼트]	뗑 유언, 유서, 신과의 서약
testify	[téstəfài]	[테스티파이]	자타 증명하다, 증언하다
testimony	[téstəmòuni]	[테스티모우니]	뗑 증거, 증명, 《법률》진술서
text	[tekst]	[텍스트]	뗑 원문(原文), 주제, 본문
textbook	[tekstbuk]	[텍스트북]	뗑 교과서
textile	[tékstail]	[텍스틀]	뗑 직물의 뗑 《보통 복수》직물

texture	[tékstʃər]	[텍스처]	뗑 직물, 피륙, 조직, 구조
Thailand	[táilænd]	[타일런드]	뗑 타이, 태국
than	[ðæn, ðən]	[댄, 던]	쩹쩐 ~보다도, ~보다는 (오히려)
thank	[θæŋk]	[생크]	뗌 감사하다 뗑 감사, 사례

    * *give thanks to*   ~에게 사의를 표하다
    * *thank Heaven*   아아, 고마와라
    * *thanks to*   ~의 덕택으로, ~ 때문에(because of)

thankful	[θǽŋkfəl]	[생크펄]	뗑 감사하고 있는, 고마와하는
thanksgiving	[θǽŋksgiviŋ]	[생크스기빙]	뗑 (특히) (하나님에의) 감사
that	[(강)ðæt, (약)ðət]	[(강)댓, (약)덧]	뗑 그, 저 뗀 그것, 저것 뜀 그렇게

    * *that is [to say]*   즉, 다시 말하면   ⌐쩹 ~하다는 것
    * *that ~ may…*   ~하기 위하여, ~하도록
    * *and all that*   게다가, 그것도
    * *not that ~ but that…*   ~하다는 것이 아니라 … 이다
    * *with that*   그러고는, 그 뒤에, 그렇게 말하고   ⌐이다

thatch	[θætʃ]	[새치]	뗑 (지붕의) 이엉 뗌 지붕을 짚으로
thaw	[θɔː]	[소오]	짼뗌 (얼음이)녹다 뗑 해빙, 해동
the	[ðə, ðiː]	[더, 디]	뼌 《정관사》저, 그 뜀 ~하면 할수록

    * *the more ~ the more…*   ~하면 할수록 … 하다

theater, -tre	[θíːətər]	[시이어터]	뗑 극장, 현장
theatrical	[θiǽtrikəl]	[시애트리컬]	뗑 극장의, 연극의, 연극 같은
thee	[ðiː]	[디이]	뗀 (thou의 목적격) 그대에게

theft	[θeft]	[세프트]	뗑 도둑질, 절도
their	[ðέər]	[데어]	떼 (they의 소유격) 그들의
them	[ðəm]	[뎀]	떼 (they의 목적격) 그들을, 그들에게
theme	[θiːm]	[시임]	뗑 논제, 화제, 테마, 주제
themselves	[ðəmsélvz]	[뎀셀브즈]	떼 그들 자신(을, 이)
then	[ðen]	[뎬]	뛴 그 때, 그 당시, 그러면
thence	[ðens]	[뎬스]	뛴 그러므로, 거기서부터
theological	[θiːəládʒikəl]	[시얼로지클]	뼹 신학의
theology	[θiálədʒi]	[시올러지]	뗑 신학(神學)
theoretical	[θiːərétikəl]	[시어레티클]	뼹 이론(상)의, 이론적인
theory	[θíːəri]	[시어리]	뗑 학설, 이론, 공론, ~설
there	[ðέər]	[데어]	뛴 그 곳에, 거기에서, 저 곳에

    * *there is no ~ing*   ~할 수는 없다

therefore	[ðέərfɔ̀ːr]	[데어포오]	뛴 그런 까닭에
thermometer	[θərmámətər]	[서모미터]	뗑 온도계, 한란계
thermos	[θə́ːrməs]	[서어머스]	뗑 보온병
these	[ðiːz]	[디이즈]	떼 [this의 복수] 이것들은 뼹 이것들

    * *these days*   요즈음, 근래(nowadays)   ⌞의

thesis	[θíːsis]	[시이시스]	뗑 논문(論文), 논제
they	[(강)ðei, (약)ðe]	[(강)데이, (약)데]	떼 그들, 그것들, 세상 사람들
thick	[θik]	[식]	뼹 두꺼운 뛴 두껍게 뗑 [the~]울창

    * *through thick and thin*   만난을 무릅쓰고, 물불을 가리지 않고   ⌞한 숲

T

thicket	[θíkit]	[시킷]	똉 잡목 숲, 관목 숲
thief	[θiːf]	[시이프]	똉 도둑, 도적
thigh	[θai]	[사이]	똉 넓적다리
thimble	[θímbl]	[심블]	똉 골무, 끼움쇠테
thin	[θin]	[신]	휑 얇은, 가는 탄잔 얇게 하다
thing	[θiŋ]	[싱]	똉 물건, 일, 사정, 사태, 도구
think	[θiŋk]	[싱크]	탄잔 생각하다, 상상하다

     * *think about*   ~에 대하여 생각하다
     * *think ill (well) of*   ~을 나쁘게 (좋게) 생각하다
     * *think little (nothing) of*   ~을 경시하다, 대수롭지 않게 여기다
     * *think of*   ~에 대하여 생각하다, ~이 생각나다
     * *think out*   생각해 내다, 안출하다
     * *think over*   숙고하다, 곰곰히 생각하다
     * *think to oneself*   마음 속으로 생각하다

thinking	[θíŋkiŋ]	[싱킹]	휑 생각하는 똉 생각, 생각하기
third	[θəːrd]	[서어드]	휑 제3의, 1/3의 똉 제3, 1/3
thirst	[θəːrst]	[서어스트]	똉 목마름, 갈증, 갈망 잔 갈망하다
thirstily	[θə́ːrstili]	[서어스틸리]	분 목마르게, 갈망적으로
thirsty	[θə́ːrsti]	[서어스티]	휑 목마른, 건조한, 갈망하는
thirteen	[θə̀ːrtíːn]	[서어티인]	똉 13 휑 13의
thirtieth	[θə́ːrtiəθ]	[서어티이스]	똉 제30 휑 제 30의
thirty	[θə́ːrti]	[서어티]	똉 30 휑 30의

this	[ðis]	[디스]	때 이것, 이 물건 휑 이, 지금의
thistle	[θísl]	[시슬]	圀 엉겅퀴
thither	[θíðər]	[디더]	閂 저쪽에, 저기에 휑 저쪽의
thorn	[θɔːrn]	[소온]	圀 (식물의)가시, 고통, 고민
thorough	[θə́ːrou]	[서어로우]	휑 완전한, 면밀한, 철저한
thoroughfare	[θə́ːroufɛər]	[서어로우페어]	圀 통로, 가로, 통행, 한길
thoroughly	[θə́ːrouli]	[서어로울리]	閂 아주, 철저히
those	[ðouz]	[도우즈]	휑 그들의 때 그들, that의 복수
thou	[ðau]	[다우]	때 너는, 네가, 그대는
though	[ðou]	[도우]	쩝 ~에도 불구하고, ~이지만
thought	[θɔːt]	[소오트]	圀 사고력, 생각 图 think의 과거
thoughtful	[θɔ́ːtfəl]	[소오트펄]	휑 사려 깊은, 주의 깊은
thoughtless	[θɔ́ːtlis]	[소오트리스]	휑 사려가 없는, 경솔한
thousand	[θáuzənd]	[사우전드]	圀 1000, 무수 휑 1000의
* *thousands of~*		수천의	
thrash	[θræʃ]	[스래시]	타재 채찍질하다, 도리깨질하다
thread	[θred]	[스레드]	圀 실, 줄거리 타재 실을 꿰다
threat	[θret]	[스레트]	圀 협박, 으름
threaten	[θrétn]	[스레튼]	타재 협박하다, 으르대다
threatening	[θrétniŋ]	[스레트닝]	휑 위협하는, 험악한
three	[θriː]	[스리이]	圀 3 휑 3의
thresh	[θreʃ]	[스레시]	재타 (곡식을 도리깨로) 두들기다, 타

작하다

threshold	[θréʃhould]	[스레쇼울드]	몡 문지방, 입구
thrift	[θrift]	[스리프트]	몡 절약, 검약, 번성
thrill	[θril]	[스릴]	재타 오싹하다 몡 오싹함, 드릴
thrive	[θraiv]	[스라이브]	재 번성하다, 무성하다
throat	[θrout]	[스로우트]	몡 목, 목구멍
throb	[θrab]	[스랍]	재 (심장이)뛰다, 두근거리다
throne	[θroun]	[스로운]	몡 왕위, 왕권, 옥좌
throng	[θrɔːŋ]	[스로옹]	재타 모여들다, 북적대다 몡 군중
through	[θruː]	[스루우]	전 ~을 통하여 뭐 통하여 혱 직통의

    * *be through with*   ~을 끝내다, ~와 관계를 끊다
    * *see through*   ~을 간파하다

| throughout | [θruːáut] | [스루우아우트] | 뭐 처음부터 끝까지 전 ~의 전체에 |
| throw | [θrou] | [스로우] | 재타 던지다   ⌐ 걸쳐서 |

    * *throw away (aside)*   ~을 내버리다, 낭비하다
    * *throw off*   관계를 끊다, 벗어 던지다
    * *throw oneself on*   ~에 몸을 맡기다, ~에 매달리다
    * *throw out*   ~을 내던지다, ~을 내쫓다
    * *throw up*   (창문 따위를) 밀어 올리다

thrush	[θrʌʃ]	[스러시]	몡 《새》개똥지빠귀
thrust	[θrʌst]	[스러스트]	타재 밀다, 찌르다 몡 밀기
thumb	[θʌm]	[섬]	몡 엄지 손가락
thump	[θʌmp]	[섬프]	몡 탁 때림 타재 탁 때리다

thunder	[θʌ́ndər]	[선더]	몡 우뢰, 천둥 재태 천둥치다
thunderbolt	[θʌ́ndərboult]	[선더보울트]	몡 천둥번개, 벼락, 낙뢰
thunderstorm	[θʌ́ndərstɔ̀ːrm]	[선더스토옴]	몡 뇌우
Thursday	[θə́ːrzdei]	[서어즈디]	몡 목요일(약어 Thurs.)
thus	[ðʌs]	[더스]	뿐 이와 같이, 이런식으로, 따라서
thwart	[θwɔːrt]	[스워어트]	태 방해하다 뿐 횡단하여
thy	[ðai]	[다이]	때 너의, thou의 소유격
tick	[tik]	[틱]	몡 똑딱 소리 재태 똑딱 소리내다
ticket	[tíkit]	[티킷]	몡 표, 승차권, 입장권
tickle	[tíkl]	[티클]	태재 간질이다, 간지럽다 몡 간지럼
tidal	[táidl]	[타이들]	혱 조수의
tide	[taid]	[타이드]	몡 조수, 조류 재태 극복하다
tidings	[táidiŋz]	[타이딩즈]	몡 통지, 소식, 기별
tidy	[táidi]	[타이디]	혱 단정한, 정연한 태재 정돈하다
tie	[tai]	[타이]	태재 매다, 매이다 몡 매듭, 속박
tiger	[táigər]	[타이거]	몡 범, 호랑이
tight	[tait]	[타이트]	혱 탄탄한, 견고한 뿐 단단히
tighten	[táitn]	[타이튼]	태재 바싹 죄다, 단단히 하다
tightly	[táitli]	[타이틀리]	뿐 단단히, 꼭
tile	[tail]	[타일]	몡 기와, 타일 태 기와를 이다
till	[til]	[틸]	전 ~까지 접 ~할 때까지 태재 경작하다
tillage	[tílidʒ]	[틸리지]	몡 경작

tilt	[tilt]	[틸트]	몡 기울기 짜태 기울이다
timber	[tímbər]	[팀버]	몡 목재, 삼림 태 재목으로 짓다
time	[taim]	[타임]	몡 때, 시간, 《보통·복수》시대, 회
			└ 짜태 시간을 재다
* *all the time*	그간 줄곧, 내내		
* *at a time*	동시에, 한번에		
* *at all times*	항상, 언제든지		
* *[at] any time*	언제든지(whenever)		
* *at one time*	한 때는, 동시에, 일찌기		
* *at the same time*	동시에, 하지만, 역시		
* *at times*	때때로		
* *for a time*	일시, 임시로, 잠시		
* *for the first time*	처음으로		
* *for the time being*	당분간		
* *in time*	때를 맞춰, 멀지 않아서, 조만간		
* *on time*	시간대로, 《미》후불로, 분할불로		
* *take time*	시간이 걸리다		
* *time and again*	되풀이하여(time after time)		
timely	[táimli]	[타임리]	혱 시기 적절한, 때맞춘
timid	[tímid]	[티미드]	혱 겁 많은, 마음이 약한
timidly	[tímidli]	[티미들리]	혱 겁이 나서, 조심스럽게
tin	[tin]	[틴]	몡 주석, 양철 혱 주석으로 만든
tincture	[tíŋkʃər]	[팅크처]	몡 색조, 색, 기미 태 착색하다

tinge	[tindʒ]	[틴지]	몡 엷은 색조 팀 가미하다
tingle	[tíŋgl]	[팅글]	잰 욱신거리다 몡 욱신거림
tinker	[tíŋkər]	[팅커]	몡 땜장이 잰타 땜장이 노릇을 하다
tinkle	[tíŋkl]	[팅클]	잰타 짤랑짤랑 울리다 몡 짤랑짤랑
tint	[tint]	[틴트]	몡 색조, 희미한 색 팀 착색하다
tiny	**[táini]**	**[타이니]**	**혱 아주 작은, 몹시 작은**
tip	[tip]	[팁]	몡 끝, 선단, 끄트머리, 팁
tiptoe	[típtòu]	[팁토우]	몡 발끝 잰 발끝으로 걷다
tire	**[taiər]**	**[타이어]**	**타잰 피로하게 하다 몡 타이어**
tired	**[taiərd]**	**[타이어드]**	**혱 피로한, 싫증난, 지친**
* *tired of*		~에 싫증나다, 싫어지다	
* *tired out*		몹시 지치다	
* *tired with*		~에 지치다, 피곤해지다	
tiresome	**[táiərsəm]**	**[타이어섬]**	**혱 귀찮은, 지루한**
tissue	[tíʃuː]	[티슈우]	몡 (생물의) 조직, 얇은 직물
title	**[táitl]**	**[타이틀]**	**몡 표제, 제목, 책 이름, 타이틀**
to	**[tuː]**	**[투우]**	**젠 ~으로, ~에, ~까지, ~하게도**
* *to and fro*		이리저리, 앞뒤로(back and forth)	
toad	[toud]	[토우드]	몡 《동물》두꺼비, 징그러운 놈
toady	[tóudi]	[토우디]	팀 아첨하다, 알랑거리다
toast	[toust]	[토우스트]	몡 토스트, 축배 타잰 누렇게 굽다, 축
tobacco	[təbǽkou]	[터배코우]	몡 담배 ⌐ 배를 들다

to[-]day	[tədéi]	[터데이]	명부 오늘, 금일, 오늘날
toddle	[tádl]	[타들]	자 아장아장 걷다 명 아장아장 걷기
toe	[tou]	[토우]	명 발가락
together	[təgéðər]	[터게더]	부 함께, 합쳐서, 동시에
* together with		~와 함께, ~와 더불어	
toil	[tɔil]	[토일]	자 수고하다 명 수고, 노역
toilet	[tɔ́ilit]	[토일릿]	명 화장, 화장실, 세면소, 《미》변소
token	[tóukən]	[토우큰]	명 상징, 표, 증거, 허가증
* in token of		~의 표시로	
tolerable	[tálərəbl]	[탈러러블]	형 견딜 수 있는, 참을 수 있는
tolerance	[tálərəns]	[탈러런스]	명 관용, 관대, 포용력
tolerant	[tálərənt]	[탈러런트]	형 관대한, 아량 있는
tolerate	[tálərèit]	[탈러레이트]	타 관대히 다루다, 참다
toll	[toul]	[토울]	명 통행세 자타 종이 울리다
tomato	[təméitou]	[터메이토우]	명 토마토
tomb	[tuːm]	[투움]	명 묘(grave)
to[-]morrow	[təmɔ́ːrou]	[터모오로우]	명부 내일, (가까운) 장래
ton	[tʌn]	[턴]	명 톤 [중량 또는 용적의 단위]
tone	[toun]	[토운]	명 음(音), 음색, 어조 타자 음조를 맞
tongue	[tʌŋ]	[텅]	명 혀, 말, 국어, 말씨 ㄴ추다
tonight	[tənáit]	[터나이트]	명부 오늘 밤, 오늘 저녁
tonnage	[tʌ́nidʒ]	[터니지]	명 (배의) 용적, 톤수, 용적량

too	[tuː]	[투우]	튀 그 위에, 또한, 너무, 지나치게
* none too	조금도 ~않는, ~는 커녕		
* too ~ for ~	~로서는 너무 ~하다		
* too ~ to ~	너무 ~해서 ~할 수 없다		
tool	[tuːl]	[투울]	명 도구, 공구, (남의) 앞잡이
tooth	[tuːθ]	[투우스]	명 이, 이 모양의 물건, 톱니
toothed	[tuːθt tuːðd]	[투우스트]	형 이가 있는, 톱니 모양의
toothache	[tuːθeik]	[투우세익]	명 치통
toothbrush	[tuːθbrʌʃ]	[투우스브러시]	명 칫솔
toothpick	[tuːθpik]	[투우스픽]	명 이쑤시개
top	[tap]	[탑]	명 꼭대기, 끝, 극점, 팽이
* on top of that	게다가 또		
topaz	[tóupæz]	[토우패즈]	명 황옥
topic	[tápik]	[토픽]	명 화제, 논제, 제목
topple	[tápl]	[타플]	자타 비틀비틀 넘어지다
topsoil	[tápsɔ̀il]	[탑소일]	명 표토(表土) 타 표토를 덮다
torch	[tɔːrʃ]	[토오치]	명 횃불, 《영》회중 전등
torment	[tɔːrmənt]	[토오먼트]	명 고통, 고문, 고문대
	[tɔːrmént]	[토오멘트]	타 귀찮게 굴다, 괴롭히다, 고문하다
torpedo	[tɔːrpíːdou]	[토오피이도우]	명 수뢰, 어뢰
torrent	[tɔ́ːrənt]	[토오런트]	명 급류(急流), 《복수》억수
torrid	[tɔ́ːrid]	[토오리드]	형 타는 듯이 더운, 열렬한

tortoise	[tɔ́ːrtəs]	[토오터스]	명 (민물의) 거북, 동작이 느린 사람
torture	[tɔ́ːrtʃər]	[토오쳐]	명 고문, 고통 타 고문을 하다
toss	[tɔːs]	[토스]	타자 던져 올리다 명 던져 올림
total	[tóutl]	[토우틀]	명 총계 형 전체의 타자 합계하다
touch	[tʌtʃ]	[터치]	자타 닿다, 감동시키다 명 접촉
* in touch with		~와 접촉하여	
touching	[tʌ́tʃiŋ]	[터칭]	형 감동적인, 심금을 울리는
tough	[tʌf]	[터프]	형 단단한, 튼튼한, 다루기 힘든
tour	[tuər]	[투어]	명 일주 여행 자타 여행하다
tourist	[túərist]	[투(우)리스트]	명 여행자, 관광객
tournament	[túərnəmənt]	[투어너먼트]	명 경기, 선수권 대회, 토오너먼트
toward[s]	[tɔːrd(z)]	[터워어드(즈)]	전 ~쪽으로, ~에 대하여, ~경
towel	[táuəl]	[타우얼]	명 세수 수건, 타월
tower	[táuər]	[타우어]	명 탑, 망루 자 우뚝 솟다
town	[taun]	[타운]	명 읍, 도회지 반 country(시골)
toxic	[táksik]	[탁식]	형 독(毒)의, 유독한, 중독의
toy	[tɔi]	[토이]	명 장난감 자 장난하다
trace	[treis]	[트레이스]	명 자국, 행적 타 자국을 더듬다
* trace back to		~의 기원[역사]을 ~까지 거슬러 올라가다	
track	[træk]	[트랙]	명 지나간 자국, 선로, 《경기》경주로 자 자국을 내다, 추적하다
tract	[trækt]	[트랙트]	명 넓은 토지, 지방, (종교·정치상의)

tractor	[træktər]	[트랙터]	몡 견인차, 트랙터 ⌐소논문
trade	[treid]	[트레이드]	몡 상업, 장사 재태 장사하다
* *trade union*	노동 조합		
trademark	[treidmɑːrk]	[트레이드마아크]	몡 상표(brand)
trader	[tréidər]	[트레이더]	몡 상인, 상선, 무역업자
tradesman	[treidzmən]	[트레이드즈먼]	몡 소매 상인(shopkeeper)
trading	[tréidiŋ]	[트레이딩]	몡 무역, 통상
tradition	[trədíʃən]	[트러디션]	몡 전설, 구전, 전통, 관례
traditional	[trədíʃənl]	[트러디셔널]	혱 전설의, 전통적인
traditionally	[trədíʃənəli]	[트러디셔널리]	튀 전통적으로, 관습적으로
traditionary	[trədíʃənèri]	[트러디셔너리]	혱 전설의, 전통의, 전승(傳承)의
traffic	[træfik]	[트래픽]	몡 교통, 거래 태재 거래하다
tragedy	[trǽdʒədi]	[트래지디]	몡 비극, 참사
tragic	[trǽdʒik]	[트래직]	혱 비극의, 비참한 맨comic(희극적인)
trail	[treil]	[트레일]	태재 질질 끌다, 추적하다 몡 지나간
train	[trein]	[트레인]	몡 열차 태재 훈련하다 ⌐자국
training	[tréiniŋ]	[트레이닝]	몡 훈련, 연습
trait	[treit]	[트레이트]	몡 (성격 따위의) 특색, 특성
traitor	[tréitər]	[트레이터]	몡 배반자, 반역자
tram	[træm]	[트램]	몡 《영》시가전차(《미》street-car)
tramp	[træmp]	[트램프]	재태 터벅터벅 걷다 몡 도보 여행
trample	[trǽmpl]	[트램플]	태재 짓밟다, 유린하다

trance	[træns]	[트랜스]	명 황홀, 무아의 경지, 혼수
tranquil	[trǽŋkwil]	[트랭퀼]	형 조용한, 침착한, 잠잠한, 평온한
transact	[trænsǽkt]	[트랜잭트]	타자 처리하다, 거래하다
transaction	[trænsǽkʃən]	[트랜잭션]	명 처리, 《종종 복수》 거래
transatlantic	[trænsæklʃən]	[트랜서틀랜틱]	형 대서양 횡단의 명 대서양 정기선
transcend	[trænsénd]	[트랜센드]	타자 초월하다, 능가하다
transfer {	[trænsfə́:r]	[트랜스퍼어]	자타 옮기다, 전학하다, 갈아타다
	[trǽnsfə:r]	[트랜스퍼]	명 이전, 운반, 양도, 갈아타는 표
transform	[trænsfɔ:rm]	[트랜스포옴]	타 변형시키다, 바꾸다
transient	[trǽnʃənt]	[트랜지언트]	형 일시적인, 덧없는, 허무한
transit	[trǽnsit]	[트랜싯]	명 통과, 통행, 운송 타 횡단하다
transition	[trænzíʃən]	[트랜시전]	명 변이, 변천, 과도기
transitive	[trǽnsətiv]	[트랜시티브]	명 《문법》 타동사 형 타동사의
translate	[trænsléit]	[트랜슬레이트]	타자 번역하다, 해석하다, 고치다
transmit	[trænsmít]	[트랜즈미트]	타 보내다, 회송하다, 전달하다
transparent	[trænspέərənt]	[트랜스페어런트]	형 투명한, 명료한, 솔직한
transport	[trænspɔ́:rt]	[트랜스포오트]	타 수송하다, 유형(流刑)에 처하다
transportation	[trænspərtéiʃən]	[트랜스포오테이션]	명 수송, 운송기관, 유형, 귀양
trap	[træp]	[트랩]	명 덫, 함정 타자 덫에 걸리게 하다
trash	[træʃ]	[트래시]	명 쓰레기, 잡동사니
travel	[trǽvəl]	[트래블]	자타 여행하다, 전해지다 명 여행
travel[l]er	[trǽvələr]	[트래블러]	명 여행자

travel[l]ing	[trǽvəliŋ]	[트래블링]	형 여행하는, 순회하는 명 여행
traverse	[trǽvəːrs]	[트래버스]	자타 횡단하다, 방해하다 명 횡단
tray	[trei]	[트레이]	명 쟁반, 접시
treacherous	[trétʃərəs]	[트레처러스]	형 배반하는, 반역하는(disloyal)
treachery	[trétʃəri]	[트레처리]	명 배신, 배반, 반역
tread	[tred]	[트레드]	자타 밟다, 걷다, 짓밟다 명 발걸음
treason	[tríːzn]	[트리이즌]	명 반역(죄), 불신
treasure	[tréʒər]	[트레저]	명 보배, 보물 타 진귀하게 여기다
treasurer	[tréʒərər]	[트레저러]	명 회계원, 출납계원
treasury	[tréʒəri]	[트레저리]	명 보고, 금고, 국고
treat	[triːt]	[트리이트]	타자 취급하다, 대우하다 명 향응
treatise	[tríːtis]	[트리이티즈]	명 논설, 논문
treatment	[tríːtmənt]	[트리이트먼트]	명 취급, 대우, 치료
treaty	[tríːti]	[트리이티]	명 조약, 맹약, 담판, 협정
treble	[trébl]	[트레블]	명 3배, 세 겹 형 3배의
tree	[triː]	[트리이]	명 나무, 수목
tremble	[trémbl]	[트렘블]	자 떨다 명 떨림
tremendous	[triméndəs]	[트리멘더스]	형 무서운, 굉장한, 거대한
tremulous	[trémjuləs]	[트레뮬러스]	형 떨리는, 겁많은
trench	[trentʃ]	[트렌치]	명 도랑, 참호 자타 도랑을 파다
trend	[trend]	[트렌드]	명 경향, 추세 자 기울다, 향하다
trespass	[tréspəs]	[트레스퍼스]	명 침입 자 침입하다

trial	[tráiəl]	[트라이얼]	몡 시도, 시험, 시련, 재판
* *put ~ on trial*		~을 시험하다	
triangle	[tráiæŋgl]	[트라이앵글]	몡 삼각형
tribe	[traib]	[트라이브]	몡 종족, 부족, 동아리
tribute	[tríbjuːt]	[트리뷰우트]	몡 공물, 찬사 [속이다
trick	[trik]	[트릭]	몡 계략, 책략, 트릭 혱 곡예의 타자
trifle	[tráifl]	[트라이플]	몡 사소한 일, 소량 자타 장난치다
* *trifle with*		~을 놀리다, ~을 가지고 놀다	
trifling	[tráifliŋ]	[트라이플링]	혱 시시한, 하찮은, 진실치 못한
trillion	[tríljən]	[트릴리언]	몡혱 《미》1조(의), 《영》100만의
			3제곱(의) [몡 정돈
trim	[trim]	[트림]	혱 산뜻한 타자 정돈하다, 장식하다
trinity	[trínəti]	[트리너티]	몡 삼위일체, 3인조, 3개 한 벌
trio	[tríːou]	[트리오우]	몡 삼인조, 세 개의 묶음 ; 삼중주
trip	[trip]	[트립]	몡 여행, 소풍 타자 가볍게 걷다
* *make a trip*		여행을 하다	
triple	[trípl]	[트리플]	혱 3배의, 세 겹의 몡 3배, 3루타
triumph	[tráiəmf]	[트라이엄프]	몡 개선, 승리 자 이기다
triumphant	[traiʌ́mfənt]	[트라이엄펀트]	혱 승리를 거둔, 의기 양양한
triumphantly	[traiʌ́mfəntli]	[트라이엄펀틀리]	튄 의기 양양하게, 신이 나게
trivial	[tríviəl]	[트리비얼]	혱 하찮은, 보잘 것 없는, 시시한
troll	[troul]	[트로울]	자타 윤창하다 ; 명랑하게 노래하다

trolley	[tráli]	[트롤리]	명 손수레
troop	[truːp]	[트루웁]	명 떼, 대(隊), 무리 자타 모이다
trophy	[tróufi]	[트로우피]	명 전리품, 전승(성공)기념물, 상패
tropic	[trápik]	[트로픽]	명 회귀선(回歸線), 열대
tropical	[trápikəl]	[트로피컬]	형 열대의, 열대적인, 열정적인
trot	[trat]	[트로트]	명 빠른 걸음 자타 빨리 걷다
trouble	[trʌbl]	[트러블]	명 고생, 근심 타자 괴롭히다, 걱정하다

* *be in trouble with*   ~와의 사이에 말썽이 있다
* *get into trouble with*   ~와 말썽을 일으키다
* *give oneself trouble*   수고하다, 전력하다
* *have trouble with*   (병 따위로) 고통을 받다, 시달리다
* *in trouble*   곤란을 겪고, 난처한 상태에
* *make trouble[s]*   소동을 일으키다, 말썽을 일으키다
* *with no trouble*   힘 안 들이고, 어렵지 않게

troublesome	[trʌblsəm]	[트러블섬]	형 까다로운, 곤란한, 귀찮은
trousers	[tráuzərz]	[트라우저즈]	명 《복수 취급》 즈봉, 바지
trout	[traut]	[트라우트]	명 《단·복수 동형》 송어
truant	[trúːənt]	[트라우언트]	명 게으름뱅이 형 게으름 피우는
truce	[truːs]	[트루우스]	명 휴전, 일시적인 정지
truck	[trʌk]	[트럭]	명 화물 자동차, 트럭
trudge	[trʌdʒ]	[트러지]	자타 터벅터벅 걷다 명 터벅터벅 걷기
true	[truː]	[트루우]	형 진실한, 진짜의, 성실한

* *[be] true of*		~에 대하여 진실이다, ~에 해당되다	
* *come true*		(꿈 따위가) 실현되다	
* *It is true that ~, but…*		과연 ~은 사실이지만 그러나…	
truly	[trúːli]	[트루울리]	閉 참으로, 올바르게 「 단
trump	[trʌmp]	[트럼프]	圐 (카드 놀이의) 으뜸패, 최후의 수
trumpet	[trʌ́mpit]	[트럼핏]	圐 나팔, 트럼펫 재태 나팔 불다
trunk	[trʌŋk]	[트렁크]	圐 줄기, 대형 여행 가방, 트렁크
trust	[trʌst]	[트러스트]	圐 신용, 기업 합동 태재 신뢰하다
trustee	[trʌstíː]	[트러스티이]	圐 피신탁인, 보관인
trustworthy	[wə́ːrði]	[트러스트워어디]	閺 신용할 수 있는, 의지가 되는
trusty	[trʌ́sti]	[트러스티]	閺 믿을 수 있는, 확실한
truth	[truːθ]	[트루우스]	圐 진리, 진실, 사실, 성실
* *in truth*		실제로는, 실은, 실로(truly)	
* *to tell the truth*		사실대로 말하면, 실은	
truthful	[trúːθfəl]	[트루우스펄]	閺 성실한, 정직한
truthfully	[trúːθfəli]	[트루우스펄리]	閉 성실히, 정말로
try	[trai]	[트라이]	태재 해보다, 시도하다 圐 시도
* *give a try to*		~을 (시도)해 보다(have a try at~)	
* *try on*		시험해 보다, 입어 보다	
* *try out*		엄밀하게 시험하다	
tub	[tʌb]	[터브]	圐 통, 목욕통 태재 목욕하다
tube	[tjuːb]	[튜우브]	圐 관, 튜우브, 지하철, 통

tuberculosis	[tjubə̀ːrkjulóusis]	[튜우버어큘로우시스]	명 (의학) 결핵(약어 : T.B.)
tuck	[tʌk]	[턱]	태자 접어올리다, 주름을 잡다
Tuesday	[tjúːzdei]	[튜우즈디]	명 화요일(약어 Tues.) 「生)하다
tuft	[tʌft]	[터프트]	명 술 ; 숲 자태 술을 달다 ; 군생(群
tug	[tʌg]	[터그]	태 잡아당기다, 끌다 명 힘껏 당김
tulip	[tjúːlip]	[튜울립]	명 튜울립
tumble	[tʌmbl]	[텀블]	자태 넘어지다, 뒹굴다 명 추락
tumult	[tjúːməlt]	[튜우멀트]	명 소동, 떠들썩함, 혼란, 흥분
tumultuous	[tjuːmʌltʃuəs]	[튜우멀츄어스]	형 소란스러운, (마음이) 동요된
tuna	[tjúːnə]	[튜우너]	명 《물고기》 다랑어
tune	[tjuːn]	[튜운]	명 《음악》 곡조, 선율, 올바른 가락
* *tune in*	(라디오 따위의) 다이얼을 돌리다, 조정하다		
tunnel	[tʌnl]	[터늘]	명 터널 자태 터널을 파다 「건」
turban	[tə́ːrbən]	[터어번]	명 터어반 [회교도가 머리에 감는 두
turbulent	[tə́ːrbjulənt]	[터어뷸런트]	형 소란스러운, 불온한
turf	[təːrf]	[터어프]	명 잔디, 뗏장
turkey	[tə́ːrki]	[터어키]	명 칠면조, [T-]터어키 공화국
turn	[təːrn]	[터언]	자태 돌다, 딴 데로 돌리다 명 회전,
* *turn about*	뒤돌아보다, 정색하고 대하다		「변화, 순번
* *turn against*	~에 반대하다		
* *turn aside*	~빗나가다, 길을 잃다		
* *turn away*	외면하다, 해고하다, 쫓아내다		

T

* *turn down*   ~을 접다, 거절하다, 구부리다
* *turn in*   (구)잠자리에 들다 ; 들르다, 제출하다
* *turn (~) into*   (~을) … 로 변하게 하다, ~로 들어가게 하다
* *turn off*   해고하다, (길이) 갈라지다, (전등을) 끄다
* *turn on(upon)*   (라디오 따위를) 틀다, (전등을)켜다
* *turn out*   결국 ~이 되다, (전기 따위를) 끄다, ~임이 판명되다
* *turn over*   뒤집어 엎다, (책장을) 넘기다
* *turn over a new leaf*   마음을 고쳐 먹다, 새 생활을 시작하다
* *turn the tables*   형세를 바꾸다
* *turn to*   ~에 의지하다, ~에 착수하다
* *turn up*   나타나다, 위쪽을 향하다
* *at every turn*   바뀔 때마다, 언제나
* *by turns*   교대로
* *in turn*   차례로, 교대로
* *take turns*   교대하다, 번갈아 하다

turtle	[tə́:rtl]	[터어틀]	명 바다거북, 산비둘기
tutor	[tjú:tər]	[튜우터]	명 가정교사 타자 가르치다, 후견하다
twain	[twein]	[트웨인]	명형 둘(의), 두 개(의)
twelfth	[twelfθ]	[트웰프스]	명제12, (달의)12일 형 제12의, 12분 의 1의
twelve	[twelv]	[트웰브]	명 12 형 12의
twentieth	[twéntiəθ]	[트웬티이스]	명제20, (달의)20일 형 제20의, 20분 의 1의
twenty	[twénti]	[트웬티]	명 20 형 20

* *Twenty Questions* 《게임의 명칭》 스무 고개

twice	[twais]	[트와이스]	團 두 번, 2회, 2배로
twig	[twig]	[트위그]	圀 잔가지, 가는 가지
twilight	[twáilàit]	[트와일라이트]	圀 땅거미, 황혼, 희미한 빛
twin	[twin]	[트윈]	圀 쌍둥이의 圀 쌍둥이
twine	[twain]	[트와인]	圀 꼰 실 固困 꼬다, 감기게 하다
twinkle	[twíŋkl]	[트윙클]	困固 반짝이다, 圀 반짝임
twist	[twist]	[트위스트]	固困 비틀다, 꼬다, 감다 圀 꼬임
twitch	[twiʃ]	[트위치]	固困 왈칵 잡아당기다 圀 홱 잡아당김
twitter	[twítər]	[트위터]	圀 지저귐 困固 지저귀다
two	[tuː]	[투우]	圀 2, 두 개 圀 2의, 두 개의

* *by twos and threes* 삼삼 오오로

twopence	[tʌpəns]	[터펀스]	圀 (영국의 은화) 2펜스
twopenny	[tʌpəni]	[터퍼니]	圀 2펜스의 圀 2펜스 동화(銅貨)
type	[taip]	[타이프]	圀 형(型), 전형 固 타이프로 치다
typewriter	[taipráitər]	[타이프라이터]	圀 타자기, 타이프라이터
typhoid	[táifɔid]	[타이포이드]	圀 장티푸스
typhoon	[taifúːn]	[타이푸운]	圀 태풍
typhus	[táifəs]	[타이퍼스]	圀 발진티푸스
typical	[típikəl]	[티피클]	圀 전형적인, ~을 대표하는
typify	[típəfài]	[티피파이]	固 대표하다, 표본이 되다
typing	[táipiŋ]	[타이핑]	圀 타자, 타자기 사용법

typist	[táipist]	[타이피스트]	몡 타자수, 타이피스트
tyrannize	[tírənàiz]	[티러나이즈]	재타 학정을 하다, 압제하다
tyranny	[tírəni]	[티러니]	몡 전제 정치, 폭정, 포학, 포악한 행
tyrant	[táiərənt]	[타이어런트]	몡 폭군(despot), 압제자 ㄴ위
tyro	[táiərou]	[타이어로우]	몡 초심자, 초학자

ugliness	[ʌ́glinis]	[어글리니스]	몡 추악, 보기 흉함
ugly	[ʌ́gli]	[어글리]	혱 못난, 추한, 추악한
U.H.F., u.h.f.	《약어》	ultrahigh frequency(초(超)고주파)	
ulcer	[ʌ́lsər]	[얼서]	몡 종기, 궤양(潰瘍)
ulterior	[ʌltíəriər]	[얼티어리어]	혱 (의향 따위의) 이면의, 장래의
ultimate	[ʌ́ltəmət]	[얼티미트]	혱 최후의, 궁극의, 근본적인
ultimately	[ʌ́ltəmətli]	[얼티미틀리]	閈 결국, 최후로, 마침내
ultra	[ʌ́ltrə]	[얼트러]	혱 극단의, 과격한, 과도한
ultraviolet	[ʌ́ltrəváiəlit]	[얼트러바이어릿]	혱 자외선의
umbrella	[ʌmbrélə]	[엄브렐러]	몡 우산
umpire	[ʌ́mpaiər]	[엄파이어]	몡 (경기의) 심판원
UN, U.N.	《약어》	the United Nations(국제 연합)	
unable	[ʌnéibl]	[언에이블]	혱 ~할 수 없는 刊 able(할 수 있는)
be unable to do	~할 수 없다		｢는
unacceptable	[ʌ̀nəkséptəbl]	[언억셉터블]	혱 받아들이기 어려운, 마음에 들지 않

unaccountable	[ʌnəkáuntəbl]	[언어카운터블]	형 설명할 수 없는, 책임이 없는
unaccustomed	[ʌnəkʌ́stəmd]	[언어커스텀드]	형 익숙하지 않은, 통례가 아닌
unaffected	[ʌnəféktid]	[언어펙티드]	형 꾸밈 없는, 영향을 받지 않는
unambitious	[ʌnæmbíʃəs]	[언앰비셔스]	형 야심이 없는
unanimous	[juːnǽnəməs]	[유내니머스]	형 만장 일치의, 같은 의견의
unanswered	[ʌnǽnsərd]	[언앤서드]	형 대답 없는, 보답 없는
unarm	[ʌnáːrm]	[언아암]	타자 무장을 해제하다, 무기를 버리다
unattainable	[ʌnətéinəbl]	[언어테이너블]	형 얻기 어려운
unavoidable	[ʌnəvɔ́idəbl]	[언어보이더블]	형 피할 수 없는
unaware	[ʌnəwéər]	[언어웨어]	형 알지 못하는 반 aware(알고 있는)

     * *[be] unaware of*   ~을 모르다, ~을 눈치채지 못하다

unbalance	[ʌnbǽləns]	[언밸런스]	타 균형을 잃다 명 불균형
unbearable	[ʌnbéərəbl]	[언베어러블]	형 견딜 수 없는
unbelievable	[ʌnbilíːvəbl]	[언빌리어버블]	형 믿을 수 없는
unborn	[ʌnbɔ́ːrn]	[언보온]	형 장래의, 후세의, 아직 태어나지 않은
uncanny	[ʌnkǽni]	[언캐니]	형 무시무시한, 신비스러운
unceasing	[ʌnsíːsiŋ]	[언시이싱]	형 끊임 없는
uncertain	[ʌnsə́ːrtn]	[언서어튼]	형 확실하지 않은, 의심스러운
unchanged	[ʌntʃéindʒd]	[언체인지드]	형 변하지 않는, 불변의
uncle	[ʌ́ŋkl]	[엉클]	명 백부, 아저씨, 숙부
uncomfortable	[ʌnkʌ́mfərtəbl]	[언컴퍼터블]	형 불쾌한, 불편한, 편하지 않은
uncommon	[ʌnkámən]	[언코먼]	형 비범한, 드문, 흔하지 않은

unconscious	[ʌnkánʃəs]	[언콘셔스]	톙 무의식의, 부지중의, 모르는
uncouth	[ʌnkuːθ]	[언쿠우스]	톙 서투른, 조야한, 거친
uncover	[ʌnkʌ́vər]	[언커버]	타자 덮개를 벗기다, 탈모하다
uncultured	[ʌnkʌ́lʧərd]	[언컬쳐드]	톙 교양이 없는
undaunted	[ʌndɔ́ːntid]	[언도온티드]	톙 겁내지 않는, 대담한, 불굴의
under	**[ʌ́ndər]**	**[언더]**	젠 ~의 아래에 튀 아래에
underbrush	[ʌ́ndərbrʌʃ]	[언더브러시]	똉 잡목, 덤불(brush)
underclothes	[ʌ́ndərklouz]	[언더클로우드즈]	똉 속옷, 내의
underdeveloped	[ʌ́ndərdivéləpt]	[언더디벨럽트]	톙 저개발의, 발달이 덜 된
* * underdeveloped countries*		후진국	
underestimate	[ʌ́ndəréstəmèit]	[언더레스티메이트]	타 과소 평가하다
undergo	[ʌ́ndərgou]	[언더고우]	타 경험하다, 받다, 당하다 「생의
undergraduate	[ʌ́ndərgrǽdʒuət]	[언더그래쥬잇]	똉 대학생, 재학생 톙 (재학중인)대학
underground	[ʌ́ndərgraund]	[언더그라운드]	톙 지하의, 비밀의 똉 지하도
underhand	[ʌ́ndərhænd]	[언더핸드]	톙 치던지는, 비밀의
underlie	[ʌ́ndərlai]	[언더라이]	타 ~의 아래에 있다, 기초가 되다
underline	[ʌ́ndərlain]	[언더라인]	타 ~의 밑에 선을 긋다 똉 밑줄
underneath	[ʌ́ndərniːθ]	[언더니이스]	젠 ~의 밑에 튀 아래에 똉 하부
underrate	[ʌ́ndərreit]	[언더레이트]	타 낮게 평가하다, 얕보다
undershirt	[ʌ́ndərʃəːrt]	[언더셔어트]	똉 내의, 언더샤쓰
understand	**[ʌ́ndərstænd]**	**[언더스탠드]**	자타 이해하다, 알다
* * make oneself understood*		자기 말을 남에게 이해시키다	

understanding	[Ándərstǽndiŋ]	[언더스탠딩]	똉 이해, 이해력 혱 이해력 있는
undertake	[Ándərteik]	[언더테이크]	탄재 떠맡다, 보증하다, 착수하다
undertaking	[Ándərtéikiŋ]	[언더테이킹]	똉 청부, 사업
underwater	[Ándərwɔ́ːtər]	[언더워터]	혱 물 속의, 물 속에서 쓰는
underwear	[Ándərwɛər]	[언더웨어]	똉 속옷
underworld	[Ándərwəːrld]	[언더워얼드]	똉 하층 사회, 하계(下界), 저승
undeserved	[Ándizɔ́ːrvd]	[언디저어브드]	혱 받을 자격 없는, 과분한
undesirable	[Ándizaiɔ́rəbl]	[언디자이어러블]	혱 바람직하지 않은, 탐탁하지 않은
undismayed	[Ándisméid]	[언디스메이드]	혱 놀라지 않는, 태연한
undisturbed	[Ándistɔ́ːrbd]	[언디스터어브드]	혱 방해받지 않은, 흔들리지 않은
undivided	[Ándiváidid]	[언디바이디드]	혱 나뉘지 않은, 완전한
undo	[Andu]	[언두우]	탄 원상대로 하다, 취소하다, 풀다
undoing	[Andúːiŋ]	[언두우잉]	똉 원상대로 해놓기, 취소, 끄르기
undoubtedly	[Andáutidli]	[언다우티들리]	뫈 틀림없이, 확실히, 명백히
undress	[Andres]	[언드레스]	재탄 옷을 벗다, 옷을 벗기다
undue	[Andjuː]	[언듀우]	혱 부적당한, 과도의
uneasy	[Aníːzi]	[언이이지]	혱 불안한, 불쾌한
uneducated	[Anédʒukèitid]	[언에쥬케이티드]	혱 교육을 받지 못한
unemployed	[Animplɔ́id]	[언임플로이드]	혱 실직한, 쓰이지 않는
unequal	[Aníːkwəl]	[언이이퀄]	혱 같지 않은, 대등하지 않은
uneven	[Aníːvən]	[언이이븐]	혱 고르지 않은, 홀수의
unexpected	[Anikspéktid]	[언엑스펙티드]	혱 예기치 않은, 의외의, 돌연한

단어	발음기호	발음(한글)	뜻
unfair	[ʌnfɛ́ər]	[언페어]	휑 부당한, 부정한, 불공평한
unfaithful	[ʌnféiθfəl]	[언페이스펄]	휑 불성실한(disloyal), 부정한 ; 부정확한(inaccurate)
unfamiliar	[ʌ́nfəmíljər]	[언퍼밀리어]	휑 친하지 못한, 낯설은 ; 경험이 없는
unfavo(u)rable	[ʌnféivərəbl]	[언페이버러블]	휑 형편이 나쁜, 불리한
unfinished	[ʌnfíniʃt]	[언피니싯]	휑 미완성의, 완전치 못한
unfit	[ʌnfit]	[언피트]	휑 부적당한, 적임이 아닌
unfold	[ʌnfould]	[언포울드]	印 (접어갠 물건을) 펴다, 펼치다
unforgettable	[ʌ́nfərgétəbl]	[언퍼게터블]	휑 잊을 수 없는, 기억에 남는
unfortunate	[ʌnfɔ́ːrʃʃənət]	[언포오쳐니트]	휑 불행한 몡 불운한 사람
unfriendly	[ʌnfréndli]	[언프렌들리]	휑 불친절한, 박정한
unfurl	[ʌnfəːrl]	[언퍼얼]	재印 펴다, 올리다
ungrateful	[ʌngréitfəl]	[언그레이트펄]	휑 은혜를 모르는, 애쓴 보람없는
unhappy	[ʌnhǽpi]	[언해피]	휑 불행한, 비참한, 슬픈
unheard	[ʌnhəːrd]	[언허어드]	휑 들리지 않는 ; 변명이 용납되지 않
unification	[jùːnəfikéiʃən]	[유우니피케이션]	몡 통일, 단일화 ㄴ는, 미지의
uniform	[júːnəfɔ̀ːrm]	[유우니포옴]	휑 일정한, 한 모양의 몡 제복
unify	[júːnəfài]	[유우니파이]	印 하나로 하다, 통일하다
unimportant	[ʌ́nimpɔ́ːrtənt]	[언임포오트트]	휑 중요하지 않은, 하찮은
uninteresting	[ʌníntərəstiŋ]	[언인트리스팅]	휑 흥미 없는, 따분한
union	[júːnjən]	[유우니언]	몡 결합, 일치, 연합, 동맹
unique	[juːníːk]	[유우니이크]	휑 유일(무이)한, 독특한, 진기한

U

unit	[júːnit]	[유우닛]	몡 단위, 한 개, 단원, 부대
unite	[juːnáit]	[유나이트]	타재 결합하다, 일치하다
united	[juːnáitid]	[유나이티드]	혱 결합한, 연합한
* *United states (of America), the*		미국(약) U.S., U.S.A., USA.	
unity	[júːnəti]	[유우니티]	몡 통일, 단일, 일치
universal	[jùːnəvə́ːrsəl]	[유우니버어설]	혱 우주의, 만유의, 전세계의
universe	[júːnəvə̀ːrs]	[유우니버어스]	몡 우주, 만물, 전세계
university	[jùːnəvə́ːrsəti]	[유우니버어시티]	몡 종합 대학교
unjust	[ʌndʒʌst]	[언저스트]	혱 부정한, 부당한, 불공평한
unkind	[ʌnkaind]	[언카인드]	혱 불친절한, 몰인정한, 냉혹한
unknown	[ʌnnoun]	[언노운]	혱 알려지지 않은, 미지의, 불명의
unless	[ʌnles]	[언레스]	젭 ~하지 않으면, ~외에는
unlike	[ʌnlaik]	[언라이크]	혱 같지 않은 쩐 ~와 같지 않고
unlikely	[ʌnláikli]	[언라이클리]	혱 가망 없는, 있을 것 같지 않은
unlimited	[ʌnlímitid]	[언리미티드]	혱 끝없는, 무한한, 무제한의
unload	[ʌnloud]	[언로우드]	타 짐을 부리다, 부담을 없애다
unlock	[ʌnlak]	[언락]	타 자물쇠를 열다, 비밀을 털어놓다
unlucky	[ʌnlʌ́ki]	[언러키]	혱 불행한, 불운한
unmoved	[ʌnmuːvd]	[언무우브드]	혱 (결심이) 흔들리지 않는, 단호한
unnatural	[ʌnnǽtʃərəl]	[언내츠럴]	혱 부자연한, 인공적인
unnecessary	[ʌnnésəsèri]	[언네서세리]	혱 불필요한
unoccupied	[ʌnákjupàid]	[언아큐파이드]	혱 비어 있는, 한가한, 임자 없는

unofficial	[ʌnəfíʃəl]	[언어피셜]	형 비공식의, 사사로운
unpaid	[ʌnpeid]	[언페이드]	형 미불의, 미납의
unparalleled	[ʌnpǽrəlèl]	[언패럴렐드]	형 비할 데 없는
unpleasant	[ʌnplézənt]	[언플레즌트]	형 불유쾌한, 싫은
unpopular	[ʌnpápjulər]	[언파퓰러]	형 인망이 없는, 인기가 없는
unprecedented	[ʌnprésidəntid]	[언프레시던티드]	형 전례 없는, 공전의
unprepared	[ʌnpripéərd]	[언프리페어드]	형 준비가 없는, 즉석의, 뜻밖의
unquestionably	[ʌnkwésʧənəbli]	[언퀘스처너블리]	부 의심이 없이, 확실히, 명백히
unreal	[ʌnríːəl]	[언리이얼]	형 비현실적인, 진실이 아닌
unreasonable	[ʌnríːzənəbl]	[언리이즈너블]	형 불합리한, 터무니없는, 부당한
unrest	[ʌnrest]	[언레스트]	명 불안, 동요
unsatisfactory	[ʌnsætisfǽktəri]	[언새티스팩트리]	형 불만족한
unseen	[ʌnsíːn]	[언시인]	형 눈에 안 보이는, 처음 보는
unskilled	[ʌnskild]	[언스킬드]	형 숙련되지 않은, 미숙련의
unsuitable	[ʌnsúːtəbl]	[언수우터블]	형 부적당한, 어울리지 않는
until	[əntíl]	[언틸]	전접 ~까지, ~하여 마침내
* *It is not until ~ that…*		~이 되어 처음으로 … 하다	
untouched	[ʌntʌʧt]	[언터치트]	형 아직 손대지 않은
untrue	[ʌntruː]	[언트루우]	형 허위의, 진실이 아닌, 불성실한
unused	[ʌnjuːzd]	[언유즈드]	형 쓰이지 않는, 익숙하지 않은
unusual	[ʌnjúːʒuəl]	[언유우주얼]	형 보통이 아닌, 진기한, 이상한
unusually	[ʌnjúːʒuəli]	[언유우주얼리]	부 이상하게, 아주 , 유난히

U

unwanted	[ʌnwántid]	[언완티드]	휑 불필요한, 원하지 않는
unwelcome	[ʌnwélkəm]	[언웰컴]	휑 환영받지 못하는, 싫은
unwilling	[ʌnwíliŋ]	[언윌링]	휑 바라지 않는, 마음이 내키지 않는
unwise	[ʌnwaiz]	[언와이즈]	휑 천박한, 슬기 없는, 어리석은
unworthy	[ʌnwə́ːrði]	[언워어디]	휑 가치 없는, ~에 어울리지 않는
up	[ʌp]	[업]	튀 위로 젼 ~의 위에 휑 올라가는

    * *up and around*   (병자가) 자리에서 일어나, 이리저리 거닐어
    * *up and down*   오르락내리락, 아래위로, 왔다갔다, 여기저기
    * *ups and downs*   (길 따위의) 오르내림, 영고 성쇠
    * *up to*   ~만 못한, 《구어》 ~의 책임으로, ~에 이르기까지
    * *It's all up with*   ~은 이젠 글렀다, 끝장이다

upbringing	[ʌpbriŋiŋ]	[업브링잉]	휑 양육, 훈육
upon	[(강)əpán, (약)əpón]	[(강)어판, (약)어폰]	젼 on과 같은 뜻 ｢쪽의)
upper	[ʌ́pər]	[어퍼]	휑 위쪽의, 보다 높은 뿐 lower(아래
upright	[ʌ́pràit]	[업라이트]	휑 똑바른 뿐 똑바로 휑 똑바름
upset	{ [ʌpsét]	[업셋]	태재 뒤엎다 휑 뒤집힌
	[ʌ́psèt]	[업셋]	휑 전복, 혼란
upside	[ʌ́psaid]	[업사이드]	휑 상부, 위쪽

    * *upside down*   거꾸로, 뒤죽박죽으로

upstairs	[ʌ́pstɛərz]	[업스테어즈]	튀 2층에, 위층에 휑 2층의 휑 2층
up-to-date	[ʌ́ptu-deit]	[업터데이트]	휑 최신의, 현대적인
upward	[ʌ́pwɔːrd]	[업워드]	휑 위로 향한 튀 위쪽으로

urban	[ə́:rbən]	[어어번]	휑 도시의, 도회지의
urge	[ə:rdʒ]	[어어지]	囤 몰아내다, 격려하다, 재촉하다
urgent	[ə́:rdʒənt]	[어어즌트]	휑 긴급한, 재촉하는
urn	[ə:rn]	[어언]	몡 항아리, 단지
U.S.A.	《약어》 the United States of America(아메리카 합중국)		
usage	[júːsidʒ-zidʒ]	[유우시지]	몡 관용법, 관습, 어법, 대우
use	[juːz]	[유우즈]	쟤囤 사용하다, 쓰다
	[juːs]	[유우스]	몡 사용, 효용, 용도, 습관, 유용성

* use up   ~을 다 써 버리다
* [be] in use   쓰이고 있다, 행해지고 있다
* be of great use   대단히 쓸모가 있다
* be of no use   쓸데없다, 소용 없다
* make use of   ~을 이용[사용]하다
* put ~ to use   ~을 쓰다, ~을 이용하다
* be of some [little] use   조금 도움이 되다[별로 도움이 안 되다]
* fall [go] out of use   쓰이지 않게 되다

| used | [juːzd] | [유우즈드] | 휑 써서 낡은, 중고의 |
| | [juːst] | [유우스트] | 휑 ~에 익숙해져 있는 |

* used to   늘 ~했다, 《be · get와 함께》 ~에 익숙해져 있다

useful	[júːsfəl]	[유우스펄]	휑 유용한
useless	[júːslis]	[유우슬리스]	휑 쓸모 없는, 무익한
usher	[ʌ́ʃər]	[어셔]	몡 문지기, 수위, 안내인 囤 안내하다

usual	[júːʒuəl]	[유우주얼]	휑 평소의, 일상의, 보통의

    * *as usual*   여느 때처럼
    * *as is usual with*   ~은 언제나 그렇듯이
    * *than usual*   여느 때보다…

usually	[júːʒuəli]	[유우주얼리]	閉 보통, 평소에는
utensil	[juːténsəl]	[유텐슬]	명 도구, (가정용)기구, 부엌 세간
utility	[juːtíləti]	[유우틸리티]	명 효용, 이익, 유용
utilize	[júːtəlàiz]	[유우틸라이즈]	回 ~을 이용하다(use)
utmost	[ʌ́tmòust]	[어트모우스트]	휑 극도의, 최대한의 명 극한

    * *do one's utmost*   전력을 다하다
    * *to the utmost*   극도로, 극력, 있는 힘을 다해서

Utopia	[juːtóupiə]	[유우토우피어]	명 이상향, 유토피아
utter	[ʌ́tər]	[어터]	휑 완전한, 절대의 回 말하다
utterance	[ʌ́tərəns]	[어터런스]	명 말(spoken words), 발언, 발성, 어
utterly	[ʌ́tərli]	[어털리]	閉 전연, 아주, 완전히 ㅣ조
uttermost	[ʌ́tərmòust]	[어터모우스트]	휑 극도의, 가장 멀리 떨어진 ; 극한의

vacancy	[véikənsi]	[베이컨시]	명 공허, 빈 일자리, 결원, 여지
vacant	[véikənt]	[베이컨트]	형 공허한, 텅 빈, 비어 있는, 멍한
vacate	[véikeit]	[베이케이트]	타 사퇴하다, ~을 비게 하다, 떠나가다
vacation	[veikéiʃən]	[버케이션]	명 방학, 휴가, 휴일 자 휴가를 얻다
vacuum	[vǽkjuəm]	[배큐엄]	명 진공(眞空)
vagabond	[vǽgəbɑ̀nd]	[배거반드]	명 방랑자, 무뢰한 형 방랑하는
vagrant	[véigrənt]	[베이그런트]	형 방랑하는, 유랑하는 명 방랑자
vague	[veig]	[베이그]	형 막연한, 어슴프레한, 애매한
vain	[vein]	[베인]	형 무익한, 쓸데없는, 헛된, 공허한
* in vain	보람 없이, 헛되이, 함부로		
vale	[veil]	[베일]	명 계곡
valentine	[vǽləntàin]	[밸런타인]	명 애인
valiant	[vǽljənt]	[밸리언트]	형 용감한, 영웅적인 「는
valid	[vǽlid]	[밸리드]	형 (법률상)유효한, 확실한 근거가 있
valley	[vǽli]	[밸리]	명 골짜기, (큰 강의) 유역

V

valuable	[vǽljuəbl]	[밸류어블]	휑 귀중한 圀 《보통 복수》귀중품
value	[vǽljuː]	[밸류]	圀 가치, 값어치 톄 평가하다, 소중히 하다
* [be] of value		가치가 있다	
valve	[vælv]	[밸브]	圀 밸브, 판(瓣)
vampire	[vǽmpaiər]	[뱀파이어]	圀 흡혈귀, 요부(妖婦)
vanilla	[vənílə]	[버닐러]	圀 바닐라 [열대 아메리카산의 식물]
vanish	[vǽniʃ]	[배니시]	쟈 보이지 않게 되다, 사라지다
vanity	[vǽnəti]	[배니티]	圀 허영, 공허, 덧없음
vanquish	[vǽŋkwiʃ]	[뱅퀴시]	톄 정복하다, ~을 극복하다
vapo[u]r	[véipər]	[베이퍼]	圀 증기, 김, 안개 [《수학》변수
variable	[vέəriəbl]	[베리어블]	휑 변하기 쉬운 圀 변하기 쉬운 것,
variation	[vὲəriéiʃən]	[베어리에이션]	圀 변화, 변동, 변주곡
varied	[vέərid]	[베어리드]	휑 가지가지의, 잡다한 [티
variety	[vəráiəti]	[버라이어티]	圀 다양성, 잡동사니, 종류, 버라이어
various	[vέəriəs]	[베리어스]	휑 가지가지의, 가지각색의
vary	[vέəri]	[베리]	쟈톄 바꾸다, 변화하다, 수정하다
vase	[veis]	[베이스]	圀 꽃병, 병, 단지
vast	[væst]	[배스트]	휑 광대한, 막대한, 《구어》대단한
vault	[vɔːlt]	[보올트]	圀 둥근 천장, 창공
vegetable	[védʒətəbl]	[베지터블]	圀 야채 휑 야채의, 식물성의
vehement	[víːəmənt]	[비이이먼트]	휑 맹렬한, 열렬한
vehicle	[víːikl]	[비이이클]	圀 탈것, 차량, 매개물

veil	[veil]	[베일]	圀 베일, 너울, 장막
vein	[vein]	[베인]	圀 엽맥, 혈관, 정맥 맨 artery(동맥)
velocity	[vəlásəti]	[빌라시티]	圀 속도, 속력
velvet	[vélvit]	[벨빗]	圀 벨벳, 우단 혱 벨벳의, 부드러운
venerable	[vénərəbl]	[베너러블]	혱 존경할 만한
venerate	[vénərèit]	[베너레이트]	囤 존경하다(respect)
vengeance	[véndʒəns]	[벤즌스]	圀 복수, 원수 갚음
Venice	[vénis]	[베니스]	圀 베니스[이탈리의 항구 도시]
venom	[vénəm]	[베넘]	圀 독, 독액, 원한, 앙심 「내다
vent	[vent]	[벤트]	圀 구멍, 새는 구멍 囤쟈 ~에 구멍을
* *give vent to*	~을 토로하다, ~을 누설하다		
ventilate	[véntəlèit]	[벤틸레이트]	囤 환기(換氣)하다
venture	[vént∫ər]	[벤쳐]	圀 모험, 투기 囤쟈 감행하다
Venus	[víːnəs]	[비이너스]	圀 《신화》사랑과 미의 여신, 비너스,
veranda[h]	[vərǽndə]	[버랜더]	圀 베란다 「금성
verb	[vəːrb]	[버어브]	圀 《문법》 동사(動詞)
verbosity	[vərbásəti]	[버어바시티]	圀 수다스러움, 장황
verge	[vəːrdʒ]	[버어지]	圀 끝, 가장 자리 쟈 ~에 가까와지다
* *on the verge of*	바야흐로 ~하려 하여, ~직전에		
verify	[vérəfài]	[베리파이]	囤 확인하다, 입증하다
verse	[vəːrs]	[버어스]	圀 운문, 시 맨 prose 산문
versed	[vəːrst]	[버어스트]	혱 (~에) 정통한, (~에) 능숙한

version	[vɔ́ːrʒən]	[버어즌]	몡 번역, 번역서, 소견, 설명
vertical	[vɔ́ːrtikəl]	[버어티클]	혱 수직의, 직립한, 세로의
very	[véri]	[베리]	븻 대단히, 매우 혱 바로 ~의
vessel	[vésəl]	[베슬]	몡 용기, 그릇, (큰)배, 《동물》맥관
vest	[vest]	[베스트]	몡 《미》조끼 턔 주다, 수여하다
veteran	[vétərən]	[베트런]	몡 노련가, 베테랑 혱 노련한
veto	[víːtou]	[비이토우]	몡 거부권 턔 (의안을)부인하다
vex	[veks]	[벡스]	턔 초조하게 하다, 귀찮게 하다
via	[váiə]	[바이어]	젠 ~을 경유하여
vibrate	[váibreit]	[바이브레이트]	쟈턔 진동하다, 떨다
vice	[vais]	[바이스]	몡 악덕, 결점
vicinity	[visínəti]	[비시니티]	몡 이웃, 근처, 부근
vicious	[víʃəs]	[비셔스]	혱 악덕의, 악의 있는
victim	[víktim]	[빅팀]	몡 희생, 희생자, 피해자
victor	[víktər]	[빅터]	몡 승리자 혱 승리의
Victorian	[viktɔ́ːriən]	[빅토오리언]	혱 빅토리아 여왕의, 빅토리아 왕조
victorious	[viktɔ́ːriəs]	[빅토오리어스]	혱 이긴, 승리의 ⌞ 시대의
victory	[víktəri]	[빅트리]	몡 승리, 극복 ⌜ 공급하다
victual	[vítl]	[비틀]	몡 《보통 복수》음식물 턔쟈 식량을
view	[vjuː]	[뷰우]	몡 경치, 의견, 시야 턔 관찰하다

    * *in view*   보여(in sight) ; 꾀하여, 목적으로 하여
    * *in view of*   ~이 보이는 곳에, ~을 고려하여

* *with a view to*		~할 목적으로, ~하기 위하여	
viewpoint	[vjúːpɔint]	[뷰우포인트]	몡 견해, 견지, 입장
vigo[u]r	[vígər]	[비거]	몡 활력, 정력, 원기
vigorous	[vígərəs]	[비그러스]	휑 원기 왕성한, 힘찬
village	[vílidʒ]	[빌리지]	몡 마을, 《집합적》마을 사람들
villain	[vílən]	[빌런]	몡 악한, 악당
vine	[vain]	[바인]	몡 포도나무, 덩굴 식물
vinegar	[vínəgər]	[비니거]	몡 초, 식초 탄 초를 치다
vinyl	[váinl]	[바이닐]	몡 비닐기(基), 비닐 수지
violate	[váiəlèit]	[바이얼레이트]	탄 (조약을) 위반하다, 어기다
violence	[váiələns]	[바이얼런스]	몡 맹렬, 격렬, 폭력
violent	[váiələnt]	[바이얼런트]	휑 격렬한, 난폭한
violet	[váiəlit]	[바이얼릿]	몡 오랑캐꽃, 보랏빛 휑 보랏빛의
violin	[vàiəlín]	[바이얼린]	몡 바이올린
virgin	[vɔ́ːrdʒin]	[버어진]	몡 처녀 휑 처녀의, 순결한
virtual	[vɔ́ːrʃuəl]	[버어츄얼]	휑 사실상의, 실질상의
virtue	[vɔ́ːrʃuː]	[버어츄우]	몡 덕(德), 미덕, 정조, 효능
* *by (in) virtue of*		~의 힘으로, ~의 덕택으로	
virtuous	[vɔ́ːrʃuəs]	[버어튜어스]	휑 덕이 높은, 정숙한
virus	[váiərəs]	[바이어러스]	몡 바이러스, 여과성 병원체
viscount	[váikàunt]	[바이카운트]	몡 자작(子爵)
visible	[vízəbl]	[비저블]	휑 눈에 보이는, 명백한

V

vision	[víʒən]	[비즌]	명 시력, 환상, 상상력, 통찰력
visit	[vízit]	[비짓]	타자 방문하다 명 방문
make [pay] a visit to		~을 방문하다, ~을 구경하다	
visitor	[vízitər]	[비지터]	명 방문자, 관광객
visual	[víʒuəl]	[비주얼]	형 시각의, 눈에 보이는
visualize	[víʒuəlàiz]	[비주얼라이즈]	타자 눈앞에 선하게 떠오르게 하다
vital	[váitl]	[바이틀]	형 생명의, 활기 있는, 치명적인
vitamin[e]	[váitəmin]	[바이터민]	명 비타민
vivid	[vívid]	[비비드]	형 생생한, 활기에 찬, 발랄한
vocabulary	[voukǽbjulèri]	[버캐뷸레리]	명 어휘, 용어, 단어집
vocal	[vóukəl]	[보우클]	형 소리의, 음성의
vocation	[voukéiʃən]	[보우케이션]	명 천직, 직업, 적성, 소질
vogue	[voug]	[보우그]	명 유행, 인기
come into vogue		유행하기 시작하다	
in [out of] vogue		유행하고 [유행에 뒤지고] 있는	
voice	[vɔis]	[보이스]	명 목소리, 《문법》 태(態)
void	[vɔid]	[보이드]	형 공허한, 무효의 명 공허
volcano	[valkéinou]	[발케이노우]	명 화산(火山)
volleyball	[válibɔ̀ːl]	[발리보올]	명 배구(排球)
voltage	[vóultidʒ]	[보울티지]	명 전압, 전압량, 볼트 수
volume	[váljuːm]	[발륨]	명 권, 책, 양, 부피
voluntary	[váləntèri]	[발런테리]	명 자발적인, 임의의

volunteer	[vàləntíər]	[발런티어]	명 지원자 타자 지원하다 형 자발적인
vomit	[vámit]	[바밋]	자타 토하다, 게우다 명 구토물
vote	[vout]	[보우트]	명 투표, 투표권 자타 투표하다
* vote for	~에게 투표하다		
voter	[vóutər]	[보우터]	명 유권자, 투표인
vouch	[vautʃ]	[바우치]	자 보증하다, 단언하다
voucher	[váutʃər]	[바우쳐]	명 보증인, 증거물
vow	[vau]	[바우]	명 맹세, 서약 타자 맹세하다
vowel	[váuəl]	[바우얼]	명 모음(母音) 형 모음의
voyage	[vɔ́iidʒ]	[보이이지]	명 항해, 항행 자타 항해하다
vulgar	[vΛlgər]	[벌거]	형 저속한, 비천한, 대중의
vulnerable	[vΛlnərəbl]	[벌느러블]	형 상하기 쉬운, 약점이 있는

V

wade	[weid]	[웨이드]	재타 (개울 따위를) 걸어서 건너가다
wafer	[wéifər]	[웨이퍼]	명 웨이퍼 [과자의 일종]
waft	[wæft]	[왜프트]	타자 감돌게 하다 명 풍기는 향기
wag	[wæg]	[왜그]	타자 (꼬리·머리 따위를) 흔들다
wage	[weidʒ]	[웨이지]	명 《 보통 복수 》 임금
wager	[wéidʒər]	[웨이져]	명 내기, 노름 타 걸다(bet)
wag[g]on	[wǽgən]	[왜건]	명 짐마차, 《 영 》화차
wail	[weil]	[웨일]	재타 슬피 울다 명 울부짖는 소리
waist	[weist]	[웨이스트]	명 허리, 요부(腰部)
wait	[weit]	[웨이트]	재타 기다리다 명 기다림

     * wait for   ~을 기다리다, ~을 기대하다
     * wait on [upon]   ~의 시중을 들다, 모시다, 방문하다

waiter	[wéitər]	[웨이터]	명 (호텔 따위의) 급사, 웨이터
waitress	[wéitris]	[웨이트리스]	명 (호텔 따위의) 여자 급사, 웨이트레스
wake	[weik]	[웨이크]	재타 잠깨다, 일어나다

     * *wake up*   깨다, 깨우다

waken   [wéikən]   [웨이큰]   자타 눈을 뜨다, 깨우다, 일으키다

walk   [wɔːk]   [워어크]   자타 걷다 명 산책, 보행
     * *take a walk*   산책하다
     * *walk along*   ~을 따라 걷다
     * *walk over*   (경쟁 없이) 혼자 뛰다, 쉽사리 이기다

wall   [wɔːl]   [워얼]   명 벽, 담 타 벽으로 둘러싸다
     * *wall off*   가로막다, 둘러싸다

wallet   [wálit]   [왈럿]   명 돈주머니, 지갑

walnut   [wɔ́ːlnʌt]   [워얼넛]   명 호두

wander   [wándər]   [완더]   자타 헤매다, 유랑하다

wane   [wein]   [웨인]   자 작아지다 명 쇠미

want   [want]   [완트]   명 결핍, 필요 타자 탐내다, 바라다,
     * *for want of*   ~의 결핍 때문에   ~에 부족하다
     * *in want of*   ~이 필요하여
     * *be wanting in*   ~이 없다, ~이 결핍되어 있다

wanton   [wántən]   [완턴]   형 제멋대로의, 방종한 명 화냥년

war   [wɔːr]   [워어]   명 전쟁, 투쟁
     * *be at war with*   ~와 교전 중이다
     * *make war upon*   ~에 전쟁을 걸다, ~을 공격하다

warble   [wɔ́ːrbl]   [워어블]   자타 지저귀다 명 지저귐

ward   [wɔːrd]   [워어드]   명 병실, 병동, (도시의)구, 감독

W

wardrobe	[wɔ́ːrdroub]	[워어드로우브]	몡 옷장, 양복장
ware	[wɛər]	[웨어]	몡 제품, 《복수》 상품(商品)
warfare	[wɔ́ːrfɛər]	[워어페어]	몡 전쟁, 전투, 싸움
warm	[wɔːrm]	[워엄]	혱 따뜻한, 더운 틔재 따뜻하게 하다
warmth	[wɔːrmθ]	[워엄스]	몡 따뜻함, 온정
warn	[wɔːrn]	[워언]	틔 경고하다, 미리 알리다
* * warn a person of (of against)*		(누구에게) ~을 경계시키다	
warning	[wɔ́ːrniŋ]	[워어닝]	몡 경고, 경보, 예고 혱 경고의
warrant	[wɔ́ːrənt]	[워어런트]	틔 보증하다 몡 보증, 《법률》영장
warrior	[wɔ́ːriər]	[워어리어]	몡 병사, 전사(戰士)
wary	[wɛ́əri]	[웨어리]	혱 조심성 있는, 신중한
wash	[waʃ]	[와시]	틔재 씻다, 세탁하다 몡 세탁
wasp	[wasp]	[와스프]	몡 말벌, 성 잘내는 사람
waste	[weist]	[웨이스트]	틔재 낭비하다, 황폐케 하다 혱 황폐
			한 몡 황무지, 낭비
watch	[waʃ]	[와치]	몡 손목 시계, 회중 시계, 주의 재틔
* * watch for*	(기회 따위를) 기다리다		ㄴ 망보다, 주의하다
* * watch out*	~을 조심하다, 주의하다		
watchful	[wάtʃfəl]	[와치펄]	혱 조심스러운, 주의 깊은 「하다
water	[wɔ́ːtər]	[워어터]	몡 물, 《종종 복수》바다 틔재 급수
waterfall	[wɔ́ːtərfɔːl]	[워어터포올]	몡 폭포
watermelon	[wɔ́ːtərmélən]	[워어터멜런]	몡 수박

wave	[weiv]	[웨이브]	명 물결, 파동 태자 흔들다, 물결치다
waver	[wéivər]	[웨이버]	자 너울거리다, 흔들리다
wax	[wæks]	[왝스]	명 밀초 태자 밀초를 칠하다
way	[wei]	[웨이]	명 길, 도중, 방법

    * all the way   도중 내내
    * by way of   ~을 경유해서, ~할 셈으로
    * give way   꺾이다, 후퇴하다, 무너지다
    * in a way   보기에 따라서는, 다소
    * in any way   어쨌든, 어떤 방법으로든
    * in every way   모든 수단으로, 어떤 점으로 보나
    * in no way   결코 ~ 않다
    * in one's own way   마음대로, 제멋대로
    * in other ways   다른 점에서는
    * in the way   길에서, 방해가 되어
    * in the way of   ~의 방해가 되어, ~의 점에서는
    * make way for   ~을 위해 길을 비키다
    * on one's way   도중에, 진행 중에
    * on one's (the) way to   ~으로 가는 도중에

we	[(강)wíː; (약)wi]	[(강)위이, (약)위]	대 우리가, 우리는
weak	[wiːk]	[위이크]	형 약한, 서투른 반 strong(강한)
weaken	[wíːkən]	[위이큰]	자태 약하게 하다, 약해지다
weakness	[wíːknis]	[위이크니스]	명 박약, 허약, 약점

W

wealth	[welθ]	[웰스]	똉 재산, 부(富), 풍부, 부유
wealthy	[wélθi]	[웰시]	휑 유복한, 풍부한
weapon	[wépən]	[웨펀]	똉 무기, 병기
wear	[wɛər]	[웨어]	짜타 입고 있다, 닳게 하다 똉 착용, 소모
wear out		닳아 떨어지다, 지치게 하다	
weary	[wíəri]	[위리]	휑 피곤한, 싫증이 나는 짜타 지치다, 싫어지다
[be] weary of		~이 싫어지다, ~에 싫증나다	
weather	[wéðər]	[웨더]	똉 날씨, 기후 타짜 비바람에 맞히다
Wednesday	[wénzdei]	[웬즈디]	똉 수요일 [약어 : W. Wed.]
weed	[wiːd]	[위드]	똉 잡초 짜타 잡초를 뽑다
week	[wiːk]	[위크]	똉 주(週), 1주간
weekday	[wiːkdei]	[위크데이]	똉 평일(平日) 휑 평일의
week[-]end	[wiːkend]	[위크엔드]	똉 주말 휑 주말의
weekly	[wíːkli]	[위클리]	휑 주 1회의 빈 매주 똉 주간지
weep	[wiːp]	[위프]	짜타 울다, 눈물을 흘리다
weigh	[wei]	[웨이]	타짜 무게를 달다, 심사숙고하다
weigh on (upon)		~을 압박하다, 무거워 부담이 되다	
weight	[weit]	[웨이트]	똉 무게 타 무겁게 하다
weighty	[wéiti]	[웨이티]	휑 무거운, 무게 있는
welcome	[wélkəm]	[웰컴]	똉 환영 휑 환영받는 타 환영하다 쟵 어서 오십시오
welfare	[wélfɛər]	[웰페어]	똉 복지, 후생

well	[wel]	[웰]	閏 잘, 훌륭히 톙 건강한, 좋은 웹 (자)이제 졩 우물
	as well	더욱이, 또한, 게다가	
	as well as	~와 동시에, ~뿐만 아니라 ~도	
	[be] well off	유복하다, 잘 살다	
well-known	[welnoun]	[웰노운]	톙 유명한, 주지의 閏 서쪽에
west	[west]	[웨스트]	졩 서쪽, [the W-] 서양 톙 서쪽의
western	[wéstərn]	[웨스턴]	톙 서쪽의, [보통 W-] 서양의
westward	[wéstwərd]	[웨스트워드]	톙閏 서쪽의(으로) 졩 [W-]서부극
wet	[wet]	[웨트]	톙 젖은, 축축한 태자 적시다, 젖다
whale	[hweil]	[웨일]	졩 고래
wharf	[hwɔːrf]	[워(훠)어프]	閏 부두, 선창
what	[hwət]	[왓(홧), 웟(홧)]	땜 무엇 톙 무슨, 어떤《감탄문에서》 얼마나
	what by~, what by…	~을 하거나 또 … 을 하거나 하여	
	what ~ for?	무엇 때문에, 왜	
	what little	적지만 모조리	
	what one calls (is called)	소위, 이른바 (so called)	
whatever	[hwʌtévər]	[왓(홧)에버]	땜 ~하는 것은 무엇이든 톙 어떤~이라도
wheat	[hwiːt]	[위(휘)이트]	졩 밀
wheel	[hwiːl]	[위(휘)일]	졩 바퀴, 차륜,《미·구어》자전거
when	[hwən]	[웬(훼ㄴ)]	閏 언제, ~할 때 졉 ~할 때 땜 언제
whence	[hwens]	[훼ㄴ스]	閏 어디서 땜 어디 졩 유래
whenever	[hwenévər]	[웬(훼ㄴ)에버]	졉 ~할 땐 언제든지 閏 언제든지

W

where	[hwɛər]	[웨(훼)어]	閉 어디에 쩹 ~하는 곳에 団 어디
whereas	[hwɛərǽz]	[웨(훼)어래즈]	쩹 ~인 까닭에, ~임에 반하여 [에
wherever	[hwɛərévər]	[웨(훼)어레버]	쩹 어디에서나 閉 어디든지 ~하는 곳
whether	[hwéðər]	[웨(훼)더]	쩹 ~인지 어떤지, ~이든지(아니든지)
* * whether ~ or…*	~해야 할지 어떨지		
* * whether ~ or not*	~이거나 아니거나		
which	[hwitʃ]	[위(휘)치]	団 어느 쪽, 어느 것 혱 어느 쪽의
whichever	[hwitʃévər]	[위(휘)체버]	団 ~하는 어느 것이든지 혱 ~하는,
while	[hwail]	[와(화)일]	몡 동안 쩹 ~하는 동안 [어느
* * after a while*	잠시 후에, 얼마 후에		
* * for a while*	잠시 동안		
whip	[hwip]	[휍]	몡 채찍 国 채찍질하다
whirl	[hwəːrl]	[워(훠)얼]	재国 빙빙 돌다 몡 회전, 선회
whisk	[hwisk]	[위(휘)스크]	몡 작은 비, 대솔 国재 (먼지를)털다
whisker	[wískər]	[위(휘)스커]	몡 구레나룻
whisk[e]y	[wíski]	[위(휘)스키]	몡 위스키
whisper	[hwíspər]	[위(휘)스퍼]	재国 속삭이다 몡 속삭임
whistle	[hwísl]	[위(휘)슬]	재国 휘파람을 불다 몡 휘파람, 경적
white	[hwait]	[와(화)이트]	혱 흰, 백인의 몡 백색, 백인
who	[huː]	[후우, (약) 후]	団 누구, 어떤 사람
whoever	[huːévər]	[후에버]	団 ~하는 사람은 누구든지
whole	[houl]	[호울]	몡 전부, 전체, 총계 혱 전부의

    * *as a whole*   전체로서, 전체적으로
    * *on(upon) the whole*   대체로, 전체로 보아서

wholeheartedly	[hóulháːrtidli]	[호울하아티들리]	男 마음으로, 성심 성의로
wholesale	[hóulseil]	[호울세일]	形男 도매의 名 도매 他自 도매하다
wholesome	[hóulsəm]	[호울섬]	形 건강에 좋은, 건전한
wholly	[hóulli]	[호울리]	男 완전히, 전혀
why	[hwai]	[와(화)이]	男 왜 名 이유 間 아니, 이것 봐
wick	[wik]	[윅]	名 (양초 따위의) 심지
wicked	[wíkid]	[위키드]	形 사악한, 심술궂은
wide	[waid]	[와이드]	形 넓은, 광대한 男 널리
widely	[wáidli]	[와이들리]	男 대단히, 널리
widen	[wáidn]	[와이든]	他自 넓히다, 넓게 되다
widow	[wídou]	[위도우]	名 미망인, 과부
width	[widθ]	[위드스]	名 폭, 너비
wife	[waif]	[와이프]	名 아내 反 husband (남편)
wig	[wig]	[위그]	名 가발, 《미·속어》 (긴)머리카락
wild	[waild]	[와일드]	形 야생의, 난폭한 名 《종종 복수》
wilderness	[wíldərnis]	[윌더니스]	名 황야, 황무지 ⌐ 광야, 황무지
will	[wil]	[윌]	名 의지, 결의 助 ~일 것이다, ~할 작

    * *at will*   멋대로, 마음대로   ⌐ 정이다
    * *of one's own free will*   자진해서

willing	[wíliŋ]	[윌링]	形 기꺼이 ~하는

W

    * *[be] willing to [do]*   기꺼이 ~하다, 자진해서 행하다

willow   [wílou]   [윌로우]   명 버드나무

win   [win]   [윈]   타자 이기다, 얻다, 획득하다

wind   { [wind]   [윈드]   명 바람, 호흡   「러지다

       [waind]   [와인드]   타자 (나사못을) 돌리다, (길이) 구부

window   [wíndou]   [윈도우]   명 창(窓)

wine   [wain]   [와인]   명 포도주, 검붉은 빛

wing   [wiŋ]   [윙]   명 날개, 깃 타자 날개를 달다

wink   [wiŋk]   [윙크]   명 눈을 깜박임, 순간 자타 눈짓하다

winnow   [wínou]   [위노우]   타 키질하다, (곡식을) 까부르다

winter   [wíntər]   [윈터]   명 겨울 자타 월동하다 형 겨울의

wipe   [waip]   [와이프]   타 닦다, 훔치다 명 닦음, 훔침

    * *wipe out*   (얼룩 따위를) 빼다, 지우다, 일소하다   「전보를 치다

wire   [waiər]   [와이어]   명 철사, 전선, 전신 타자 철사로 감다

wireless   [wáiərlis]   [와이얼리스]   형 무전의 명 무전, 《영》 라디오

wisdom   [wízdəm]   [위즈덤]   명 지혜, 현명함, 지식

wise   [waiz]   [와이즈]   형 슬기로운, 현명한, 박식한

wisely   [wáizli]   [와이즐리]   부 현명하게

wish   [wiʃ]   [위시]   타자 바라다, ~을 빌다 명 소원, 소망

    * *wish for*   바라다, 원하다

wistful   [wístfəl]   [위스트펄]   형 바라는 듯한, 생각에 잠긴

wit   [wit]   [위트]   명 기지(機智), 재치, 재사(才士)

witch	[witʃ]	[위치]	몡 마녀(魔女)
with	[wíð]	[위드]	젼 ~와 함께, ~을 가지고, ~을 써서
* *with all*	~에도 불구하고		
withdraw	[wiðdrɔ́ː]	[위드드로오]	쟈탸 물러나다, 탈퇴하다
wither	[wíðər]	[위더]	쟈탸 시들다, 쇠퇴하다
withhold	[wiðhóuld]	[위드호울드]	탸 보류하다, 만류하다, 억제하다
within	[wiðín]	[위딘]	젼 ~의 안쪽에 믄 안으로 몡 내부
* *within a stone's throw of*	~의 바로 가까이에		
* *within the reach of*	~이 닿는 곳에, 힘이 미치는 범위에		
without	[wiðáut]	[위다우트]	젼 ~없이 믄 밖은, 옥외에 몡 외부
withstand	[wiðstǽnd]	[위드스탠드]	탸쟈 저항하다, 견디다
witness	[wítnis]	[위트니스]	탸쟈 목격하다, 증언하다 몡 증인, 목
witty	[wíti]	[위티]	혱 재치 있는, 익살맞은
wizard	[wízərd]	[위저드]	몡 (남자) 마법사, 요술쟁이
woe	[wou]	[워우]	몡 비애, 고뇌, 《 보통 복수 》재난
wolf	[wulf]	[울프]	몡 《 동물 》이리
woman	[wúmən]	[우먼]	몡 부인(婦人), 여자, 부녀자
womb	[wuːm]	[우움]	몡 자궁, 《 비유적 》내부
wonder	[wʌ́ndər]	[원더]	몡 경이, 불가사의 쟈탸 놀라다
wonderful	[wʌ́ndərfəl]	[원더펄]	혱 불가사의한, 놀랄 만한, 훌륭한
wont	[wount]	[워운트]	혱 ~에 익숙한 몡 습관
wood	[wud]	[우드]	몡 《 보통 복수 》숲, 나무, 목재

W

wooden	[wúdn]	[우든]	혱 나무의, 나무로 만든
wool	[wul]	[울]	몡 양모, 모직물
wool[l]en	[wúlən]	[울런]	혱 양모의, 모직물의
word	[wə:rd]	[워어드]	몡 낱말, 말, 약속, 《복수》말다툼

    * *word for word*   한 마디 한 마디, 완전히 말 그대로
    * *in a word*   요컨대, 한 마디로 말하면
    * *in other word*   바꾸어 말하면
    * *upon my word*   맹세코, 틀림없이

work	[wə:rk]	[워어크]	몡 일, 노동, 사업, 작품 재태 일하다

    * *work at*   ~에 종사하다, ~을 공부하다
    * *work for*   ~을 위해 일하다, ~에 고용되어 있다
    * *work on (upon)*   계속 일하다, 작용하다
    * *work out*   완성하다, 성취하다
    * *at work*   일을 하고 있는, 작업 중

workaday	[wə́:rkədèi]	[워어커데이]	혱 일하는, 평상일의, 평범한
worker	[wə́:rkər]	[워어커]	몡 노동자, 공원(工員)
world	[wə:rld]	[워얼드]	몡 세계, 세상 사람, 계(界), 분야

    * *all over the world*   온 세계에, 세계 도처에
    * *in the world*   《의문문에서》 도대체

worldly	[wə́:rldli]	[워얼드리]	혱 이 세상의, 세속적인
worm	[wə:rm]	[워엄]	몡 벌레, 지렁이
worn-out	[wɔ:rn-aut]]	[워언아우트]	혱 써서 낡은, 기진맥진한, 케케묵은

worry	[wə́:ri]	[워어리]	태재 근심하다 명 걱정, 고생
worse	[wə:rs]	[워어스]	형 [bad·ill의 비교급]보다 나쁜 튄
			└ 더 나쁘게
* *to make matters worse*		설상 가상으로	
worship	[wə́:rʃip]	[워어쉽]	명 숭배, 예배 태재 숭배하다
worst	[wə:rst]	[워어스트]	형 [bad·ill의 최상급] 가장 나쁜 튄
			가장 나쁘게 명 최악의 사태
worth	[wə:rθ]	[워어스]	형 ~의 가치가 있는 명 가치, 재산
* *worth ~ ing*		~할 가치가 있는	
worthless	[wə́:rθlis]	[워어슬리스]	형 무가치한, 하찮은
worthwhile	[wə:rθhwail]	[워어스와일]	명 할 보람이 있는, 가치가 있는
worthy	[wə́:rði]	[워어디]	형 존경할 만한, 훌륭한 명 명사(名士)
* *worthy of*		~의 가치가 있는, ~에 어울리는	
would	[(강)wúd, (약)wəd]	[(강)우드, (약)워드]	조 will의 과거형
* *would (should) like to*		~하고 싶다	
wound	[wu:nd]	[우운드]	명 부상, 상처 태 상처를 입히다
wow	[wau]	[와우]	감 야! 아이구! 태 《미·속어》(청중
			을) 열광시키다 명 대성공
wrangle	[ræŋgl]	[랭글]	태 말다툼하다 명 말다툼, 논쟁
wrap	[ræp]	[랩]	태재 싸다, 말다, 감다, 두르다
wrath	[ræθ]	[래스]	명 《시(詩)》 분노, 격분
wreath	[ri:θ]	[리이스]	명 화환(花環), 동그라미 ┌ 만들다
wreathe	[ri:ð]	[리이드]	태 (꽃 따위로) 둥글게 하다, 화환을

W

wreck	[rek]	[렉]	명 난파(선), 파괴 타자 난파하다
wrench	[rentʃ]	[렌치]	타 비틀다 명 비틀기, 렌치
wrest	[rest]	[레스트]	타 비틀어서 떼다, 비틀다, 곡해하다
wrestle	[résl]	[레슬]	자타 씨름하다 명 맞붙어 싸움, 분투
wrestling	[résliŋ]	[레슬링]	명 레슬링, 씨름
wretch	[retʃ]	[레치]	명 가엾은 사람, 비열한 사람
wretched	[rétʃid]	[레치드]	형 불쌍한, 가엾은 「명 꿈틀거림
wriggle	[rígl]	[리글]	자타 (지렁이 따위가) 꿈틀거리다
wring	[riŋ]	[링]	타 틀다, 짜다, 곡해하다

  * *wring out*   (물·기름을) 짜내다, (젖은 것을) 쥐어짜다

wrinkle	[ríŋkl]	[링클]	명 주름, 구김살 타자 주름을 잡다
wrist	[rist]	[리스트]	명 손목
write	[rait]	[라이트]	타자 쓰다, 저술하다, 편지를 쓰다

  * *write down*   기록[기술]하다, 써 두다

writer	[ráitər]	[라이터]	명 저자, 기자, 필기하는 사람, 작가
writhe	[raið]	[라이드]	자타 몸부림을 치다 명 몸부림
writing	[ráitiŋ]	[라이팅]	명 집필, 필적, 《복수》저작
wrong	[rɔ́:ŋ]	[로옹]	형 나쁜 명 부정, 과오 타 학대하다
			부 나쁘게

  * *[be] wrong with*   ~의 상태가 좋지 않다
  * *go wrong*   (상태가) 나빠지다, 고장이 생기다
  * *in the wrong*   (태도·행동이) 그릇되어

| wrongly | [rɔ́:ŋli] | [로옹리] | 부 불법으로, 부당하게, 잘못하여 |

Xmas	[krísməs, éksməs]	[크리스머스]	圐 크리스마스(Christmas)
X-ray	[éksrei]	[엑스레이]	圐 《복수》X선, 閉 엑스선의
xylophone	[záiləfòun]	[자일러포운]	圐 실로폰, 목금(木琴)

yacht	[jat]	[야트]	圐 요트, 쾌속정 囚 요트를 타다
Yankee	[jǽŋki]	[앵키]	圐 양키, 미국사람 閉 양키식의, 미국 인의
yard	[jɑːrd]	[야아드]	圐 마당, 구내, 야드
yarn	[jaːrn]	[야안]	圐 실, 방사(紡絲), 이야기
yawn	[jɔːn]	[요온]	圐 하품 囚 하품하다
yeah	[jɛə]	[예어(예에)]	圐 예, 그렇소(yes)
year	[jiər]	[이이어]	圐 해, 연(年), 연도, 《보통 복수》연 령

* year after [by] year ; from year to year   매년, 해마다

X,Y

* *year in, (and) year out*		일년 내내	
* *all the year round*		일년 내내, 일년 중 내내	
yearly	[jíərli]	[이이얼리]	혱 1년의, 매년의 뷔 연 1회, 해마다
yearn	[jəːrn]	[이어언]	잰 그리워하다, 동경하다
yeast	[jiːst]	[이이스트]	몡 누룩, 효모, 이스트
yell	[jel]	[옐]	잰탄 고함치다, 외치다 몡 외침 소리
yellow	[jélou]	[옐로우]	혱 황색의 몡 황색
yelp	[jelp]	[옐프]	잰 (개가) 깽깽 짖다 몡 개 짖는 소리
yes	[jes]	[예스]	뷔 예 몡 yes라는 말, 긍정
yesterday	[jéstərdèi]	[예스터디]	몡뷔 어제
* *the day before yesterday*		그저께	
yet	[jet]	[예트]	뷔 《부정사와 함께》아직, 《긍정 의
* *as yet*		현재로서는, 아직까지진	문문에서》역시 웹 그러나
yield	[jiːld]	[이일드]	탄잰 산출하다, 굴복하다 몡 생산고,
* *yield to*		~에게 양보하다, ~에 굴복하다, ~에 따르다	수확
* *yield up*		넘겨 주다, 포기하다	
Y.M.C.A.	《약어》 Young Men's Christian Association (기독교 청년회)		
yoga	[jóugə]	[요우거]	몡 요가, 수행
yoke	[jouk]	[요우크]	몡 지배, 멍에 탄잰 멍에를 씌우다
yonder	[jándər]	[얀더]	혱 저쪽의 뷔 저쪽에
you	[júː, (약) ju]	[유우, (약) 유]	떼 당신, 당신들, 《호칭》여보세요
young	[jʌŋ]	[영]	혱 젊은, 어린 몡 《집합적》젊은이들

youngster	[jʌŋstər]	[영스터]	뗑 청(소)년, 젊은이
youth	[ju:θ]	[유우스]	뗑 청년, 청춘, 청춘기
yule	[ju:l]	[유울]	뗑 그리스도 강탄제 ; 크리스마스 계절
Y.W.C.A.	《약어》 Young Women's Christian Association (기독교 여자 청년회)		

X, Y

Z z   **Z z**   *3 g*

zeal	[ziːl]	[지일]	몡 열심, 열중(eagerness)
zealous	[zéləs]	[젤러스]	혱 열심인, 열렬한, 열성적인
zealously	[zéləsli]	[젤러슬리]	묌 열심히
zebra	[zíːbrə]	[지이브러]	몡 얼룩말, 지브라
zenith	[zíːniθ]	[지이니스]	몡 절정, 천정(天頂)
zero	[zíərou]	[지로우]	몡 0, 제로, 영점, 《비유적》무(無)
zest	[zest]	[제스트]	몡 풍미, 맛, 묘미, 열정
Zeus	[zuːs]	[주우스]	몡 《그리스 신화》제우스
zigzag	[zígzæg]	[지그재그]	묌 꼬불꼬불하게 혱 Z자형의 몡 Z자형
zinc	[ziŋk]	[징크]	몡 아연, 함석 탬 아연을 입히다
zip code	[zíp koud]	[지프코우드]	《미》우편 번호
zipper	[zípər]	[지퍼]	몡 지퍼(slide fastener)
zone	[zoun]	[조운]	몡 대(帶), 지대(region) 탬 띠로 두르
* * a safty zone* 안전 지대			다, 지역으로 나누다
zoo	[zuː]	[주우]	몡 동물원

zoological	[zòuəládʒikəl]	[조우얼라지클]	형 동물학(상)의
zoology	[zouálədʒi]	[조우알러지]	명 동물학
zoom	[zuːm]	[주움]	명 《항공》급상승, (물가의)급등 자 급상승하다 타 (인기가)오르게하다
zyme	[zaim]	[자임]	명 발효병의 병소, 전염병의 병원체
zymurgy	[záiməːrdʒi]	[자이머어지]	명 양조학(釀造學)

Z

부 록 1. 불규칙 동사 변화표

현재(원형)	과 거	과거분사	현재분사
am (be) ~이다, 있다	was	been	being
are (be) ~이다, 있다	were	been	being
arise 일어나다	arose	arisen	arising
awake 깨어나다	awoke, awaked	awoke, awaked	awaking
bear 참다, 낳다	bore	borne, born	bearing
beat 때리다	beat	beaten, beat	beating
become 되다	became	become	becoming
begin 시작하다	began	begun	beginning
bend 구부리다	bent	bent	bending
bet 내기하다	bet, betted	bet, betted	betting
bind 묶다	bound	bound	binding
bite 물다	bit	bitten, bit	biting
bleed 피흘리다	bled	bled	bleeding
bless 축복하다	blessed, blest	blessed, blest	blessing

blow 불다	blew	blown	blowing
break 깨다	broke	broken	breaking
breed 기르다	bred	bred	breeding
bring 가져오다	brought	brought	bringing
broadcast 방송하다	broadcast, broadcasted	broadcast, broadcasted	broadcasting
build 짓다	built	built	building
burn 타다	burned, burnt	burned, burnt	burning
burst 터지다	burst	burst	bursting
buy 사다	bought	bought	buying
can ~할 수 있다	could	———	———
catch 잡다	caught	caught	catching
choose 고르다	chose	chosen	choosing
cling 붙다	clung	clung	clinging
come 오다	came	come	coming
cost 돈이 들다	cost	cost	costing
creep 기어가다	crept	crept	creeping
cut 자르다	cut	cut	cutting
deal 다루다	dealt	dealt	dealing
dig 파다	dug	dug	digging
do, does 하다	did	done	doing

draw 그리다	drew	drawn	drawing
dream 꿈꾸다	dreamed, dreamt	dreamed, dreamt	dreaming
drink 마시다	drank	drunk, drunken	drinking
drive 몰다	drove	driven	driving
eat 먹다	ate	eaten	eating
fall 떨어지다	fell	fallen	falling
feed 먹이다	fed	fed	feeding
feel 느끼다	felt	felt	feeling
fight 싸우다	fought	fought	fighting
find 찾다	found	found	finding
fly 날다	flew	flown	flying
forget 잊다	forgot	forgot, forgotten	forgetting
forgive 용서하다	forgave	forgiven	forgiving
freeze 얼다	froze	frozen	freezing
get 얻다	got	got, gotten	getting
give 주다	gave	given	giving
go 가다	went	gone	going
grind 갈다	ground	ground	grinding
grow 자라다	grew	grown	growing
hang 걸다	hung, hanged	hung, hanged	hanging
have, has 가지다	had	had	having

hear 듣다	heard	heard	hearing
hide 숨다	hid	hidden, hid	hiding
hit 치다	hit	hit	hitting
hold 잡다	held	held	holding
hurt 상처를 입히다	hurt	hurt	hurting
is(be) ~이다, 있다	was	been	being
keep 지키다	kept	kept	keeping
know 알다	knew	known	knowing
lay 놓다	laid	laid	laying
lead 이끌다	led	led	leading
lean 기대다	leaned, leant	leaned, leant	leaning
leap 뛰다	leapt, leaped	leapt, leaped	leaping
learn 배우다	learned, learnt	learned, learnt	learning
leave 떠나다	left	left	leaving
lend 빌려 주다	lent	lent	lending
let 하게 하다	let	let	letting
lie 눕다	lay	lain	lying
light 불붙이다	lighted, lit	lighted, lit	lighting
lose 지다, 잃다	lost	lost	losing
make 만들다	made	made	making
may ~해도 좋다	might	——	——

mean 뜻하다	meant	meant	meaning
meet 만나다	met	met	meeting
mistake 실수하다	mistook	mistaken	mistaking
misunderstand 오해하다	misunderstood	misunderstood	misunder-standing
must ~하지 않으면 안 된다	(must)	——	——
overcome 극복하다	overcame	overcome	overcoming
overhear 엿듣다	overheard	overheard	overhearing
overtake 따라잡다	overtook	overtaken	overtaking
pay 지불하다	paid	paid	paying
prove 증명하다	proved	proved, proven	proving
put 두다	put	put	putting
quit 그만 두다	quit, quitted	quit, quitted	quitting
read 읽다	read	read	reading
rewrite 다시 쓰다	rewrote	rewritten	rewriting
rid 없애다	rid, ridded	rid, ridded	ridding
ride 타다	rode	ridden	riding
ring 울리다	rang	rung	ringing
rise 오르다	rose	risen	rising
run 달리다	ran	run	running

say 말하다	said	said	saying
see 보다	saw	seen	seeing
seek 찾다	sought	sought	seeking
sell 팔다	sold	sold	selling
send 보내다	sent	sent	sending
set 놓다	set	set	setting
sew 바느질하다	sewed	sewed, sewn	sewing
shake 흔들다	shook	shaken	shaking
shall ~할 것이다	should	————	————
shave 면도하다	shaved	shaved, shaven	shaving
shed 벗기다	shed	shed	shedding
shine 빛나다	shone	shone	shining
shoot 쏘다	shot	shot	shooting
show 보여 주다	showed	shown, showed	showing
shut 닫다	shut	shut	shutting
sing 노래하다	sang	sung	singing
sink 가라앉다	sank, sunk	sunk, sunken	sinking
sit 앉다	sat	sat	sitting
sleep 자다	slept	slept	sleeping
slide 미끄러지다	slid	slid, slidden	sliding
smell 냄새맡다	smelled, smelt	smelled, smelt	smelling

sow 씨뿌리다	sowed	sown, sowed	sowing
speak 말하다	spoke	spoken	speaking
spell 철자하다	spelled, spelt	spelled, spelt	spelling
spend 소비하다	spent	spent	spending
spill 엎지르다	spilled	spilled, spilt	spilling
spin 돌리다	spun, span	spun	spinning
split 쪼개다	split	split	splitting
spoil 망치다	spoiled	spoiled, spoilt	spoiling
spread 펴다	spread	spread	spreading
spring 튀어오르다	sprang, sprung	sprung	springing
stand 서다	stood	stood	standing
steal 훔치다	stole	stolen	stealing
stick 붙다	stuck	stuck	sticking
sting 쏘다, 찌르다	stung	stung	stinging
strike 때리다	struck	struck, stricken	striking
strive 노력하다	strove	striven	striving
swear 맹세하다	swore	sworn	swearing
sweat 땀내다	sweat, sweated	sweat, sweated	sweating
sweep 쓸다	swept	swept	sweeping
swell 부풀다	swelled	swelled, swollen	swelling
swim 수영하다	swam	swum	swimming

swing 그네타다	swung	swung	swinging
take 가져가다	took	taken	taking
teach 가르치다	taught	taught	teaching
tear 찢다	tore	torn	tearing
tell 말하다	told	told	telling
think 생각하다	thought	thought	thinking
throw 던지다	threw	thrown	throwing
thrust 밀치다	thrust	thrust	thrusting
tread 밟다	trod	trodden, trod	treading
undergo 경험하다	underwent	undergone	undergoing
understand 이해하다	understood	understood	understanding
undertake 인수하다	undertook	undertaken	undertaking
upset 뒤집다	upset	upset	upsetting
wake 깨우다	waked, woke	waked, woken	waking
wear 입고 있다	wore	worn	wearing
weave 짜다	wove	woven, wove	weaving
weep 울다	wept	wept	weeping
will ~할 것이다	would	———	———
win 이기다	won	won	winning
wind 감다	wound	wound	winding
write 쓰다	wrote	written	writing

2. 철자나 뜻을 혼동하기 쉬운 단어

{ advice[ədváis 어드바이스] 명 충고.
　advise[ədváiz 어드바이즈] 타자 충고하
　　다.

{ allow[əláu 얼라우] 자타 허락하다.
　arrow[ǽrou 애로우] 명 화살.

{ allowed[əláud 얼라우드] 타 allow (허락
　　하다)의 과거 · 과거 분사.
　aloud[əláud 얼라우드] 부 큰 소리로.

{ ant[ænt 앤트] 명 [곤충] 개미
　aunt[ænt 앤트] 명 아주머니

{ barn[ba:rn 바ー느] 명 (농가의) 곳간.
　burn[bə:rn 버ー느] 자 불타다 타 불태우다.

{ believe[bilí:v 빌리ー브] 타자 믿다.
　receive[risí:v 리시ー브] 타자 받다.

{ be[bi: 비ー] 자 … 이다.
　bee[bi: 비ー] 명 벌.

{ beside[bisáid 비사이드] 전 … 의 곁에.
　besides[bisáidz 비사이즈] 전 … 을 제
　　외하고.

{ blew[blu: 블루ー] 타자 blow (불다)의
　　과거.
　blue[blu: 블루ー] 형 파란 명 파랑.

{ boat[bout 보우트] 명 보우트.
　bought[bɔ:t 보ー트] 타자 buy (사다)
　　의 과거 · 과거 분사.

{ bottom[bátəm 바텀] 명 바닥.
　button[bʌ́tən 버튼] 명 단추.

{ bow[bau 바우] 자 (허리를 굽혀) 인사하
　　다.
　bow[bau 보우] 명 활.

{ breath[breθ 브레스] 명 호흡.
　breathe[bri:ð 브리ー드] 자타 호흡하다.

buy[bai 바이] 囤 사다.
by[bai 바이] 쩬 … 의 옆에, … 에 의하여.

call[kɔːl 코-ㄹ] 囤재 부르다.
coal[koul 코울] 囤 석탄.

cap[kæp 캪] 囤 모자.
cup[kʌp 컾] 囤 컵.

capital[kǽpətl 캐피틀] 囤 수도.
Capitol[kǽpətl 캐피틀] 囤 《미》국회 의사당.

certain[sə́ːrt 서-튼] 囮 확실한, 어떤.
curtain[kə́ːrtn 커-튼] 囤 커어튼.

close[klouz 클로우즈] 囤 끝.
     囤재 닫다.
close[klous 클로우스] 囮 가까운. 凰 가깝게.

clothes[klou(ð)z 클로우즈] 囤 의복.
cloths[klɔːθ 클로-드즈] 囤 cloth (헝겊)의 복수.

cloud[klaud 클라우드] 囤 구름.
crowd[kraud 크라우드] 囤 군중.

collect[kəlékt 컬렉트] 囤재 모으다.
correct[kərékt 커렉트] 囮 바른.

collar[kálər 칼러] 囤 칼라.
color[kʌ́lər 컬러] 囤 색.

daily[déili 데일리] 囮 매일의.
diary[dáiəri 다이어리] 囤 일기.

dear[diər 디어] 囮 친애하는.
deer[diər 디어] 囤 [동물] 사슴.

farm[faːrm 파-ㅁ] 囤 농장.
form[fɔːrm 포-ㅁ] 囤 모양.

fast[fæst 패스트] 囮凰 빠른, 빠르게.
first[fəːrst 퍼-스트] 囮 제 1의, 최초

father[fáːðər 파-더] 囤 아버지. ㅣ의
farther[fáːrðər 파-더] 囮 더 먼.
further[fə́ːrðər 퍼-더] 凰 더욱이.

floor[flɔːr 플로-] 囤 마루.
flour[fláuər 플라워] 囤 밀가루.
flower[fláuər 플라워] 囤 꽃.

for[fɔːr 포-] 쩬 … 대신에, 을 위하여, 에 대하여, 을 향하여.
four[fɔːr 포-] 囤 넷.

found[faund 파운드] 태자 창립하다.
found[faund 파운드] 태 find (발견하다)
　의 과거・과거 분사.

glass[glæs 글래스] 명 유리, 컵.
grass[græs 그래스] 명 풀, 잔디.

hear[hiər 히어] 태자 듣다.
here[hiər 히어] 甲 여기에, 여기서.

heard[hə:rd 허-드] 태자 hear(듣다)의
　과거・과거 분사.
heart[ha:rt 하-트] 명 심장.

in[in 인] 전 … 안에, … 에, …에서.
inn[in 인] 명 여관.

lain[lein 레인] 자 lie(눕다)의 과거분사.
rain[rein 레인] 명 비.

language[læŋgwidʒ 랭귀지] 명 언어.
luggage[lʌɡidʒ 러기지] 명 수하물.

latter[lætər 래터] 형 《late의 비교급》
　뒤쪽의.
letter[létər 레터] 명 편지.

lay[lei 레이] 태자 눕히다, 두다.
lie[lai 라이] 자 눕다.

lead[li:d 리-드] 태자 인도하다.
lead[li:d 레드] 명 납.
led[led 레드] 자 lead (인도하다)의 과
　거・과거 분사.
read[ri:d 리-드] 태 읽다.
read[ri:d 레드] 태 read (읽다)의 과
　거・과거 분사.

red[red 레드] 형 붉은.

light[lait 라이트] 명 빛 형 가벼운.

right[rait 라이트] 형 오른편의, 바른,
　명 오른편, 권리.

write[rait 라이트] 태자 쓰다.

lose[lu:z 루-즈] 태자 잃다.
loose[lu:s 루-스] 형 느슨한.

meat[mi:t 미-트] 명 식용 짐승 고기.
meet[mi:t 미-트] 태자 만나다.

made[meid 메이드] 태 make (만들다,
　… 시키다)의 과거・과거 분사.
maid[meid　메이드] 명 하녀, 소녀.

mouth[mauθ 마우스] 명 입.
mouse[maus 마우스] 명 생쥐.

{ our[auər 아우어] 데 우리들의.
  hour[auər 아우어] 명 시간.

{ pair[pεər 페어] 명 한 쌍.
  pear[pεər 페어] 명 서양 배, 배나무.

{ people[píːpl 피-플] 명 사람들.
  pupil[pjúːpl 퓨-플(필)] 명 학생.

{ piece[piːs 피-스] 명 한 조각, 한 개.
  peace[piːs 피-스] 명 평화.

{ prince[prins 프린스] 명 왕자.　　[수.
  princes[prins 프린시즈] 명 prince의 복
  princess[prínsis 프린세스] 명 공주.

{ quiet[kwáiət 콰이어트] 형 조용한.
  quite[kwait 콰이트] 부 전혀.

  row[rou 로우] 타자 젓다.

{ low[lou 로우] 형 낮은.
  law[lɔː 로-] 명 법률.

{ sail[seil 세일] 명 돛.
  sale[seil 세일] 명 판매.

  saw[sɔː 소-] 타 see(보다)의 과거.

{ saw[sɔː 소-] 명 톱.
  sew[sou 소우] 타자 꿰매다.

{ sea[siː 시-] 명 바다.
  see[siː 시-] 타자 보다.

{ some[sʌm 섬] 형 몇 개의.
  sum[sʌm 섬] 명 합계.

{ son[sʌn 선] 명 아들.
  sun[sʌn 선] 명 태양.

{ steal[stiːl 스티-ㄹ] 타자 훔치다.
  steel[stiːl 스티-ㄹ] 명 강철.

{ sweet[swiːt 스위-트] 형 단,
  sweat[swet 스웻] 명 땀.

{ tear[tiər 티어] 명 눈물.
  tear[tεər 테어] 타자 찢다.

{ though[ðou 도우] 접 … 라 하더라도.
  through[θruː 스루-] 전 … 을 통하여.

{ want[want 완트] 타자 바라다.
  won't[wount 워운트] will not의 단축형

{ wind[wind 윈드] 명 바람.
  wind[waind 와인드] 타자 감다.

  youth[juːθ 유-스] 명 젊음.

{ use[juːs 유-스] 명 사용, 이용.
  use[juːz 유-즈] 타자 사용하다.

☆ 영어 필수 길라잡이 ☆

- ➡ 영어명문용례대사전
  저. 서재순 정가 120,000원
- ➡ 문법 조금만 알면 독해가 쉽다
  저. 여인천 정가 9,000원
- ➡ 최소한의 영문법과 독해방법론
  저. 여인천 정가 7,000원
- ➡ 영어길들이기
  저. 여인천 정가 9,000원
- ➡ TOEIC JUMP UP(V)
  저. 김명섭 정가 20,000원
- ➡ TOEIC JUMP UP(G)
  저. 김명섭 정가 20,000원
- ➡ 뿌리부터 알아가는 VOCABULARY &IDIOMS
  저. 서재순 정가 30,000원

- ➡ Veritas Vocabulary
  저. 서재경 정가 30,000원
- ➡ 짬짬이 하는 기초영문법
  저. 여인천 정가 12,000원
- ➡ 짬짬이 VOCA정복하기
  저. 여인천 정가 20,000원
- ➡ 영어공부 10년 하고도 난 아직도
  영어회화칸에 초급이라고 쓴다
  저. 김명섭 정가 10,000원
- ➡ Word origins & Vocabulary 77,000
  저. 서재순 정가 14,000원
- ➡ 영어의 달인이 될 수 있는
  Jump Up VOCA 55,000
  저. 이인천 정가 14,000원

솔루션 영단어 점프업

정가 9,000원

2012년 7월 10일 1판 인쇄
2012년 7월 15일 1판 발행
　편　저 : 대한영어교육연구원
　발행인 : 김　현　호
　발행처 : 법문 북스
　공급처 : 법률미디어

152-050

서울 구로구 구로동 636-62
TEL : 2636-2911~3, FAX : 2636-3012
등록 : 1979년 8월 27일 제5-22호
Home : www.lawb.co.kr

▎ISBN　978-89-7535-244-7　13740
▎파본은 교환해 드립니다.
▎본서의 무단 전재·복제행위는 저작권법에 의거, 3년 이하의 징역
　또는 3,000만원 이하의 벌금에 처해집니다.